# KAKURO et AUTRES JEUX MATHÉMATIQUES

Mise en pages : Infoscan Collette
Couverture : Cyclone Design

Imprimé au Canada

ISBN-10 : 2-923351-76-2
ISBN-13 : 987-2-923351-76-6

Dépôt légal – Bibliothèque et Archives nationales du Québec, 2006

# TABLE DES MATIÈRES

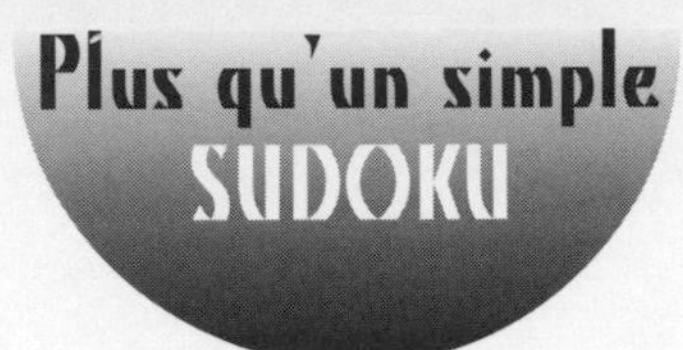


Cette fascinante variante du Sudoku classique risque fort de faire un malheur dans le monde du casse-tête. Bien que les règles normales soient toujours de mise [c.-à-d. les nombres 1 à 9 doivent apparaître seulement une fois dans une rangée, une colonne ou une petite grille], la grille elle-même ne contient aucun nombre au départ, et seuls des indices se retrouvent dans les lignes qui séparent les cases. Ces indices sont les symboles « supérieur à » [>] et « inférieur à » [<], ce qui indique que la valeur d'une cellule est supérieure ou inférieure à celle de sa voisine. Ce jeu est diabolique, mais on l'adore !

## Comment jouer à plus qu'un simple Sudoku

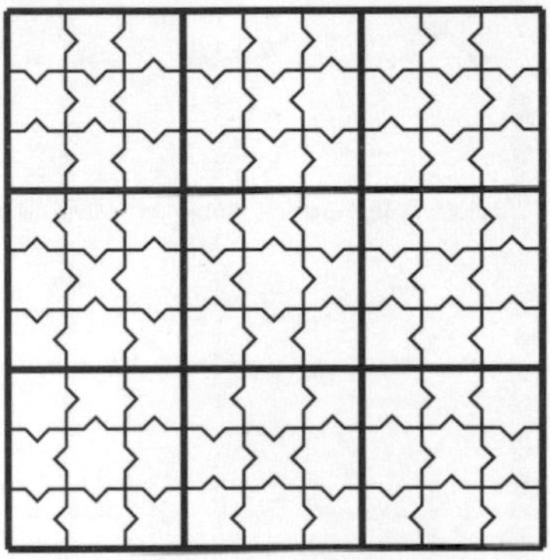

Comme vous l'avez lu, la valeur d'une cellule séparée de sa voisine par le symbole > est supérieure à celle de sa voisine, et la valeur d'une cellule séparée de sa voisine par le symbole < est inférieure à celle de sa voisine. Ce sont les seuls renseignements dont vous disposez pour résoudre le casse-tête. Aucun nombre ne vous est donné.

Le meilleur moyen de commencer est de remplir les cases entourées d'un même symbole.

En effet, quelques cellules sont uniquement entourées du symbole > [supérieur à]. Le chiffre 9 peut être uniquement placé dans ces cellules, puisque 9 est le chiffre le plus élevé. De même, les cellules entourées uniquement du symbole < [inférieur à] sont les seules qui peuvent contenir le chiffre 1.

Remarque : toutes les cellules « supérieur à » ne contiennent pas obligatoirement un 9 et toutes les cellules « inférieur à » ne contiennent pas obligatoirement un 1. C'est vrai seulement pour les cellules dont la valeur est supérieure à toutes les valeurs d'une même grille.

Vous pouvez également déterminer une fourchette pour chaque cellule. Si une cellule est supérieure à deux cellules et inférieure à deux autres, sa valeur ne peut être située qu'entre 3 et 7.

Il est également possible d'essayer de trouver une suite de symboles > ou < au sein d'un même carré pour déterminer si cette suite permet de trouver les chiffres de ces cellules.

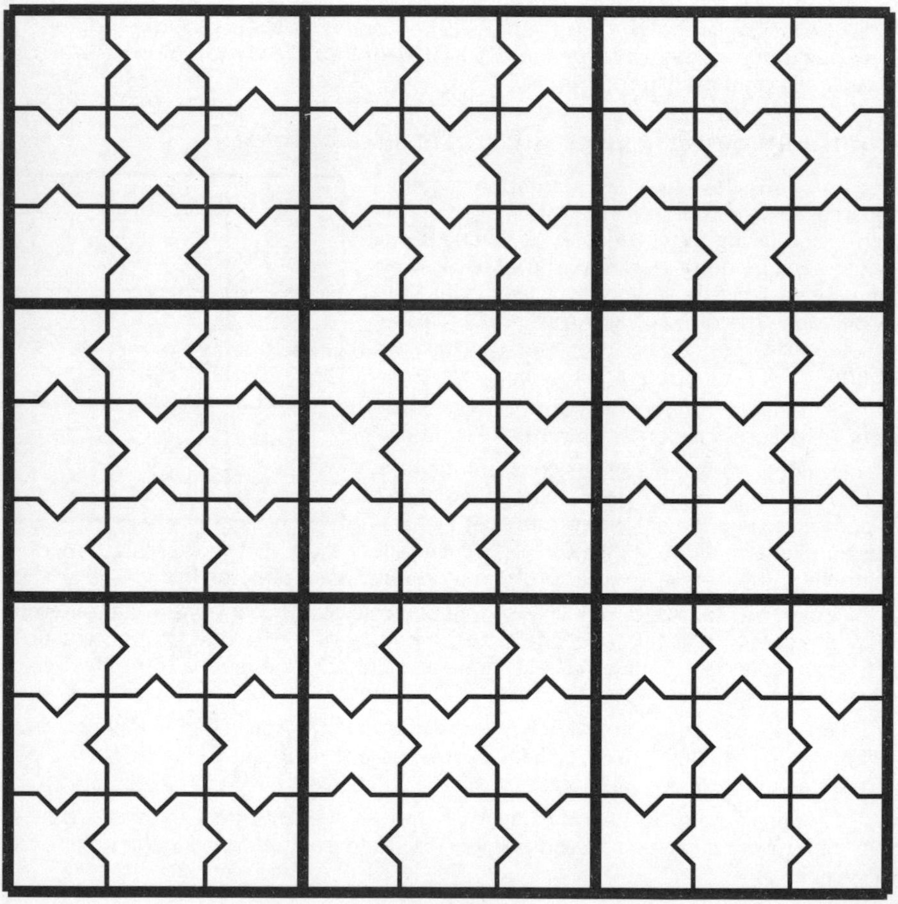

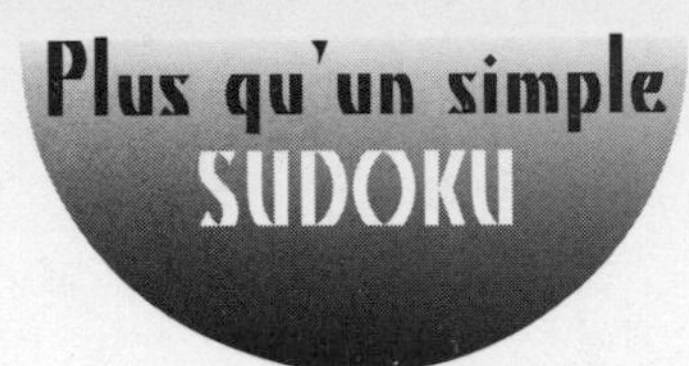
Plus qu'un simple
SUDOKU

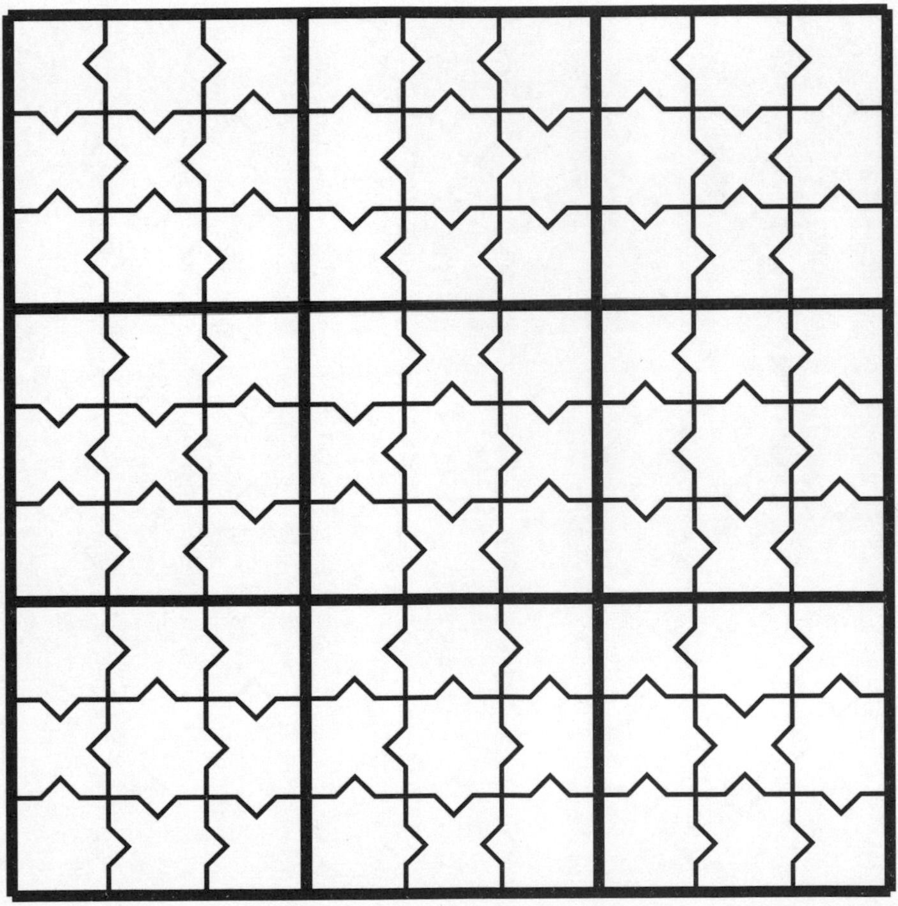

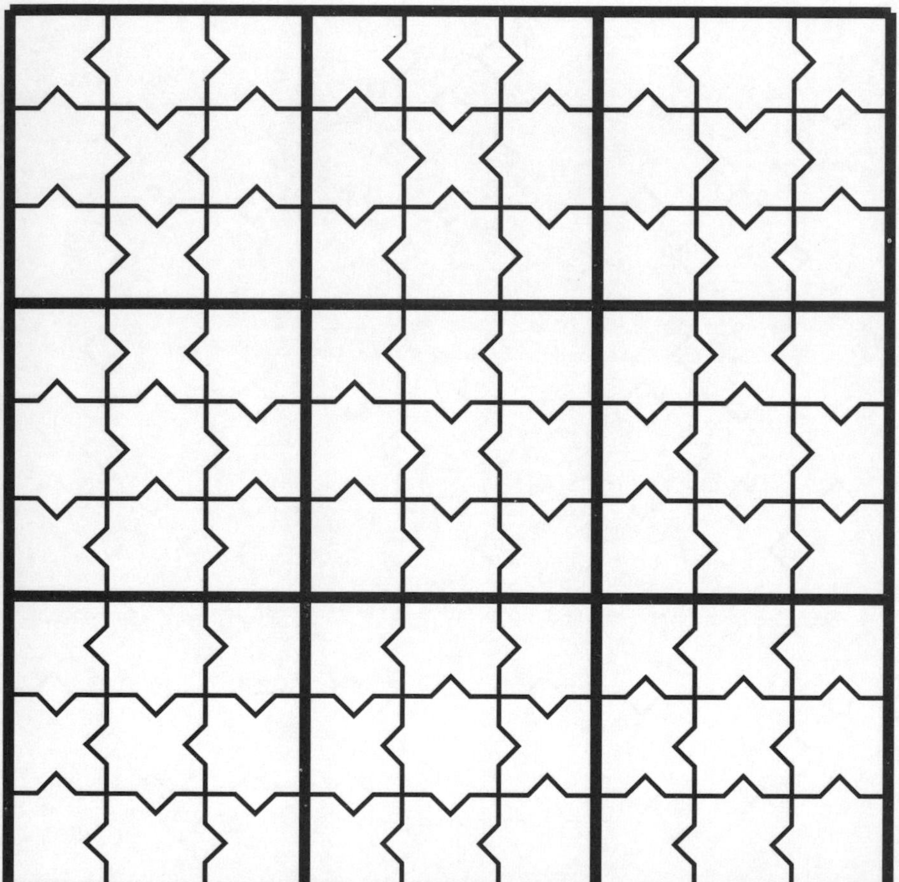

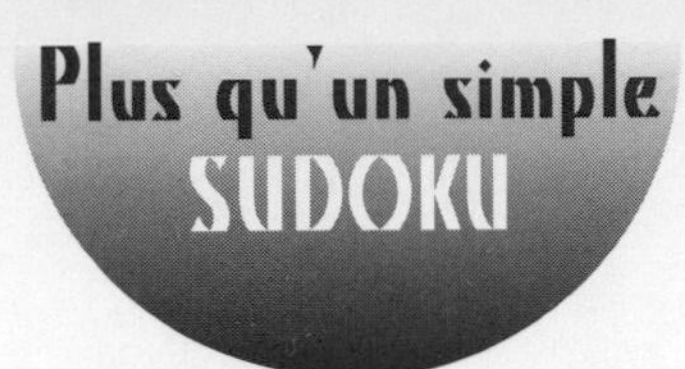
Plus qu'un simple
SUDOKU

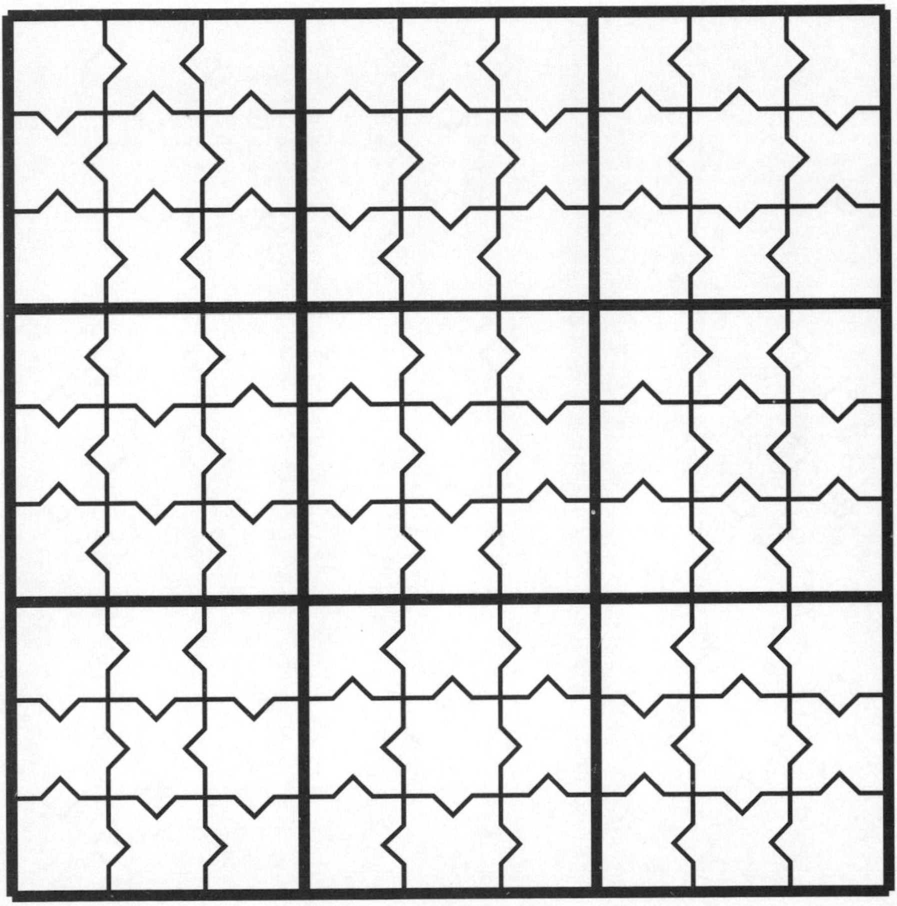

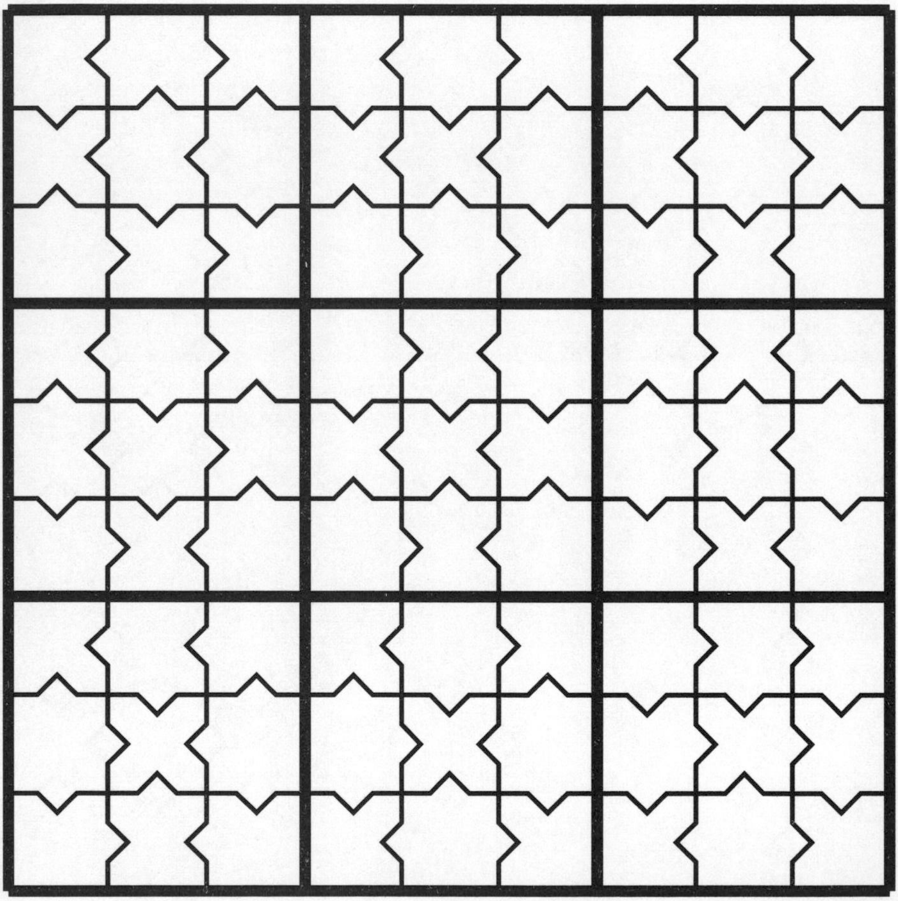

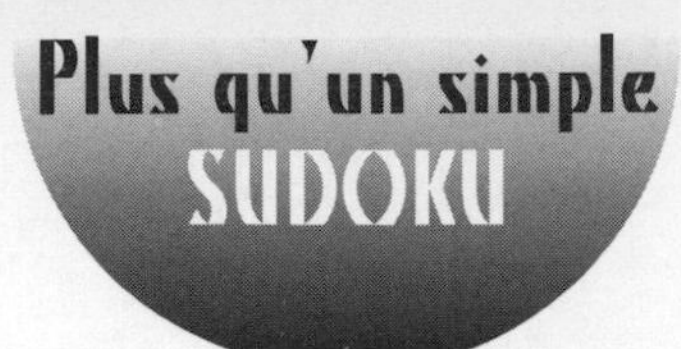
Plus qu'un simple
SUDOKU

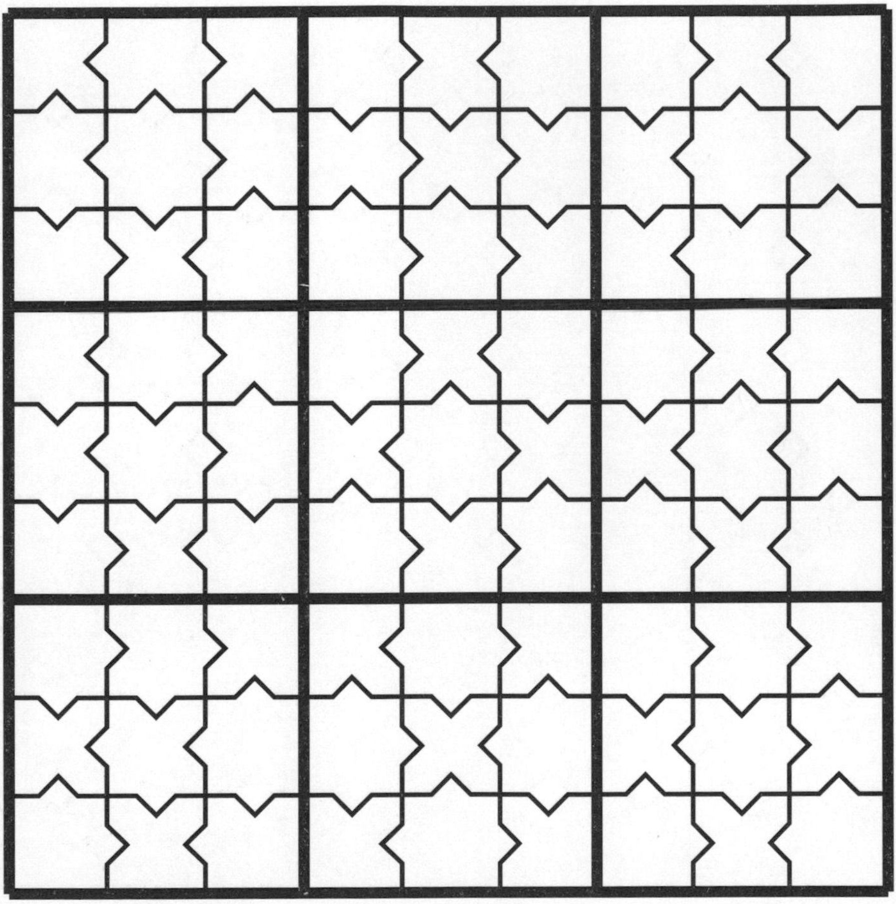

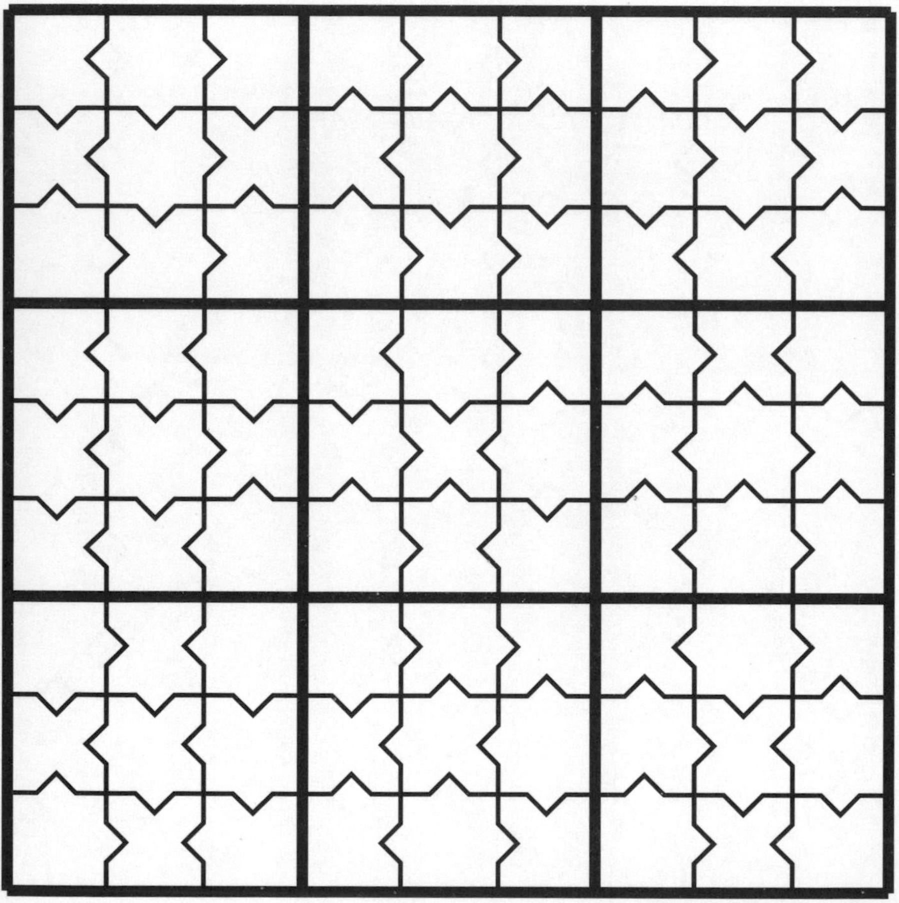

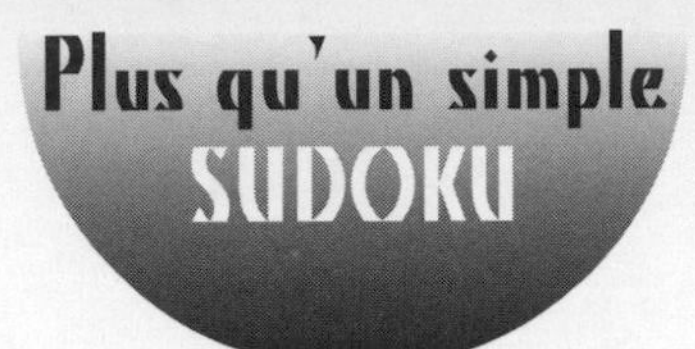
Plus qu'un simple
SUDOKU

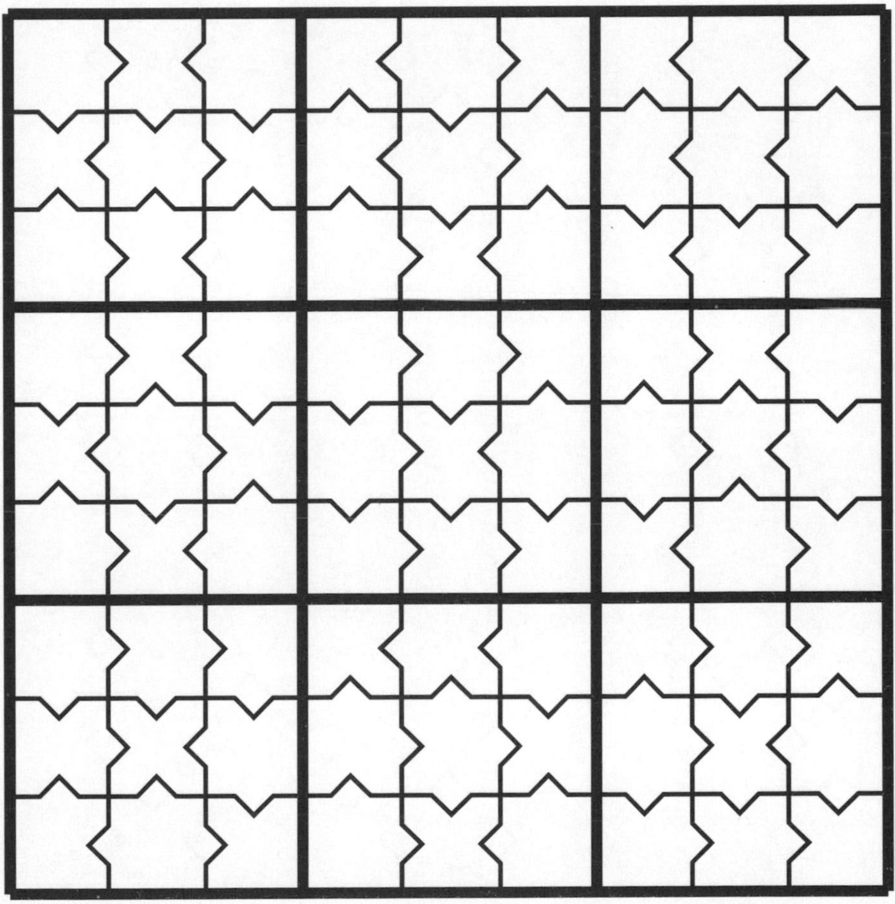

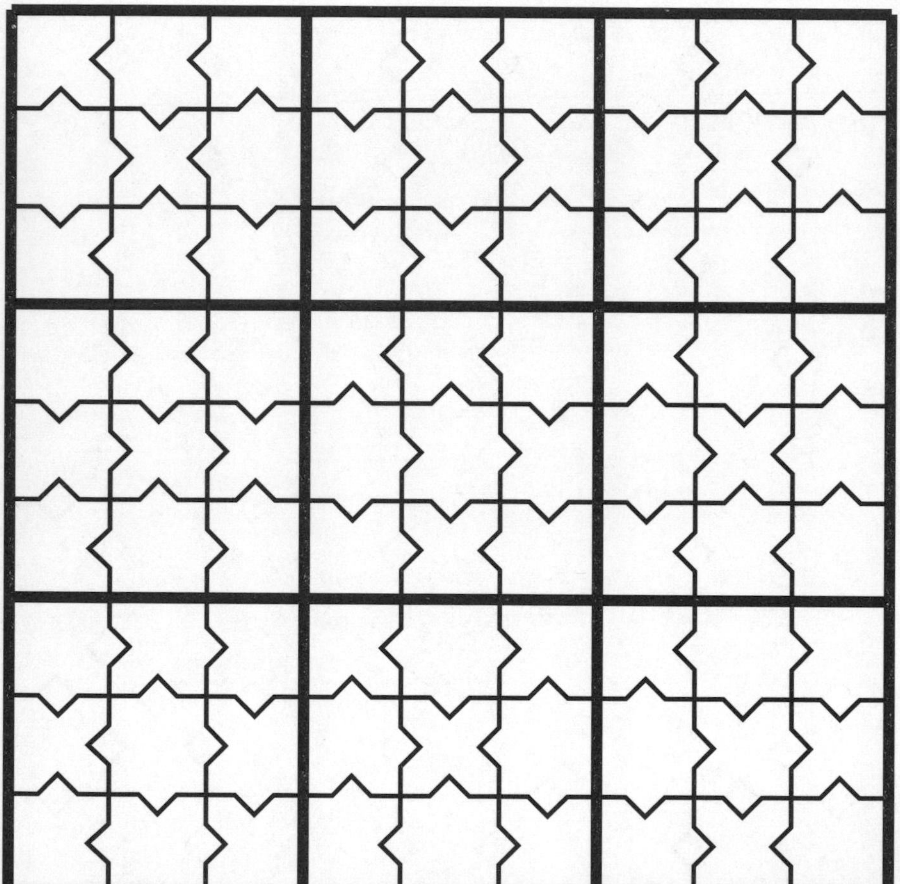

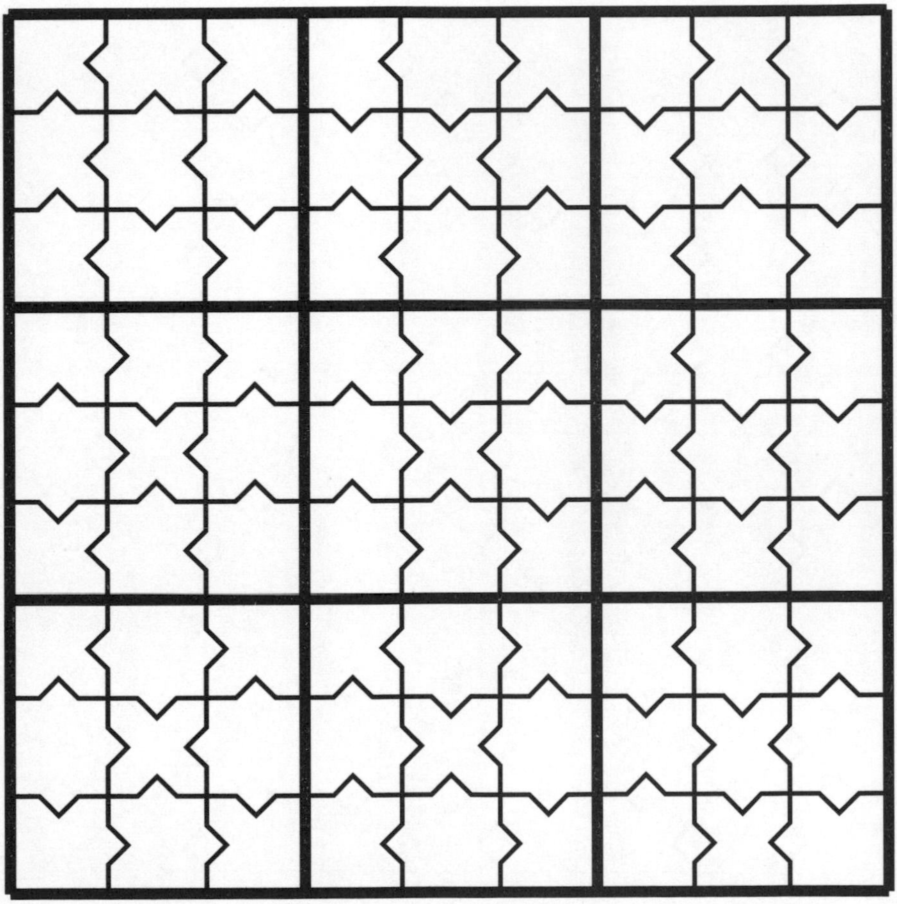

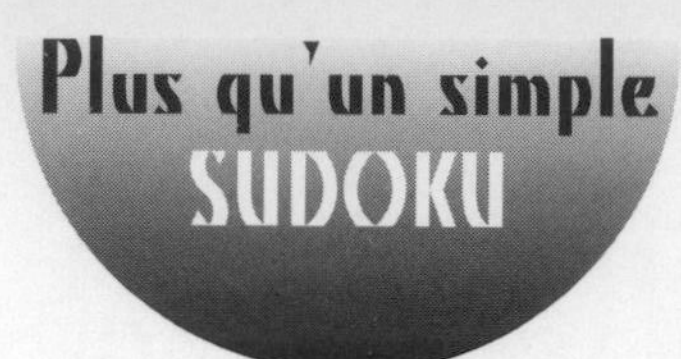
Plus qu'un simple
SUDOKU

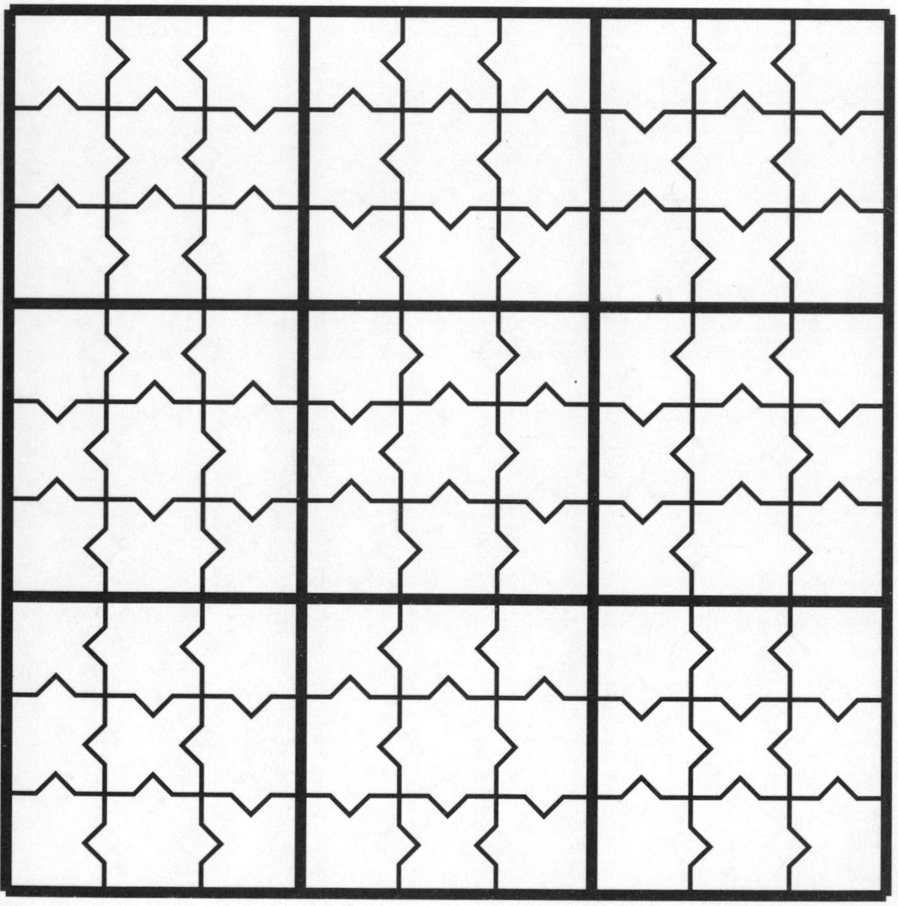

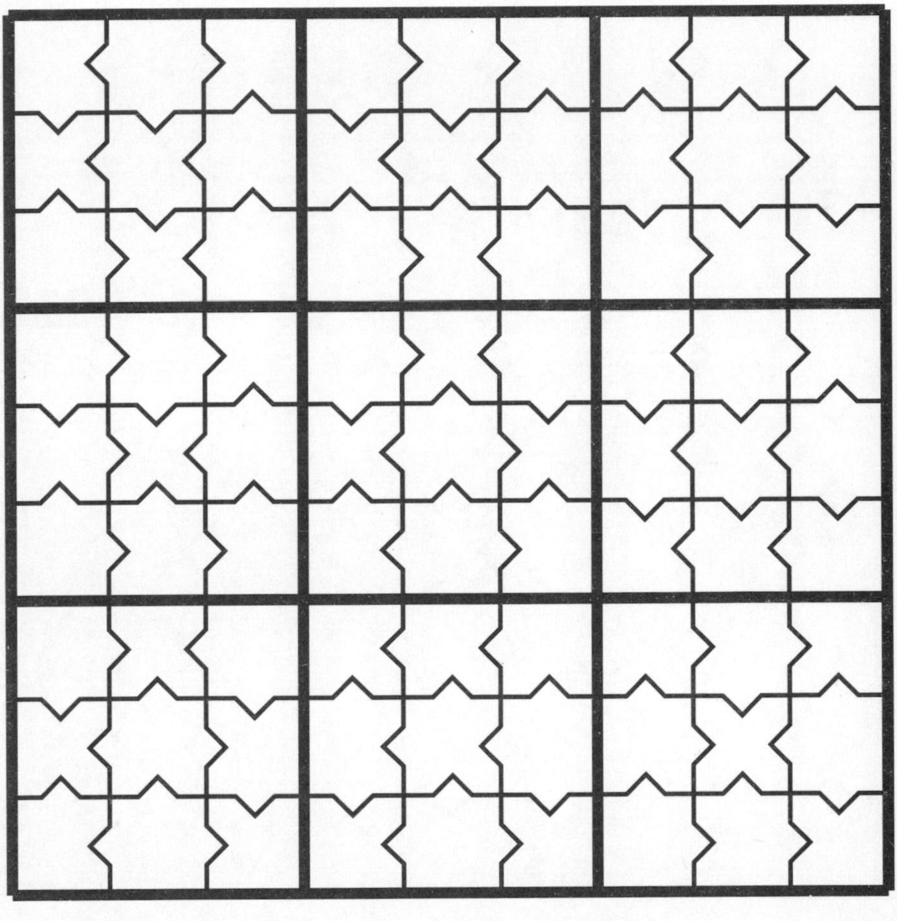

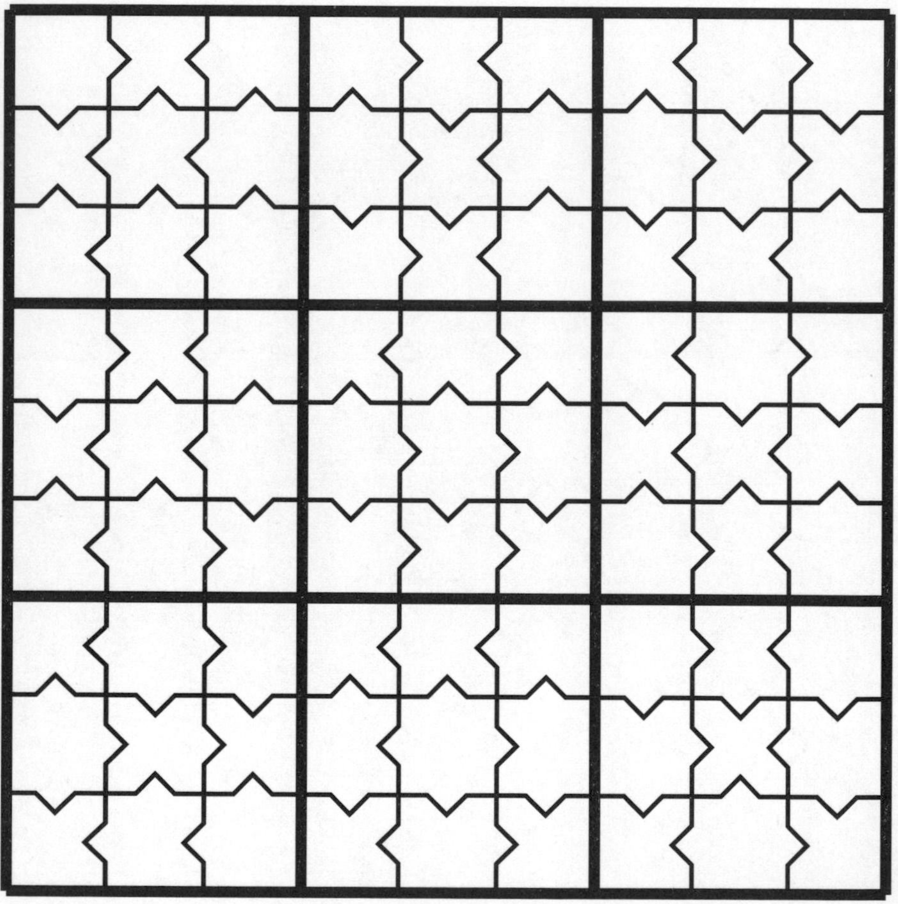

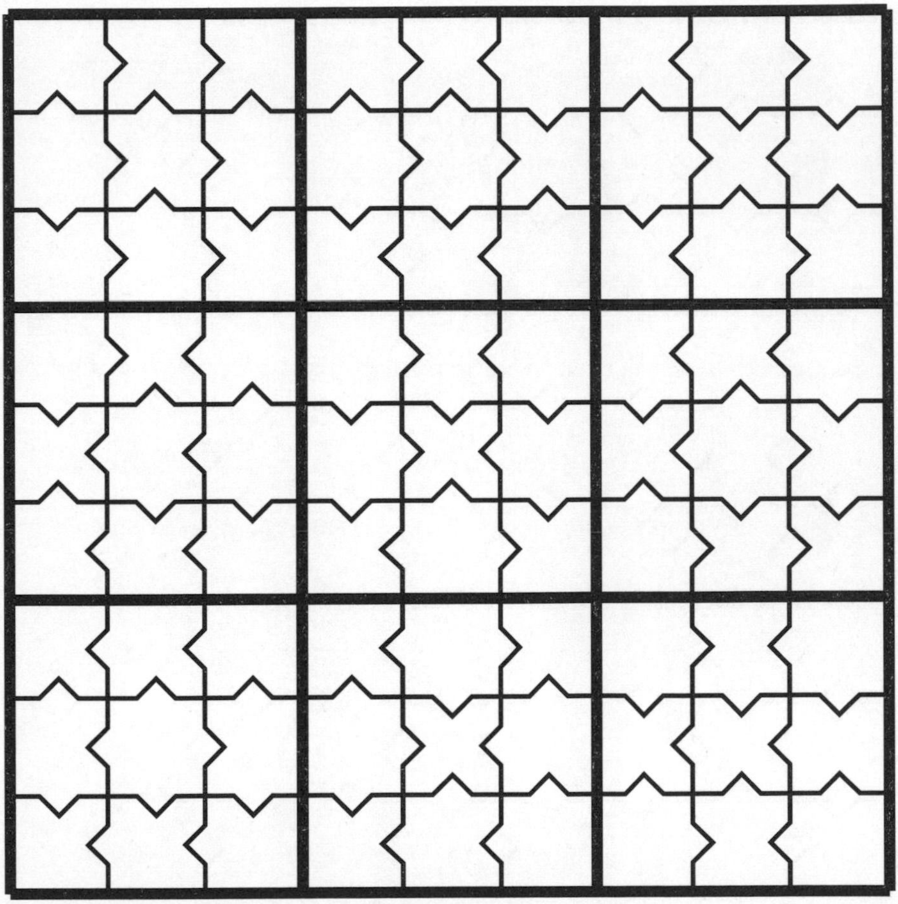

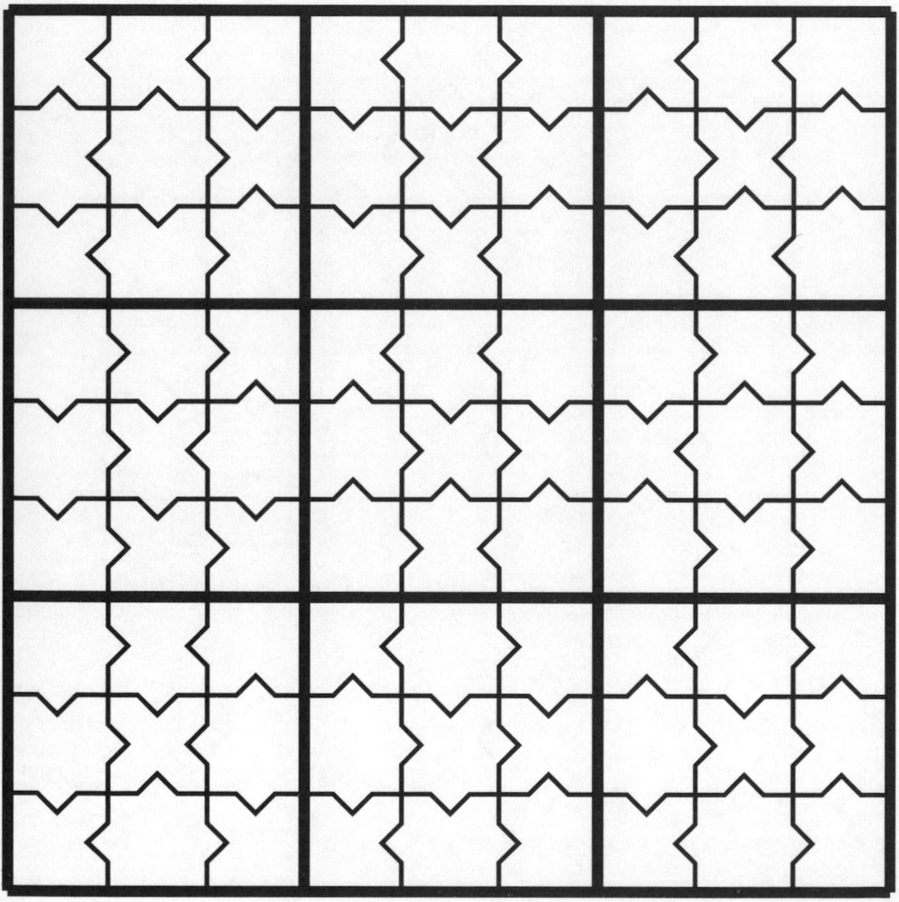

# HITORI

Le but du Hitori est de trouver quels nombres de la grille doivent être noircis. Vous commencez par une grille « blanche », et, lorsque vous terminez, vous vous retrouvez avec une grille dont certaines cases sont noircies. Dans une grille, certains nombres se répètent dans une même rangée ou une même colonne. Vous devez noircir les cases contenant des doubles de ces chiffres, en faisant appel à votre logique, et en vous assurant que :

a) Il ne doit pas y avoir deux cases noircies l'une à côté de l'autre.
b) Aucune case blanche n'est isolée des autres cases blanches.
c) Les nombres des cases blanches sont uniques dans une même rangée et dans une même colonne.

Voici à quoi ressemble une grille au départ :

| | | | | | | | |
|---|---|---|---|---|---|---|---|
| 3 | 1 | 3 | 4 | 6 | 6 | 2 | 4 |
| 2 | 5 | 5 | 1 | 1 | 7 | 4 | 3 |
| 1 | 5 | 2 | 6 | 4 | 3 | 6 | 7 |
| 4 | 7 | 4 | 2 | 5 | 6 | 3 | 5 |
| 5 | 1 | 3 | 1 | 1 | 5 | 6 | 1 |
| 6 | 2 | 6 | 3 | 5 | 1 | 7 | 4 |
| 6 | 3 | 4 | 2 | 2 | 5 | 1 | 5 |
| 5 | 4 | 3 | 7 | 3 | 5 | 5 | 1 |

Et voici à quoi elle ressemble à la fin :

| | | | | | | | |
|---|---|---|---|---|---|---|---|
| 3 | 1 | 3 | 4 | 6 | 6 | 2 | 4 |
| 2 | 5 | 5 | 1 | 1 | 7 | 4 | 3 |
| 1 | 5 | 2 | 6 | 4 | 3 | 6 | 7 |
| 4 | 7 | 4 | 2 | 5 | 6 | 3 | 5 |
| 5 | 1 | 3 | 1 | 1 | 5 | 6 | 1 |
| 6 | 2 | 6 | 3 | 5 | 1 | 7 | 4 |
| 6 | 3 | 4 | 2 | 2 | 5 | 1 | 5 |
| 5 | 4 | 3 | 7 | 3 | 5 | 5 | 1 |

Conseils.
Remarque : dans ces exemples, le cercle représente une case blanche (non noircie). C'est une bonne façon de remplir votre grille.

## Conseil 1 :

Il existe des schémas qui se répètent dans les casse-tête Hitori, et si vous les comprenez, il vous sera beaucoup plus facile de trouver la solution.

Un bon exemple est lorsqu'un nombre est répété dans des cases voisines, ainsi que dans une autre case de la même rangée ou de la même colonne, comme ceci :

Nous savons qu'un seul 4 peut être blanc et les deux autres doivent être noirs. Que se passe-t-il si le 4 qui est isolé des autres est le blanc ?

| | | | | | |
|---|---|---|---|---|---|
| | | | | | |
| | 4 | 4 | | (4) | |
| | | | | | |

Étant donné qu'un seul nombre doit apparaître dans une même rangée ou colonne, les autres cases du même nombre doivent être noircies.

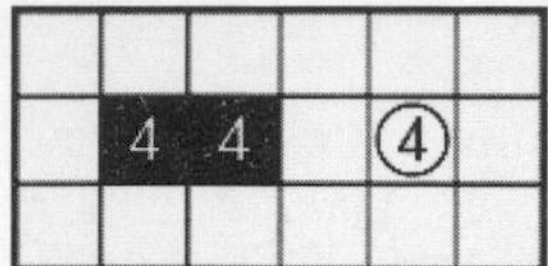


Mais cet exemple ne convient pas non plus. Pourquoi? Les cases noires ne peuvent pas être voisines. Le 4 isolé ne peut donc pas être blanc, mais noir.

| | | | | | |
|---|---|---|---|---|---|
| | 4 | 4 | | 4 | |
| | | | | | |

Observez également les quatre ronds entourant la nouvelle case noire. Une case adjacente à une case noire ne doit pas être noire, mais blanche.

**Conseil 2**

Imaginez une situation où deux des mêmes chiffres se trouvent sur la même rangée ou colonne, en supposant que ces deux chiffres ne sont séparés que par une case. Dans notre exemple, deux 4 sont séparés uniquement par une case.

| | | | | |
|---|---|---|---|---|
| | 4 | 5 | 4 | |
| | | | | |

Nous savons qu'un des 4 est noir, peu importe lequel, le 5 doit être blanc (les cases noires ne doivent pas se toucher).

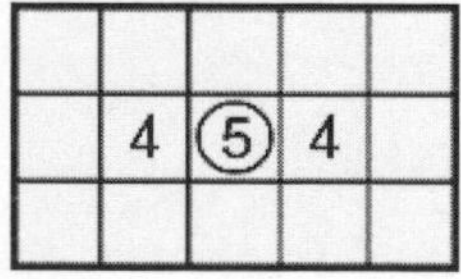


**Conseil 3**

Dans l'exemple ci-dessous, les cases blanches sont entourées de cases noires, sauf la case contenant un «X». C'est la seule case pouvant relier les cases blanches en bas à droite avec d'autres cases blanches de la grille: cette case doit donc être blanche.

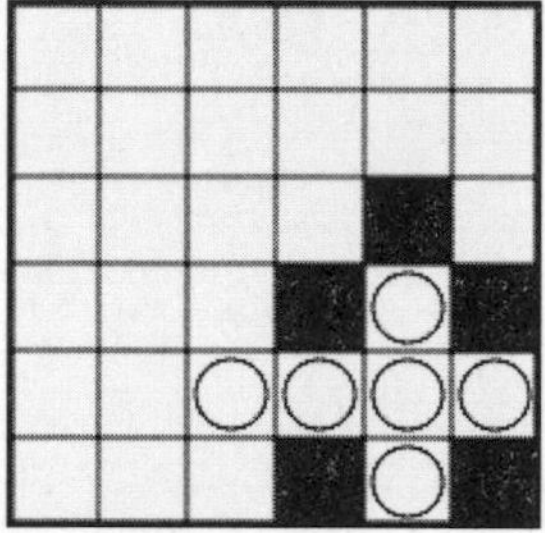

**Conseil 4**

Imaginons une configuration dans laquelle deux nombres se répètent dans un coin de la grille, comme vous pouvez le voir dans l'exemple ci-dessous.

| | | |
|---|---|---|
| 4 | | |
| 4 | | |

Un des 4 doit être noirci pour que l'autre soit blanc. Si le 4 situé dans le coin de la grille est noir, les deux cases voisines doivent être blanches.

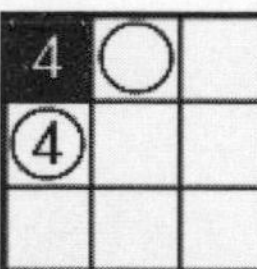

Si c'est le 4 du dessous qui est noir, les deux cases du dessus doivent être blanches.

| ④ | | |
|---|---|---|
| 4 | | |
| | | |

Si l'on se fie au conseil 3, les cases blanches doivent être reliées à d'autres cases blanches de la grille. Si la case du coin gauche est blanche, la case située à sa droite doit l'être aussi.

| ④ | ○ | |
|---|---|---|
| 4 | | |
| | | |

En conclusion, quel que soit le 4 qui est noirci, nous pouvons déterminer que la deuxième case de la rangée du haut doit être blanche.

| 4 | ○ | |
|---|---|---|
| 4 | | |
| | | |

## Conseil 5

Lorsque deux séries de chiffres se répètent sur une même colonne (voir 3 et 4 ci-dessous), nous pouvons noircir les cellules de deux façons seulement.

| | 3 | 4 | | |
|---|---|---|---|---|
| | 3 | 4 | | |
| | | | | |

Premièrement, en noircissant le 3 situé en haut de la rangée, nous obtenons ceci :

Cependant, en noircissant le 3 de la deuxième rangée, nous obtenons ceci :

Dans les deux cas, les cases qui touchent 3 et 4 dans la rangée du haut doivent être blanches.

| ○ | 3 | 4 | ○ | |
|---|---|---|---|---|
| | 3 | 4 | | |
| | | | | |

Remplir les cases progressivement de cette façon est le meilleur moyen de réussir un casse-tête Hitori. Amusez-vous !

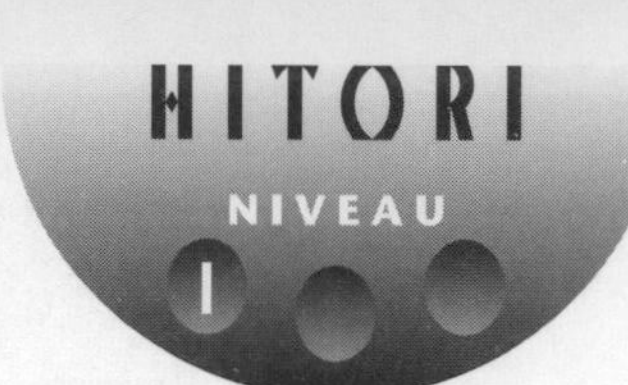


| | | | | | | | |
|---|---|---|---|---|---|---|---|
| 3 | 1 | 3 | 4 | 6 | 6 | 2 | 4 |
| 2 | 5 | 5 | 1 | 1 | 7 | 4 | 3 |
| 1 | 5 | 2 | 6 | 4 | 3 | 6 | 7 |
| 4 | 7 | 4 | 2 | 5 | 6 | 3 | 5 |
| 5 | 1 | 3 | 1 | 1 | 5 | 6 | 1 |
| 6 | 2 | 6 | 3 | 5 | 1 | 7 | 4 |
| 6 | 3 | 4 | 2 | 2 | 5 | 1 | 5 |
| 5 | 4 | 3 | 7 | 3 | 5 | 5 | 1 |

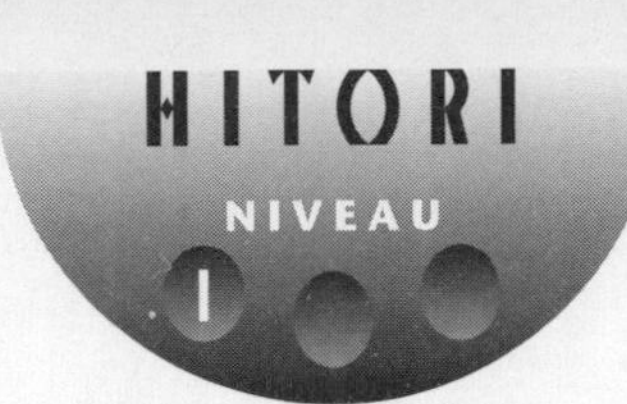


| | | | | | | | |
|---|---|---|---|---|---|---|---|
| 5 | 6 | 3 | 7 | 2 | 7 | 3 | 7 |
| 1 | 1 | 6 | 5 | 5 | 7 | 4 | 2 |
| 4 | 7 | 3 | 1 | 6 | 2 | 6 | 3 |
| 3 | 5 | 2 | 5 | 1 | 2 | 5 | 6 |
| 6 | 5 | 3 | 2 | 7 | 4 | 1 | 4 |
| 1 | 3 | 3 | 4 | 5 | 1 | 1 | 5 |
| 2 | 1 | 4 | 1 | 3 | 5 | 6 | 7 |
| 4 | 2 | 3 | 3 | 5 | 6 | 6 | 4 |

| | | | | | | | |
|---|---|---|---|---|---|---|---|
| 5 | 2 | 1 | 5 | 2 | 3 | 6 | 6 |
| 6 | 4 | 2 | 1 | 7 | 2 | 5 | 3 |
| 7 | 5 | 3 | 5 | 5 | 4 | 1 | 1 |
| 1 | 5 | 6 | 4 | 1 | 2 | 5 | 7 |
| 2 | 3 | 5 | 5 | 6 | 1 | 3 | 4 |
| 6 | 1 | 6 | 7 | 6 | 6 | 4 | 1 |
| 4 | 2 | 7 | 5 | 3 | 7 | 6 | 1 |
| 7 | 3 | 4 | 1 | 1 | 7 | 2 | 3 |

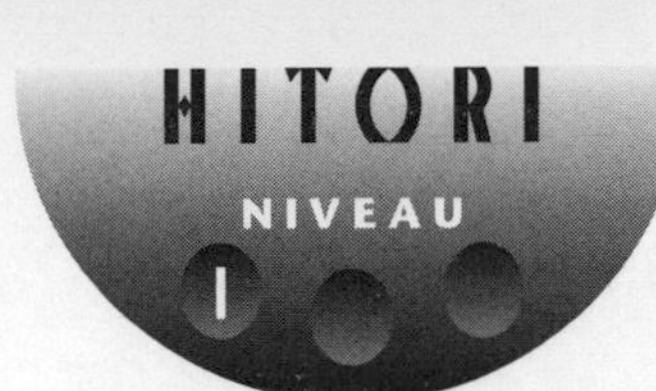


| | | | | | | | |
|---|---|---|---|---|---|---|---|
| 4 | 4 | 1 | 3 | 6 | 4 | 7 | 1 |
| 2 | 1 | 6 | 1 | 5 | 4 | 4 | 3 |
| 6 | 6 | 7 | 2 | 4 | 1 | 3 | 5 |
| 5 | 3 | 5 | 1 | 1 | 7 | 7 | 2 |
| 3 | 6 | 5 | 5 | 7 | 6 | 2 | 4 |
| 4 | 5 | 1 | 5 | 2 | 6 | 4 | 4 |
| 5 | 7 | 7 | 4 | 1 | 2 | 7 | 6 |
| 4 | 6 | 2 | 6 | 1 | 5 | 1 | 7 |

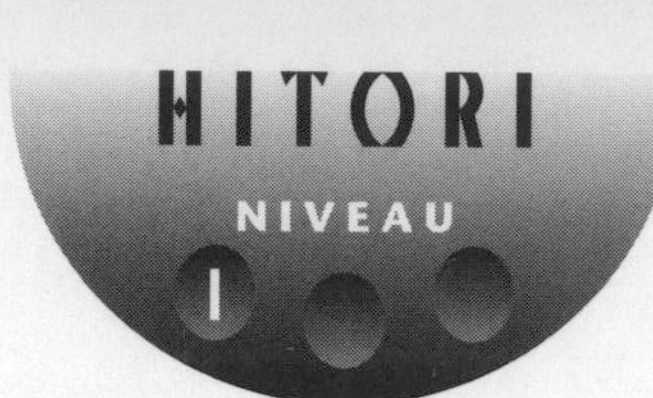


| | | | | | | | |
|---|---|---|---|---|---|---|---|
| 5 | 6 | 1 | 7 | 4 | 3 | 2 | 2 |
| 7 | 7 | 1 | 2 | 5 | 1 | 1 | 3 |
| 7 | 2 | 5 | 7 | 3 | 1 | 6 | 4 |
| 3 | 5 | 1 | 4 | 6 | 2 | 3 | 1 |
| 1 | 3 | 7 | 7 | 1 | 4 | 2 | 1 |
| 4 | 1 | 1 | 3 | 2 | 7 | 5 | 7 |
| 1 | 4 | 2 | 1 | 7 | 6 | 3 | 5 |
| 2 | 1 | 4 | 1 | 7 | 7 | 6 | 6 |

| | | | | | | | |
|---|---|---|---|---|---|---|---|
| 6 | 4 | 1 | 2 | 7 | 6 | 5 | 3 |
| 4 | 2 | 6 | 4 | 5 | 6 | 4 | 1 |
| 4 | 5 | 3 | 5 | 2 | 5 | 1 | 7 |
| 7 | 1 | 3 | 3 | 7 | 5 | 2 | 6 |
| 4 | 7 | 4 | 6 | 1 | 3 | 6 | 2 |
| 5 | 5 | 2 | 5 | 3 | 3 | 6 | 4 |
| 1 | 5 | 6 | 7 | 1 | 4 | 3 | 4 |
| 4 | 3 | 1 | 1 | 6 | 4 | 4 | 5 |

| | | | | | | | |
|---|---|---|---|---|---|---|---|
| 3 | 2 | 6 | 4 | 2 | 5 | 1 | 7 |
| 4 | 3 | 2 | 7 | 2 | 6 | 4 | 4 |
| 5 | 7 | 2 | 1 | 3 | 4 | 4 | 7 |
| 2 | 6 | 7 | 3 | 1 | 4 | 2 | 3 |
| 1 | 4 | 7 | 3 | 7 | 5 | 5 | 3 |
| 4 | 5 | 1 | 1 | 5 | 7 | 3 | 6 |
| 2 | 1 | 5 | 6 | 4 | 6 | 7 | 4 |
| 1 | 5 | 5 | 2 | 2 | 3 | 6 | 1 |

| | | | | | | | |
|---|---|---|---|---|---|---|---|
| 7 | 1 | 7 | 2 | 5 | 6 | 5 | 1 |
| 7 | 5 | 6 | 4 | 6 | 1 | 1 | 2 |
| 4 | 1 | 3 | 1 | 2 | 5 | 5 | 6 |
| 5 | 2 | 2 | 3 | 4 | 4 | 7 | 1 |
| 6 | 5 | 5 | 7 | 3 | 1 | 5 | 4 |
| 7 | 7 | 1 | 7 | 5 | 3 | 4 | 4 |
| 1 | 6 | 2 | 5 | 4 | 4 | 3 | 7 |
| 2 | 6 | 6 | 7 | 1 | 7 | 3 | 3 |

| | | | | | | | |
|---|---|---|---|---|---|---|---|
| 2 | 2 | 6 | 4 | 7 | 4 | 3 | 2 |
| 3 | 6 | 4 | 7 | 5 | 1 | 6 | 4 |
| 3 | 5 | 1 | 4 | 4 | 3 | 6 | 2 |
| 5 | 3 | 3 | 2 | 1 | 2 | 7 | 3 |
| 2 | 7 | 7 | 4 | 7 | 5 | 1 | 3 |
| 3 | 3 | 4 | 1 | 2 | 5 | 5 | 2 |
| 7 | 1 | 1 | 6 | 5 | 2 | 4 | 5 |
| 7 | 4 | 7 | 5 | 3 | 4 | 2 | 4 |

| | | | | | | | |
|---|---|---|---|---|---|---|---|
| 5 | 1 | 7 | 3 | 4 | 6 | 2 | 4 |
| 7 | 5 | 1 | 7 | 5 | 7 | 4 | 6 |
| 3 | 6 | 4 | 4 | 2 | 7 | 4 | 5 |
| 1 | 7 | 4 | 1 | 3 | 5 | 5 | 4 |
| 3 | 4 | 3 | 1 | 4 | 5 | 6 | 2 |
| 4 | 5 | 3 | 7 | 6 | 2 | 3 | 5 |
| 6 | 5 | 5 | 2 | 1 | 5 | 7 | 3 |
| 3 | 3 | 6 | 7 | 7 | 1 | 7 | 4 |

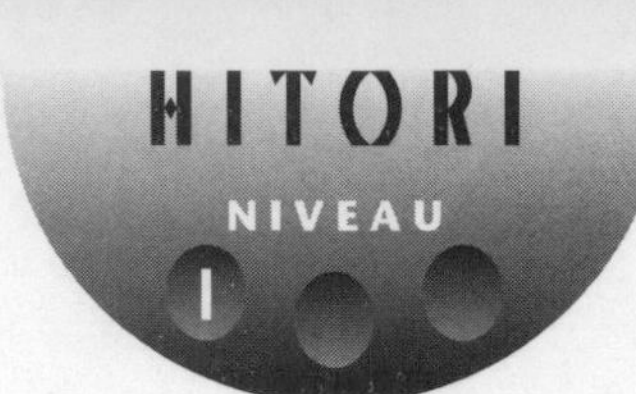


| 5 | 5 | 1 | 4 | 7 | 6 | 6 | 5 |
|---|---|---|---|---|---|---|---|
| 4 | 4 | 2 | 2 | 5 | 6 | 3 | 1 |
| 1 | 7 | 4 | 2 | 3 | 4 | 5 | 6 |
| 1 | 1 | 3 | 3 | 4 | 7 | 3 | 5 |
| 5 | 4 | 7 | 2 | 6 | 4 | 2 | 2 |
| 3 | 1 | 5 | 6 | 7 | 2 | 1 | 7 |
| 7 | 6 | 3 | 3 | 2 | 7 | 4 | 7 |
| 7 | 3 | 6 | 5 | 1 | 4 | 7 | 2 |

| | | | | | | | |
|---|---|---|---|---|---|---|---|
| 5 | 3 | 1 | 1 | 4 | 3 | 2 | 6 |
| 5 | 1 | 1 | 3 | 7 | 4 | 3 | 5 |
| 3 | 7 | 4 | 3 | 6 | 2 | 5 | 1 |
| 5 | 6 | 1 | 2 | 5 | 1 | 1 | 5 |
| 2 | 5 | 3 | 2 | 1 | 6 | 1 | 4 |
| 4 | 1 | 2 | 1 | 7 | 5 | 7 | 3 |
| 4 | 4 | 7 | 6 | 2 | 1 | 3 | 6 |
| 6 | 2 | 4 | 5 | 5 | 3 | 4 | 7 |

| | | | | | | | |
|---|---|---|---|---|---|---|---|
| 2 | 3 | 1 | 7 | 4 | 3 | 4 | 3 |
| 7 | 2 | 7 | 4 | 1 | 6 | 2 | 3 |
| 5 | 1 | 7 | 5 | 4 | 4 | 2 | 6 |
| 4 | 2 | 3 | 2 | 7 | 5 | 5 | 1 |
| 6 | 7 | 7 | 1 | 1 | 5 | 3 | 1 |
| 5 | 6 | 2 | 5 | 3 | 3 | 1 | 7 |
| 3 | 1 | 4 | 6 | 5 | 1 | 7 | 7 |
| 4 | 3 | 5 | 2 | 4 | 3 | 6 | 2 |

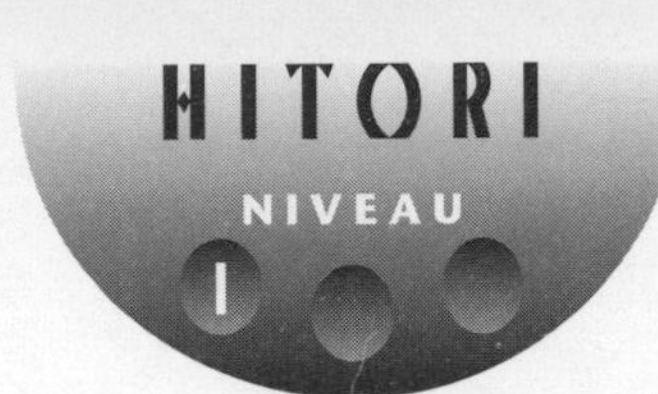


| | | | | | | | |
|---|---|---|---|---|---|---|---|
| 5 | 6 | 2 | 7 | 3 | 7 | 6 | 6 |
| 4 | 1 | 4 | 3 | 3 | 6 | 5 | 2 |
| 2 | 6 | 7 | 2 | 4 | 6 | 1 | 4 |
| 6 | 2 | 2 | 4 | 1 | 5 | 7 | 1 |
| 2 | 6 | 3 | 6 | 1 | 7 | 6 | 4 |
| 2 | 5 | 4 | 7 | 6 | 7 | 2 | 7 |
| 1 | 7 | 6 | 5 | 1 | 3 | 4 | 4 |
| 2 | 4 | 2 | 1 | 2 | 3 | 3 | 6 |

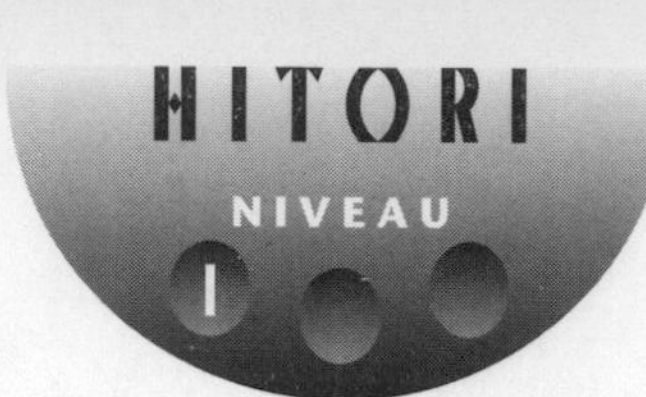


| | | | | | | | |
|---|---|---|---|---|---|---|---|
| 5 | 2 | 3 | 7 | 1 | 6 | 3 | 1 |
| 7 | 3 | 4 | 3 | 2 | 7 | 5 | 7 |
| 6 | 7 | 5 | 4 | 1 | 2 | 4 | 3 |
| 4 | 7 | 3 | 2 | 4 | 7 | 7 | 5 |
| 1 | 3 | 2 | 4 | 5 | 1 | 7 | 2 |
| 1 | 4 | 2 | 5 | 2 | 3 | 5 | 6 |
| 3 | 6 | 6 | 1 | 4 | 2 | 2 | 7 |
| 5 | 6 | 7 | 4 | 3 | 5 | 5 | 4 |

| | | | | | | | |
|---|---|---|---|---|---|---|---|
| 5 | 3 | 2 | 5 | 7 | 1 | 5 | 3 |
| 5 | 7 | 6 | 7 | 2 | 4 | 4 | 1 |
| 6 | 7 | 3 | 1 | 4 | 4 | 3 | 3 |
| 3 | 1 | 5 | 4 | 3 | 6 | 6 | 7 |
| 4 | 6 | 3 | 2 | 2 | 5 | 6 | 6 |
| 3 | 2 | 4 | 7 | 5 | 6 | 7 | 7 |
| 1 | 6 | 7 | 5 | 4 | 7 | 2 | 3 |
| 1 | 5 | 5 | 3 | 1 | 7 | 5 | 2 |

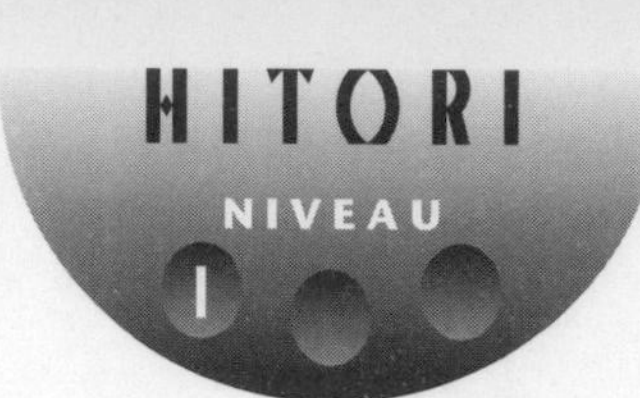


| | | | | | | | |
|---|---|---|---|---|---|---|---|
| 3 | 7 | 7 | 3 | 3 | 1 | 6 | 4 |
| 7 | 3 | 4 | 2 | 6 | 5 | 2 | 1 |
| 3 | 4 | 5 | 3 | 1 | 2 | 2 | 1 |
| 5 | 5 | 7 | 4 | 4 | 6 | 1 | 2 |
| 7 | 6 | 7 | 1 | 3 | 4 | 1 | 7 |
| 1 | 5 | 3 | 7 | 4 | 2 | 4 | 6 |
| 4 | 2 | 6 | 5 | 4 | 6 | 3 | 3 |
| 4 | 1 | 5 | 6 | 1 | 7 | 5 | 3 |

| | | | | | | | |
|---|---|---|---|---|---|---|---|
| 1 | 3 | 3 | 2 | 2 | 5 | 6 | 2 |
| 4 | 1 | 2 | 6 | 7 | 3 | 4 | 5 |
| 6 | 4 | 1 | 2 | 2 | 1 | 7 | 4 |
| 7 | 4 | 6 | 3 | 6 | 1 | 5 | 7 |
| 7 | 3 | 6 | 1 | 5 | 7 | 4 | 5 |
| 2 | 5 | 7 | 2 | 4 | 2 | 6 | 6 |
| 5 | 6 | 6 | 4 | 1 | 7 | 3 | 2 |
| 2 | 5 | 5 | 7 | 2 | 6 | 5 | 1 |

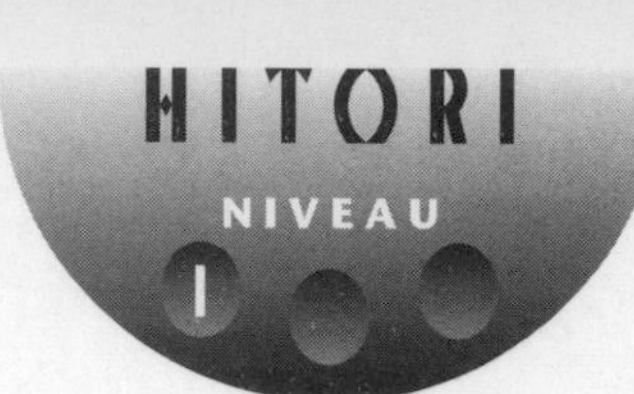


| | | | | | | | |
|---|---|---|---|---|---|---|---|
| 2 | 4 | 3 | 7 | 5 | 6 | 1 | 2 |
| 2 | 7 | 4 | 7 | 3 | 3 | 6 | 2 |
| 6 | 2 | 2 | 5 | 2 | 1 | 4 | 4 |
| 1 | 3 | 5 | 1 | 6 | 2 | 4 | 1 |
| 1 | 2 | 6 | 6 | 7 | 3 | 3 | 6 |
| 5 | 7 | 7 | 1 | 7 | 3 | 2 | 6 |
| 7 | 5 | 6 | 5 | 2 | 4 | 3 | 3 |
| 7 | 6 | 6 | 2 | 1 | 2 | 7 | 5 |

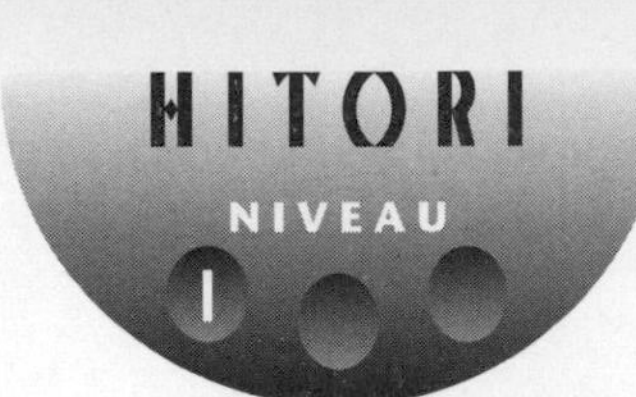


| | | | | | | | |
|---|---|---|---|---|---|---|---|
| 4 | 1 | 6 | 5 | 5 | 3 | 4 | 2 |
| 6 | 4 | 3 | 3 | 5 | 2 | 4 | 1 |
| 3 | 2 | 5 | 4 | 1 | 4 | 3 | 6 |
| 1 | 4 | 5 | 6 | 6 | 5 | 2 | 5 |
| 6 | 3 | 1 | 3 | 6 | 4 | 1 | 5 |
| 3 | 6 | 3 | 2 | 1 | 1 | 5 | 4 |
| 5 | 4 | 2 | 3 | 4 | 6 | 1 | 6 |
| 3 | 5 | 4 | 4 | 2 | 6 | 6 | 3 |

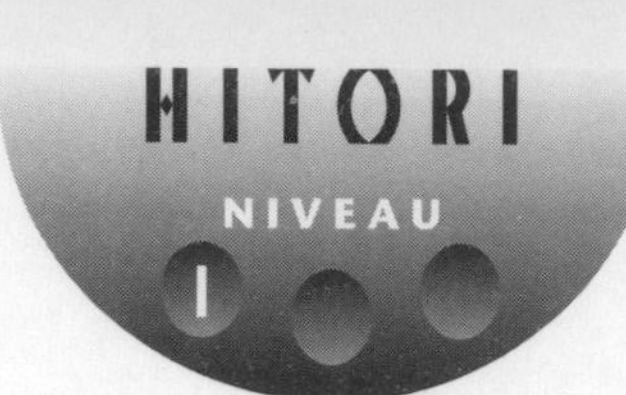


| | | | | | | | |
|---|---|---|---|---|---|---|---|
| 5 | 1 | 4 | 7 | 3 | 1 | 2 | 1 |
| 3 | 2 | 4 | 6 | 2 | 5 | 4 | 5 |
| 4 | 7 | 5 | 2 | 1 | 1 | 3 | 6 |
| 7 | 1 | 6 | 5 | 2 | 7 | 6 | 6 |
| 6 | 1 | 1 | 6 | 4 | 1 | 5 | 7 |
| 1 | 4 | 2 | 3 | 4 | 6 | 2 | 5 |
| 2 | 5 | 2 | 4 | 6 | 1 | 7 | 3 |
| 7 | 2 | 6 | 1 | 2 | 2 | 4 | 4 |

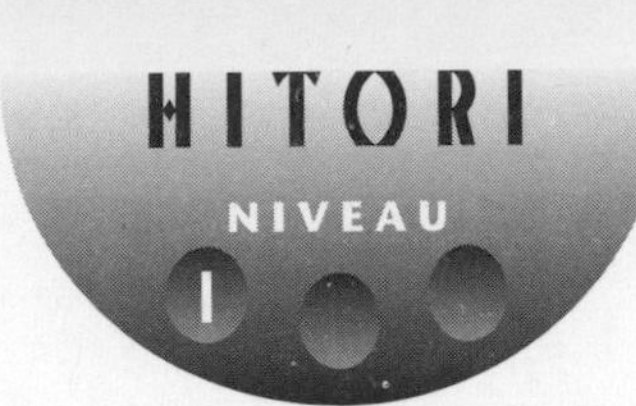


| | | | | | | | |
|---|---|---|---|---|---|---|---|
| 6 | 4 | 4 | 1 | 2 | 2 | 6 | 2 |
| 6 | 2 | 4 | 7 | 5 | 1 | 3 | 5 |
| 3 | 7 | 7 | 3 | 6 | 2 | 6 | 4 |
| 4 | 3 | 5 | 4 | 3 | 7 | 7 | 1 |
| 7 | 1 | 3 | 5 | 7 | 4 | 2 | 6 |
| 2 | 6 | 7 | 5 | 1 | 7 | 5 | 5 |
| 3 | 7 | 6 | 4 | 5 | 7 | 1 | 2 |
| 5 | 3 | 5 | 2 | 7 | 4 | 4 | 2 |

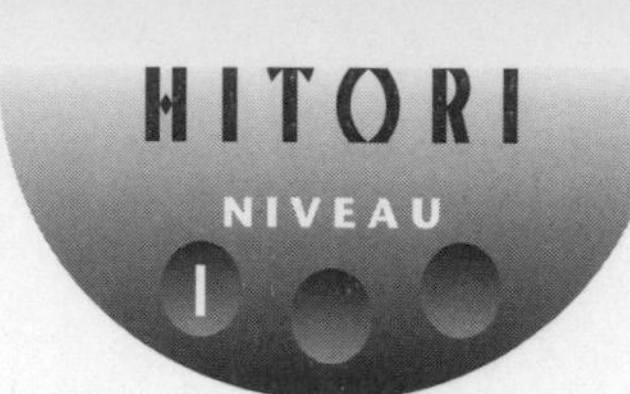


| | | | | | | | |
|---|---|---|---|---|---|---|---|
| 4 | 6 | 5 | 6 | 7 | 2 | 7 | 7 |
| 3 | 2 | 4 | 3 | 5 | 7 | 5 | 1 |
| 6 | 5 | 3 | 7 | 3 | 4 | 1 | 5 |
| 1 | 6 | 7 | 3 | 4 | 3 | 5 | 7 |
| 5 | 6 | 7 | 5 | 6 | 1 | 3 | 1 |
| 7 | 4 | 2 | 1 | 6 | 5 | 6 | 3 |
| 7 | 7 | 5 | 5 | 3 | 3 | 2 | 5 |
| 2 | 5 | 1 | 6 | 7 | 3 | 4 | 6 |

| | | | | | | | |
|---|---|---|---|---|---|---|---|
| 3 | 4 | 3 | 4 | 2 | 4 | 5 | 5 |
| 6 | 4 | 7 | 3 | 5 | 1 | 2 | 4 |
| 3 | 6 | 3 | 5 | 1 | 1 | 4 | 7 |
| 5 | 3 | 5 | 4 | 3 | 6 | 4 | 2 |
| 1 | 5 | 1 | 6 | 3 | 4 | 7 | 3 |
| 2 | 6 | 1 | 1 | 7 | 6 | 6 | 5 |
| 7 | 2 | 4 | 1 | 6 | 5 | 7 | 3 |
| 5 | 2 | 2 | 4 | 4 | 1 | 1 | 6 |

| | | | | | | | |
|---|---|---|---|---|---|---|---|
| 6 | 6 | 3 | 2 | 2 | 5 | 7 | 7 |
| 2 | 7 | 6 | 7 | 7 | 4 | 1 | 3 |
| 4 | 3 | 7 | 2 | 5 | 5 | 6 | 2 |
| 7 | 2 | 4 | 3 | 4 | 6 | 5 | 1 |
| 5 | 2 | 1 | 7 | 7 | 5 | 2 | 7 |
| 7 | 7 | 5 | 6 | 3 | 1 | 4 | 2 |
| 1 | 7 | 2 | 2 | 6 | 3 | 2 | 7 |
| 6 | 1 | 4 | 5 | 5 | 2 | 3 | 2 |

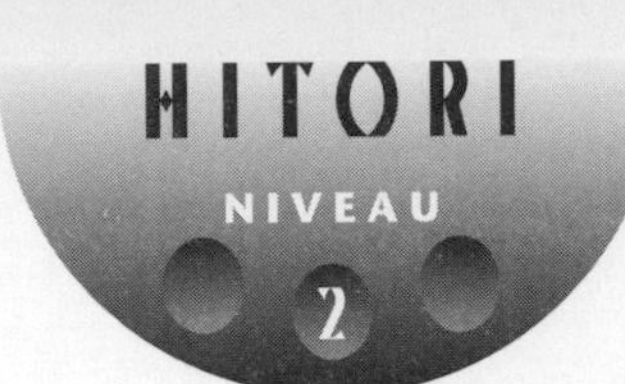


| | | | | | | | | | |
|---|---|---|---|---|---|---|---|---|---|
| 3 | 7 | 6 | 8 | 8 | 5 | 9 | 4 | 6 | 4 |
| 5 | 9 | 2 | 4 | 5 | 8 | 8 | 6 | 3 | 3 |
| 4 | 6 | 6 | 9 | 3 | 8 | 8 | 2 | 3 | 5 |
| 1 | 1 | 3 | 5 | 5 | 7 | 2 | 9 | 9 | 6 |
| 6 | 1 | 6 | 8 | 9 | 2 | 1 | 5 | 8 | 8 |
| 9 | 5 | 5 | 6 | 6 | 3 | 1 | 8 | 5 | 7 |
| 2 | 4 | 5 | 7 | 8 | 6 | 7 | 9 | 1 | 3 |
| 1 | 8 | 1 | 4 | 6 | 9 | 5 | 4 | 2 | 9 |
| 5 | 3 | 3 | 2 | 3 | 9 | 4 | 7 | 5 | 8 |
| 6 | 1 | 8 | 3 | 4 | 1 | 7 | 7 | 5 | 2 |

| | | | | | | | | | |
|---|---|---|---|---|---|---|---|---|---|
| 3 | 7 | 7 | 2 | 1 | 2 | 4 | 7 | 3 | 6 |
| 1 | 6 | 2 | 4 | 2 | 9 | 8 | 7 | 5 | 9 |
| 5 | 9 | 7 | 3 | 8 | 7 | 2 | 1 | 6 | 9 |
| 3 | 2 | 9 | 6 | 6 | 7 | 1 | 6 | 4 | 8 |
| 7 | 9 | 7 | 5 | 3 | 3 | 6 | 6 | 7 | 5 |
| 8 | 1 | 6 | 9 | 7 | 4 | 3 | 1 | 2 | 5 |
| 4 | 5 | 9 | 7 | 3 | 4 | 6 | 9 | 6 | 4 |
| 4 | 9 | 1 | 6 | 2 | 2 | 9 | 7 | 8 | 7 |
| 7 | 4 | 7 | 1 | 2 | 5 | 1 | 8 | 9 | 3 |
| 8 | 3 | 4 | 8 | 9 | 4 | 5 | 2 | 8 | 1 |

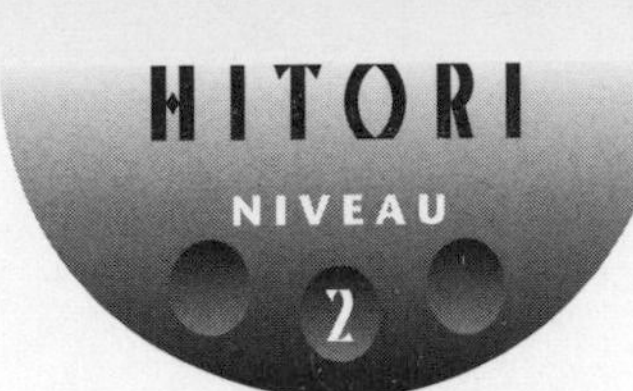


| 6 | 9 | 8 | 2 | 3 | 1 | 4 | 9 | 3 | 7 |
|---|---|---|---|---|---|---|---|---|---|
| 3 | 4 | 8 | 1 | 3 | 7 | 8 | 5 | 5 | 9 |
| 6 | 6 | 2 | 8 | 5 | 3 | 2 | 8 | 4 | 5 |
| 1 | 3 | 7 | 4 | 2 | 8 | 6 | 7 | 9 | 5 |
| 7 | 7 | 8 | 8 | 3 | 4 | 4 | 1 | 3 | 2 |
| 2 | 9 | 6 | 5 | 4 | 6 | 1 | 3 | 3 | 8 |
| 2 | 8 | 5 | 5 | 7 | 9 | 2 | 4 | 6 | 2 |
| 9 | 9 | 4 | 6 | 9 | 2 | 6 | 7 | 6 | 1 |
| 4 | 5 | 3 | 2 | 9 | 6 | 7 | 2 | 8 | 6 |
| 7 | 9 | 1 | 9 | 8 | 6 | 1 | 5 | 4 | 4 |

| | | | | | | | | | |
|---|---|---|---|---|---|---|---|---|---|
| 7 | 5 | 3 | 2 | 4 | 6 | 9 | 3 | 8 | 4 |
| 2 | 6 | 8 | 1 | 6 | 1 | 5 | 9 | 3 | 2 |
| 3 | 8 | 3 | 4 | 8 | 7 | 1 | 2 | 6 | 1 |
| 3 | 3 | 6 | 3 | 7 | 8 | 1 | 4 | 4 | 2 |
| 6 | 2 | 7 | 3 | 8 | 9 | 9 | 5 | 4 | 6 |
| 8 | 4 | 8 | 9 | 2 | 1 | 2 | 9 | 5 | 7 |
| 7 | 1 | 9 | 6 | 4 | 3 | 7 | 3 | 9 | 6 |
| 5 | 9 | 8 | 6 | 2 | 4 | 3 | 2 | 7 | 8 |
| 2 | 6 | 2 | 3 | 5 | 3 | 6 | 7 | 1 | 3 |
| 1 | 7 | 4 | 8 | 2 | 2 | 6 | 7 | 9 | 3 |

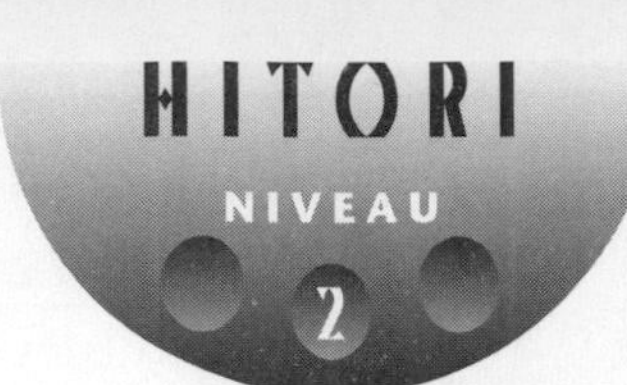


| | | | | | | | | | |
|---|---|---|---|---|---|---|---|---|---|
| 5 | 5 | 7 | 1 | 8 | 2 | 8 | 6 | 9 | 6 |
| 1 | 7 | 2 | 2 | 4 | 4 | 5 | 3 | 5 | 9 |
| 8 | 3 | 9 | 6 | 7 | 5 | 4 | 5 | 2 | 1 |
| 4 | 2 | 4 | 4 | 2 | 6 | 9 | 7 | 8 | 6 |
| 2 | 8 | 6 | 7 | 9 | 8 | 3 | 6 | 7 | 4 |
| 5 | 4 | 8 | 7 | 2 | 9 | 4 | 5 | 3 | 5 |
| 7 | 7 | 3 | 6 | 6 | 4 | 2 | 8 | 2 | 5 |
| 3 | 5 | 8 | 9 | 8 | 6 | 7 | 6 | 1 | 2 |
| 4 | 6 | 4 | 3 | 3 | 7 | 1 | 1 | 5 | 4 |
| 4 | 9 | 2 | 3 | 3 | 8 | 2 | 1 | 6 | 7 |

| | | | | | | | | | |
|---|---|---|---|---|---|---|---|---|---|
| 1 | 1 | 8 | 5 | 7 | 3 | 2 | 5 | 3 | 8 |
| 3 | 5 | 7 | 2 | 2 | 1 | 9 | 4 | 6 | 8 |
| 9 | 4 | 2 | 7 | 3 | 9 | 5 | 6 | 2 | 2 |
| 8 | 3 | 3 | 6 | 8 | 9 | 3 | 7 | 8 | 5 |
| 4 | 6 | 7 | 9 | 8 | 3 | 7 | 9 | 5 | 2 |
| 7 | 2 | 5 | 2 | 1 | 7 | 6 | 8 | 9 | 9 |
| 5 | 1 | 9 | 3 | 6 | 5 | 4 | 2 | 5 | 6 |
| 5 | 6 | 2 | 4 | 6 | 7 | 3 | 9 | 8 | 7 |
| 6 | 8 | 4 | 4 | 9 | 2 | 5 | 5 | 2 | 3 |
| 7 | 3 | 6 | 2 | 9 | 7 | 8 | 9 | 4 | 9 |

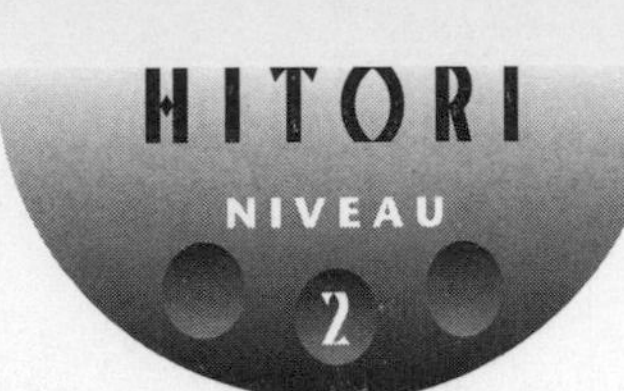


| | | | | | | | | | |
|---|---|---|---|---|---|---|---|---|---|
| 7 | 2 | 5 | 3 | 1 | 5 | 9 | 9 | 8 | 6 |
| 9 | 7 | 5 | 2 | 8 | 3 | 6 | 3 | 9 | 5 |
| 9 | 8 | 8 | 6 | 1 | 1 | 8 | 4 | 4 | 7 |
| 7 | 3 | 4 | 1 | 7 | 6 | 8 | 1 | 2 | 9 |
| 1 | 4 | 4 | 8 | 5 | 7 | 2 | 5 | 7 | 5 |
| 5 | 5 | 8 | 1 | 4 | 7 | 9 | 9 | 3 | 1 |
| 7 | 5 | 6 | 7 | 6 | 2 | 1 | 8 | 4 | 4 |
| 4 | 9 | 7 | 6 | 6 | 5 | 3 | 9 | 1 | 5 |
| 9 | 6 | 5 | 1 | 9 | 4 | 6 | 5 | 3 | 3 |
| 6 | 1 | 2 | 9 | 4 | 3 | 5 | 7 | 4 | 8 |

| | | | | | | | | | |
|---|---|---|---|---|---|---|---|---|---|
| 2 | 8 | 8 | 3 | 9 | 9 | 5 | 9 | 7 | 1 |
| 7 | 6 | 4 | 9 | 4 | 1 | 2 | 1 | 7 | 5 |
| 2 | 4 | 3 | 2 | 7 | 8 | 6 | 6 | 2 | 9 |
| 5 | 1 | 4 | 1 | 3 | 4 | 7 | 6 | 9 | 2 |
| 1 | 9 | 7 | 3 | 6 | 4 | 4 | 3 | 8 | 3 |
| 9 | 5 | 1 | 7 | 1 | 1 | 8 | 6 | 6 | 4 |
| 4 | 6 | 6 | 2 | 9 | 5 | 3 | 5 | 1 | 9 |
| 5 | 1 | 8 | 8 | 6 | 5 | 9 | 5 | 4 | 6 |
| 6 | 8 | 1 | 4 | 5 | 7 | 5 | 9 | 3 | 3 |
| 8 | 1 | 9 | 3 | 1 | 5 | 4 | 7 | 5 | 3 |

| | | | | | | | | | |
|---|---|---|---|---|---|---|---|---|---|
| 3 | 1 | 6 | 8 | 3 | 8 | 4 | 2 | 3 | 7 |
| 5 | 9 | 8 | 6 | 2 | 9 | 6 | 2 | 3 | 4 |
| 3 | 8 | 2 | 4 | 3 | 1 | 3 | 9 | 5 | 4 |
| 9 | 6 | 4 | 6 | 1 | 6 | 9 | 8 | 7 | 8 |
| 7 | 3 | 3 | 1 | 9 | 2 | 5 | 8 | 4 | 3 |
| 5 | 2 | 9 | 6 | 7 | 4 | 3 | 4 | 6 | 5 |
| 6 | 7 | 1 | 3 | 5 | 4 | 2 | 4 | 8 | 9 |
| 1 | 9 | 6 | 7 | 3 | 6 | 3 | 5 | 7 | 3 |
| 9 | 1 | 3 | 6 | 4 | 8 | 7 | 6 | 1 | 2 |
| 1 | 4 | 5 | 9 | 4 | 7 | 8 | 6 | 6 | 1 |

| | | | | | | | | | |
|---|---|---|---|---|---|---|---|---|---|
| 3 | 1 | 9 | 8 | 9 | 8 | 7 | 6 | 3 | 4 |
| 7 | 5 | 1 | 2 | 4 | 2 | 8 | 3 | 6 | 7 |
| 9 | 2 | 4 | 7 | 8 | 8 | 3 | 4 | 1 | 5 |
| 7 | 7 | 8 | 1 | 2 | 1 | 5 | 4 | 5 | 5 |
| 2 | 6 | 9 | 1 | 7 | 3 | 5 | 2 | 9 | 8 |
| 9 | 3 | 7 | 2 | 6 | 8 | 2 | 9 | 8 | 7 |
| 4 | 8 | 6 | 5 | 3 | 9 | 7 | 7 | 9 | 1 |
| 5 | 4 | 4 | 9 | 4 | 8 | 6 | 2 | 7 | 3 |
| 7 | 7 | 9 | 9 | 1 | 6 | 1 | 5 | 2 | 5 |
| 8 | 9 | 9 | 2 | 5 | 4 | 1 | 9 | 3 | 6 |

| | | | | | | | | | |
|---|---|---|---|---|---|---|---|---|---|
| 9 | 3 | 9 | 5 | 5 | 4 | 2 | 8 | 6 | 6 |
| 5 | 8 | 2 | 4 | 8 | 2 | 4 | 3 | 6 | 6 |
| 6 | 9 | 2 | 5 | 7 | 8 | 4 | 1 | 8 | 3 |
| 8 | 1 | 1 | 6 | 6 | 9 | 5 | 1 | 7 | 5 |
| 7 | 7 | 4 | 6 | 3 | 6 | 1 | 4 | 1 | 2 |
| 4 | 6 | 5 | 4 | 1 | 8 | 2 | 7 | 2 | 9 |
| 9 | 1 | 5 | 7 | 6 | 5 | 8 | 6 | 8 | 4 |
| 6 | 2 | 6 | 9 | 8 | 8 | 7 | 5 | 4 | 5 |
| 7 | 5 | 4 | 3 | 3 | 1 | 2 | 2 | 4 | 8 |
| 6 | 4 | 9 | 8 | 2 | 6 | 3 | 9 | 1 | 5 |

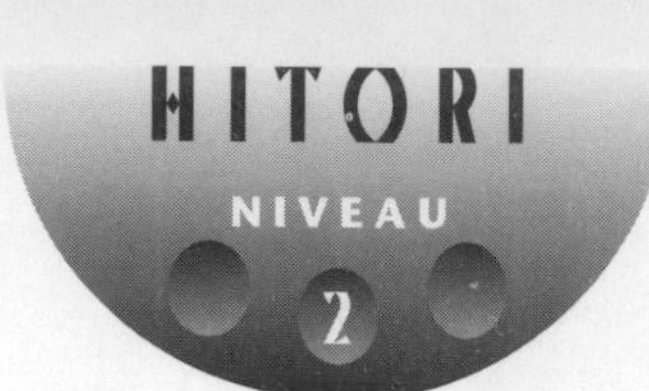


| 9 | 5 | 8 | 4 | 2 | 2 | 1 | 6 | 1 | 8 |
|---|---|---|---|---|---|---|---|---|---|
| 8 | 4 | 4 | 7 | 3 | 9 | 2 | 6 | 6 | 7 |
| 7 | 9 | 6 | 2 | 7 | 5 | 5 | 4 | 1 | 3 |
| 5 | 3 | 8 | 9 | 1 | 2 | 9 | 7 | 3 | 3 |
| 3 | 7 | 6 | 6 | 4 | 8 | 5 | 6 | 2 | 1 |
| 4 | 8 | 7 | 8 | 5 | 7 | 3 | 1 | 3 | 6 |
| 4 | 3 | 9 | 8 | 7 | 4 | 3 | 2 | 7 | 8 |
| 1 | 6 | 9 | 9 | 7 | 3 | 4 | 8 | 5 | 2 |
| 7 | 1 | 5 | 3 | 5 | 7 | 6 | 7 | 9 | 1 |
| 2 | 4 | 8 | 7 | 6 | 1 | 9 | 9 | 8 | 5 |

| | | | | | | | | | |
|---|---|---|---|---|---|---|---|---|---|
| 7 | 1 | 7 | 5 | 2 | 9 | 6 | 9 | 8 | 2 |
| 7 | 5 | 4 | 8 | 8 | 1 | 3 | 7 | 9 | 3 |
| 4 | 7 | 8 | 9 | 6 | 6 | 2 | 7 | 3 | 5 |
| 9 | 8 | 7 | 6 | 9 | 7 | 1 | 3 | 5 | 3 |
| 9 | 9 | 1 | 3 | 2 | 2 | 1 | 5 | 7 | 6 |
| 1 | 4 | 2 | 6 | 7 | 9 | 8 | 2 | 6 | 9 |
| 7 | 2 | 8 | 7 | 5 | 3 | 3 | 8 | 2 | 4 |
| 8 | 6 | 7 | 1 | 4 | 3 | 5 | 2 | 4 | 9 |
| 6 | 3 | 8 | 8 | 1 | 5 | 5 | 4 | 5 | 2 |
| 4 | 9 | 5 | 1 | 4 | 6 | 7 | 7 | 2 | 1 |

| | | | | | | | | | |
|---|---|---|---|---|---|---|---|---|---|
| 6 | 4 | 7 | 3 | 8 | 3 | 9 | 4 | 1 | 1 |
| 2 | 5 | 8 | 4 | 6 | 9 | 4 | 4 | 1 | 7 |
| 9 | 2 | 2 | 9 | 5 | 6 | 3 | 3 | 5 | 9 |
| 3 | 9 | 6 | 4 | 5 | 3 | 7 | 8 | 8 | 2 |
| 4 | 5 | 1 | 7 | 3 | 2 | 3 | 3 | 6 | 5 |
| 9 | 6 | 9 | 5 | 3 | 8 | 2 | 1 | 7 | 4 |
| 1 | 2 | 3 | 2 | 5 | 5 | 3 | 9 | 6 | 6 |
| 3 | 7 | 2 | 3 | 9 | 6 | 6 | 9 | 3 | 2 |
| 7 | 4 | 1 | 8 | 1 | 3 | 5 | 6 | 2 | 9 |
| 2 | 3 | 9 | 6 | 8 | 7 | 9 | 2 | 8 | 9 |

| | | | | | | | | | |
|---|---|---|---|---|---|---|---|---|---|
| 4 | 8 | 6 | 6 | 1 | 6 | 3 | 5 | 4 | 3 |
| 3 | 9 | 4 | 1 | 8 | 5 | 8 | 2 | 6 | 4 |
| 2 | 7 | 9 | 2 | 3 | 7 | 5 | 1 | 2 | 9 |
| 4 | 5 | 2 | 8 | 5 | 6 | 1 | 2 | 7 | 3 |
| 1 | 4 | 3 | 1 | 2 | 7 | 7 | 6 | 9 | 4 |
| 6 | 5 | 3 | 2 | 7 | 3 | 8 | 4 | 1 | 9 |
| 6 | 6 | 4 | 7 | 7 | 9 | 4 | 8 | 6 | 2 |
| 2 | 1 | 3 | 6 | 9 | 6 | 7 | 1 | 3 | 8 |
| 5 | 3 | 8 | 8 | 4 | 1 | 2 | 9 | 7 | 7 |
| 4 | 2 | 9 | 9 | 6 | 5 | 4 | 3 | 5 | 4 |

| | | | | | | | | | |
|---|---|---|---|---|---|---|---|---|---|
| 2 | 7 | 8 | 6 | 5 | 8 | 5 | 1 | 8 | 3 |
| 4 | 3 | 7 | 1 | 5 | 9 | 4 | 4 | 8 | 6 |
| 3 | 9 | 1 | 6 | 6 | 5 | 2 | 6 | 5 | 7 |
| 6 | 3 | 9 | 7 | 7 | 4 | 1 | 3 | 8 | 8 |
| 2 | 8 | 3 | 2 | 9 | 4 | 4 | 7 | 3 | 5 |
| 9 | 2 | 4 | 8 | 8 | 3 | 4 | 5 | 6 | 1 |
| 6 | 4 | 8 | 5 | 5 | 6 | 9 | 4 | 7 | 8 |
| 1 | 6 | 8 | 8 | 3 | 7 | 7 | 9 | 4 | 2 |
| 4 | 5 | 3 | 5 | 7 | 2 | 6 | 3 | 1 | 4 |
| 4 | 1 | 2 | 3 | 3 | 5 | 7 | 6 | 4 | 9 |

| | | | | | | | | | |
|---|---|---|---|---|---|---|---|---|---|
| 5 | 6 | 4 | 5 | 3 | 4 | 1 | 8 | 2 | 8 |
| 3 | 8 | 6 | 5 | 8 | 4 | 7 | 1 | 1 | 2 |
| 2 | 5 | 1 | 1 | 2 | 5 | 4 | 7 | 8 | 7 |
| 4 | 3 | 3 | 2 | 7 | 1 | 4 | 5 | 2 | 6 |
| 8 | 8 | 2 | 4 | 5 | 3 | 3 | 7 | 6 | 7 |
| 5 | 7 | 5 | 4 | 6 | 3 | 2 | 1 | 4 | 8 |
| 2 | 7 | 8 | 1 | 2 | 7 | 6 | 6 | 3 | 7 |
| 1 | 2 | 7 | 7 | 4 | 1 | 8 | 1 | 5 | 3 |
| 4 | 8 | 3 | 7 | 1 | 2 | 6 | 4 | 1 | 5 |
| 6 | 1 | 7 | 8 | 5 | 5 | 6 | 2 | 7 | 8 |

# HITORI

NIVEAU 2

| | | | | | | | | | |
|---|---|---|---|---|---|---|---|---|---|
| 1 | 4 | 8 | 1 | 5 | 9 | 2 | 6 | 2 | 3 |
| 2 | 4 | 5 | 1 | 4 | 3 | 5 | 8 | 6 | 7 |
| 8 | 9 | 3 | 8 | 6 | 3 | 7 | 6 | 2 | 4 |
| 4 | 7 | 6 | 9 | 1 | 7 | 5 | 9 | 6 | 2 |
| 8 | 7 | 1 | 4 | 3 | 4 | 6 | 5 | 1 | 8 |
| 6 | 2 | 9 | 1 | 7 | 5 | 2 | 3 | 9 | 1 |
| 6 | 1 | 7 | 2 | 8 | 6 | 4 | 2 | 9 | 8 |
| 3 | 1 | 1 | 4 | 9 | 4 | 4 | 2 | 7 | 5 |
| 5 | 3 | 4 | 7 | 3 | 2 | 8 | 1 | 2 | 9 |
| 7 | 2 | 2 | 9 | 8 | 1 | 2 | 4 | 5 | 7 |

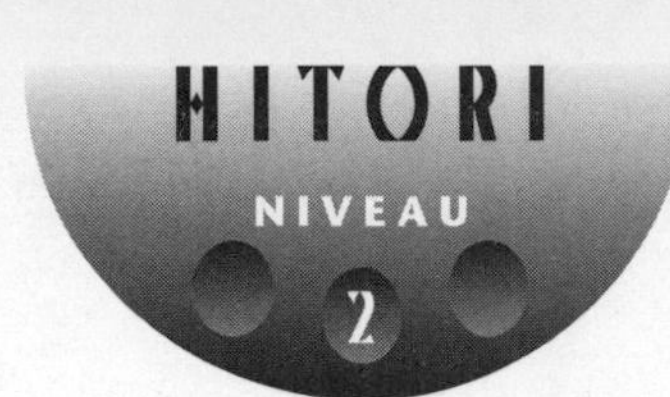


| | | | | | | | | | |
|---|---|---|---|---|---|---|---|---|---|
| 8 | 9 | 5 | 6 | 1 | 2 | 5 | 8 | 3 | 7 |
| 8 | 8 | 5 | 9 | 6 | 1 | 1 | 7 | 1 | 9 |
| 3 | 6 | 7 | 1 | 4 | 9 | 7 | 5 | 2 | 4 |
| 2 | 7 | 7 | 4 | 2 | 3 | 8 | 1 | 6 | 6 |
| 2 | 3 | 9 | 9 | 8 | 1 | 7 | 9 | 1 | 1 |
| 3 | 1 | 6 | 9 | 5 | 5 | 1 | 2 | 7 | 3 |
| 5 | 4 | 8 | 2 | 7 | 1 | 6 | 3 | 3 | 2 |
| 9 | 9 | 1 | 2 | 5 | 1 | 3 | 8 | 4 | 8 |
| 4 | 2 | 5 | 3 | 2 | 7 | 9 | 8 | 5 | 9 |
| 5 | 5 | 3 | 9 | 4 | 8 | 9 | 9 | 6 | 1 |

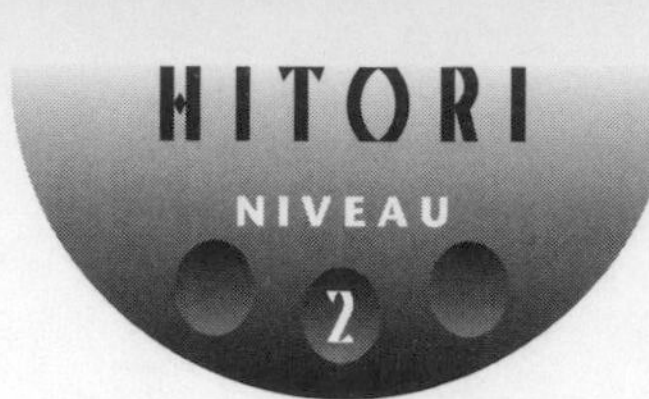


| | | | | | | | | | |
|---|---|---|---|---|---|---|---|---|---|
| 8 | 5 | 2 | 7 | 7 | 3 | 5 | 1 | 6 | 1 |
| 3 | 6 | 7 | 4 | 4 | 5 | 8 | 1 | 2 | 6 |
| 5 | 4 | 4 | 8 | 2 | 7 | 1 | 7 | 2 | 6 |
| 4 | 5 | 8 | 7 | 3 | 1 | 5 | 4 | 8 | 2 |
| 6 | 2 | 1 | 7 | 8 | 7 | 4 | 5 | 5 | 3 |
| 4 | 4 | 8 | 2 | 5 | 3 | 6 | 3 | 7 | 3 |
| 3 | 4 | 5 | 4 | 1 | 2 | 7 | 3 | 3 | 8 |
| 1 | 8 | 3 | 3 | 6 | 5 | 2 | 5 | 4 | 8 |
| 2 | 6 | 6 | 5 | 8 | 4 | 3 | 8 | 1 | 7 |
| 4 | 7 | 3 | 4 | 4 | 8 | 4 | 6 | 4 | 5 |

| | | | | | | | | | |
|---|---|---|---|---|---|---|---|---|---|
| 1 | 6 | 3 | 1 | 2 | 7 | 4 | 3 | 4 | 7 |
| 4 | 5 | 3 | 2 | 6 | 1 | 9 | 7 | 3 | 1 |
| 3 | 3 | 8 | 7 | 4 | 2 | 9 | 1 | 9 | 7 |
| 2 | 9 | 2 | 6 | 3 | 3 | 7 | 5 | 1 | 7 |
| 6 | 9 | 9 | 3 | 8 | 6 | 4 | 2 | 5 | 5 |
| 3 | 4 | 2 | 7 | 1 | 6 | 8 | 7 | 2 | 9 |
| 2 | 2 | 4 | 5 | 4 | 1 | 6 | 6 | 3 | 6 |
| 1 | 7 | 2 | 7 | 5 | 8 | 6 | 4 | 1 | 3 |
| 7 | 1 | 9 | 4 | 3 | 9 | 8 | 8 | 5 | 6 |
| 6 | 8 | 6 | 2 | 7 | 8 | 2 | 9 | 4 | 4 |

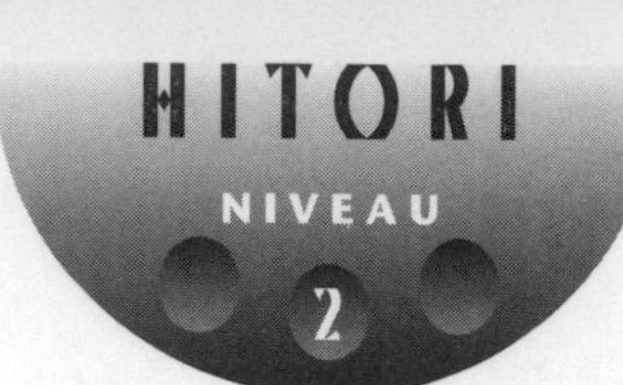


| | | | | | | | | | |
|---|---|---|---|---|---|---|---|---|---|
| 6 | 4 | 3 | 8 | 9 | 7 | 6 | 3 | 2 | 6 |
| 9 | 9 | 8 | 6 | 6 | 7 | 7 | 4 | 5 | 3 |
| 9 | 9 | 3 | 7 | 8 | 2 | 6 | 3 | 4 | 4 |
| 2 | 5 | 3 | 3 | 4 | 9 | 1 | 8 | 1 | 7 |
| 5 | 8 | 7 | 1 | 3 | 3 | 2 | 3 | 8 | 1 |
| 3 | 6 | 2 | 4 | 2 | 3 | 8 | 9 | 3 | 1 |
| 8 | 6 | 4 | 5 | 4 | 6 | 9 | 1 | 3 | 2 |
| 4 | 3 | 3 | 2 | 1 | 6 | 5 | 7 | 4 | 6 |
| 4 | 7 | 2 | 6 | 9 | 4 | 1 | 5 | 9 | 2 |
| 1 | 8 | 3 | 9 | 3 | 5 | 7 | 6 | 7 | 4 |

| | | | | | | | | | |
|---|---|---|---|---|---|---|---|---|---|
| 6 | 8 | 7 | 9 | 9 | 4 | 1 | 1 | 3 | 4 |
| 1 | 6 | 9 | 4 | 2 | 6 | 5 | 2 | 5 | 7 |
| 2 | 3 | 4 | 7 | 1 | 8 | 4 | 3 | 6 | 8 |
| 4 | 3 | 1 | 1 | 5 | 3 | 6 | 3 | 2 | 8 |
| 9 | 2 | 4 | 1 | 4 | 3 | 5 | 7 | 7 | 9 |
| 9 | 4 | 8 | 7 | 6 | 2 | 4 | 7 | 1 | 9 |
| 5 | 6 | 3 | 2 | 8 | 3 | 3 | 1 | 9 | 8 |
| 3 | 7 | 6 | 9 | 2 | 1 | 9 | 8 | 8 | 4 |
| 7 | 3 | 3 | 9 | 8 | 5 | 8 | 8 | 4 | 2 |
| 4 | 1 | 5 | 7 | 4 | 7 | 8 | 6 | 5 | 3 |

| | | | | | | | | | |
|---|---|---|---|---|---|---|---|---|---|
| 2 | 4 | 7 | 3 | 7 | 6 | 2 | 7 | 7 | 8 |
| 4 | 7 | 6 | 8 | 3 | 9 | 7 | 1 | 5 | 2 |
| 9 | 5 | 8 | 5 | 1 | 3 | 5 | 4 | 7 | 4 |
| 6 | 3 | 5 | 7 | 5 | 1 | 2 | 1 | 4 | 9 |
| 8 | 9 | 5 | 5 | 8 | 2 | 6 | 2 | 4 | 4 |
| 5 | 4 | 1 | 2 | 7 | 4 | 5 | 6 | 3 | 4 |
| 8 | 6 | 3 | 8 | 4 | 8 | 1 | 8 | 9 | 7 |
| 1 | 2 | 7 | 4 | 7 | 2 | 5 | 8 | 5 | 3 |
| 7 | 2 | 2 | 1 | 5 | 2 | 9 | 3 | 8 | 6 |
| 7 | 7 | 2 | 6 | 1 | 8 | 4 | 6 | 1 | 4 |

| | | | | | | | | | |
|---|---|---|---|---|---|---|---|---|---|
| 2 | 9 | 6 | 7 | 2 | 7 | 4 | 6 | 5 | 7 |
| 4 | 3 | 8 | 7 | 5 | 5 | 6 | 9 | 1 | 2 |
| 4 | 1 | 8 | 4 | 5 | 8 | 2 | 2 | 5 | 6 |
| 3 | 7 | 9 | 9 | 4 | 2 | 1 | 9 | 7 | 5 |
| 7 | 2 | 1 | 9 | 1 | 4 | 4 | 8 | 6 | 3 |
| 3 | 6 | 5 | 2 | 1 | 3 | 3 | 4 | 9 | 5 |
| 9 | 8 | 5 | 6 | 4 | 3 | 5 | 8 | 4 | 7 |
| 4 | 7 | 4 | 6 | 3 | 4 | 8 | 6 | 2 | 4 |
| 2 | 5 | 4 | 1 | 7 | 6 | 9 | 3 | 8 | 4 |
| 7 | 4 | 7 | 5 | 8 | 7 | 2 | 8 | 3 | 3 |

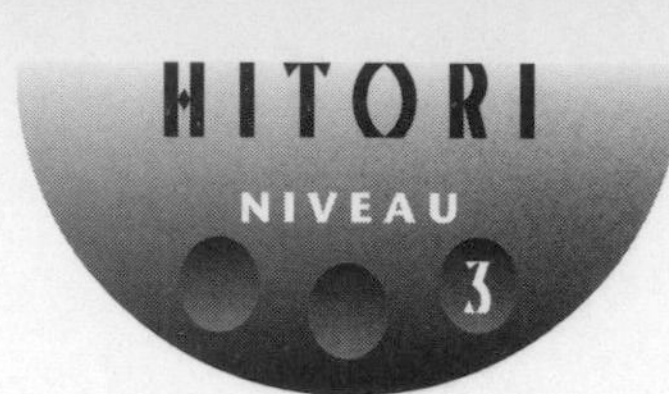


| 8 | 8 | 7 | 3 | 1 | 9 | 5 | 5 | 7 | 4 | 4 | 1 |
|---|---|---|---|---|---|---|---|---|---|---|---|
| 3 | 4 | 5 | 10 | 7 | 8 | 6 | 6 | 2 | 7 | 1 | 9 |
| 2 | 2 | 9 | 8 | 6 | 9 | 3 | 10 | 2 | 5 | 7 | 4 |
| 8 | 2 | 6 | 7 | 7 | 1 | 6 | 5 | 10 | 10 | 9 | 1 |
| 9 | 5 | 4 | 6 | 10 | 3 | 9 | 6 | 8 | 1 | 1 | 7 |
| 10 | 3 | 6 | 3 | 7 | 8 | 1 | 8 | 3 | 4 | 2 | 5 |
| 6 | 5 | 10 | 2 | 9 | 7 | 8 | 8 | 1 | 3 | 5 | 2 |
| 4 | 10 | 7 | 1 | 10 | 6 | 2 | 3 | 1 | 9 | 7 | 8 |
| 7 | 7 | 1 | 4 | 8 | 4 | 1 | 2 | 3 | 3 | 10 | 6 |
| 9 | 6 | 7 | 5 | 7 | 10 | 7 | 5 | 4 | 2 | 7 | 1 |
| 1 | 1 | 3 | 9 | 5 | 2 | 4 | 7 | 4 | 10 | 6 | 2 |
| 1 | 7 | 7 | 4 | 5 | 2 | 10 | 9 | 5 | 7 | 8 | 2 |

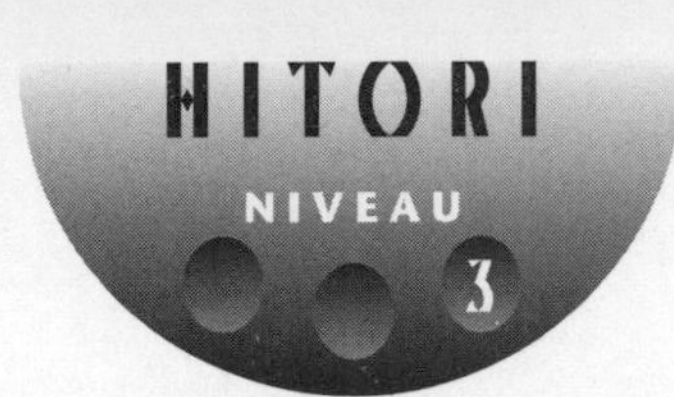


| | | | | | | | | | | | |
|---|---|---|---|---|---|---|---|---|---|---|---|
| 9 | 8 | 7 | 6 | 10 | 10 | 5 | 3 | 4 | 1 | 9 | 8 |
| 7 | 8 | 6 | 7 | 1 | 3 | 2 | 6 | 9 | 4 | 5 | 10 |
| 4 | 10 | 1 | 8 | 6 | 9 | 4 | 6 | 10 | 5 | 1 | 8 |
| 9 | 9 | 3 | 4 | 5 | 2 | 8 | 10 | 2 | 6 | 10 | 7 |
| 3 | 6 | 9 | 4 | 2 | 7 | 4 | 9 | 1 | 5 | 8 | 5 |
| 10 | 6 | 2 | 1 | 4 | 7 | 6 | 5 | 2 | 7 | 3 | 3 |
| 2 | 7 | 1 | 2 | 4 | 8 | 10 | 4 | 5 | 9 | 3 | 3 |
| 6 | 1 | 3 | 3 | 8 | 4 | 7 | 2 | 7 | 10 | 9 | 4 |
| 10 | 2 | 5 | 2 | 10 | 1 | 3 | 9 | 7 | 9 | 6 | 5 |
| 2 | 4 | 10 | 9 | 1 | 5 | 8 | 1 | 1 | 8 | 8 | 6 |
| 6 | 5 | 4 | 6 | 6 | 2 | 1 | 7 | 8 | 3 | 10 | 9 |
| 5 | 3 | 8 | 7 | 10 | 4 | 9 | 3 | 10 | 2 | 3 | 1 |

| | | | | | | | | | | | |
|---|---|---|---|---|---|---|---|---|---|---|---|
| 5 | 6 | 3 | 10 | 8 | 7 | 9 | 4 | 3 | 7 | 5 | 1 |
| 7 | 10 | 2 | 6 | 1 | 7 | 1 | 9 | 5 | 7 | 3 | 6 |
| 1 | 3 | 3 | 5 | 9 | 2 | 2 | 1 | 10 | 8 | 7 | 1 |
| 9 | 9 | 6 | 4 | 4 | 5 | 8 | 2 | 7 | 3 | 1 | 10 |
| 8 | 5 | 3 | 3 | 4 | 5 | 10 | 7 | 7 | 2 | 10 | 9 |
| 1 | 8 | 7 | 6 | 8 | 2 | 7 | 1 | 9 | 7 | 5 | 1 |
| 7 | 1 | 4 | 9 | 3 | 8 | 5 | 6 | 6 | 10 | 9 | 2 |
| 6 | 2 | 4 | 7 | 7 | 10 | 7 | 8 | 6 | 9 | 9 | 4 |
| 9 | 4 | 3 | 8 | 5 | 6 | 7 | 7 | 2 | 1 | 10 | 2 |
| 10 | 5 | 8 | 4 | 7 | 3 | 1 | 5 | 4 | 7 | 6 | 3 |
| 2 | 7 | 9 | 9 | 10 | 3 | 4 | 1 | 1 | 6 | 8 | 5 |
| 6 | 5 | 9 | 1 | 5 | 4 | 8 | 3 | 8 | 5 | 1 | 7 |

| | | | | | | | | | | | |
|---|---|---|---|---|---|---|---|---|---|---|---|
| 8 | 2 | 3 | 7 | 6 | 1 | 7 | 7 | 9 | 10 | 5 | 10 |
| 6 | 2 | 8 | 9 | 7 | 5 | 4 | 8 | 3 | 2 | 10 | 7 |
| 3 | 1 | 4 | 3 | 8 | 10 | 8 | 6 | 4 | 7 | 3 | 5 |
| 10 | 6 | 2 | 5 | 4 | 4 | 8 | 3 | 1 | 9 | 3 | 2 |
| 5 | 5 | 10 | 4 | 9 | 7 | 7 | 2 | 6 | 7 | 8 | 8 |
| 5 | 8 | 6 | 6 | 7 | 9 | 3 | 10 | 5 | 5 | 7 | 4 |
| 4 | 5 | 9 | 7 | 3 | 8 | 1 | 1 | 2 | 9 | 6 | 7 |
| 6 | 3 | 6 | 7 | 2 | 7 | 1 | 6 | 5 | 10 | 4 | 6 |
| 9 | 1 | 2 | 10 | 9 | 6 | 7 | 5 | 2 | 4 | 10 | 1 |
| 3 | 9 | 5 | 1 | 10 | 10 | 5 | 4 | 4 | 10 | 2 | 8 |
| 1 | 10 | 5 | 2 | 5 | 4 | 10 | 8 | 7 | 3 | 9 | 6 |
| 7 | 10 | 1 | 3 | 5 | 2 | 10 | 4 | 4 | 8 | 9 | 9 |

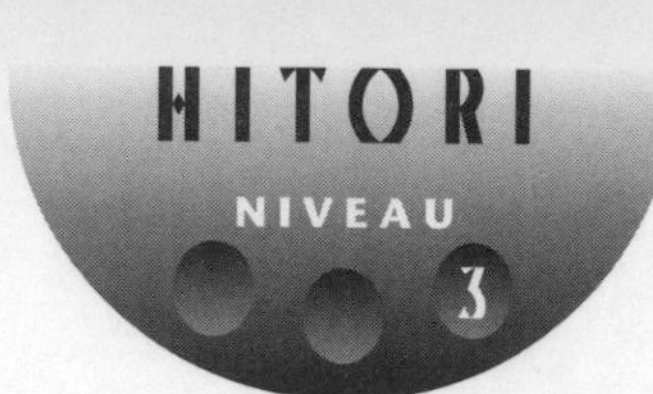


| 2 | 8 | 1 | 6 | 5 | 8 | 6 | 9 | 10 | 8 | 7 | 6 |
|---|---|---|---|---|---|---|---|---|---|---|---|
| 11 | 5 | 2 | 7 | 11 | 9 | 1 | 6 | 7 | 4 | 3 | 3 |
| 5 | 3 | 10 | 9 | 11 | 2 | 8 | 5 | 4 | 6 | 9 | 3 |
| 8 | 1 | 4 | 6 | 6 | 5 | 6 | 10 | 2 | 8 | 10 | 2 |
| 8 | 6 | 9 | 9 | 1 | 11 | 3 | 5 | 7 | 2 | 4 | 10 |
| 3 | 4 | 2 | 2 | 4 | 6 | 4 | 8 | 7 | 7 | 11 | 11 |
| 5 | 9 | 6 | 1 | 7 | 1 | 10 | 7 | 5 | 3 | 11 | 11 |
| 10 | 3 | 6 | 9 | 4 | 7 | 5 | 4 | 1 | 4 | 6 | 8 |
| 9 | 8 | 5 | 8 | 2 | 3 | 4 | 7 | 11 | 10 | 5 | 7 |
| 9 | 7 | 11 | 6 | 4 | 2 | 6 | 2 | 9 | 1 | 10 | 6 |
| 7 | 8 | 8 | 11 | 6 | 4 | 2 | 2 | 3 | 7 | 5 | 9 |
| 7 | 10 | 8 | 3 | 2 | 1 | 8 | 7 | 2 | 9 | 7 | 5 |

| | | | | | | | | | | | |
|---|---|---|---|---|---|---|---|---|---|---|---|
| 1 | 9 | 6 | 9 | 4 | 1 | 2 | 8 | 2 | 4 | 3 | 3 |
| 1 | 6 | 8 | 10 | 9 | 8 | 6 | 5 | 2 | 3 | 2 | 7 |
| 9 | 8 | 1 | 2 | 7 | 10 | 7 | 1 | 4 | 6 | 1 | 6 |
| 9 | 10 | 7 | 3 | 8 | 5 | 2 | 6 | 5 | 5 | 9 | 4 |
| 10 | 6 | 4 | 4 | 1 | 9 | 9 | 3 | 5 | 5 | 7 | 4 |
| 8 | 8 | 5 | 4 | 7 | 10 | 9 | 10 | 1 | 6 | 6 | 3 |
| 4 | 7 | 4 | 8 | 7 | 2 | 5 | 9 | 3 | 9 | 10 | 6 |
| 3 | 4 | 9 | 9 | 5 | 3 | 2 | 2 | 7 | 7 | 10 | 10 |
| 3 | 9 | 10 | 1 | 6 | 8 | 8 | 9 | 7 | 4 | 5 | 9 |
| 7 | 2 | 1 | 9 | 4 | 8 | 3 | 7 | 10 | 3 | 4 | 5 |
| 6 | 8 | 3 | 9 | 2 | 5 | 6 | 1 | 1 | 8 | 2 | 9 |
| 3 | 3 | 2 | 5 | 9 | 6 | 10 | 7 | 9 | 1 | 8 | 9 |

| | | | | | | | | | | | |
|---|---|---|---|---|---|---|---|---|---|---|---|
| 10 | 7 | 5 | 3 | 4 | 1 | 5 | 8 | 9 | 6 | 2 | 2 |
| 5 | 10 | 10 | 8 | 2 | 2 | 3 | 10 | 6 | 4 | 5 | 7 |
| 3 | 10 | 7 | 4 | 10 | 6 | 6 | 9 | 2 | 4 | 1 | 1 |
| 2 | 3 | 1 | 6 | 6 | 8 | 6 | 10 | 2 | 5 | 10 | 9 |
| 9 | 8 | 4 | 7 | 8 | 6 | 5 | 5 | 3 | 2 | 8 | 1 |
| 6 | 8 | 8 | 6 | 7 | 3 | 9 | 1 | 8 | 3 | 10 | 9 |
| 6 | 9 | 3 | 10 | 6 | 5 | 4 | 9 | 1 | 6 | 7 | 8 |
| 8 | 1 | 6 | 4 | 2 | 3 | 9 | 5 | 10 | 9 | 4 | 6 |
| 7 | 7 | 10 | 2 | 10 | 4 | 1 | 1 | 5 | 10 | 9 | 6 |
| 3 | 5 | 7 | 9 | 8 | 5 | 7 | 3 | 2 | 10 | 2 | 2 |
| 5 | 2 | 8 | 1 | 9 | 10 | 6 | 4 | 7 | 6 | 6 | 3 |
| 5 | 4 | 5 | 5 | 4 | 9 | 2 | 4 | 8 | 7 | 3 | 7 |

| | | | | | | | | | | | |
|---|---|---|---|---|---|---|---|---|---|---|---|
| 3 | 8 | 8 | 6 | 9 | 2 | 2 | 8 | 7 | 5 | 10 | 9 |
| 2 | 7 | 10 | 5 | 9 | 9 | 6 | 8 | 2 | 1 | 5 | 4 |
| 9 | 4 | 1 | 4 | 10 | 5 | 10 | 6 | 8 | 4 | 7 | 2 |
| 4 | 4 | 5 | 8 | 3 | 4 | 9 | 1 | 9 | 10 | 2 | 9 |
| 6 | 5 | 8 | 10 | 7 | 10 | 4 | 4 | 3 | 5 | 1 | 9 |
| 3 | 6 | 9 | 2 | 8 | 1 | 5 | 4 | 1 | 7 | 1 | 3 |
| 7 | 1 | 5 | 9 | 5 | 4 | 10 | 2 | 6 | 6 | 8 | 5 |
| 6 | 10 | 6 | 10 | 2 | 1 | 3 | 10 | 9 | 4 | 4 | 9 |
| 2 | 3 | 1 | 10 | 5 | 7 | 8 | 7 | 6 | 4 | 10 | 1 |
| 8 | 5 | 7 | 1 | 2 | 2 | 5 | 10 | 7 | 9 | 5 | 6 |
| 10 | 9 | 6 | 4 | 6 | 7 | 1 | 2 | 5 | 2 | 3 | 5 |
| 8 | 2 | 4 | 2 | 1 | 8 | 2 | 5 | 10 | 6 | 6 | 7 |

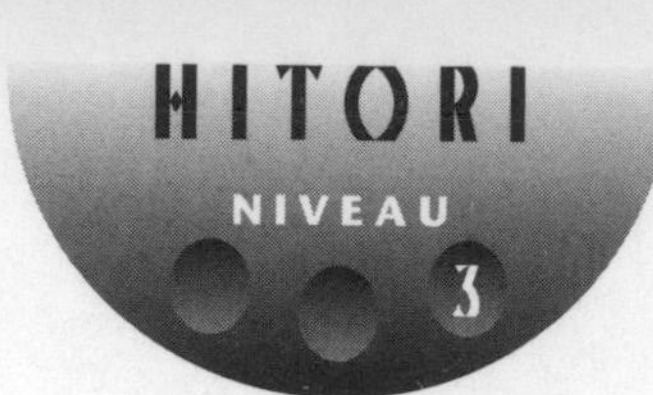


| 3 | 1 | 9 | 2 | 7 | 8 | 11 | 5 | 3 | 8 | 8 | 2 |
|---|---|---|---|---|---|---|---|---|---|---|---|
| 1 | 3 | 1 | 4 | 2 | 6 | 1 | 10 | 5 | 9 | 5 | 11 |
| 2 | 10 | 1 | 1 | 4 | 2 | 9 | 10 | 7 | 11 | 3 | 6 |
| 2 | 4 | 4 | 1 | 3 | 8 | 3 | 11 | 10 | 8 | 5 | 11 |
| 1 | 11 | 4 | 10 | 3 | 1 | 3 | 9 | 9 | 6 | 10 | 8 |
| 3 | 3 | 7 | 3 | 5 | 10 | 6 | 9 | 2 | 8 | 4 | 10 |
| 7 | 8 | 7 | 2 | 9 | 3 | 4 | 1 | 4 | 8 | 10 | 2 |
| 7 | 6 | 2 | 3 | 8 | 6 | 10 | 7 | 2 | 1 | 4 | 4 |
| 10 | 2 | 6 | 2 | 1 | 9 | 4 | 11 | 11 | 3 | 7 | 5 |
| 2 | 5 | 11 | 7 | 10 | 10 | 2 | 3 | 8 | 3 | 9 | 7 |
| 9 | 7 | 11 | 11 | 10 | 4 | 6 | 8 | 1 | 2 | 6 | 3 |
| 10 | 9 | 10 | 10 | 11 | 10 | 1 | 2 | 1 | 5 | 10 | 7 |

| 10 | 2 | 9 | 8 | 1 | 5 | 6 | 5 | 9 | 2 | 8 | 3 |
|---|---|---|---|---|---|---|---|---|---|---|---|
| 6 | 1 | 5 | 2 | 10 | 3 | 7 | 8 | 9 | 4 | 1 | 8 |
| 5 | 5 | 8 | 7 | 3 | 10 | 2 | 10 | 6 | 2 | 7 | 4 |
| 4 | 8 | 10 | 3 | 10 | 1 | 5 | 6 | 2 | 6 | 6 | 9 |
| 9 | 2 | 3 | 6 | 6 | 8 | 8 | 7 | 1 | 6 | 9 | 8 |
| 3 | 7 | 2 | 8 | 5 | 4 | 1 | 1 | 2 | 9 | 6 | 10 |
| 1 | 6 | 4 | 6 | 8 | 10 | 9 | 6 | 5 | 3 | 5 | 7 |
| 8 | 6 | 8 | 9 | 7 | 8 | 4 | 8 | 10 | 8 | 1 | 5 |
| 7 | 9 | 1 | 6 | 6 | 5 | 9 | 8 | 4 | 5 | 10 | 7 |
| 9 | 4 | 4 | 1 | 2 | 8 | 10 | 1 | 3 | 7 | 5 | 6 |
| 8 | 8 | 6 | 4 | 1 | 7 | 1 | 3 | 4 | 5 | 7 | 2 |
| 5 | 10 | 3 | 7 | 4 | 8 | 3 | 1 | 8 | 1 | 2 | 7 |

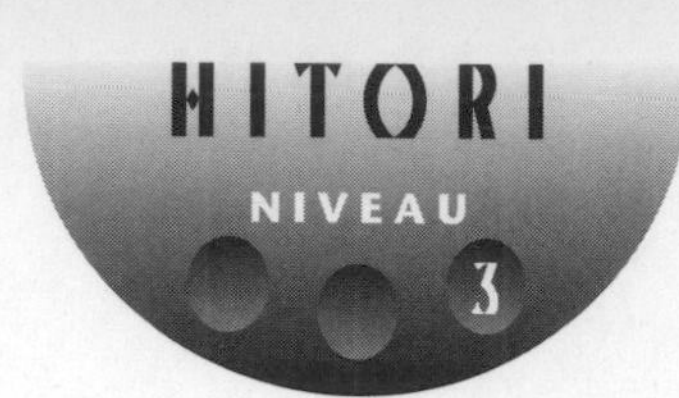


| 8 | 6 | 10 | 10 | 1 | 6 | 2 | 4 | 8 | 4 | 4 | 5 |
|---|---|---|---|---|---|---|---|---|---|---|---|
| 2 | 7 | 9 | 11 | 9 | 5 | 1 | 8 | 3 | 3 | 10 | 4 |
| 4 | 4 | 11 | 5 | 6 | 6 | 3 | 7 | 10 | 9 | 7 | 4 |
| 4 | 7 | 2 | 8 | 7 | 9 | 8 | 11 | 11 | 3 | 11 | 10 |
| 3 | 10 | 4 | 8 | 11 | 1 | 11 | 3 | 7 | 2 | 9 | 6 |
| 8 | 4 | 5 | 2 | 11 | 2 | 8 | 3 | 3 | 10 | 4 | 3 |
| 2 | 2 | 7 | 9 | 6 | 8 | 6 | 4 | 5 | 9 | 1 | 11 |
| 1 | 9 | 6 | 9 | 5 | 4 | 7 | 7 | 2 | 11 | 3 | 6 |
| 11 | 2 | 1 | 2 | 4 | 9 | 9 | 10 | 6 | 6 | 5 | 7 |
| 9 | 1 | 9 | 2 | 2 | 10 | 4 | 7 | 3 | 6 | 11 | 3 |
| 9 | 9 | 3 | 10 | 6 | 7 | 8 | 2 | 11 | 8 | 6 | 1 |
| 7 | 5 | 8 | 4 | 4 | 3 | 10 | 9 | 5 | 1 | 6 | 5 |

| | | | | | | | | | | | |
|---|---|---|---|---|---|---|---|---|---|---|---|
| 4 | 10 | 5 | 5 | 7 | 3 | 2 | 2 | 10 | 6 | 8 | 9 |
| 4 | 1 | 3 | 6 | 8 | 6 | 9 | 5 | 7 | 4 | 8 | 10 |
| 3 | 9 | 2 | 8 | 5 | 4 | 7 | 7 | 2 | 9 | 6 | 7 |
| 1 | 8 | 5 | 3 | 9 | 9 | 6 | 10 | 5 | 8 | 7 | 2 |
| 6 | 2 | 4 | 7 | 4 | 8 | 1 | 4 | 10 | 3 | 1 | 7 |
| 5 | 1 | 6 | 5 | 3 | 10 | 8 | 10 | 1 | 8 | 2 | 4 |
| 9 | 8 | 10 | 1 | 2 | 7 | 5 | 3 | 5 | 9 | 7 | 6 |
| 8 | 6 | 2 | 9 | 10 | 6 | 5 | 7 | 4 | 1 | 9 | 6 |
| 2 | 5 | 5 | 4 | 6 | 2 | 10 | 2 | 9 | 3 | 3 | 1 |
| 6 | 6 | 7 | 7 | 4 | 9 | 2 | 1 | 7 | 10 | 5 | 1 |
| 9 | 4 | 8 | 2 | 1 | 8 | 3 | 3 | 6 | 5 | 10 | 7 |
| 10 | 4 | 4 | 9 | 4 | 2 | 1 | 8 | 4 | 7 | 10 | 5 |

| 8 | 8 | 9 | 1 | 7 | 6 | 2 | 6 | 10 | 9 | 8 | 6 |
|---|---|---|---|---|---|---|---|---|---|---|---|
| 7 | 3 | 8 | 2 | 3 | 4 | 10 | 6 | 1 | 3 | 9 | 5 |
| 4 | 10 | 4 | 5 | 6 | 1 | 1 | 3 | 10 | 5 | 7 | 3 |
| 8 | 4 | 3 | 10 | 3 | 6 | 1 | 7 | 5 | 2 | 7 | 7 |
| 6 | 1 | 6 | 1 | 2 | 6 | 8 | 10 | 4 | 9 | 5 | 9 |
| 2 | 6 | 2 | 5 | 1 | 8 | 5 | 9 | 5 | 7 | 3 | 3 |
| 1 | 5 | 3 | 8 | 4 | 7 | 6 | 5 | 2 | 1 | 4 | 10 |
| 5 | 8 | 2 | 8 | 4 | 7 | 7 | 1 | 3 | 8 | 8 | 2 |
| 6 | 9 | 6 | 4 | 10 | 2 | 3 | 10 | 7 | 8 | 7 | 1 |
| 4 | 7 | 9 | 6 | 1 | 10 | 4 | 5 | 8 | 1 | 1 | 2 |
| 4 | 2 | 10 | 10 | 5 | 9 | 4 | 7 | 3 | 3 | 6 | 8 |
| 1 | 7 | 7 | 9 | 8 | 2 | 5 | 2 | 6 | 10 | 3 | 1 |

# HITORI

NIVEAU 3

| 1 | 9 | 4 | 9 | 4 | 10 | 10 | 11 | 5 | 11 | 3 | 9 |
|---|---|---|---|---|---|---|---|---|---|---|---|
| 5 | 1 | 9 | 8 | 2 | 11 | 4 | 3 | 9 | 7 | 6 | 10 |
| 9 | 11 | 8 | 2 | 4 | 3 | 11 | 10 | 9 | 4 | 1 | 3 |
| 11 | 9 | 9 | 5 | 7 | 8 | 8 | 7 | 4 | 9 | 10 | 11 |
| 10 | 7 | 9 | 5 | 6 | 8 | 1 | 4 | 11 | 5 | 2 | 7 |
| 6 | 7 | 2 | 11 | 8 | 4 | 3 | 1 | 1 | 9 | 2 | 7 |
| 11 | 5 | 3 | 4 | 2 | 2 | 6 | 1 | 8 | 6 | 8 | 9 |
| 7 | 7 | 11 | 4 | 10 | 5 | 2 | 5 | 6 | 6 | 4 | 7 |
| 6 | 2 | 1 | 7 | 5 | 9 | 6 | 3 | 3 | 8 | 5 | 4 |
| 8 | 6 | 11 | 3 | 8 | 7 | 10 | 2 | 8 | 11 | 9 | 1 |
| 2 | 11 | 7 | 1 | 3 | 5 | 9 | 11 | 10 | 2 | 11 | 10 |
| 6 | 10 | 6 | 3 | 4 | 8 | 11 | 7 | 8 | 2 | 5 | 3 |

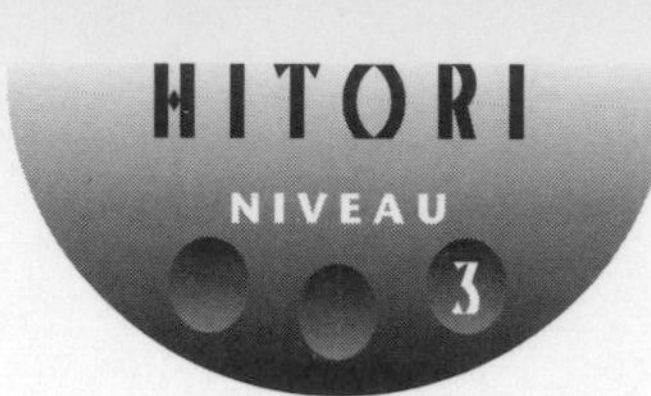


| 6 | 1 | 1 | 4 | 3 | 5 | 7 | 5 | 10 | 2 | 8 | 1 |
|---|---|---|---|---|---|---|---|---|---|---|---|
| 6 | 6 | 10 | 7 | 3 | 5 | 7 | 2 | 2 | 1 | 2 | 3 |
| 2 | 3 | 6 | 10 | 10 | 7 | 1 | 9 | 4 | 2 | 5 | 8 |
| 4 | 9 | 2 | 10 | 8 | 10 | 6 | 7 | 7 | 5 | 9 | 7 |
| 10 | 9 | 9 | 3 | 1 | 8 | 10 | 1 | 5 | 5 | 4 | 6 |
| 5 | 7 | 4 | 1 | 7 | 6 | 8 | 10 | 4 | 3 | 2 | 9 |
| 3 | 2 | 2 | 8 | 1 | 3 | 1 | 7 | 9 | 4 | 9 | 1 |
| 1 | 4 | 5 | 2 | 6 | 10 | 3 | 8 | 8 | 10 | 7 | 2 |
| 8 | 6 | 9 | 10 | 1 | 4 | 10 | 6 | 9 | 7 | 3 | 2 |
| 7 | 5 | 3 | 6 | 7 | 9 | 4 | 2 | 2 | 8 | 4 | 10 |
| 7 | 7 | 3 | 5 | 9 | 10 | 1 | 8 | 3 | 6 | 1 | 6 |
| 3 | 8 | 1 | 2 | 5 | 4 | 2 | 4 | 6 | 6 | 10 | 7 |

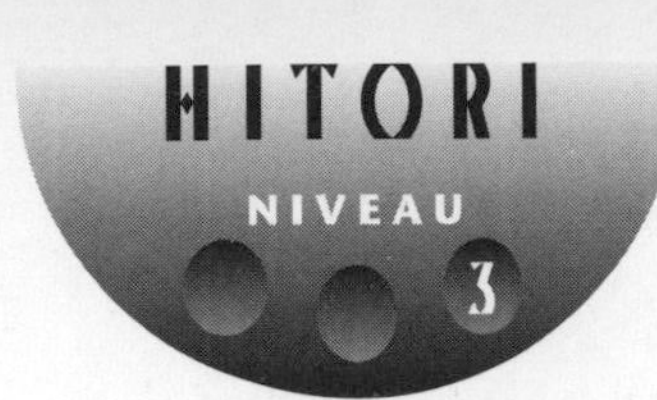


| 5 | 4 | 2 | 11 | 5 | 11 | 8 | 5 | 7 | 6 | 8 | 9 |
|---|---|---|---|---|---|---|---|---|---|---|---|
| 5 | 8 | 1 | 3 | 2 | 6 | 11 | 7 | 6 | 2 | 8 | 10 |
| 1 | 7 | 10 | 8 | 9 | 9 | 10 | 1 | 4 | 3 | 9 | 5 |
| 10 | 10 | 9 | 1 | 2 | 11 | 4 | 2 | 5 | 9 | 6 | 9 |
| 10 | 10 | 6 | 1 | 8 | 3 | 1 | 9 | 10 | 5 | 11 | 1 |
| 8 | 2 | 4 | 5 | 4 | 9 | 1 | 10 | 3 | 10 | 1 | 6 |
| 2 | 2 | 7 | 6 | 3 | 10 | 5 | 8 | 10 | 1 | 4 | 6 |
| 3 | 8 | 10 | 8 | 6 | 4 | 4 | 5 | 10 | 7 | 1 | 11 |
| 4 | 3 | 3 | 10 | 1 | 10 | 6 | 10 | 2 | 9 | 7 | 4 |
| 5 | 3 | 5 | 10 | 4 | 10 | 7 | 1 | 5 | 8 | 9 | 2 |
| 6 | 7 | 8 | 9 | 7 | 11 | 2 | 2 | 1 | 11 | 1 | 4 |
| 7 | 9 | 11 | 5 | 2 | 1 | 3 | 10 | 6 | 4 | 5 | 9 |

| | | | | | | | | | | | |
|---|---|---|---|---|---|---|---|---|---|---|---|
| 10 | 8 | 11 | 8 | 10 | 9 | 9 | 3 | 8 | 2 | 7 | 1 |
| 5 | 3 | 2 | 10 | 9 | 10 | 7 | 11 | 8 | 1 | 4 | 11 |
| 4 | 4 | 7 | 2 | 10 | 10 | 9 | 6 | 11 | 5 | 9 | 6 |
| 8 | 11 | 1 | 2 | 4 | 8 | 9 | 2 | 7 | 3 | 9 | 5 |
| 2 | 1 | 2 | 9 | 5 | 7 | 10 | 6 | 8 | 8 | 7 | 4 |
| 6 | 7 | 4 | 10 | 1 | 6 | 8 | 6 | 10 | 11 | 5 | 7 |
| 4 | 8 | 9 | 10 | 6 | 6 | 8 | 1 | 5 | 4 | 6 | 11 |
| 1 | 1 | 8 | 6 | 11 | 5 | 3 | 1 | 9 | 11 | 6 | 10 |
| 3 | 9 | 5 | 6 | 7 | 2 | 7 | 8 | 9 | 10 | 1 | 5 |
| 9 | 5 | 6 | 8 | 2 | 1 | 4 | 5 | 3 | 8 | 10 | 8 |
| 1 | 4 | 10 | 11 | 1 | 3 | 5 | 2 | 1 | 7 | 2 | 2 |
| 8 | 5 | 3 | 9 | 6 | 11 | 1 | 10 | 11 | 9 | 2 | 7 |

| | | | | | | | | | | | |
|---|---|---|---|---|---|---|---|---|---|---|---|
| 3 | 3 | 5 | 3 | 6 | 4 | 1 | 1 | 7 | 5 | 10 | 9 |
| 1 | 3 | 9 | 10 | 2 | 9 | 4 | 1 | 11 | 8 | 1 | 6 |
| 11 | 7 | 3 | 6 | 4 | 11 | 10 | 2 | 1 | 7 | 3 | 8 |
| 11 | 5 | 3 | 1 | 2 | 8 | 7 | 6 | 6 | 4 | 2 | 6 |
| 5 | 8 | 11 | 9 | 7 | 8 | 5 | 4 | 4 | 7 | 1 | 11 |
| 8 | 4 | 11 | 5 | 4 | 3 | 10 | 9 | 2 | 10 | 7 | 7 |
| 3 | 10 | 2 | 8 | 3 | 6 | 2 | 4 | 7 | 5 | 7 | 7 |
| 10 | 1 | 7 | 4 | 7 | 2 | 1 | 11 | 5 | 9 | 6 | 3 |
| 9 | 10 | 4 | 2 | 10 | 3 | 3 | 8 | 8 | 11 | 10 | 1 |
| 6 | 9 | 5 | 11 | 3 | 5 | 1 | 3 | 5 | 7 | 4 | 4 |
| 5 | 5 | 2 | 7 | 1 | 9 | 7 | 8 | 6 | 3 | 2 | 10 |
| 2 | 11 | 3 | 3 | 1 | 1 | 9 | 5 | 1 | 6 | 8 | 4 |

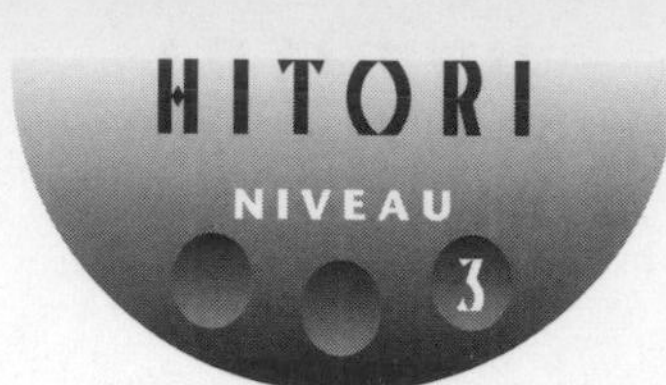


| 2 | 1 | 9 | 3 | 3 | 4 | 7 | 1 | 6 | 2 | 10 | 5 |
|---|---|---|---|---|---|---|---|---|---|---|---|
| 8 | 2 | 4 | 7 | 5 | 10 | 2 | 10 | 3 | 9 | 1 | 7 |
| 4 | 2 | 6 | 9 | 10 | 6 | 10 | 8 | 6 | 5 | 2 | 1 |
| 2 | 5 | 8 | 6 | 2 | 9 | 1 | 8 | 10 | 3 | 6 | 7 |
| 5 | 3 | 3 | 6 | 6 | 2 | 4 | 9 | 4 | 10 | 8 | 8 |
| 9 | 7 | 6 | 1 | 3 | 9 | 9 | 2 | 4 | 8 | 4 | 1 |
| 6 | 4 | 10 | 7 | 9 | 3 | 5 | 2 | 7 | 4 | 8 | 2 |
| 3 | 10 | 8 | 4 | 3 | 8 | 1 | 3 | 2 | 1 | 5 | 1 |
| 7 | 1 | 3 | 10 | 4 | 5 | 8 | 5 | 1 | 2 | 5 | 6 |
| 3 | 9 | 9 | 8 | 7 | 5 | 5 | 6 | 4 | 4 | 2 | 10 |
| 1 | 7 | 2 | 5 | 10 | 10 | 3 | 7 | 8 | 6 | 6 | 9 |
| 9 | 8 | 5 | 8 | 6 | 10 | 4 | 1 | 1 | 7 | 3 | 6 |

| | | | | | | | | | | | |
|---|---|---|---|---|---|---|---|---|---|---|---|
| 1 | 2 | 4 | 8 | 10 | 1 | 1 | 9 | 1 | 4 | 3 | 11 |
| 3 | 10 | 9 | 1 | 4 | 5 | 1 | 7 | 4 | 11 | 6 | 6 |
| 1 | 5 | 11 | 1 | 6 | 8 | 7 | 8 | 1 | 7 | 2 | 10 |
| 1 | 6 | 7 | 9 | 1 | 4 | 8 | 11 | 4 | 2 | 10 | 3 |
| 6 | 6 | 8 | 8 | 5 | 11 | 11 | 7 | 3 | 7 | 4 | 6 |
| 7 | 3 | 4 | 10 | 9 | 6 | 5 | 8 | 7 | 9 | 11 | 2 |
| 4 | 11 | 4 | 5 | 6 | 9 | 3 | 2 | 6 | 3 | 1 | 1 |
| 2 | 4 | 5 | 11 | 4 | 9 | 6 | 2 | 9 | 11 | 8 | 1 |
| 7 | 7 | 2 | 11 | 11 | 3 | 9 | 10 | 10 | 8 | 7 | 4 |
| 7 | 4 | 7 | 2 | 8 | 1 | 3 | 5 | 10 | 5 | 9 | 6 |
| 11 | 2 | 3 | 4 | 1 | 11 | 10 | 5 | 2 | 2 | 7 | 2 |
| 10 | 1 | 5 | 3 | 5 | 11 | 2 | 6 | 10 | 9 | 5 | 7 |

| | | | | | | | | | | | |
|---|---|---|---|---|---|---|---|---|---|---|---|
| 5 | 7 | 2 | 9 | 9 | 10 | 9 | 6 | 3 | 8 | 5 | 4 |
| 10 | 2 | 1 | 5 | 11 | 4 | 2 | 9 | 1 | 3 | 4 | 6 |
| 1 | 1 | 7 | 3 | 3 | 4 | 5 | 11 | 6 | 5 | 5 | 4 |
| 8 | 6 | 10 | 11 | 1 | 6 | 9 | 7 | 10 | 6 | 2 | 3 |
| 3 | 2 | 2 | 7 | 4 | 9 | 9 | 8 | 11 | 10 | 10 | 4 |
| 8 | 10 | 6 | 3 | 2 | 10 | 7 | 10 | 9 | 5 | 10 | 8 |
| 2 | 6 | 5 | 2 | 8 | 11 | 3 | 10 | 1 | 4 | 9 | 7 |
| 9 | 9 | 3 | 2 | 6 | 4 | 5 | 3 | 4 | 10 | 6 | 1 |
| 9 | 9 | 11 | 6 | 6 | 5 | 10 | 4 | 10 | 2 | 7 | 4 |
| 11 | 8 | 11 | 1 | 7 | 10 | 4 | 7 | 10 | 10 | 3 | 9 |
| 1 | 4 | 9 | 1 | 5 | 6 | 11 | 3 | 8 | 7 | 7 | 10 |
| 9 | 11 | 1 | 9 | 10 | 11 | 8 | 6 | 5 | 1 | 6 | 8 |

| 9 | 3 | 8 | 7 | 3 | 10 | 5 | 8 | 6 | 1 | 4 | 5 |
|---|---|---|---|---|---|---|---|---|---|---|---|
| 6 | 6 | 10 | 9 | 7 | 9 | 3 | 4 | 9 | 5 | 3 | 8 |
| 7 | 6 | 3 | 4 | 4 | 2 | 9 | 1 | 8 | 7 | 10 | 5 |
| 2 | 4 | 10 | 8 | 10 | 8 | 1 | 7 | 1 | 9 | 5 | 2 |
| 3 | 2 | 7 | 6 | 8 | 5 | 8 | 10 | 9 | 5 | 1 | 2 |
| 5 | 5 | 3 | 3 | 2 | 8 | 3 | 9 | 6 | 4 | 6 | 7 |
| 5 | 1 | 8 | 7 | 3 | 10 | 4 | 6 | 7 | 4 | 9 | 10 |
| 7 | 9 | 5 | 10 | 4 | 6 | 7 | 5 | 6 | 8 | 2 | 2 |
| 1 | 10 | 6 | 7 | 8 | 6 | 2 | 4 | 5 | 7 | 3 | 4 |
| 2 | 7 | 1 | 5 | 10 | 9 | 6 | 2 | 10 | 1 | 8 | 2 |
| 2 | 8 | 5 | 4 | 1 | 4 | 2 | 3 | 7 | 10 | 7 | 6 |
| 8 | 8 | 4 | 2 | 7 | 7 | 10 | 7 | 1 | 3 | 4 | 9 |

| | | | | | | | | | | | |
|---|---|---|---|---|---|---|---|---|---|---|---|
| 5 | 7 | 3 | 5 | 2 | 2 | 4 | 4 | 10 | 9 | 3 | 3 |
| 5 | 6 | 1 | 3 | 2 | 4 | 1 | 10 | 8 | 7 | 9 | 9 |
| 6 | 3 | 10 | 10 | 9 | 9 | 1 | 3 | 5 | 8 | 2 | 4 |
| 9 | 7 | 2 | 3 | 3 | 1 | 6 | 6 | 7 | 4 | 4 | 3 |
| 5 | 4 | 9 | 1 | 9 | 10 | 7 | 3 | 6 | 5 | 1 | 8 |
| 7 | 5 | 10 | 8 | 1 | 6 | 8 | 9 | 5 | 3 | 10 | 2 |
| 6 | 1 | 7 | 9 | 10 | 5 | 6 | 10 | 4 | 2 | 8 | 8 |
| 4 | 2 | 3 | 7 | 8 | 9 | 9 | 7 | 2 | 6 | 4 | 1 |
| 1 | 9 | 10 | 6 | 10 | 8 | 10 | 5 | 2 | 4 | 7 | 3 |
| 8 | 2 | 4 | 2 | 6 | 4 | 3 | 2 | 9 | 8 | 1 | 2 |
| 3 | 8 | 5 | 4 | 1 | 7 | 8 | 2 | 4 | 1 | 9 | 10 |
| 2 | 8 | 10 | 7 | 9 | 3 | 8 | 4 | 1 | 2 | 5 | 9 |

| | | | | | | | | | | | |
|---|---|---|---|---|---|---|---|---|---|---|---|
| 2 | 7 | 9 | 4 | 2 | 6 | 11 | 7 | 4 | 3 | 5 | 6 |
| 1 | 6 | 6 | 10 | 11 | 3 | 2 | 2 | 7 | 5 | 3 | 7 |
| 3 | 6 | 4 | 2 | 11 | 11 | 8 | 9 | 5 | 7 | 10 | 1 |
| 9 | 11 | 8 | 5 | 3 | 4 | 4 | 8 | 1 | 7 | 7 | 6 |
| 11 | 5 | 1 | 8 | 4 | 6 | 6 | 5 | 9 | 10 | 5 | 2 |
| 3 | 3 | 2 | 11 | 6 | 8 | 8 | 1 | 2 | 4 | 11 | 11 |
| 8 | 6 | 7 | 4 | 1 | 1 | 5 | 3 | 2 | 6 | 7 | 11 |
| 2 | 5 | 11 | 3 | 1 | 7 | 10 | 10 | 3 | 2 | 8 | 9 |
| 7 | 10 | 9 | 11 | 5 | 4 | 9 | 7 | 4 | 1 | 4 | 1 |
| 5 | 10 | 3 | 9 | 4 | 10 | 2 | 2 | 6 | 8 | 5 | 4 |
| 4 | 8 | 5 | 6 | 9 | 4 | 1 | 11 | 7 | 2 | 3 | 10 |
| 7 | 10 | 8 | 3 | 2 | 2 | 4 | 10 | 3 | 9 | 6 | 6 |

| | | | | | | | | | | | |
|---|---|---|---|---|---|---|---|---|---|---|---|
| 3 | 9 | 1 | 3 | 10 | 1 | 5 | 2 | 5 | 8 | 8 | 5 |
| 11 | 7 | 9 | 10 | 7 | 2 | 3 | 1 | 10 | 6 | 4 | 8 |
| 7 | 5 | 7 | 2 | 6 | 9 | 9 | 3 | 7 | 9 | 10 | 10 |
| 6 | 2 | 4 | 8 | 1 | 3 | 11 | 1 | 10 | 8 | 7 | 9 |
| 4 | 9 | 1 | 9 | 7 | 9 | 5 | 10 | 5 | 2 | 11 | 10 |
| 11 | 6 | 6 | 4 | 2 | 8 | 11 | 9 | 11 | 8 | 3 | 5 |
| 3 | 4 | 6 | 5 | 11 | 11 | 8 | 7 | 6 | 10 | 5 | 5 |
| 3 | 10 | 2 | 5 | 10 | 4 | 8 | 8 | 6 | 8 | 1 | 3 |
| 7 | 1 | 9 | 8 | 4 | 5 | 9 | 11 | 11 | 3 | 6 | 3 |
| 1 | 11 | 5 | 4 | 3 | 3 | 4 | 2 | 2 | 1 | 5 | 10 |
| 1 | 8 | 6 | 11 | 5 | 10 | 6 | 4 | 3 | 6 | 9 | 7 |
| 4 | 3 | 7 | 6 | 5 | 11 | 6 | 5 | 4 | 9 | 2 | 7 |

Voici un exemple de Kakuro. Le meilleur moyen de le résoudre est de se concentrer sur une sous-grille à la fois. Pour trouver les chiffres manquants, il faut s'aider des nombres indiqués dans les cases noires. Ceux placés sur la partie en haut à droite représentent des sommes horizontales et ceux contenus dans la partie en bas à gauche correspondent à des sommes verticales. Le plus facile pour commencer à résoudre un Kakuro est de se concentrer sur une sous-grille contenant en indice une somme peu élevée.

Commençons par résoudre la première sous-grille en bas à gauche pour trouver le chiffre correspondant de la case vide (en gris sur notre exemple ci-dessus). L'indice en ligne verticale est de 16 et celui en ligne horizontale de 8. Il y a seulement deux chiffres possibles pour obtenir 16; 9 et 7 (8 + 8 n'est pas permis, car on ne peut pas utiliser deux fois le même chiffre sur la même ligne ou colonne). La somme 8 à la verticale nous empêche de choisir un chiffre supérieur à 7 donc le chiffre contenu dans la case grise est 7.

Une fois le premier chiffre trouvé, la somme des cases restantes peut être calculée par simple soustraction. Donc, le deuxième chiffre à la verticale à côté de 7 ne peut être que 1 pour obtenir la somme de 8, (8 – 7 = 1) et le chiffre de la case du dessus ne peut être que 9 (indice 16 à la verticale, donc par soustraction 16 – 7 = 9). Le chiffre à sa droite ne peut être que 5 (somme horizontale de 14, alors par soustraction 14 – 9 = 5). De même, le chiffre manquant en verticale pour obtenir 9 est 3 (9 – 5 – 1 = 3).

Passons maintenant à la sous-grille en bas à droite de l'exemple et concentrons-nous sur l'indice vertical 14 et horizontal 6. Les deux combinaisons possibles pour obtenir la somme de 14 sont 5 + 9 ou 6 + 8. Mais la présence de l'indice 6 ne permet pas d'utiliser un chiffre supérieur à 5. Le seul chiffre possible est donc 5. Les réponses pour les autres cases de cette sous-grille se déduisent une fois le premier chiffre trouvé.

Dans cet exemple, la technique de combinaison des indices horizontaux et verticaux ne procure pas d'aide. La case grise de cette grille est la seule qui permet de connecter la sous-grille du haut avec le reste de la grille. La somme de cette case est la différence entre la somme des indices verticaux et des indices horizontaux de la sous-grille du haut à gauche. Dans notre exemple, la somme en case grise est donc 6 : (7 + 13) – (10 + 4) = 6.

Pour trouver la somme à la verticale 4 nous pouvons seulement utiliser les chiffres 1 et 3, car comme expliqué plus haut il n'est pas permis d'utiliser deux fois le même chiffre sur la même ligne ou colonne (2 + 2 est interdit). Pour trouver la somme horizontale 13, les deux cases restantes devraient s'additionner pour obtenir une somme de 7 (13 – 6). Nous ne pouvons utiliser que 3 + 4, car 1 + 6 n'est pas permis (6 a déjà été utilisé).

Le chiffre commun aux lignes verticale et horizontale est donc 3.

Maintenant que vous connaissez les techniques de résolution d'un Kakuro, essayez à présent de finir cette grille vous-même…

Solution :

| ■ | ■ | 18\ | 8\ | 28\ | ■ | 14\ | 6\ | ■ | ■ |
|---|---|---|---|---|---|---|---|---|---|
| ■ | 14\23 | | | | \11 | | | ■ | ■ |
| \14 | | | | | 5\4 | | | 12\ | 9\ |
| \16 | | | 20\12 | | | | 10\17 | | |
| ■ | ■ | \21 | | | | 13\8 | | | |
| ■ | 23\ | 11\7 | | | 7\13 | | | 22\ | 13\ |
| \17 | | | | 9\15 | | | | | |
| \7 | | | 17\6 | | | | 16\17 | | |
| \33 | | | | | | 17\13 | | | |
| ■ | 8\ | 11\6 | | | 14\4 | | | ■ | ■ |
| \19 | | | | 11\24 | | | | 10\ | 14\ |
| \3 | | | 10\15 | | | | 15\16 | | |
| ■ | ■ | \13 | | | \19 | | | | |
| ■ | ■ | \3 | | | \9 | | | | ■ |

| ■ | 23↓ | 13↓ | ■ | 14↓ | 9↓ | ■ | 11↓ | 16↓ | 17↓ |
|---|---|---|---|---|---|---|---|---|---|
| 8→ | | | 6→ | | | 18→ | | | |
| 16→ | | | 7↓ 15→ | | | 8↓ 22→ | | | |
| 14→ | | | | 17↓ 8→ | | | | 10↓ | 24↓ |
| ■ | 4↓ | 14↓ 11→ | | | 9↓ 13→ | | | | |
| 12→ | | | 6↓ 8→ | | | | 12↓ 9→ | | |
| 19→ | | | | | | 19↓ 21→ | | | |
| ■ | 17↓ | 22↓ 4→ | | | 8↓ 3→ | | | 11↓ | 15↓ |
| 20→ | | | | 15↓ 35→ | | | | | |
| 6→ | | | 12↓ 11→ | | | | 10↓ 13→ | | |
| 30→ | | | | | 14↓ 5→ | | | 7↓ | 19↓ |
| ■ | 10↓ | 16↓ 7→ | | | | 9↓ 16→ | | | |
| 11→ | | | | 17→ | | | 13→ | | |
| 19→ | | | | 5→ | | | 3→ | | |

| | | | | | | | | | |
|---|---|---|---|---|---|---|---|---|---|
| ■ | ■ | 18\ | 15\ | ■ | 13\ | 19\ | ■ | 19\ | 9\ |
| ■ | 20\7 | | | \5 | | | \3 | | |
| \23 | | | | \14 | | | 13\12 | | |
| \13 | | | 11\ | ■ | 12\29 | | | | |
| \6 | | | | 24\11 | | | | 22\ | 4\ |
| ■ | \23 | | | | | \14 | | | |
| ■ | ■ | 7\10 | | | | 17\ | 12\11 | | |
| ■ | 10\15 | | | | 16\16 | | | | ■ |
| \12 | | | 16\ | \7 | | | | 31\ | ■ |
| \8 | | | | 21\30 | | | | | 20\ |
| ■ | 18\ | 21\17 | | | | \6 | | | |
| \10 | | | | | 9\ | ■ | 8\16 | | |
| \16 | | | \6 | | | \15 | | | |
| \17 | | | \17 | | | \16 | | | ■ |

| ■ | 12\ | 7\ | ■ | 22\ | 8\ | ■ | 21\ | 9\ | 17\ |
|---|---|---|---|---|---|---|---|---|---|
| \4 | | | 13\16 | | | \19 | | | |
| \23 | | | | | | 3\11 | | | |
| ■ | 21\ | 8\14 | | | 10\11 | | | ■ | ■ |
| \18 | | | | 29\10 | | | | 5\ | 15\ |
| \5 | | | 9\7 | | | 14\9 | | | |
| \31 | | | | | | | 13\13 | | |
| ■ | 6\ | 12\13 | | | 15\17 | | | 6\ | 16\ |
| \4 | | | 17\22 | | | | | | |
| \17 | | | | 14\10 | | | 12\8 | | |
| ■ | ■ | \8 | | | | 23\14 | | | |
| ■ | 13\ | 10\13 | | | 6\16 | | | 3\ | 12\ |
| \7 | | | | \16 | | | | | |
| \24 | | | | \10 | | | \11 | | |

| ■ | 11\ | 6\ | ■ | ■ | 37\ | 4\ | 10\ | ■ | ■ |
|---|---|---|---|---|---|---|---|---|---|
| \3 |  |  | 19\ | \17 |  |  |  | ■ | ■ |
| \16 |  |  |  | 4\8 |  |  |  | 14\ | 17\ |
| ■ | ■ | 11\19 |  |  |  | ■ | \16 |  |  |
| ■ | 16\23 |  |  |  |  | 9\ | 22\12 |  |  |
| \9 |  |  | ■ | \26 |  |  |  |  | ■ |
| \12 |  |  | 20\ | 10\8 |  |  |  | 15\ | ■ |
| ■ | \6 |  |  |  | 39\15 |  |  |  | 10\ |
| ■ | ■ | 12\24 |  |  |  | ■ | \7 |  |  |
| ■ | 13\21 |  |  |  |  | 7\ | 18\11 |  |  |
| \15 |  |  | ■ | \12 |  |  |  |  | ■ |
| \5 |  |  | 4\ | 3\23 |  |  |  | 8\ | 14\ |
| ■ | ■ | \11 |  |  |  | \21 |  |  |  |
| ■ | ■ | \7 |  |  |  | ■ | \6 |  |  |

| ■ | 19\ | 7\ | ■ | ■ | ■ | 15\ | 4\ | ■ | ■ |
|---|---|---|---|---|---|---|---|---|---|
| \3 |  |  | 28\ | ■ | 15\12 |  |  | ■ | ■ |
| \20 |  |  |  | 11\9 |  |  |  | 14\ | 13\ |
| \29 |  |  |  |  |  |  | 10\16 |  |  |
| ■ | ■ | \5 |  |  | ■ | 23\14 |  |  |  |
| ■ | 9\ | 16\17 |  |  | 12\8 |  |  | 13\ | ■ |
| \21 |  |  |  | 6\20 |  |  |  |  | 16\ |
| \6 |  |  | 17\12 |  |  |  | 17\10 |  |  |
| ■ | \21 |  |  |  |  | 22\18 |  |  |  |
| ■ | 7\ | 11\4 |  |  | \6 |  |  | ■ | ■ |
| \8 |  |  |  | 10\ | 8\12 |  |  | 15\ | 24\ |
| \15 |  |  | 17\39 |  |  |  |  |  |  |
| ■ | ■ | \13 |  |  |  | \24 |  |  |  |
| ■ | ■ | \9 |  |  | ■ | ■ | \8 |  |  |

| | | | | | | | | | |
|---|---|---|---|---|---|---|---|---|---|
| ■ | ■ | 23\ | 6\ | 21\ | ■ | ■ | ■ | 20\ | 14\ |
| ■ | 8\9 | | | | 12\ | \1 | 5\0 | | |
| \29 | | | | | | \8 | | | |
| \16 | | | 7\4 | | | \13 | | | 11\ |
| ■ | 19\ | 11\15 | | | 15\ | ■ | 7\12 | | |
| \19 | | | | | | 13\12 | | | |
| \3 | | | ■ | 16\7 | | | | 21\ | 6\ |
| \17 | | | 9\20 | | | | \5 | | |
| ■ | 15\ | 16\17 | | | | 18\ | 12\12 | | |
| \10 | | | | \26 | | | | | |
| \11 | | | 14\ | ■ | 10\4 | | | 24\ | 8\ |
| ■ | 9\8 | | | \17 | | | 5\15 | | |
| \22 | | | | \17 | | | | | |
| \6 | | | ■ | ■ | \11 | | | | ■ |

| | | | | | | | | | |
|---|---|---|---|---|---|---|---|---|---|
| ■ | 4\ | 9\ | ■ | ■ | ■ | 8\ | 12\ | ■ | ■ |
| \3 | | | 20\ | ■ | 19\10 | | | ■ | ■ |
| \15 | | | | 12\7 | | | | 8\ | 17\ |
| ■ | 3\ | 11\14 | | | | | 31\16 | | |
| \22 | | | | | | 8\13 | | | |
| \11 | | | 15\30 | | | | | 5\ | 3\ |
| ■ | 15\ | 6\6 | | | \13 | | | | |
| \9 | | | | 9\ | 6\ | 10\ | | | |
| \24 | | | | | 28\10 | | | 7\ | 11\ |
| ■ | 13\ | 7\11 | | | | | 16\4 | | |
| \18 | | | | 10\34 | | | | | |
| \5 | | | 13\15 | | | | | 8\ | 14\ |
| ■ | ■ | \24 | | | | \21 | | | |
| ■ | ■ | \5 | | | ■ | ■ | \6 | | |

| | | | | | | | | | |
|---|---|---|---|---|---|---|---|---|---|
| ■ | 4\ | 18\ | ■ | ■ | 8\ | 14\ | ■ | 24\ | 10\ |
| \3 | | | 17\ | \11 | | | 23\8 | | |
| \11 | | | | 16\27 | | | | | |
| ■ | \23 | | | | | 3\13 | | | ■ |
| ■ | 7\ | 12\17 | | | \7 | | | 12\ | 11\ |
| \9 | | | | 14\ | 15\26 | | | | |
| \15 | | | 39\6 | | | 5\7 | | | |
| ■ | 5\ | 11\23 | | | | | | 15\ | 9\ |
| \21 | | | | 8\13 | | | 20\7 | | |
| \11 | | | | | ■ | 8\22 | | | |
| ■ | ■ | 6\9 | | | 17\9 | | | 10\ | ■ |
| ■ | 17\11 | | | 7\10 | | | | | 10\ |
| \33 | | | | | | \23 | | | |
| \10 | | | \6 | | | ■ | \4 | | |

| | | | | | | | | | |
|---|---|---|---|---|---|---|---|---|---|
| ■ | ↓4 | ↓7 | ↓21 | ■ | ■ | ■ | ↓24 | ↓8 | ↓14 |
| →7 | | | | ↓9 | ■ | ↓15 →23 | | | |
| →11 | | | | | →19 | | | | |
| ■ | ■ | ↓22 →17 | | | →7 | | | ↓18 | ■ |
| ■ | ↓3 →6 | | | ↓15 | ■ | ↓27 →16 | | | ↓13 |
| →17 | | | | | ↓24 →26 | | | | |
| →11 | | | →19 | | | | →5 | | |
| ■ | ↓9 | ↓20 | →21 | | | | ■ | ↓9 | ↓10 |
| →17 | | | ↓16 →10 | | | | ↓34 →5 | | |
| →10 | | | | | →27 | | | | |
| ■ | →12 | | | ↓8 | ■ | ↓7 →9 | | | ■ |
| ■ | ↓10 | ↓12 →4 | | | →8 | | | ↓9 | ↓12 |
| →30 | | | | | →29 | | | | |
| →6 | | | | ■ | 8 | ■ | | | |

| | | | | | | | | | |
|---|---|---|---|---|---|---|---|---|---|
| ■ | 15↓ | 9↓ | ■ | 6↓ | 14↓ | ■ | ■ | 23↓ | 4↓ |
| 17→ | | | 27↓ 12→ | | | 5↓ | 6→ | | |
| 25→ | | | | | | | 21↓ 7→ | | |
| ■ | ■ | 11↓ 10→ | | | 7→ | | | | ■ |
| ■ | 11↓ 14→ | | | 24↓ | ■ | 15↓ 10→ | | | 7↓ |
| 16→ | | | | | 24↓ 26→ | | | | |
| 3→ | | | 10→ | | | | 4→ | | |
| ■ | 5↓ | 27↓ | 20→ | | | | ■ | 16↓ | 8↓ |
| 13→ | | | 23↓ 22→ | | | | 29↓ 16→ | | |
| 22→ | | | | | 11→ | | | | |
| ■ | 10→ | | | 9↓ | ■ | 8↓ 11→ | | | ■ |
| ■ | 17↓ 9→ | | | | 6↓ 13→ | | | 12↓ | 16↓ |
| 13→ | | | 31→ | | | | | | |
| 12→ | | | ■ | 7→ | | | 15→ | | |

| | | | | | | | | | |
|---|---|---|---|---|---|---|---|---|---|
| ■ | 6\ | 19\ | ■ | ■ | 16\ | 9\ | 25\ | ■ | ■ |
| \5 | | | ■ | \10 | | | | ■ | ■ |
| \12 | | | 11\ | 24\23 | | | | 3\ | 15\ |
| \18 | | | | | ■ | \13 | | | |
| ■ | ■ | \8 | | | 34\ | 15\9 | | | |
| ■ | 14\ | 7\33 | | | | | | ■ | ■ |
| \20 | | | | 8\14 | | | | 11\ | 5\ |
| \6 | | | 26\22 | | | | 15\3 | | |
| ■ | ■ | \16 | | | | 17\21 | | | |
| ■ | 17\ | 4\15 | | | | | | ■ | ■ |
| \17 | | | | ■ | \13 | | | 7\ | 18\ |
| \11 | | | | 10\ | 15\12 | | | | |
| ■ | ■ | \24 | | | | ■ | \13 | | |
| ■ | ■ | \9 | | | | ■ | \4 | | |

| | | | | | | | | | |
|---|---|---|---|---|---|---|---|---|---|
| ■ | ↓10 | ↓17 | ■ | ■ | ↓7 | ↓27 | ■ | ↓11 | ↓7 |
| →16 | | | ↓10 | →12 | | | ↓23 →3 | | |
| →13 | | | | ↓11 →30 | | | | | |
| ■ | ■ | →10 | | | ↓15 →15 | | | ■ | ■ |
| ■ | ↓16 | ↓16 →22 | | | | | | ↓33 | ↓6 |
| →9 | | | ↓24 →9 | | | | ↓8 →14 | | |
| →28 | | | | | →12 | | | | |
| ■ | ↓13 →8 | | | ↓32 | ■ | ↓24 →9 | | | ↓17 |
| →27 | | | | | ↓5 →29 | | | | |
| →8 | | | ↓22 →21 | | | | ↓20 →11 | | |
| ■ | ■ | →31 | | | | | | ■ | ■ |
| ■ | ↓11 | ↓5 →14 | | | ↓4 →6 | | | ↓4 | ↓13 |
| →15 | | | | | | →11 | | | |
| →13 | | | →3 | | | ■ | →12 | | |

| | | | | | | | | | |
|---|---|---|---|---|---|---|---|---|---|
| ■ | ■ | ↓28 | ↓6 | ↓31 | ■ | ↓21 | ↓5 | ↓23 | ■ |
| ■ | ↓14 →22 | | | | →21 | | | | ↓24 |
| →11 | | | | | ↓16 →22 | | | | |
| →10 | | | ↓9 →23 | | | | ↓11 →8 | | |
| →30 | | | | | | ↓19 →18 | | | |
| ■ | ↓7 | ↓14 →11 | | | ↓17 →3 | | | ↓20 | ↓9 |
| →13 | | | | ↓13 →25 | | | | | |
| →4 | | | ↓6 →20 | | | | ↓8 →15 | | |
| →15 | | | | | | ↓19 →10 | | | |
| ■ | ↓18 | ↓30 →12 | | | ↓15 →14 | | | ↓17 | ↓11 |
| →17 | | | | ↓12 →16 | | | | | |
| →7 | | | ↓10 →16 | | | | ↓13 →17 | | |
| →29 | | | | | →10 | | | | |
| ■ | →15 | | | | →12 | | | | ■ |

| ■ | 6\ | 12\ | 3\ | ■ | 25\ | 16\ | ■ | 24\ | 11\ |
|---|---|---|---|---|---|---|---|---|---|
| \7 | | | | 4\8 | | | \17 | | |
| \27 | | | | | | | 10\6 | | |
| ■ | 22\ | 12\ | 5\11 | | | 13\12 | | | |
| \21 | | | | 15\11 | | | | | 14\ |
| \23 | | | | | | | 4\6 | | |
| \9 | | | 7\11 | | | 20\17 | | | |
| ■ | 5\ | 36\15 | | | 38\8 | | | 24\ | 6\ |
| \8 | | | | 14\16 | | | 4\12 | | |
| \10 | | | 7\30 | | | | | | |
| ■ | 23\30 | | | | | 3\10 | | | |
| \9 | | | | 7\6 | | | 15\ | 13\ | 3\ |
| \17 | | | \21 | | | | | | |
| \15 | | | \9 | | | \19 | | | |

| | | | | | | | | | |
|---|---|---|---|---|---|---|---|---|---|
| ■ | 17↓ | 4↓ | 15↓ | ■ | ■ | 3↓ | 14↓ | ■ | ■ |
| 12→ | | | | 6↓ | 11→ | | | 9↓ | ■ |
| 14→ | | | | | 29↓ 8→ | | | | 12↓ |
| ■ | ■ | 22↓ 20→ | | | | ■ | 13↓ 4→ | | |
| ■ | 22↓ 11→ | | | | | 30↓ 16→ | | | |
| 6→ | | | ■ | 12↓ 23→ | | | | 30↓ | ■ |
| 16→ | | | 22↓ 28→ | | | | | | 7↓ |
| 27→ | | | | | 24↓ 15→ | | | | |
| ■ | 16→ | | | | | | 13→ | | |
| ■ | 9↓ | 18↓ 23→ | | | | 10↓ | 28↓ 10→ | | |
| 11→ | | | | 10→ | | | | | ■ |
| 16→ | | | 15↓ | 8↓ 24→ | | | | 15↓ | 5↓ |
| ■ | 21→ | | | | 16→ | | | | |
| ■ | ■ | 7→ | | | ■ | 21→ | | | |

| ■ | 12\ | 10\ | 16\ | ■ | ■ | 11\ | 6\ | 16\ | ■ |
|---|---|---|---|---|---|---|---|---|---|
| \6 | | | | 34\ | \22 | | | | 4\ |
| \27 | | | | | 9\11 | | | | |
| ■ | ■ | 34\13 | | | | | \3 | | |
| ■ | 11\29 | | | | | 11\ | ■ | 33\ | 7\ |
| \15 | | | 8\16 | | | | 21\15 | | |
| \10 | | | | | \22 | | | | |
| ■ | 9\3 | | | 17\ | ■ | 29\5 | | | 7\ |
| \23 | | | | | 10\26 | | | | |
| \17 | | | \23 | | | | 28\10 | | |
| ■ | 16\ | 13\ | ■ | 12\12 | | | | | ■ |
| \14 | | | 13\13 | | | | | 15\ | 8\ |
| \30 | | | | | \24 | | | | |
| ■ | \7 | | | | ■ | \24 | | | |

| ■ | 20\ | 7\ | ■ | ■ | 5\ | 16\ | ■ | 25\ | 4\ |
|---|---|---|---|---|---|---|---|---|---|
| \10 | | | ■ | 27\8 | | | \5 | | |
| \12 | | | 15\19 | | | | 13\11 | | |
| \10 | | | | | ■ | \3 | | | 9\ |
| ■ | ■ | \12 | | | 31\ | 24\23 | | | |
| ■ | 10\ | 3\38 | | | | | | | |
| \14 | | | | 8\10 | | | | 14\ | 9\ |
| \4 | | | 11\22 | | | | 24\6 | | |
| ■ | 4\ | 33\12 | | | | 16\18 | | | |
| \34 | | | | | | | | ■ | ■ |
| \6 | | | | ■ | \14 | | | 17\ | 11\ |
| ■ | 17\13 | | | 3\ | 15\12 | | | | |
| \14 | | | \15 | | | | \17 | | |
| \16 | | | \7 | | | ■ | \6 | | |

| ■ | 17\ | 9\ | 11\ | ■ | 25\ | 7\ | 14\ | ■ | ■ |
|---|---|---|---|---|---|---|---|---|---|
| \22 | | | | \20 | | | | ■ | ■ |
| \11 | | | | 12\8 | | | | 15\ | 7\ |
| ■ | 29\ | 12\6 | | | | ■ | \12 | | |
| \27 | | | | | | 7\ | 24\4 | | |
| \6 | | | ■ | \17 | | | | | |
| \10 | | | 10\ | 18\21 | | | | 26\ | 10\ |
| \30 | | | | | 34\20 | | | | |
| ■ | 12\ | 23\12 | | | | ■ | \3 | | |
| \19 | | | | | | 5\ | 18\13 | | |
| \17 | | | ■ | \25 | | | | | |
| \8 | | | 4\ | 16\21 | | | | 3\ | 15\ |
| ■ | ■ | \10 | | | | \9 | | | |
| ■ | ■ | \19 | | | | \13 | | | |

| | | | | | | | | | |
|---|---|---|---|---|---|---|---|---|---|
| ■ | 10\ | 7\ | 17\ | ■ | ■ | ■ | 17\ | 17\ | 3\ |
| \23 | | | | 22\ | ■ | 24\19 | | | |
| \13 | | | | | 12\24 | | | | |
| ■ | 4\ | 13\28 | | | | | | 6\ | 13\ |
| \11 | | | 15\7 | | | | 35\5 | | |
| \11 | | | | | \26 | | | | |
| ■ | \4 | | | 25\ | \8 | | | | ■ |
| ■ | ■ | 21\5 | | | \12 | | | 18\ | ■ |
| ■ | 8\22 | | | | ■ | 12\15 | | | 14\ |
| \10 | | | | | 17\27 | | | | |
| \16 | | | 10\11 | | | | 12\6 | | |
| ■ | 16\ | 9\22 | | | | | | 15\ | 10\ |
| \14 | | | | | \30 | | | | |
| \24 | | | | ■ | ■ | \9 | | | |

| | | | | | | | | | |
|---|---|---|---|---|---|---|---|---|---|
| ■ | 34\ | 18\ | 11\ | 6\ | ■ | ■ | 29\ | 5\ | 13\ |
| \10 | | | | | ■ | \7 | | | |
| \29 | | | | | 28\ | 4\21 | | | |
| \7 | | | ■ | \20 | | | | ■ | ■ |
| \9 | | | 9\ | 27\14 | | | | 5\ | 11\ |
| \30 | | | | | | 18\19 | | | |
| ■ | ■ | \11 | | | | | 6\3 | | |
| ■ | 14\ | 9\15 | | | 26\12 | | | ■ | ■ |
| \16 | | | 20\21 | | | | | 35\ | 31\ |
| \10 | | | | 8\15 | | | | | |
| ■ | ■ | \23 | | | | ■ | \16 | | |
| ■ | 4\ | 17\8 | | | | 16\ | 7\12 | | |
| \11 | | | | ■ | \24 | | | | |
| \18 | | | | ■ | \30 | | | | |

| ■ | 5\ | 35\ | ■ | 7\ | 39\ | ■ | ■ | 9\ | 16\ |
|---|---|---|---|---|---|---|---|---|---|
| \9 | | | 7\11 | | | ■ | 12\17 | | |
| \15 | | | | | | 7\12 | | | |
| ■ | 4\15 | | | \20 | | | | 10\ | ■ |
| \9 | | | 22\ | 10\13 | | | | | 10\ |
| \25 | | | | | | | \3 | | |
| ■ | ■ | 16\24 | | | | 19\ | 9\13 | | |
| ■ | 4\8 | | | | 38\6 | | | | ■ |
| \12 | | | ■ | 21\23 | | | | 16\ | 10\ |
| \5 | | | 11\29 | | | | | | |
| ■ | \11 | | | | | ■ | 16\14 | | |
| ■ | 11\ | 6\24 | | | | 17\8 | | | 16\ |
| \15 | | | | \31 | | | | | |
| \3 | | | ■ | \16 | | | \12 | | |

| ■ | ↓3 | ↓16 | ↓19 | ↓23 | ■ | ↓10 | ↓24 | ↓38 | ↓5 |
|---|---|---|---|---|---|---|---|---|---|
| →26 | | | | | →28 | | | | |
| →24 | | | | | ↓9 →13 | | | | |
| ■ | ■ | ↓22 →10 | | | | ↓15 →14 | | | ↓9 |
| ■ | ↓5 →8 | | | →17 | | | ↓29 →6 | | |
| →13 | | | ↓14 | ■ | ↓21 →27 | | | | |
| →13 | | | | ↓17 →25 | | | | | ■ |
| ■ | ■ | ↓28 →26 | | | | | | ↓14 | ↓6 |
| ■ | ↓10 →11 | | | | | →9 | | | |
| →30 | | | | | ↓11 | ■ | ↓18 →14 | | |
| →7 | | | ↓7 →4 | | | ↓6 →7 | | | ■ |
| ■ | ↓13 →12 | | | ↓5 →20 | | | | ↓15 | ↓6 |
| →10 | | | | | →16 | | | | |
| →16 | | | | | →12 | | | | |

| | | | | | | | | | |
|---|---|---|---|---|---|---|---|---|---|
| ■ | ■ | 21 \ | 15 \ | 15 \ | ■ | ■ | 34 \ | 10 \ | ■ |
| ■ | 4 \ 22 | | | | 8 \ | \ 16 | | | 9 \ |
| \ 16 | | | | | | 16 \ 6 | | | |
| \ 12 | | | 20 \ 30 | | | | | | |
| ■ | 5 \ | 3 \ 13 | | | \ 9 | | | 15 \ | 6 \ |
| \ 14 | | | | | 22 \ | 17 \ 17 | | | |
| \ 7 | | | | 3 \ 35 | | | | | |
| ■ | 10 \ | 17 \ | 31 \ 19 | | | | 21 \ | 12 \ | 8 \ |
| \ 29 | | | | | | 21 \ 24 | | | |
| \ 11 | | | | 5 \ | \ 10 | | | | |
| ■ | 15 \ | 8 \ 13 | | | 10 \ 10 | | | 14 \ | 14 \ |
| \ 35 | | | | | | | 7 \ 6 | | |
| \ 9 | | | | \ 19 | | | | | |
| ■ | \ 11 | | | ■ | \ 23 | | | | ■ |

| | | | | | | | | | |
|---|---|---|---|---|---|---|---|---|---|
| ■ | 9\ | 12\ | 21\ | ■ | ■ | 7\ | 16\ | ■ | ■ |
| \7 | | | | 8\ | \14 | | | 11\ | ■ |
| \25 | | | | | 28\10 | | | | 3\ |
| ■ | ■ | 16\22 | | | | ■ | 15\4 | | |
| ■ | 21\11 | | | | | 24\15 | | | |
| \11 | | | ■ | 27\14 | | | | 19\ | ■ |
| \15 | | | 19\35 | | | | | | 23\ |
| \10 | | | | | 12\13 | | | | |
| ■ | \29 | | | | | | \9 | | |
| ■ | 9\ | 17\20 | | | | 20\ | 26\12 | | |
| \9 | | | | \29 | | | | | ■ |
| \17 | | | 13\ | 6\6 | | | | 8\ | 15\ |
| ■ | \16 | | | | \23 | | | | |
| ■ | ■ | \5 | | | ■ | \24 | | | |

| | | | | | | | | | |
|---|---|---|---|---|---|---|---|---|---|
| ■ | 5\ | 11\ | 29\ | ■ | ■ | 17\ | 7\ | 20\ | ■ |
| \21 | | | | 31\ | \23 | | | | 16\ |
| \16 | | | | | 10\15 | | | | |
| ■ | ■ | 28\28 | | | | | \17 | | |
| ■ | 14\11 | | | | | 10\ | ■ | 30\ | 11\ |
| \6 | | | 6\19 | | | | 9\3 | | |
| \25 | | | | | \19 | | | | |
| ■ | 8\3 | | | 17\ | ■ | 20\15 | | | 16\ |
| \27 | | | | | 8\22 | | | | |
| \8 | | | \22 | | | | 30\9 | | |
| ■ | 4\ | 13\ | ■ | 9\12 | | | | | ■ |
| \12 | | | 13\18 | | | | | 12\ | 8\ |
| \17 | | | | | \13 | | | | |
| ■ | \7 | | | | ■ | \24 | | | |

| ■ | 3\ | 12\ | 17\ | ■ | ■ | ■ | 12\ | 10\ | 12\ |
|---|---|---|---|---|---|---|---|---|---|
| \19 | | | | 30\ | ■ | 23\6 | | | |
| \14 | | | | | 10\25 | | | | |
| ■ | 4\ | 21\35 | | | | | | 18\ | 16\ |
| \6 | | | 16\9 | | | | 17\17 | | |
| \23 | | | | | \17 | | | | |
| ■ | \9 | | | 27\ | \23 | | | | ■ |
| ■ | ■ | 13\11 | | | \3 | | | 15\ | ■ |
| ■ | 15\22 | | | | ■ | 11\4 | | | 5\ |
| \15 | | | | | 14\11 | | | | |
| \7 | | | 20\8 | | | | 21\13 | | |
| ■ | 8\ | 10\27 | | | | | | 16\ | 8\ |
| \27 | | | | | \22 | | | | |
| \7 | | | | ■ | ■ | \24 | | | |

| | | | | | | | | | |
|---|---|---|---|---|---|---|---|---|---|
| ■ | 16\ | 21\ | 12\ | 7\ | ■ | 15\ | 22\ | ■ | ■ |
| \21 | | | | | \13 | | | ■ | ■ |
| \13 | | | | | \9 | | | 17\ | 10\ |
| ■ | 3\15 | | | 12\ | ■ | 20\24 | | | |
| \11 | | | | | 16\14 | | | | |
| \4 | | | \22 | | | | | 16\ | 9\ |
| ■ | 11\ | 3\ | ■ | 27\35 | | | | | |
| \11 | | | 36\7 | | | | \8 | | |
| \17 | | | | | | 8\ | ■ | 20\ | 17\ |
| ■ | 14\ | 15\16 | | | | | 16\9 | | |
| \29 | | | | | \19 | | | | |
| \23 | | | | 6\ | ■ | 13\11 | | | 5\ |
| ■ | ■ | \4 | | | \28 | | | | |
| ■ | ■ | \14 | | | \10 | | | | |

| | | | | | | | | | |
|---|---|---|---|---|---|---|---|---|---|
| ■ | 11\ | 21\ | ■ | ■ | 16\ | 13\ | ■ | 14\ | 6\ |
| \16 | | | ■ | 9\14 | | | \4 | | |
| \10 | | | 22\20 | | | | 10\11 | | |
| \11 | | | | | ■ | 7\8 | | | ■ |
| ■ | ■ | 32\6 | | | 18\12 | | | 15\ | 30\ |
| ■ | 10\3 | | | 13\7 | | | \10 | | |
| \34 | | | | | | 8\ | 28\14 | | |
| \45 | | | | | | | | | |
| \7 | | | ■ | 9\16 | | | | | |
| \12 | | | 4\5 | | | 13\12 | | | ■ |
| ■ | ■ | 12\9 | | | \12 | | | 15\ | 23\ |
| ■ | 11\8 | | | 10\ | 17\12 | | | | |
| \15 | | | \19 | | | | \12 | | |
| \3 | | | \13 | | | ■ | \17 | | |

| | | | | | | | | | |
|---|---|---|---|---|---|---|---|---|---|
| ■ | 6\ | 18\ | ■ | ■ | 12\ | 16\ | ■ | 22\ | 23\ |
| \5 | | | ■ | 9\8 | | | 22\7 | | |
| \14 | | | 13\29 | | | | | | |
| ■ | \14 | | | | | \24 | | | |
| ■ | 12\ | 27\15 | | | 17\ | 10\14 | | | ■ |
| \16 | | | | \11 | | | | 28\ | 26\ |
| \9 | | | 31\ | 22\34 | | | | | |
| \29 | | | | | 5\11 | | | | |
| \19 | | | | | | ■ | 6\16 | | |
| ■ | ■ | 10\8 | | | | 14\20 | | | |
| ■ | 19\9 | | | ■ | 15\10 | | | 7\ | ■ |
| \21 | | | | 11\13 | | | | | 12\ |
| \33 | | | | | | | \4 | | |
| \4 | | | \3 | | | ■ | \13 | | |

| ■ | 12\ | 23\ | ■ | 5\ | 29\ | ■ | 15\ | 22\ | ■ |
|---|---|---|---|---|---|---|---|---|---|
| \7 | | | \6 | | | \11 | | | 11\ |
| \16 | | | 17\13 | | | 26\8 | | | |
| \18 | | | | 7\32 | | | | | |
| ■ | 9\ | 16\18 | | | | | | 10\ | 11\ |
| \14 | | | | | 9\29 | | | | |
| \21 | | | | 16\15 | | | 35\4 | | |
| ■ | 9\ | 11\17 | | | | | | 8\ | 14\ |
| \3 | | | 22\4 | | | 10\24 | | | |
| \30 | | | | | 17\21 | | | | |
| ■ | 5\ | 20\25 | | | | | | 19\ | 6\ |
| \19 | | | | | | 9\17 | | | |
| \7 | | | | \3 | | | \4 | | |
| ■ | \8 | | | \17 | | | \12 | | |

| | | | | | | | | | |
|---|---|---|---|---|---|---|---|---|---|
| ■ | ■ | 13\ | 35\ | 4\ | ■ | ■ | 18\ | 5\ | 17\ |
| ■ | 10\10 | | | | ■ | 8\21 | | | |
| \11 | | | | | 12\21 | | | | |
| \24 | | | | 12\6 | | | | 34\ | 14\ |
| ■ | \22 | | | | | | 11\16 | | |
| ■ | 15\ | 26\15 | | | 19\ | \12 | | | |
| \7 | | | 7\3 | | | 16\11 | | | 9\ |
| \45 | | | | | | | | | |
| ■ | 6\13 | | | \10 | | | 25\17 | | |
| \13 | | | | 22\ | 9\13 | | | 14\ | ■ |
| \4 | | | 9\16 | | | | | | 8\ |
| ■ | 17\ | 16\16 | | | | 3\23 | | | |
| \30 | | | | | \10 | | | | |
| \17 | | | | ■ | \8 | | | | ■ |

| ■ | 10\ | 19\ | ■ | 15\ | 25\ | ■ | 21\ | 21\ | ■ |
|---|---|---|---|---|---|---|---|---|---|
| \16 |  |  | \7 |  |  | \5 |  |  | 4\ |
| \4 |  |  | 17\17 |  |  | 15\12 |  |  |  |
| \14 |  |  |  | 7\27 |  |  |  |  |  |
| ■ | 10\ | 12\18 |  |  |  |  |  | 13\ | 9\ |
| \14 |  |  |  |  | 23\29 |  |  |  |  |
| \22 |  |  |  | 33\12 |  |  | 32\5 |  |  |
| ■ | 6\ | 13\16 |  |  |  |  |  | 11\ | 8\ |
| \14 |  |  | 29\16 |  |  | 12\24 |  |  |  |
| \12 |  |  |  |  | 10\16 |  |  |  |  |
| ■ | 15\ | 7\34 |  |  |  |  |  | 6\ | 13\ |
| \20 |  |  |  |  |  | 16\12 |  |  |  |
| \20 |  |  |  | \12 |  |  | \12 |  |  |
| ■ | \10 |  |  | \9 |  |  | \3 |  |  |

| ■ | ■ | ■ | 21\ | 8\ | 22\ | ■ | ■ | 14\ | 16\ |
|---|---|---|---|---|---|---|---|---|---|
| ■ | ■ | 30\9 |  |  |  | ■ | 13\8 |  |  |
| ■ | 11\29 |  |  |  |  | 13\24 |  |  |  |
| \38 |  |  |  |  |  |  |  |  | ■ |
| \16 |  |  | ■ | 14\7 |  |  |  | 22\ | 6\ |
| \8 |  |  | 15\14 |  |  | \9 |  |  |  |
| ■ | ■ | 12\14 |  |  |  | 18\ | 4\14 |  |  |
| ■ | 15\12 |  |  |  | 27\20 |  |  |  | ■ |
| \7 |  |  | 12\ | \18 |  |  |  | 10\ | 19\ |
| \17 |  |  |  | 12\5 |  |  | \3 |  |  |
| ■ | ■ | 23\6 |  |  |  | 21\ | 10\11 |  |  |
| ■ | 9\43 |  |  |  |  |  |  |  |  |
| \13 |  |  |  | \11 |  |  |  |  | ■ |
| \17 |  |  | ■ | \24 |  |  |  | ■ | ■ |

| | | | | | | | | | |
|---|---|---|---|---|---|---|---|---|---|
| ■ | ■ | 23\ | 22\ | 30\ | ■ | ■ | ■ | 24\ | 6\ |
| ■ | 5\10 | | | | 11\ | ■ | 9\4 | | |
| \20 | | | | | | \12 | | | |
| \34 | | | | | | \17 | | | 16\ |
| ■ | 7\ | 24\14 | | | 33\ | ■ | 7\8 | | |
| \27 | | | | | | 3\15 | | | |
| \12 | | | | 12\17 | | | | 11\ | 21\ |
| \13 | | | 7\9 | | | | 38\17 | | |
| ■ | 14\ | 23\22 | | | | 16\13 | | | |
| \14 | | | | \15 | | | | | |
| \15 | | | 3\ | ■ | 17\13 | | | 8\ | 15\ |
| ■ | 12\8 | | | \35 | | | | | |
| \6 | | | | \28 | | | | | |
| \10 | | | ■ | ■ | \9 | | | | ■ |

| | | | | | | | | | |
|---|---|---|---|---|---|---|---|---|---|
| ■ | 23\ | 11\ | ■ | ■ | 8\ | 14\ | ■ | 9\ | 14\ |
| \10 | | | ■ | 14\8 | | | \6 | | |
| \13 | | | 14\22 | | | | 6\11 | | |
| \17 | | | | | | 15\9 | | | ■ |
| ■ | \4 | | | 15\ | \7 | | | 21\ | ■ |
| ■ | ■ | 16\6 | | | 10\12 | | | | 12\ |
| ■ | 4\25 | | | | | 21\ | \17 | | |
| \3 | | | \7 | | | | 13\9 | | |
| \10 | | | 18\ | 16\23 | | | | | ■ |
| ■ | \14 | | | | \11 | | | 29\ | ■ |
| ■ | ■ | 19\17 | | | 13\ | 3\11 | | | 20\ |
| ■ | 5\12 | | | 16\15 | | | | | |
| \8 | | | \11 | | | | \16 | | |
| \13 | | | \15 | | | ■ | \17 | | |

| ■ | ■ | ■ | 8\ | 14\ | ■ | 17\ | 17\ | ■ | ■ |
|---|---|---|---|---|---|---|---|---|---|
| ■ | ■ | 8\15 |  |  | \10 |  |  | 23\ | ■ |
| ■ | 13\11 |  |  |  | 12\24 |  |  |  | 3\ |
| \5 |  |  | 22\10 |  |  |  | 9\11 |  |  |
| \19 |  |  |  | 10\21 |  |  |  |  |  |
| ■ | ■ | 18\6 |  |  | 21\3 |  |  | 12\ | 15\ |
| ■ | 4\23 |  |  |  |  | 9\17 |  |  |  |
| \12 |  |  | 15\19 |  |  |  | 7\7 |  |  |
| \18 |  |  |  | 33\13 |  |  |  |  | ■ |
| ■ | 14\ | 16\9 |  |  | 7\6 |  |  | 20\ | 5\ |
| \32 |  |  |  |  |  | 16\7 |  |  |  |
| \16 |  |  | 11\6 |  |  |  | 9\10 |  |  |
| ■ | \13 |  |  |  | \15 |  |  |  | ■ |
| ■ | ■ | \13 |  |  | \17 |  |  | ■ | ■ |

| | | | | | | | | | |
|---|---|---|---|---|---|---|---|---|---|
| ■ | ↓8 | ↓15 | ■ | ↓17 | ↓4 | ■ | ■ | ↓20 | ↓9 |
| →7 | | | ↓10 →12 | | | ↓8 | →16 | | |
| →28 | | | | | | | ↓13 →6 | | |
| ■ | ■ | ↓14 →3 | | | →21 | | | | ■ |
| ■ | ↓11 →11 | | | ↓23 | ↓32 →5 | | | ↓17 | ↓13 |
| →13 | | | ↓9 →17 | | | ■ | ↓17 →14 | | |
| →16 | | | | | | ↓6 →24 | | | |
| ■ | ↓3 | ↓12 →22 | | | | | | ↓13 | ↓7 |
| →11 | | | | →33 | | | | | |
| →9 | | | ↓15 | ↓16 →8 | | | ↓22 →4 | | |
| ■ | ■ | ↓19 →7 | | | ■ | ↓7 →6 | | | ■ |
| ■ | ↓10 →18 | | | | ↓8 →9 | | | ↓9 | ↓14 |
| →16 | | | →39 | | | | | | |
| →11 | | | ■ | →5 | | | →10 | | |

| | | | | | | | | | |
|---|---|---|---|---|---|---|---|---|---|
| ■ | ■ | ■ | 5\ | 26\ | 23\ | ■ | 11\ | 27\ | 3\ |
| ■ | 13\ | 16\21 | | | | \11 | | | |
| \24 | | | | | | \19 | | | |
| \14 | | | 9\12 | | | \8 | | | 15\ |
| ■ | ■ | 15\17 | | | 28\ | ■ | 10\7 | | |
| ■ | 4\10 | | | | | 3\12 | | | |
| \11 | | | ■ | 8\18 | | | | 10\ | 11\ |
| \6 | | | 12\17 | | | | \9 | | |
| ■ | 15\ | 15\9 | | | | 33\ | 5\6 | | |
| \14 | | | | \23 | | | | | ■ |
| \13 | | | 20\ | ■ | 8\7 | | | 14\ | 16\ |
| ■ | 10\12 | | | \11 | | | 10\15 | | |
| \6 | | | | \34 | | | | | |
| \22 | | | | \7 | | | | ■ | ■ |

| | | | | | | | | | |
|---|---|---|---|---|---|---|---|---|---|
| ■ | 3\ | 14\ | ■ | 21\ | 9\ | ■ | ■ | 18\ | 15\ |
| \8 | | | \17 | | | 7\ | \7 | | |
| \4 | | | 6\8 | | | | 35\12 | | |
| ■ | \9 | | | | \14 | | | | 11\ |
| ■ | 10\ | 22\6 | | | 12\ | 7\23 | | | |
| \20 | | | | \15 | | | | | |
| \6 | | | 17\ | 11\21 | | | | 17\ | ■ |
| ■ | \18 | | | | 4\16 | | | | 15\ |
| ■ | 10\ | 25\7 | | | | ■ | 20\13 | | |
| \16 | | | | | | 10\19 | | | |
| \24 | | | | 8\ | \9 | | | 12\ | ■ |
| ■ | 13\13 | | | | 8\15 | | | | 16\ |
| \5 | | | \10 | | | | \14 | | |
| \11 | | | ■ | \5 | | | \11 | | |

| | | | | | | | | | |
|---|---|---|---|---|---|---|---|---|---|
| ■ | ■ | 8\ | 3\ | ■ | 21\ | 9\ | ■ | 23\ | 15\ |
| ■ | 14\4 | | | 12\17 | | | \12 | | |
| \30 | | | | | | | 16\7 | | |
| \6 | | | 11\5 | | | 11\13 | | | 10\ |
| ■ | 23\ | 7\8 | | | 26\27 | | | | |
| \9 | | | | 7\12 | | | \9 | | |
| \33 | | | | | | 8\ | ■ | 22\ | 6\ |
| \9 | | | \13 | | | | 15\9 | | |
| ■ | 10\ | 34\ | ■ | 6\15 | | | | | |
| \15 | | | 5\4 | | | 10\20 | | | |
| \13 | | | | | 17\9 | | | 19\ | 4\ |
| ■ | 17\13 | | | 12\7 | | | 6\3 | | |
| \16 | | | \36 | | | | | | |
| \14 | | | \8 | | | \11 | | | ■ |

| ■ | 4\ | 17\ | 22\ | ■ | 7\ | 23\ | ■ | 5\ | 11\ |
|---|---|---|---|---|---|---|---|---|---|
| \20 | | | | \15 | | | 12\3 | | |
| \17 | | | | 14\25 | | | | | |
| ■ | ■ | \6 | | | 13\12 | | | 19\ | 9\ |
| ■ | 8\ | 13\14 | | | | 12\18 | | | |
| \8 | | | | 13\15 | | | 9\4 | | |
| \16 | | | 13\24 | | | | | | |
| ■ | 10\ | 19\13 | | | 16\5 | | | 14\ | 9\ |
| \22 | | | | | | | 31\6 | | |
| \16 | | | 22\10 | | | 3\21 | | | |
| \11 | | | | 7\10 | | | | ■ | ■ |
| ■ | 10\ | 17\8 | | | 11\11 | | | 9\ | 10\ |
| \33 | | | | | | \6 | | | |
| \12 | | | \7 | | | \24 | | | |

| ■ | ■ | ■ | 15\ | 19\ | 7\ | ■ | 23\ | 28\ | 6\ |
|---|---|---|---|---|---|---|---|---|---|
| ■ | 14\ | 3\9 | | | | \14 | | | |
| \25 | | | | | | \22 | | | |
| \11 | | | 17\4 | | | \8 | | | 9\ |
| ■ | ■ | 20\16 | | | 17\ | ■ | 7\6 | | |
| ■ | 5\18 | | | | | 10\19 | | | |
| \13 | | | ■ | 3\12 | | | | 15\ | 14\ |
| \7 | | | 12\13 | | | | \16 | | |
| ■ | 10\ | 16\8 | | | | 34\ | 10\7 | | |
| \21 | | | | \13 | | | | | ■ |
| \8 | | | 24\ | ■ | 6\15 | | | 12\ | 9\ |
| ■ | 5\9 | | | \9 | | | 13\4 | | |
| \16 | | | | \33 | | | | | |
| \10 | | | | \17 | | | | ■ | ■ |

| ■ | 15\ | 6\ | ■ | 16\ | 9\ | ■ | 29\ | 17\ | 7\ |
|---|---|---|---|---|---|---|---|---|---|
| \14 | | | 19\16 | | | \23 | | | |
| \22 | | | | | | 5\11 | | | |
| ■ | 24\ | 17\8 | | | 6\13 | | | ■ | ■ |
| \13 | | | | 30\9 | | | | 3\ | 11\ |
| \16 | | | 3\10 | | | 14\14 | | | |
| \30 | | | | | | | 8\4 | | |
| ■ | 7\ | 12\9 | | | 21\5 | | | 6\ | 14\ |
| \13 | | | 16\24 | | | | | | |
| \7 | | | | 16\17 | | | 20\12 | | |
| ■ | ■ | \17 | | | | 8\8 | | | |
| ■ | 12\ | 10\9 | | | 14\9 | | | 8\ | 11\ |
| \10 | | | | \35 | | | | | |
| \22 | | | | \10 | | | \4 | | |

| | | | | | | | | | |
|---|---|---|---|---|---|---|---|---|---|
| ■ | 13\ | 17\ | ■ | 4\ | 20\ | ■ | ■ | 7\ | 11\ |
| \5 | | | 23\12 | | | ■ | 17\3 | | |
| \26 | | | | | | 17\21 | | | |
| ■ | 10\14 | | | 24\22 | | | | | ■ |
| \15 | | | | | 8\9 | | | 24\ | 6\ |
| \15 | | | 17\16 | | | \10 | | | |
| ■ | 9\ | 18\11 | | | | 21\ | 8\11 | | |
| \29 | | | | | 14\27 | | | | |
| \12 | | | 13\ | \16 | | | | 15\ | 13\ |
| \8 | | | | 10\6 | | | 13\9 | | |
| ■ | ■ | 22\12 | | | 19\26 | | | | |
| ■ | 6\14 | | | | | 3\4 | | | 15\ |
| \17 | | | | \22 | | | | | |
| \8 | | | ■ | \10 | | | \7 | | |

| | | | | | | | | | |
|---|---|---|---|---|---|---|---|---|---|
| ■ | 5\ | 14\ | ■ | 10\ | 11\ | ■ | 16\ | 23\ | ■ |
| \13 | | | 29\6 | | | \9 | | | 11\ |
| \22 | | | | | | \19 | | | |
| ■ | ■ | \8 | | | 18\ | ■ | 30\14 | | |
| ■ | 4\ | 14\21 | | | | 7\9 | | | |
| \11 | | | | \17 | | | | | |
| \6 | | | 19\ | 8\20 | | | | 18\ | ■ |
| ■ | \22 | | | | 23\12 | | | | 3\ |
| ■ | 27\ | 24\10 | | | | ■ | 25\11 | | |
| \26 | | | | | | 14\10 | | | |
| \6 | | | | \15 | | | | ■ | ■ |
| \10 | | | 8\ | ■ | 13\17 | | | 12\ | 7\ |
| \24 | | | | \21 | | | | | |
| ■ | \10 | | | \9 | | | \15 | | |

| | | | | | | | | | |
|---|---|---|---|---|---|---|---|---|---|
| ■ | ■ | 17\ | 12\ | 24\ | ■ | 21\ | 3\ | 28\ | ■ |
| ■ | 8\6 | | | | \19 | | | | 6\ |
| \21 | | | | | 7\15 | | | | |
| \16 | | | 19\8 | | | | 17\4 | | |
| ■ | 9\ | 15\23 | | | | \9 | | | 5\ |
| \29 | | | | | 10\ | 14\15 | | | |
| \9 | | | | 8\10 | | | 30\13 | | |
| ■ | 14\ | 23\21 | | | | | | 4\ | 3\ |
| \8 | | | 4\11 | | | 17\12 | | | |
| \20 | | | | ■ | 16\13 | | | | |
| ■ | 15\6 | | | 13\24 | | | | 22\ | 12\ |
| \7 | | | 8\11 | | | | 5\17 | | |
| \28 | | | | | \11 | | | | |
| ■ | \7 | | | | \16 | | | | ■ |

| | | | | | | | | | |
|---|---|---|---|---|---|---|---|---|---|
| ■ | ↓5 | ↓26 | ■ | ↓7 | ↓14 | ↓13 | ■ | ↓34 | ↓14 |
| →13 | | | →16 | | | | →14 | | |
| →3 | | | ↓15 →8 | | | | ↓7 →8 | | |
| ■ | →17 | | | | →14 | | | | ■ |
| ■ | ↓15 →9 | | | ↓35 | ■ | ↓29 →12 | | | ↓9 |
| →18 | | | | | ↓10 →15 | | | | |
| →7 | | | →24 | | | | →17 | | |
| ■ | ↓4 | ↓37 | →16 | | | | ■ | ↓35 | ↓8 |
| →6 | | | ↓11 →10 | | | | ↓6 →16 | | |
| →17 | | | | | →14 | | | | |
| ■ | →11 | | | ↓12 | ■ | ↓23 →4 | | | ■ |
| ■ | ↓5 →18 | | | | ↓7 →20 | | | | ↓11 |
| →3 | | | →22 | | | | →15 | | |
| →10 | | | →9 | | | | →6 | | |

# KAKURO

NIVEAU 1

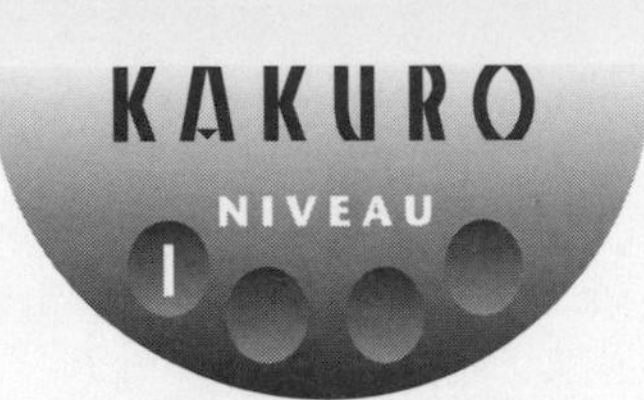

| | | | | | | | | | |
|---|---|---|---|---|---|---|---|---|---|
| ■ | ■ | 15\ | 27\ | ■ | 14\ | 5\ | ■ | 9\ | 11\ |
| ■ | 8\5 | | | \8 | | | 29\15 | | |
| \23 | | | | 17\17 | | | | | |
| \28 | | | | | | 9\6 | | | ■ |
| ■ | 3\ | 7\9 | | | \14 | | | 12\ | 10\ |
| \11 | | | | 13\ | 19\28 | | | | |
| \4 | | | 38\16 | | | 6\6 | | | |
| ■ | 4\ | 6\15 | | | | | | 3\ | 15\ |
| \8 | | | | 5\14 | | | 18\7 | | |
| \12 | | | | | ■ | 10\17 | | | |
| ■ | ■ | 7\11 | | | 20\4 | | | 24\ | 7\ |
| ■ | 16\10 | | | 14\31 | | | | | |
| \34 | | | | | | \10 | | | |
| \9 | | | \17 | | | \12 | | | ■ |

| | | | | | | | | | |
|---|---|---|---|---|---|---|---|---|---|
| ■ | ■ | 8\ | 29\ | ■ | 4\ | 12\ | ■ | 8\ | 14\ |
| ■ | 10\7 | | | \6 | | | 23\16 | | |
| \19 | | | | 16\24 | | | | | |
| \16 | | | | | 7\9 | | | 24\ | 22\ |
| ■ | 12\ | 22\13 | | | | 5\18 | | | |
| \6 | | | 9\10 | | | | 7\10 | | |
| \30 | | | | | \11 | | | | |
| ■ | 24\5 | | | 9\ | ■ | 10\12 | | | 6\ |
| \13 | | | | | 15\14 | | | | |
| \11 | | | 11\16 | | | | 27\3 | | |
| \15 | | | | 14\21 | | | | 6\ | 14\ |
| ■ | 15\ | 5\17 | | | 11\15 | | | | |
| \22 | | | | | | \20 | | | |
| \13 | | | \3 | | | \4 | | | ■ |

| | | | | | | | | | |
|---|---|---|---|---|---|---|---|---|---|
| ■ | 11\ | 16\ | ■ | 16\ | 26\ | ■ | 25\ | 23\ | ■ |
| \3 | | | 12\14 | | | \7 | | | 6\ |
| \31 | | | | | | 3\11 | | | |
| ■ | 8\9 | | | \30 | | | | | |
| \10 | | | 15\ | 8\19 | | | | 15\ | ■ |
| \16 | | | | | 12\ | \4 | | | 9\ |
| ■ | 12\ | 10\9 | | | | 13\10 | | | |
| \5 | | | 38\22 | | | | 12\17 | | |
| \24 | | | | \7 | | | | 29\ | 11\ |
| ■ | \8 | | | 14\ | 11\23 | | | | |
| ■ | 13\ | 6\21 | | | | ■ | 13\14 | | |
| \15 | | | | | | 6\5 | | | 8\ |
| \20 | | | | \19 | | | | | |
| ■ | \7 | | | \5 | | | \16 | | |

| | | | | | | | | | |
|---|---|---|---|---|---|---|---|---|---|
| ■ | 17\ | 24\ | 14\ | 12\ | ■ | 19\ | 3\ | 22\ | 12\ |
| \30 | | | | | \26 | | | | |
| \24 | | | | | 28\17 | | | | |
| \8 | | | 15\14 | | | | \6 | | |
| ■ | 4\ | 20\19 | | | | 9\ | ■ | 27\ | 17\ |
| \15 | | | | \7 | | | 10\9 | | |
| \11 | | | 12\ | 16\23 | | | | | |
| ■ | 13\7 | | | | 14\23 | | | | 7\ |
| \30 | | | | | | ■ | 13\15 | | |
| \5 | | | \11 | | | 22\11 | | | |
| ■ | 10\ | 15\ | ■ | 6\13 | | | | 21\ | 8\ |
| \16 | | | 14\18 | | | | 10\10 | | |
| \11 | | | | | \10 | | | | |
| \16 | | | | | \29 | | | | |

| | | | | | | | | | |
|---|---|---|---|---|---|---|---|---|---|
| ■ | ↓9 | ↓13 | ■ | ↓14 | ↓16 | ■ | ■ | ↓32 | ↓14 |
| →17 | | | ↓12 →14 | | | ↓8 | →11 | | |
| →28 | | | | | | | ↓15 →10 | | |
| ■ | ■ | ↓21 →3 | | | →23 | | | | ■ |
| ■ | ↓6 →9 | | | ↓28 | ■ | ↓19 →7 | | | ↓7 |
| →21 | | | | | ↓6 →13 | | | | |
| →5 | | | →20 | | | | →15 | | |
| ■ | ↓4 | ↓39 | →11 | | | | ■ | ↓12 | ↓4 |
| →9 | | | ↓10 →8 | | | | ↓29 →3 | | |
| →10 | | | | | →11 | | | | |
| ■ | →8 | | | ↓16 | ■ | ↓7 →17 | | | ■ |
| ■ | ↓5 →24 | | | | ↓11 →8 | | | ↓12 | ↓8 |
| →13 | | | →31 | | | | | | |
| →6 | | | ■ | →12 | | | →10 | | |

| ■ | ■ | 15\ | 15\ | 16\ | ■ | 20\ | 7\ | 28\ | ■ |
|---|---|---|---|---|---|---|---|---|---|
| ■ | 8\9 | | | | \23 | | | | 3\ |
| \18 | | | | 12\14 | | | | | |
| \16 | | | 17\19 | | | | 14\4 | | |
| ■ | 10\ | 5\7 | | | | \6 | | | 9\ |
| \12 | | | | | 14\ | 12\12 | | | |
| \21 | | | | 13\16 | | | 27\17 | | |
| ■ | 11\ | 26\17 | | | | | | 8\ | 10\ |
| \5 | | | 8\11 | | | 15\11 | | | |
| \24 | | | | ■ | 12\29 | | | | |
| ■ | 4\6 | | | 17\10 | | | | 22\ | 7\ |
| \10 | | | 6\17 | | | | 3\9 | | |
| \16 | | | | | \21 | | | | |
| ■ | \6 | | | | \8 | | | | ■ |

| | | | | | | | | | |
|---|---|---|---|---|---|---|---|---|---|
| ■ | ■ | 23\ | 10\ | ■ | 14\ | 18\ | ■ | 5\ | 15\ |
| ■ | 12\12 | | | \16 | | | 22\7 | | |
| \10 | | | | 30\28 | | | | | |
| \28 | | | | | 5\17 | | | 34\ | 11\ |
| ■ | 6\ | 32\13 | | | | 4\20 | | | |
| \10 | | | 24\9 | | | | 21\9 | | |
| \29 | | | | | \11 | | | | |
| ■ | 14\10 | | | 4\ | ■ | 14\15 | | | 13\ |
| \13 | | | | | 14\27 | | | | |
| \9 | | | 16\8 | | | | 26\11 | | |
| \19 | | | | 6\12 | | | | 7\ | 17\ |
| ■ | 4\ | 8\12 | | | 11\25 | | | | |
| \19 | | | | | | \16 | | | |
| \3 | | | \9 | | | \13 | | | ■ |

| | | | | | | | | | |
|---|---|---|---|---|---|---|---|---|---|
| ■ | 13↓ | 22↓ | 12↓ | 19↓ | ■ | 19↓ | 7↓ | 21↓ | 17↓ |
| 11→ | | | | | 25→ | | | | |
| 26→ | | | | | 27↓ 29→ | | | | |
| 16→ | | | 7↓ 16→ | | | | 5→ | | |
| ■ | 4↓ | 19↓ 19→ | | | | 7↓ | ■ | 34↓ | 9↓ |
| 14→ | | | | 13→ | | | 14↓ 17→ | | |
| 6→ | | | 8↓ | 23↓ 22→ | | | | | |
| ■ | 11↓ 13→ | | | | 15↓ 12→ | | | | 5↓ |
| 33→ | | | | | | ■ | 14↓ 11→ | | |
| 3→ | | | 8→ | | | 10↓ 15→ | | | |
| ■ | 12↓ | 11↓ | ■ | 9↓ 8→ | | | | 6↓ | 24↓ |
| 16→ | | | 15↓ 10→ | | | | 11↓ 12→ | | |
| 12→ | | | | | 13→ | | | | |
| 17→ | | | | | 23→ | | | | |

| | | | | | | | | | |
|---|---|---|---|---|---|---|---|---|---|
| ■ | 20\ | 10\ | ■ | ■ | 11\ | 16\ | ■ | 21\ | 17\ |
| \16 | | | ■ | \8 | | | \17 | | |
| \9 | | | 6\ | 24\13 | | | 21\5 | | |
| \22 | | | | | | 27\18 | | | |
| ■ | ■ | \9 | | | 27\11 | | | ■ | ■ |
| ■ | 13\ | 22\33 | | | | | | 7\ | 23\ |
| \8 | | | ■ | 12\34 | | | | | |
| \17 | | | 15\7 | | | | \11 | | |
| \16 | | | | | | 16\ | 8\7 | | |
| ■ | ■ | \19 | | | | | | ■ | ■ |
| ■ | 19\ | 9\15 | | | 18\14 | | | 8\ | 22\ |
| \13 | | | | 4\15 | | | | | |
| \3 | | | \12 | | | ■ | \10 | | |
| \15 | | | \6 | | | ■ | \13 | | |

| ■ | 6\ | 22\ | 27\ | ■ | 11\ | 7\ | 16\ | ■ | ■ |
|---|---|---|---|---|---|---|---|---|---|
| \20 | | | | \13 | | | | ■ | ■ |
| \8 | | | | 9\10 | | | | 17\ | 5\ |
| \25 | | | | | | | 17\9 | | |
| ■ | ■ | \15 | | | ■ | 11\14 | | | |
| ■ | 12\ | 24\6 | | | 14\8 | | | 23\ | 7\ |
| \11 | | | | 16\22 | | | | | |
| \16 | | | 6\20 | | | | 22\13 | | |
| \17 | | | | | | 19\13 | | | |
| ■ | 12\ | 5\11 | | | \14 | | | ■ | ■ |
| \16 | | | | 24\ | 15\3 | | | 8\ | 18\ |
| \4 | | | 7\26 | | | | | | |
| ■ | ■ | \23 | | | | \21 | | | |
| ■ | ■ | \13 | | | | \9 | | | |

| | | | | | | | | | |
|---|---|---|---|---|---|---|---|---|---|
| ■ | 23\ | 14\ | ■ | 13\ | 3\ | ■ | 21\ | 12\ | 6\ |
| \7 | | | 15\4 | | | \22 | | | |
| \28 | | | | | | 7\6 | | | |
| \12 | | | | | 21\7 | | | 30\ | 9\ |
| \16 | | | \35 | | | | | | |
| ■ | 12\ | 34\ | ■ | 4\5 | | | 9\10 | | |
| \16 | | | 11\11 | | | 10\14 | | | 17\ |
| \10 | | | | | 9\18 | | | | |
| ■ | 15\15 | | | 14\11 | | | \9 | | |
| \17 | | | 29\8 | | | 25\ | ■ | 28\ | 11\ |
| \36 | | | | | | | 3\13 | | |
| ■ | 11\ | 8\9 | | | 6\19 | | | | |
| \8 | | | | \21 | | | | | |
| \24 | | | | \14 | | | \5 | | |

| ■ | ■ | 29\ | 13\ | 12\ | ■ | 29\ | 6\ | 6\ | ■ |
|---|---|---|---|---|---|---|---|---|---|
| ■ | 10\7 | | | | \9 | | | | 11\ |
| \14 | | | | | 10\23 | | | | |
| \24 | | | | 13\11 | | | \3 | | |
| ■ | 9\25 | | | | | | 24\ | 5\ | 4\ |
| \17 | | | 15\5 | | | 16\10 | | | |
| \12 | | | | 13\26 | | | | | |
| ■ | 17\ | 12\5 | | | 30\8 | | | 34\ | 9\ |
| \31 | | | | | | 7\13 | | | |
| \22 | | | | 11\15 | | | 12\15 | | |
| ■ | 6\ | 19\ | \17 | | | | | | 10\ |
| \4 | | | 12\10 | | | 14\23 | | | |
| \18 | | | | | \22 | | | | |
| ■ | \21 | | | | \8 | | | | ■ |

| | | | | | | | | | |
|---|---|---|---|---|---|---|---|---|---|
| ■ | 9\ | 17\ | ■ | ■ | 11\ | 7\ | 36\ | ■ | ■ |
| \15 | | | ■ | \8 | | | | ■ | ■ |
| \7 | | | 28\ | 8\23 | | | | 6\ | 11\ |
| \11 | | | | | ■ | \22 | | | |
| ■ | ■ | \14 | | | 18\ | 24\9 | | | |
| ■ | 8\ | 13\30 | | | | | | ■ | ■ |
| \11 | | | | 21\10 | | | | 12\ | 5\ |
| \16 | | | 31\21 | | | | 26\4 | | |
| ■ | ■ | \7 | | | | 6\18 | | | |
| ■ | 3\ | 17\29 | | | | | | ■ | ■ |
| \19 | | | | ■ | \9 | | | 16\ | 20\ |
| \14 | | | | 16\ | 11\27 | | | | |
| ■ | ■ | \22 | | | | ■ | \4 | | |
| ■ | ■ | \13 | | | | ■ | \17 | | |

| | | | | | | | | | |
|---|---|---|---|---|---|---|---|---|---|
| ■ | ■ | 21\ | 4\ | 29\ | ■ | 12\ | 13\ | 23\ | ■ |
| ■ | 24\7 | | | | \17 | | | | 9\ |
| \26 | | | | | 5\11 | | | | |
| \8 | | | 10\21 | | | | 20\15 | | |
| \26 | | | | | | 23\14 | | | |
| ■ | 6\ | 18\10 | | | 14\16 | | | 18\ | 8\ |
| \12 | | | | 23\16 | | | | | |
| \12 | | | 10\24 | | | | 19\14 | | |
| \17 | | | | | | 18\16 | | | |
| ■ | 9\ | 29\11 | | | 9\3 | | | 10\ | 15\ |
| \13 | | | | 16\34 | | | | | |
| \7 | | | 6\11 | | | | 17\11 | | |
| \17 | | | | | \16 | | | | |
| ■ | \22 | | | | \11 | | | | ■ |

| | | | | | | | | | |
|---|---|---|---|---|---|---|---|---|---|
| ■ | 17\ | 13\ | 8\ | ■ | 29\ | 4\ | ■ | 31\ | 10\ |
| \23 | | | | 14\12 | | | \15 | | |
| \32 | | | | | | | 13\7 | | |
| ■ | 8\ | 21\ | 13\6 | | | 10\7 | | | |
| \22 | | | | 16\17 | | | | | 9\ |
| \35 | | | | | | | 10\16 | | |
| \5 | | | 11\11 | | | 15\11 | | | |
| ■ | 6\ | 22\3 | | | 36\8 | | | 20\ | 14\ |
| \13 | | | | 7\5 | | | 6\14 | | |
| \9 | | | 9\39 | | | | | | |
| ■ | 19\11 | | | | | 17\6 | | | |
| \24 | | | | 3\17 | | | 3\ | 5\ | 15\ |
| \4 | | | \30 | | | | | | |
| \12 | | | \11 | | | \9 | | | |

| ■ | ↓11 | ↓6 | ↓28 | ↓24 | ■ | ■ | ■ | ↓29 | ↓16 |
|---|---|---|---|---|---|---|---|---|---|
| →29 | | | | | ↓8 | ■ | ↓3 →13 | | |
| →17 | | | | | | →10 | | | |
| ■ | ↓9 | ↓19 →23 | | | | →7 | | | ↓22 |
| →16 | | | | | ↓10 | ■ | ↓18 →16 | | |
| →3 | | | ↓10 →6 | | | ↓9 →8 | | | |
| →18 | | | | ↓15 →27 | | | | | |
| ■ | ↓7 | ↓32 →7 | | | ↓14 →17 | | | ↓12 | ↓21 |
| →26 | | | | | | ↓26 →13 | | | |
| →6 | | | | →16 | | | ↓13 →17 | | |
| →12 | | | ↓5 | ■ | ↓16 →11 | | | | |
| ■ | ↓11 →13 | | | →24 | | | | ↓15 | ↓9 |
| →14 | | | | →33 | | | | | |
| →4 | | | ■ | ■ | →12 | | | | |

| ■ | 3\ | 16\ | ■ | 29\ | 11\ | ■ | 19\ | 17\ | 8\ |
|---|---|---|---|---|---|---|---|---|---|
| \9 | | | 11\8 | | | \23 | | | |
| \20 | | | | | | 35\18 | | | |
| ■ | 16\ | 21\27 | | | | | | 12\ | 6\ |
| \16 | | | 16\22 | | | | 17\14 | | |
| \22 | | | | | \15 | | | | |
| ■ | \5 | | | 30\ | \8 | | | | ■ |
| ■ | ■ | 6\6 | | | \8 | | | 22\ | ■ |
| ■ | 10\15 | | | | ■ | 34\9 | | | 7\ |
| \12 | | | | | 13\25 | | | | |
| \12 | | | 14\24 | | | | 14\15 | | |
| ■ | 4\ | 13\23 | | | | | | 12\ | 3\ |
| \20 | | | | \15 | | | | | |
| \7 | | | | \10 | | | \11 | | |

| | | | | | | | | | |
|---|---|---|---|---|---|---|---|---|---|
| ■ | 4\ | 15\ | 22\ | 7\ | ■ | 19\ | 25\ | 7\ | 16\ |
| \12 | | | | | \25 | | | | |
| \16 | | | | | \29 | | | | |
| ■ | 11\ | 23\13 | | | \3 | | | 22\ | 6\ |
| \10 | | | | 18\ | ■ | 29\14 | | | |
| \19 | | | | | 10\20 | | | | |
| \16 | | | \9 | | | | \6 | | |
| ■ | 17\ | 24\ | \20 | | | | ■ | 7\ | 16\ |
| \8 | | | 20\11 | | | | 34\12 | | |
| \24 | | | | | \13 | | | | |
| \21 | | | | 8\ | ■ | 10\15 | | | |
| ■ | 5\ | 17\14 | | | \8 | | | 17\ | 5\ |
| \14 | | | | | \18 | | | | |
| \16 | | | | | \28 | | | | |

| ■ | 9\ | 28\ | ■ | 18\ | 4\ | ■ | ■ | 23\ | 19\ |
|---|---|---|---|---|---|---|---|---|---|
| \16 | | | \12 | | | 13\ | \14 | | |
| \5 | | | 8\10 | | | | 13\17 | | |
| ■ | 14\12 | | | | 29\23 | | | | |
| \24 | | | | 23\7 | | | | 17\ | 22\ |
| \6 | | | 15\19 | | | | 8\6 | | |
| ■ | 6\ | 21\13 | | | | 11\22 | | | |
| \45 | | | | | | | | | |
| \20 | | | | 28\6 | | | | 21\ | 9\ |
| \5 | | | 8\24 | | | | 15\10 | | |
| ■ | 15\ | 11\17 | | | | 21\9 | | | |
| \12 | | | | | 10\16 | | | | 3\ |
| \7 | | | \14 | | | | \11 | | |
| \16 | | | ■ | \17 | | | \7 | | |

| | | | | | | | | | |
|---|---|---|---|---|---|---|---|---|---|
| ■ | 19 \ | 7 \ | ■ | 8 \ | 16 \ | 20 \ | ■ | 30 \ | 13 \ |
| \ 9 | | | \ 18 | | | | \ 12 | | |
| \ 4 | | | 24 \ 6 | | | | 3 \ 5 | | |
| \ 16 | | | | 10 \ 26 | | | | | ■ |
| ■ | 11 \ | 17 \ 8 | | | | \ 6 | | | 7 \ |
| \ 14 | | | | | 22 \ | ■ | 31 \ 15 | | |
| \ 34 | | | | | | 11 \ 10 | | | |
| ■ | 16 \ | 25 \ 22 | | | | | | 5 \ | 11 \ |
| \ 13 | | | | \ 16 | | | | | |
| \ 13 | | | 6 \ | ■ | 29 \ 21 | | | | |
| ■ | \ 14 | | | 19 \ 21 | | | | 23 \ | 11 \ |
| ■ | 17 \ 23 | | | | | 8 \ 11 | | | |
| \ 10 | | | \ 24 | | | | \ 16 | | |
| \ 12 | | | \ 9 | | | | \ 11 | | |

| | | | | | | | | | |
|---|---|---|---|---|---|---|---|---|---|
| ■ | 4\ | 16\ | 19\ | 7\ | ■ | 14\ | 25\ | 13\ | 9\ |
| \13 | | | | | \10 | | | | |
| \16 | | | | | \26 | | | | |
| ■ | 11\ | 18\12 | | | 17\17 | | | 8\ | 24\ |
| \21 | | | | 20\21 | | | | | |
| \4 | | | 9\8 | | | 11\10 | | | |
| \38 | | | | | | | 15\14 | | |
| ■ | 9\ | 19\6 | | | 20\11 | | | 6\ | 16\ |
| \3 | | | 29\22 | | | | | | |
| \23 | | | | 29\10 | | | 12\12 | | |
| \28 | | | | | | 22\10 | | | |
| ■ | 16\ | 5\7 | | | \6 | | | 7\ | 16\ |
| \28 | | | | | \27 | | | | |
| \24 | | | | | \19 | | | | |

| | | | | | | | | | |
|---|---|---|---|---|---|---|---|---|---|
| ■ | 7\ | 9\ | 22\ | 23\ | ■ | ■ | ■ | 23\ | 17\ |
| \30 | | | | | 15\ | ■ | 11\16 | | |
| \20 | | | | | | \21 | | | |
| ■ | 23\ | 7\9 | | | | \3 | | | 20\ |
| \28 | | | | | 13\ | ■ | 19\15 | | |
| \8 | | | 24\5 | | | 11\6 | | | |
| \15 | | | | 4\32 | | | | | |
| ■ | 24\ | 30\12 | | | 4\13 | | | 11\ | 22\ |
| \26 | | | | | | 18\18 | | | |
| \10 | | | | \4 | | | 12\11 | | |
| \14 | | | 6\ | ■ | 9\11 | | | | |
| ■ | 17\14 | | | \12 | | | | 10\ | 14\ |
| \17 | | | | \16 | | | | | |
| \10 | | | ■ | ■ | \29 | | | | |

| | | | | | | | | | |
|---|---|---|---|---|---|---|---|---|---|
| ■ | 16\ | 7\ | 21\ | 22\ | ■ | 12\ | 7\ | 39\ | 10\ |
| \30 | | | | | \10 | | | | |
| \24 | | | | | 6\25 | | | | |
| ■ | ■ | 19\8 | | | | 16\12 | | | 9\ |
| ■ | 5\11 | | | \14 | | | 19\17 | | |
| \13 | | | 15\ | ■ | 21\12 | | | | |
| \10 | | | | 17\28 | | | | | ■ |
| ■ | ■ | 22\19 | | | | | | 11\ | 4\ |
| ■ | 14\11 | | | | | \6 | | | |
| \29 | | | | | 15\ | ■ | 10\3 | | |
| \7 | | | 23\10 | | | 12\11 | | | ■ |
| ■ | 11\12 | | | 3\9 | | | | 17\ | 8\ |
| \26 | | | | | \27 | | | | |
| \13 | | | | | \14 | | | | |

# KAKURO

NIVEAU 1

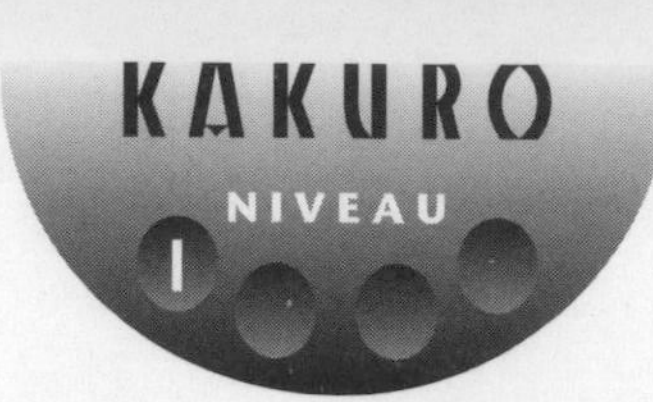

| | | | | | | | | | |
|---|---|---|---|---|---|---|---|---|---|
| ■ | ■ | 15\ | 3\ | 31\ | ■ | ■ | 32\ | 7\ | ■ |
| ■ | 11\19 | | | | 10\ | \7 | | | 17\ |
| \20 | | | | | | 8\11 | | | |
| \4 | | | 6\34 | | | | | | |
| ■ | 10\ | 15\12 | | | \16 | | | 7\ | 15\ |
| \22 | | | | | 14\ | 9\23 | | | |
| \9 | | | | 9\26 | | | | | |
| ■ | 16\ | 14\ | 36\6 | | | | 24\ | 8\ | 11\ |
| \34 | | | | | | 15\10 | | | |
| \17 | | | | 6\ | \29 | | | | |
| ■ | 14\ | 8\14 | | | 13\10 | | | 13\ | 5\ |
| \23 | | | | | | | 14\13 | | |
| \22 | | | | \17 | | | | | |
| ■ | \6 | | | ■ | \12 | | | | ■ |

| | | | | | | | | | |
|---|---|---|---|---|---|---|---|---|---|
| ■ | 7 | 21 | ■ | 10 | 24 | 9 | ■ | 26 | 16 |
| 5 | | | 23 | | | | 9 | | |
| 12 | | | 11 / 25 | | | | 13 / 3 | | |
| 18 | | | | 16 / 27 | | | | | ■ |
| ■ | 9 | 6 / 7 | | | | 11 | | | 15 |
| 14 | | | | | 22 | ■ | 7 / 27 | | |
| 35 | | | | | | 13 / 12 | | | |
| ■ | 6 | 28 / 24 | | | | | | 8 | 11 |
| 12 | | | | 16 | | | | | |
| 14 | | | 10 | ■ | 30 / 29 | | | | |
| ■ | 5 | | | 8 / 18 | | | | 20 | 17 |
| ■ | 28 / 4 | | | | | 19 / 8 | | | |
| 3 | | | 10 | | | | 4 | | |
| 4 | | | 24 | | | | 17 | | |

| | | | | | | | | | |
|---|---|---|---|---|---|---|---|---|---|
| ■ | 8\ | 18\ | ■ | ■ | 8\ | 24\ | 16\ | ■ | ■ |
| \14 | | | ■ | \24 | | | | ■ | ■ |
| \6 | | | 12\ | 38\10 | | | | 31\ | 9\ |
| \10 | | | | | 7\23 | | | | |
| ■ | ■ | \21 | | | | ■ | \7 | | |
| ■ | 4\ | 32\13 | | | | 24\ | 12\15 | | |
| \3 | | | 11\28 | | | | | | 13\ |
| \25 | | | | | 17\15 | | | | |
| ■ | 11\18 | | | | | | 20\5 | | |
| \17 | | | ■ | \6 | | | | ■ | ■ |
| \10 | | | 21\ | 13\23 | | | | 15\ | 23\ |
| \12 | | | | | 6\29 | | | | |
| ■ | ■ | \12 | | | | ■ | \9 | | |
| ■ | ■ | \22 | | | | ■ | \16 | | |

|  |  |  |  |  |  |  |  |  |  |
|---|---|---|---|---|---|---|---|---|---|
| ■ | 7 \ | 16 \ | 29 \ | ■ | ■ | ■ | 6 \ | 6 \ | 15 \ |
| \ 23 |  |  |  | 18 \ | ■ | 17 \ 9 |  |  |  |
| \ 20 |  |  |  |  | 11 \ 24 |  |  |  |  |
| ■ | \ 33 |  |  |  |  |  |  | 25 \ | 22 \ |
| ■ | 16 \ | 34 \ 8 |  |  |  | 15 \ | \ 12 |  |  |
| \ 14 |  |  | ■ | 10 \ 13 |  |  | 17 \ 6 |  |  |
| \ 9 |  |  | 10 \ 31 |  |  |  |  |  |  |
| ■ | 19 \ 21 |  |  |  | 30 \ 11 |  |  |  | 3 \ |
| \ 24 |  |  |  |  |  |  | \ 5 |  |  |
| \ 12 |  |  | \ 11 |  |  | 6 \ | 26 \ 11 |  |  |
| \ 15 |  |  | 10 \ | 10 \ 20 |  |  |  | 15 \ | ■ |
| ■ | 4 \ | 9 \ 21 |  |  |  |  |  |  | 8 \ |
| \ 17 |  |  |  |  | \ 13 |  |  |  |  |
| \ 7 |  |  |  | ■ | ■ | \ 24 |  |  |  |

| | | | | | | | | | |
|---|---|---|---|---|---|---|---|---|---|
| ■ | 7\ | 22\ | 6\ | ■ | 30\ | 10\ | ■ | 16\ | 23\ |
| \8 | | | | 16\13 | | | 10\16 | | |
| \45 | | | | | | | | | |
| \10 | | | \8 | | | 14\17 | | | |
| ■ | 7\ | 28\ | ■ | 7\23 | | | | 22\ | 14\ |
| \15 | | | 16\13 | | | | 14\6 | | |
| \12 | | | | | \26 | | | | |
| ■ | 11\13 | | | 20\ | ■ | 9\9 | | | 5\ |
| \30 | | | | | 26\14 | | | | |
| \3 | | | 11\6 | | | | \13 | | |
| ■ | 19\ | 8\24 | | | | 4\ | ■ | 9\ | 21\ |
| \12 | | | | 17\12 | | | 17\15 | | |
| \45 | | | | | | | | | |
| \4 | | | \9 | | | \18 | | | |

| ■ | 17\ | 31\ | ■ | 11\ | 15\ | ■ | 22\ | 10\ | 6\ |
|---|---|---|---|---|---|---|---|---|---|
| \9 |  |  | 13\9 |  |  | \22 |  |  |  |
| \35 |  |  |  |  |  | 23\11 |  |  |  |
| ■ | 3\14 |  |  | \9 |  |  |  | 10\ | 28\ |
| \10 |  |  | 14\ | 11\19 |  |  |  |  |  |
| \29 |  |  |  |  |  |  | 26\11 |  |  |
| ■ | 13\ | 30\4 |  |  | ■ | \21 |  |  |  |
| \12 |  |  |  | ■ | ■ | 8\16 |  |  |  |
| \24 |  |  |  | 6\ | 28\3 |  |  | 30\ | 15\ |
| \11 |  |  | 16\33 |  |  |  |  |  |  |
| \16 |  |  |  |  |  | ■ | 5\7 |  |  |
| ■ | 12\ | 9\20 |  |  |  | 5\13 |  |  | 14\ |
| \7 |  |  |  | \24 |  |  |  |  |  |
| \19 |  |  |  | \7 |  |  | \16 |  |  |

| ■ | 7\ | 17\ | ■ | ■ | 17\ | 19\ | 13\ | ■ | ■ |
|---|---|---|---|---|---|---|---|---|---|
| \7 |  |  | ■ | \22 |  |  |  | ■ | ■ |
| \12 |  |  | 15\ | 39\11 |  |  |  | 24\ | 21\ |
| \11 |  |  |  |  | 6\29 |  |  |  |  |
| ■ | ■ | \12 |  |  |  | ■ | \11 |  |  |
| ■ | 4\ | 26\20 |  |  |  | 25\ | 13\5 |  |  |
| \3 |  |  | 7\24 |  |  |  |  |  | 6\ |
| \26 |  |  |  |  | 14\10 |  |  |  |  |
| ■ | 24\18 |  |  |  |  |  | 8\14 |  |  |
| \8 |  |  | ■ | \22 |  |  |  | ■ | ■ |
| \15 |  |  | 12\ | 19\7 |  |  |  | 9\ | 18\ |
| \25 |  |  |  |  | 16\13 |  |  |  |  |
| ■ | ■ | \10 |  |  |  | ■ | \6 |  |  |
| ■ | ■ | \23 |  |  |  | ■ | \15 |  |  |

| ■ | ■ | 10/ | 38/ | 28/ | ■ | ■ | ■ | 29/ | 14/ |
|---|---|---|---|---|---|---|---|---|---|
| ■ | 4/24 | | | | 16/ | ■ | 3/13 | | |
| /17 | | | | | | /17 | | | |
| /27 | | | | | | /11 | | | 15/ |
| ■ | 23/ | 11/6 | | | 32/ | ■ | 12/7 | | |
| /31 | | | | | | 8/18 | | | |
| /16 | | | | 3/22 | | | | 9/ | 21/ |
| /17 | | | 5/8 | | | | 26/5 | | |
| ■ | 8/ | 18/12 | | | | 34/14 | | | |
| /7 | | | | /33 | | | | | |
| /14 | | | 12/ | ■ | 7/8 | | | 6/ | 4/ |
| ■ | 7/10 | | | /15 | | | | | |
| /6 | | | | /16 | | | | | |
| /9 | | | ■ | ■ | /20 | | | | ■ |

| | | | | | | | | | |
|---|---|---|---|---|---|---|---|---|---|
| ■ | 15\ | 7\ | ■ | 4\ | 21\ | ■ | 34\ | 8\ | 17\ |
| \7 | | | 30\12 | | | 13\20 | | | |
| \45 | | | | | | | | | |
| ■ | \13 | | | 11\23 | | | | 16\ | ■ |
| ■ | 14\ | 8\3 | | | ■ | \6 | | | 9\ |
| \19 | | | | | 18\ | 5\14 | | | |
| \24 | | | | 12\10 | | | 37\16 | | |
| ■ | 13\ | 9\29 | | | | | | 4\ | 11\ |
| \11 | | | 33\5 | | | 7\19 | | | |
| \11 | | | | ■ | \11 | | | | |
| ■ | \15 | | | 10\ | 8\10 | | | 12\ | ■ |
| ■ | 7\ | 5\22 | | | | 11\8 | | | 17\ |
| \45 | | | | | | | | | |
| \6 | | | | \6 | | | \16 | | |

<table>
<tr><td>■</td><td>↓6</td><td>↓24</td><td>■</td><td>■</td><td>↓11</td><td>↓7</td><td>■</td><td>↓9</td><td>↓14</td></tr>
<tr><td>→12</td><td></td><td></td><td>↓17</td><td>→5</td><td></td><td></td><td>↓15 →6</td><td></td><td></td></tr>
<tr><td>→10</td><td></td><td></td><td></td><td>↓13 →33</td><td></td><td></td><td></td><td></td><td></td></tr>
<tr><td>■</td><td>→23</td><td></td><td></td><td></td><td>→5</td><td></td><td></td><td>↓13</td><td>↓17</td></tr>
<tr><td>■</td><td>■</td><td>↓11 →8</td><td></td><td></td><td>↓29</td><td>↓30 →17</td><td></td><td></td><td></td></tr>
<tr><td>■</td><td>↓9 →7</td><td></td><td></td><td>↓26 →34</td><td></td><td></td><td></td><td></td><td></td></tr>
<tr><td>→41</td><td></td><td></td><td></td><td></td><td></td><td></td><td></td><td>↓13</td><td>↓4</td></tr>
<tr><td>→5</td><td></td><td></td><td>↓16 →9</td><td></td><td></td><td></td><td>↓32 →8</td><td></td><td></td></tr>
<tr><td>■</td><td>↓9</td><td>↓14 →42</td><td></td><td></td><td></td><td></td><td></td><td></td><td></td></tr>
<tr><td>→35</td><td></td><td></td><td></td><td></td><td></td><td>↓9 →9</td><td></td><td></td><td>■</td></tr>
<tr><td>→8</td><td></td><td></td><td></td><td>↓20</td><td>→3</td><td></td><td></td><td>↓6</td><td>■</td></tr>
<tr><td>■</td><td>↓7</td><td>↓17 →10</td><td></td><td></td><td>↓7 →19</td><td></td><td></td><td></td><td>↓16</td></tr>
<tr><td>→18</td><td></td><td></td><td></td><td></td><td></td><td>→18</td><td></td><td></td><td></td></tr>
<tr><td>→13</td><td></td><td></td><td>→15</td><td></td><td></td><td>■</td><td>→8</td><td></td><td></td></tr>
</table>

| | | | | | | | | | |
|---|---|---|---|---|---|---|---|---|---|
| ■ | 7\ | 9\ | 27\ | ■ | 16\ | 15\ | 20\ | ■ | ■ |
| \21 | | | | \12 | | | | ■ | ■ |
| \6 | | | | 9\23 | | | | 10\ | 22\ |
| ■ | 26\ | 11\11 | | | | 16\19 | | | |
| \39 | | | | | | | 13\6 | | |
| \12 | | | 28\27 | | | | | | |
| \17 | | | | ■ | \4 | | | 29\ | 17\ |
| \7 | | | | 14\ | ■ | \24 | | | |
| ■ | 13\ | 18\17 | | | 34\ | 10\14 | | | |
| \38 | | | | | | | 22\8 | | |
| \16 | | | 15\21 | | | | | | |
| \7 | | | | 6\8 | | | | 3\ | 16\ |
| ■ | ■ | \22 | | | | \19 | | | |
| ■ | ■ | \11 | | | | \17 | | | |

| ■ | 9\ | 11\ | 28\ | ■ | 15\ | 24\ | 8\ | 9\ | ■ |
|---|---|---|---|---|---|---|---|---|---|
| \11 | | | | \13 | | | | | 11\ |
| \7 | | | | 11\35 | | | | | |
| \39 | | | | | | | \4 | | |
| ■ | 15\ | 28\12 | | | | 7\ | ■ | 34\ | 5\ |
| \10 | | | 10\7 | | | | 19\10 | | |
| \25 | | | | | \10 | | | | |
| ■ | 14\9 | | | 8\ | ■ | 12\16 | | | 12\ |
| \24 | | | | | 16\29 | | | | |
| \6 | | | \8 | | | | 27\13 | | |
| ■ | 3\ | 23\ | ■ | 11\6 | | | | 8\ | 21\ |
| \11 | | | 14\22 | | | | | | |
| \17 | | | | | | \22 | | | |
| ■ | \30 | | | | | \17 | | | |

| ■ | 21\ | 7\ | ■ | ■ | 10\ | 27\ | ■ | 14\ | 6\ |
|---|---|---|---|---|---|---|---|---|---|
| \9 | | | ■ | 37\14 | | | \3 | | |
| \7 | | | 12\11 | | | | 4\11 | | |
| \28 | | | | | \15 | | | | ■ |
| ■ | ■ | 17\10 | | | 25\12 | | | 35\ | 14\ |
| ■ | 26\11 | | | | | ■ | 11\16 | | |
| \8 | | | 13\17 | | | 23\8 | | | |
| \45 | | | | | | | | | |
| \23 | | | | \3 | | | 18\12 | | |
| \4 | | | 3\ | 29\30 | | | | | ■ |
| ■ | ■ | 16\9 | | | \13 | | | 24\ | 6\ |
| ■ | 7\9 | | | | 8\13 | | | | |
| \5 | | | \19 | | | | \9 | | |
| \15 | | | \12 | | | ■ | \12 | | |

| ■ | 26\ | 30\ | 9\ | 15\ | ■ | 37\ | 17\ | ■ | ■ |
|---|---|---|---|---|---|---|---|---|---|
| \29 | | | | | \6 | | | ■ | ■ |
| \12 | | | | | 17\8 | | | 11\ | 3\ |
| \16 | | | \36 | | | | | | |
| \14 | | | 12\20 | | | | 7\6 | | |
| ■ | 23\ | 8\5 | | | 6\7 | | | 24\ | 17\ |
| \22 | | | | 42\33 | | | | | |
| \11 | | | 9\7 | | | | 8\17 | | |
| \17 | | | | | | 35\10 | | | |
| ■ | 5\ | 14\13 | | | 6\14 | | | 10\ | 15\ |
| \10 | | | 9\21 | | | | \4 | | |
| \22 | | | | | | | 12\6 | | |
| ■ | ■ | \8 | | | \11 | | | | |
| ■ | ■ | \15 | | | \27 | | | | |

| | | | | | | | | | |
|---|---|---|---|---|---|---|---|---|---|
| ■ | ↓7 | ↓17 | ↓25 | ↓15 | ■ | ↓6 | ↓3 | ↓13 | ■ |
| →19 | | | | | →7 | | | | ↓21 |
| →29 | | | | | ↓30 →10 | | | | |
| ■ | ■ | ↓15 →9 | | | | ■ | ↓14 →12 | | |
| ■ | ↓24 →24 | | | | | ↓23 →22 | | | |
| →12 | | | ■ | ↓17 →15 | | | | ↓35 | ■ |
| →8 | | | ↓27 →33 | | | | | | ↓10 |
| →29 | | | | | ↓18 →11 | | | | |
| ■ | →16 | | | | | | →16 | | |
| ■ | ↓17 | ↓12 →11 | | | | ↓13 | ↓21 →10 | | |
| →20 | | | | →16 | | | | | ■ |
| →3 | | | ↓14 | ↓10 →12 | | | | ↓4 | ↓16 |
| →28 | | | | | →26 | | | | |
| ■ | →8 | | | | →21 | | | | |

| ■ | 12\ | 23\ | ■ | 7\ | 8\ | ■ | 29\ | 38\ | ■ |
|---|---|---|---|---|---|---|---|---|---|
| \4 | | | 22\3 | | | \13 | | | 7\ |
| \34 | | | | | | 16\20 | | | |
| ■ | 16\8 | | | | 9\11 | | | | |
| \17 | | | | 22\25 | | | | | 5\ |
| \16 | | | 14\23 | | | | 6\6 | | |
| \15 | | | | | | 20\14 | | | |
| ■ | 10\ | 37\15 | | | 13\11 | | | 22\ | 21\ |
| \12 | | | | 18\33 | | | | | |
| \17 | | | 30\13 | | | | 11\9 | | |
| ■ | 3\12 | | | | | 24\10 | | | |
| \26 | | | | | 7\19 | | | | 13\ |
| \15 | | | | \18 | | | | | |
| ■ | \15 | | | \15 | | | \14 | | |

| ■ | 12\ | 23\ | 11\ | 17\ | ■ | 19\ | 12\ | 8\ | 10\ |
|---|---|---|---|---|---|---|---|---|---|
| \14 | | | | | \29 | | | | |
| \28 | | | | | 30\13 | | | | |
| \9 | | | | 12\13 | | | | 18\ | 6\ |
| ■ | 13\15 | | | | | 10\14 | | | |
| \16 | | | 23\24 | | | | 8\7 | | |
| \11 | | | | 15\16 | | | | | |
| ■ | 24\ | 11\10 | | | 10\3 | | | 26\ | 9\ |
| \34 | | | | | | 14\20 | | | |
| \11 | | | 27\16 | | | | 18\6 | | |
| \16 | | | | 17\19 | | | | | 22\ |
| ■ | 4\ | 17\7 | | | | 4\21 | | | |
| \25 | | | | | \11 | | | | |
| \26 | | | | | \16 | | | | |

| | | | | | | | | | |
|---|---|---|---|---|---|---|---|---|---|
| ■ | 12\ | 5\ | 18\ | ■ | ■ | ■ | 11\ | 8\ | 15\ |
| \21 | | | | 30\ | ■ | 26\9 | | | |
| \12 | | | | | \29 | | | | |
| ■ | ■ | 39\8 | | | 3\4 | | | 42\ | ■ |
| ■ | 14\40 | | | | | | | | 9\ |
| \16 | | | 6\16 | | | | 8\6 | | |
| \10 | | | | ■ | ■ | \22 | | | |
| ■ | 9\7 | | | ■ | ■ | \8 | | | 10\ |
| \20 | | | | 24\ | 16\ | 10\19 | | | |
| \9 | | | 13\18 | | | | 27\4 | | |
| ■ | \30 | | | | | | | | ■ |
| ■ | 11\ | 17\12 | | | \10 | | | 8\ | 11\ |
| \14 | | | | | \28 | | | | |
| \23 | | | | ■ | ■ | \7 | | | |

| ■ | 10\ | 38\ | ■ | 17\ | 21\ | ■ | 9\ | 13\ | ■ |
|---|---|---|---|---|---|---|---|---|---|
| \16 | | | \9 | | | \8 | | | 22\ |
| \7 | | | 9\12 | | | 35\9 | | | |
| ■ | 14\16 | | | | | | 5\15 | | |
| \30 | | | | | 4\22 | | | | |
| \6 | | | 10\12 | | | | | 40\ | 5\ |
| ■ | 8\6 | | | 18\12 | | | 17\4 | | |
| \29 | | | | | 7\23 | | | | |
| \3 | | | 17\3 | | | 34\11 | | | 13\ |
| ■ | 23\ | 11\27 | | | | | 14\15 | | |
| \28 | | | | | 6\28 | | | | |
| \12 | | | 13\15 | | | | | | 12\ |
| \11 | | | | \10 | | | \11 | | |
| ■ | \11 | | | \8 | | | \16 | | |

| | | | | | | | | | |
|---|---|---|---|---|---|---|---|---|---|
| ■ | ■ | ■ | 14\ | 6\ | ■ | ■ | 9\ | 21\ | 29\ |
| ■ | ■ | \7 | | | 12\ | \23 | | | |
| ■ | 7\ | 33\18 | | | | 29\8 | | | |
| \15 | | | ■ | \3 | | | 20\11 | | |
| \9 | | | 3\ | 33\35 | | | | | |
| ■ | 17\7 | | | | 22\5 | | | ■ | ■ |
| \41 | | | | | | | | 17\ | 8\ |
| \16 | | | 9\10 | | | | 12\10 | | |
| ■ | ■ | \34 | | | | | | | |
| ■ | 26\ | 11\10 | | | 19\24 | | | | 14\ |
| \16 | | | | | | ■ | \6 | | |
| \11 | | | 8\12 | | | 4\ | 16\13 | | |
| \21 | | | | \16 | | | | ■ | ■ |
| \10 | | | | ■ | \8 | | | ■ | ■ |

| ■ | ■ | 19\ | 28\ | ■ | 10\ | 6\ | 11\ | 39\ | ■ |
|---|---|---|---|---|---|---|---|---|---|
| ■ | 7\16 | | | \11 | | | | | 8\ |
| \8 | | | | \33 | | | | | |
| \23 | | | | 34\3 | | | 29\7 | | |
| ■ | 9\ | 12\11 | | | 8\ | \16 | | | 6\ |
| \15 | | | | | | 29\22 | | | |
| \17 | | | 10\22 | | | | | | |
| ■ | 16\ | 37\13 | | | 13\16 | | | 12\ | 9\ |
| \38 | | | | | | | 16\5 | | |
| \15 | | | | \35 | | | | | |
| ■ | 4\9 | | | 24\ | 9\10 | | | 20\ | 9\ |
| \4 | | | 9\14 | | | \7 | | | |
| \17 | | | | | | \21 | | | |
| ■ | \27 | | | | | \8 | | | ■ |

| | | | | | | | | | |
|---|---|---|---|---|---|---|---|---|---|
| ■ | 8↓ | 21↓ | ■ | 12↓ | 17↓ | 37↓ | ■ | 6↓ | 13↓ |
| 14→ | | | 9→ | | | | 17↓ / 7→ | | |
| 10→ | | | 11↓ / 38→ | | | | | | |
| 11→ | | | | 18↓ / 18→ | | | | 8↓ | 11↓ |
| ■ | 7↓ | 19↓ / 29→ | | | | | 11↓ / 4→ | | |
| 11→ | | | 30↓ / 39→ | | | | | | |
| 23→ | | | | | 3→ | | | 6↓ | 22↓ |
| 12→ | | | | 26↓ | ■ | 10↓ / 14→ | | | |
| ■ | 4↓ | 13↓ / 15→ | | | 33↓ / 14→ | | | | |
| 22→ | | | | | | | 9↓ / 10→ | | |
| 12→ | | | 16↓ / 12→ | | | | | 20↓ | 15↓ |
| ■ | 10↓ | 5↓ / 23→ | | | | 9↓ / 10→ | | | |
| 38→ | | | | | | | 13→ | | |
| 6→ | | | 11→ | | | | 16→ | | |

| | | | | | | | | | |
|---|---|---|---|---|---|---|---|---|---|
| ■ | 21\ | 9\ | ■ | ■ | 16\ | 9\ | 31\ | ■ | ■ |
| \5 | | | ■ | 30\24 | | | | 10\ | ■ |
| \10 | | | 6\16 | | | | | | 16\ |
| \33 | | | | | | \11 | | | |
| ■ | ■ | 26\10 | | | 15\ | 20\23 | | | |
| ■ | 6\36 | | | | | | | 28\ | ■ |
| \4 | | | ■ | 22\10 | | | | | 3\ |
| \11 | | | 29\17 | | | | \8 | | |
| ■ | \29 | | | | | 11\ | 18\11 | | |
| ■ | 14\ | 7\24 | | | | | | | ■ |
| \21 | | | | ■ | 24\12 | | | 15\ | 22\ |
| \8 | | | | 5\35 | | | | | |
| ■ | \17 | | | | | | \7 | | |
| ■ | ■ | \14 | | | | ■ | \17 | | |

| ■ | 16\ | 6\ | ■ | 15\ | 8\ | ■ | 34\ | 3\ | 13\ |
|---|---|---|---|---|---|---|---|---|---|
| \9 | | | 35\14 | | | 10\19 | | | |
| \45 | | | | | | | | | |
| ■ | \7 | | | 10\7 | | | | 9\ | ■ |
| ■ | 12\ | 7\17 | | | \10 | | | | 11\ |
| \10 | | | | | 21\ | 4\23 | | | |
| \22 | | | | 8\6 | | | 21\5 | | |
| ■ | 7\ | 12\17 | | | | | | 16\ | 17\ |
| \4 | | | 15\15 | | | 10\19 | | | |
| \11 | | | | 20\ | \29 | | | | |
| ■ | \22 | | | | 18\3 | | | 24\ | ■ |
| ■ | 5\ | 12\7 | | | | 8\13 | | | 12\ |
| \45 | | | | | | | | | |
| \15 | | | | \9 | | | \16 | | |

| | | | | | | | | | |
|---|---|---|---|---|---|---|---|---|---|
| ■ | 24\ | 23\ | ■ | 7\ | 12\ | 30\ | ■ | 6\ | 18\ |
| \16 | | | \9 | | | | \6 | | |
| \10 | | | 20\22 | | | | 18\12 | | |
| \21 | | | | 15\19 | | | | | |
| ■ | 14\7 | | | | 14\17 | | | 12\ | 11\ |
| \34 | | | | | | 16\10 | | | |
| \8 | | | 32\25 | | | | | | |
| ■ | 15\ | 5\13 | | | 9\5 | | | 21\ | 15\ |
| \22 | | | | | | | 23\10 | | |
| \19 | | | | 23\35 | | | | | |
| ■ | 14\ | 6\4 | | | 14\11 | | | | 15\ |
| \33 | | | | | | 11\23 | | | |
| \8 | | | \8 | | | | \8 | | |
| \3 | | | \22 | | | | \3 | | |

| | | | | | | | | | |
|---|---|---|---|---|---|---|---|---|---|
| ■ | 14\ | 35\ | ■ | 31\ | 16\ | 9\ | 18\ | ■ | ■ |
| \13 | | | \14 | | | | | ■ | ■ |
| \6 | | | 8\30 | | | | | 12\ | 24\ |
| ■ | 10\11 | | | | 14\26 | | | | |
| \34 | | | | | | 5\10 | | | |
| \9 | | | 22\21 | | | | 6\10 | | |
| \16 | | | | | \3 | | | 36\ | 29\ |
| \8 | | | | 11\ | \1 | 39\8 | | | |
| ■ | 23\ | 7\12 | | | 4\27 | | | | |
| \13 | | | 12\20 | | | | 5\10 | | |
| \13 | | | | 16\15 | | | | | |
| \13 | | | | | 9\15 | | | | 15\ |
| ■ | ■ | \28 | | | | | \7 | | |
| ■ | ■ | \11 | | | | | \17 | | |

| | | | | | | | | | |
|---|---|---|---|---|---|---|---|---|---|
| ■ | 16\ | 23\ | 30\ | 8\ | ■ | 3\ | 13\ | 39\ | 24\ |
| \28 | | | | | \14 | | | | |
| \12 | | | | | \18 | | | | |
| \13 | | | | 10\ | ■ | 10\23 | | | |
| ■ | 17\14 | | | | 11\15 | | | | 5\ |
| \16 | | | 22\11 | | | | 17\10 | | |
| \34 | | | | | | 11\9 | | | |
| ■ | 4\ | 25\10 | | | 13\12 | | | 21\ | 14\ |
| \8 | | | | 9\35 | | | | | |
| \7 | | | 26\9 | | | | 25\6 | | |
| ■ | 7\10 | | | | \15 | | | | 20\ |
| \19 | | | | 10\ | ■ | 8\6 | | | |
| \12 | | | | | \29 | | | | |
| \27 | | | | | \19 | | | | |

| ■ | 11\ | 13\ | ■ | 9\ | 24\ | ■ | ■ | 32\ | 11\ |
|---|---|---|---|---|---|---|---|---|---|
| \4 | | | 22\9 | | | ■ | \17 | | |
| \35 | | | | | | 13\ | 8\5 | | |
| \7 | | | | 30\17 | | | | | |
| \12 | | | | | 4\22 | | | | 23\ |
| ■ | ■ | \15 | | | | ■ | \7 | | |
| ■ | 6\ | 41\10 | | | | 27\ | 21\10 | | |
| \25 | | | | | 8\29 | | | | |
| \8 | | | ■ | \20 | | | | ■ | ■ |
| \11 | | | 5\ | 12\7 | | | | 10\ | 26\ |
| ■ | 21\18 | | | | 19\19 | | | | |
| \16 | | | | | | 16\11 | | | |
| \11 | | | ■ | \34 | | | | | |
| \14 | | | ■ | \16 | | | \3 | | |

| | | | | | | | | | |
|---|---|---|---|---|---|---|---|---|---|
| ■ | 18\ | 7\ | 28\ | ■ | 7\ | 28\ | 8\ | 10\ | 13\ |
| \20 | | | | \34 | | | | | |
| \19 | | | | \15 | | | | | |
| \9 | | | | 30\11 | | | 13\ | 17\ | 21\ |
| ■ | 9\ | 11\8 | | | 16\30 | | | | |
| \20 | | | | | | 33\19 | | | |
| \17 | | | 11\25 | | | | | | |
| ■ | 23\ | 17\9 | | | 4\5 | | | 3\ | 12\ |
| \38 | | | | | | | 16\6 | | |
| \10 | | | | 29\23 | | | | | |
| \25 | | | | | 8\7 | | | 14\ | 20\ |
| ■ | 8\ | 12\ | 9\9 | | | \6 | | | |
| \17 | | | | | | \16 | | | |
| \35 | | | | | | \22 | | | |

| ■ | ↓13 | ↓16 | ■ | ↓10 | ↓21 | ■ | ↓14 | ↓14 | ↓4 |
|---|---|---|---|---|---|---|---|---|---|
| →10 | | | ↓11 →5 | | | →8 | | | |
| →35 | | | | | | ↓24 →19 | | | |
| ■ | ↓9 →4 | | | →12 | | | | ↓13 | ↓16 |
| →8 | | | ↓22 | ↓18 →17 | | | | | |
| →23 | | | | | | | →6 | | |
| ■ | ↓11 | ↓29 →23 | | | | ↓7 | ↓21 →16 | | |
| →28 | | | | | ↓38 →10 | | | | |
| →7 | | | ■ | ↓10 →15 | | | | ↓15 | ↓13 |
| →12 | | | ↓30 →39 | | | | | | |
| →28 | | | | | | ■ | ↓8 →9 | | |
| ■ | ↓9 | ↓6 →11 | | | | ↓17 →3 | | | ↓15 |
| →9 | | | | →34 | | | | | |
| →20 | | | | →16 | | | →7 | | |

| | | | | | | | | | |
|---|---|---|---|---|---|---|---|---|---|
| ■ | ■ | ■ | 35\ | 16\ | 3\ | 17\ | 22\ | ■ | ■ |
| ■ | ■ | \18 | | | | | | ■ | ■ |
| ■ | 6\ | 10\32 | | | | | | 33\ | 16\ |
| \6 | | | | ■ | \13 | | | | |
| \22 | | | | 21\ | 4\30 | | | | |
| ■ | ■ | \7 | | | | ■ | \4 | | |
| ■ | 15\ | 35\12 | | | | 23\ | 40\12 | | |
| \29 | | | | | 9\28 | | | | |
| \11 | | | ■ | \24 | | | | ■ | ■ |
| \7 | | | 14\ | 10\10 | | | | 5\ | 12\ |
| \16 | | | | | ■ | \8 | | | |
| \11 | | | | | 17\ | 7\16 | | | |
| ■ | ■ | \20 | | | | | | ■ | ■ |
| ■ | ■ | \34 | | | | | | ■ | ■ |

| | | | | | | | | | |
|---|---|---|---|---|---|---|---|---|---|
| | 9\ | 11\ | 11\ | 35\ | | | 19\ | 3\ | 15\ |
| \14 | | | | | | \9 | | | |
| \29 | | | | | 22\ | 13\19 | | | |
| | | 23\16 | | | | | | | |
| | 33\38 | | | | | | | 37\ | 17\ |
| \12 | | | 10\15 | | | 5\ | \10 | | |
| \7 | | | | 8\7 | | | 16\8 | | |
| \26 | | | | | 13\23 | | | | |
| \6 | | | \9 | | | 15\24 | | | |
| \11 | | | 16\ | 14\3 | | | 30\4 | | |
| | | \22 | | | | | | | |
| | 17\ | 16\34 | | | | | | 7\ | 11\ |
| \17 | | | | | \12 | | | | |
| \23 | | | | | \28 | | | | |

| ■ | ■ | ↓6 | ↓23 | ↓12 | ■ | ↓4 | ↓24 | ↓10 | ■ |
|---|---|---|---|---|---|---|---|---|---|
| ■ | ↓10 →19 | | | | →11 | | | | ↓10 |
| →10 | | | | | →12 | | | | |
| →20 | | | | ↓28 | ■ | ↓30 →24 | | | |
| ■ | ↓12 | ↓8 →5 | | | ↓15 →7 | | | ↓16 | ↓8 |
| →6 | | | ↓18 →23 | | | | ↓12 →10 | | |
| →45 | | | | | | | | | |
| ■ | ↓3 | ↓10 →16 | | | ↓17 →14 | | | ↓17 | ↓9 |
| →45 | | | | | | | | | |
| →4 | | | ↓11 →11 | | | | ↓13 →14 | | |
| ■ | ↓9 | ↓22 →6 | | | →8 | | | ↓21 | ↓11 |
| →12 | | | | ↓9 | ■ | ↓13 →7 | | | |
| →29 | | | | | →28 | | | | |
| ■ | →8 | | | | →17 | | | | ■ |

| ■ | 7\ | 17\ | 27\ | 21\ | ■ | 19\ | 10\ | 7\ | 20\ |
|---|---|---|---|---|---|---|---|---|---|
| \18 | | | | | \28 | | | | |
| \25 | | | | | 8\13 | | | | |
| ■ | 22\ | 22\11 | | | | | \10 | | |
| \35 | | | | | | 11\ | ■ | 23\ | 15\ |
| \13 | | | 21\10 | | | | 12\7 | | |
| \21 | | | | | \23 | | | | |
| ■ | 12\9 | | | 6\ | ■ | 30\16 | | | 17\ |
| \10 | | | | | 6\16 | | | | |
| \14 | | | \10 | | | | 30\3 | | |
| ■ | 23\ | 9\ | ■ | 13\33 | | | | | |
| \9 | | | 10\14 | | | | | 4\ | 8\ |
| \29 | | | | | \15 | | | | |
| \12 | | | | | \26 | | | | |

| | | | | | | | | | |
|---|---|---|---|---|---|---|---|---|---|
| ■ | ■ | 15\ | 17\ | 4\ | 21\ | ■ | 17\ | 15\ | 10\ |
| ■ | 25\16 | | | | | \9 | | | |
| \18 | | | | | | 16\23 | | | |
| \8 | | | ■ | \11 | | | | ■ | ■ |
| \12 | | | 20\ | 18\14 | | | | 20\ | 24\ |
| \34 | | | | | | 19\19 | | | |
| ■ | 8\ | 21\29 | | | | | 7\14 | | |
| \10 | | | | | 39\28 | | | | |
| \10 | | | 33\11 | | | | | 35\ | 12\ |
| \22 | | | | 5\20 | | | | | |
| ■ | ■ | \19 | | | | ■ | \9 | | |
| ■ | 3\ | 7\14 | | | | 12\ | 7\15 | | |
| \13 | | | | \16 | | | | | |
| \6 | | | | \30 | | | | | ■ |

| ■ | ■ | 29\ | 11\ | ■ | ■ | ■ | 6\ | 15\ | 5\ |
|---|---|---|---|---|---|---|---|---|---|
| ■ | 7\10 | | | 37\ | ■ | 29\8 | | | |
| \27 | | | | | \12 | | | | |
| \15 | | | | | 28\19 | | | | ■ |
| \8 | | | 4\13 | | | | 14\ | 13\ | ■ |
| ■ | ■ | 30\23 | | | | | | | 12\ |
| ■ | 3\24 | | | | | 27\24 | | | |
| \11 | | | 10\23 | | | | 17\5 | | |
| \9 | | | | 17\14 | | | | | ■ |
| ■ | \39 | | | | | | | 28\ | 11\ |
| ■ | ■ | 14\ | 22\10 | | | | 8\16 | | |
| ■ | 7\20 | | | | \10 | | | | |
| \11 | | | | | \19 | | | | |
| \21 | | | | ■ | ■ | \13 | | | ■ |

| | | | | | | | | | |
|---|---|---|---|---|---|---|---|---|---|
| ■ | 4\ | 10\ | 28\ | 21\ | ■ | 24\ | 11\ | 10\ | ■ |
| \27 | | | | | \21 | | | | 19\ |
| \13 | | | | | 12\14 | | | | |
| ■ | 7\ | 35\30 | | | | | 33\10 | | |
| \16 | | | | | | 9\19 | | | |
| \13 | | | 34\ | \7 | | | | 32\ | 16\ |
| ■ | 5\16 | | | 20\27 | | | | | |
| \27 | | | | | 11\29 | | | | |
| \15 | | | | | | \12 | | | 8\ |
| ■ | 10\ | 26\18 | | | | 26\ | 16\3 | | |
| \23 | | | | 12\30 | | | | | |
| \6 | | | 17\28 | | | | | 15\ | 9\ |
| \16 | | | | | \26 | | | | |
| ■ | \22 | | | | \12 | | | | |

| ■ | 12\ | 16\ | 9\ | 24\ | ■ | 25\ | 13\ | 15\ | 17\ |
|---|---|---|---|---|---|---|---|---|---|
| \13 | | | | | \14 | | | | |
| \20 | | | | | 10\25 | | | | |
| \15 | | | 24\35 | | | | | | 13\ |
| \8 | | | | 28\10 | | | 22\11 | | |
| ■ | 4\ | 11\16 | | | | 29\7 | | | |
| \22 | | | | | \16 | | | 6\ | 10\ |
| \10 | | | | | \11 | | | | |
| ■ | 12\ | 17\8 | | | 12\24 | | | | |
| \23 | | | | 30\17 | | | | 21\ | 27\ |
| \6 | | | 9\14 | | | 17\6 | | | |
| ■ | 17\16 | | | | | | 3\12 | | |
| \23 | | | | | \24 | | | | |
| \21 | | | | | \26 | | | | |

| ■ | 9\ | 20\ | ■ | 21\ | 9\ | 11\ | ■ | 18\ | 7\ |
|---|---|---|---|---|---|---|---|---|---|
| \16 | | | 6\23 | | | | 12\6 | | |
| \45 | | | | | | | | | |
| ■ | \11 | | | | | \4 | | | 12\ |
| ■ | ■ | 11\ | 3\ | 13\ | 34\ | ■ | 10\5 | | |
| ■ | 14\14 | | | | | 27\22 | | | |
| \28 | | | | | | | | 6\ | 13\ |
| \16 | | | 8\18 | | | | 10\11 | | |
| ■ | 10\ | 16\40 | | | | | | | |
| \19 | | | | \10 | | | | | ■ |
| \3 | | | 15\ | ■ | 24\ | 7\ | 14\ | 16\ | ■ |
| ■ | 14\8 | | | 9\28 | | | | | 13\ |
| \45 | | | | | | | | | |
| \13 | | | \10 | | | | \17 | | |

| ■ | 9\ | 21\ | 16\ | ■ | ■ | ■ | 34\ | 7\ | 6\ |
|---|---|---|---|---|---|---|---|---|---|
| \7 | | | | 33\ | ■ | 20\16 | | | |
| \30 | | | | | \10 | | | | |
| ■ | \20 | | | | \9 | | | | ■ |
| ■ | ■ | 32\7 | | | 8\17 | | | 18\ | ■ |
| ■ | 8\42 | | | | | | | | 23\ |
| \10 | | | \6 | | | | \11 | | |
| \14 | | | ■ | 17\ | 17\ | 15\ | \10 | | |
| \4 | | | 35\15 | | | | 30\16 | | |
| ■ | \29 | | | | | | | | ■ |
| ■ | ■ | 14\12 | | | \3 | | | 10\ | ■ |
| ■ | 12\24 | | | | \11 | | | | 10\ |
| \11 | | | | | \29 | | | | |
| \20 | | | | ■ | ■ | \12 | | | |

# KAKURO

NIVEAU 2

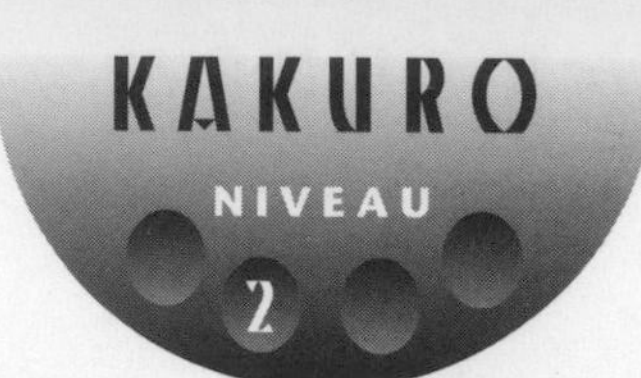

| | | | | | | | | | |
|---|---|---|---|---|---|---|---|---|---|
| ■ | ↓11 | ↓9 | ■ | ↓38 | ↓7 | ■ | ↓11 | ↓30 | ↓10 |
| →3 | | | ↓6 →6 | | | →10 | | | |
| →32 | | | | | | ↓14 →21 | | | |
| ■ | ↓14 | ↓35 →12 | | | ↓13 →16 | | | | |
| →22 | | | | | | | ↓28 →10 | | |
| →15 | | | ↓12 →29 | | | | | ↓17 | ↓14 |
| ■ | ↓3 →17 | | | | →12 | | | | |
| →8 | | | | ↓26 | ■ | ↓35 →24 | | | |
| →24 | | | | | ↓4 →13 | | | | ↓8 |
| ■ | ↓11 | ↓27 →13 | | | | | ↓23 →4 | | |
| →8 | | | ↓18 →37 | | | | | | |
| →23 | | | | | ↓16 →13 | | | ↓11 | ↓5 |
| →20 | | | | →34 | | | | | |
| →7 | | | | →17 | | | →6 | | |

| | | | | | | | | | |
|---|---|---|---|---|---|---|---|---|---|
| | 14 | 38 | | 9 | 15 | | 34 | 10 | 3 |
| 12 | | | 14 / 22 | | | 17 | | | |
| 16 | | | | | | 10 / 7 | | | |
| 24 | | | | 8 / 3 | | | | 9 | 23 |
| | 6 / 8 | | | | 28 / 28 | | | | |
| 20 | | | | | | 19 / 4 | | | |
| 19 | | | | 12 / 13 | | | 7 / 32 | | |
| | 12 | 22 / 21 | | | | | | 37 | 6 |
| 13 | | | 5 / 18 | | | 21 / 16 | | | |
| 18 | | | | 17 / 11 | | | | | |
| 10 | | | | | 23 / 13 | | | | 13 |
| | 8 | 22 / 17 | | | | 16 / 15 | | | |
| 11 | | | | 35 | | | | | |
| 20 | | | | 10 | | | 4 | | |

| | | | | | | | | | |
|---|---|---|---|---|---|---|---|---|---|
| ■ | ■ | 20\ | 12\ | ■ | ■ | ■ | 10\ | 10\ | ■ |
| ■ | 9\11 | | | 30\ | ■ | 34\5 | | | 16\ |
| \30 | | | | | \19 | | | | |
| \14 | | | | | 3\28 | | | | |
| ■ | 18\ | 33\15 | | | | | | 32\ | 17\ |
| \7 | | | 7\9 | | | | 21\4 | | |
| \27 | | | | | \25 | | | | |
| \6 | | | | 35\ | 2 | 19\3 | | | |
| \21 | | | | | 13\22 | | | | |
| \12 | | | 11\22 | | | | 14\10 | | |
| ■ | 8\ | 19\16 | | | | | | 24\ | 12\ |
| \17 | | | | | \13 | | | | |
| \29 | | | | | \23 | | | | |
| ■ | \3 | | | ■ | ■ | \16 | | | ■ |

| | | | | | | | | | |
|---|---|---|---|---|---|---|---|---|---|
| ■ | ■ | 14\ | 16\ | 9\ | ■ | 15\ | 9\ | 34\ | 4\ |
| ■ | 23\10 | | | | \26 | | | | |
| \27 | | | | | 25\13 | | | | |
| \8 | | | 17\ | \17 | | | | | 7\ |
| \22 | | | | 27\10 | | | \6 | | |
| ■ | 11\ | 14\19 | | | | 18\ | 31\12 | | |
| \29 | | | | | | | | 4\ | 10\ |
| \30 | | | | | 12\10 | | | | |
| ■ | 15\ | 15\30 | | | | | | | |
| \9 | | | ■ | 16\20 | | | | 29\ | 7\ |
| \14 | | | 24\3 | | | \11 | | | |
| ■ | 8\19 | | | | | 12\ | 5\13 | | |
| \28 | | | | | \11 | | | | |
| \13 | | | | | \21 | | | | ■ |

| | | | | | | | | | |
|---|---|---|---|---|---|---|---|---|---|
| ■ | 8\ | 10\ | 16\ | ■ | ■ | ■ | 12\ | 4\ | 3\ |
| \6 | | | | 21\ | \8 | 28\ | | | |
| \29 | | | | | 11\12 | | | | |
| ■ | 10\ | 42\17 | | | | | | 33\ | 7\ |
| \9 | | | 17\21 | | | | 13\15 | | |
| \14 | | | | | 18\16 | | | | |
| \34 | | | | | | 39\16 | | | 19\ |
| \7 | | | 10\11 | | | | 6\5 | | |
| ■ | 3\7 | | | 30\35 | | | | | |
| \26 | | | | | 9\11 | | | | |
| \10 | | | 9\23 | | | | 7\11 | | |
| ■ | 10\ | 12\16 | | | | | | 14\ | 11\ |
| \13 | | | | | \27 | | | | |
| \23 | | | | ■ | ■ | \10 | | | |

| ■ | 11\ | 23\ | 17\ | ■ | ■ | ■ | 9\ | 38\ | 9\ |
|---|---|---|---|---|---|---|---|---|---|
| \24 | | | | 17\ | 4\ | 15\6 | | | |
| \45 | | | | | | | | | |
| \3 | | | 7\20 | | | | 5\15 | | |
| ■ | 12\8 | | | 31\ | ■ | 16\7 | | | 12\ |
| \11 | | | | | 23\23 | | | | |
| \14 | | | \19 | | | | \10 | | |
| ■ | 9\ | 39\ | \15 | | | | ■ | 22\ | 11\ |
| \13 | | | 3\21 | | | | 16\4 | | |
| \12 | | | | | \30 | | | | |
| ■ | 11\8 | | | 15\ | 9\ | 3\10 | | | 22\ |
| \17 | | | 4\10 | | | | 6\14 | | |
| \45 | | | | | | | | | |
| \7 | | | | ■ | ■ | \8 | | | |

| | | | | | | | | | |
|---|---|---|---|---|---|---|---|---|---|
| | 17\ | 24\ | | 18\ | 9\ | 15\ | | 33\ | 7\ |
| \8 | | | \22 | | | | 15\12 | | |
| \16 | | | 12\21 | | | | | | |
| \29 | | | | | | \13 | | | 5\ |
| | | \3 | | | 34\ | 14\7 | | | |
| | 5\ | 17\30 | | | | | | | |
| \11 | | | | 6\8 | | | | 6\ | 11\ |
| \13 | | | 28\20 | | | | 30\14 | | |
| | 7\ | 31\18 | | | | 16\10 | | | |
| \40 | | | | | | | | | |
| \9 | | | | | \10 | | | 12\ | 21\ |
| | 4\11 | | | 17\ | 15\13 | | | | |
| \37 | | | | | | | \12 | | |
| \3 | | | \23 | | | | \16 | | |

| ■ | ■ | ↓38 | ↓6 | ↓23 | ■ | ↓11 | ↓12 | ↓22 | ■ |
|---|---|---|---|---|---|---|---|---|---|
| ■ | 17↓ 22→ | | | | 7↓ 24→ | | | | 13↓ |
| 45→ | | | | | | | | | |
| 15→ | | | 4↓ 9→ | | | | 14↓ 8→ | | |
| ■ | 11↓ 8→ | | | 33↓ | ■ | 35↓ 12→ | | | 10↓ |
| 10→ | | | | | 10↓ 15→ | | | | |
| 17→ | | | 19→ | | | | 14→ | | |
| ■ | 17↓ | 38↓ | 15→ | | | | ■ | 23↓ | 5↓ |
| 15→ | | | 7↓ 23→ | | | | 3↓ 8→ | | |
| 28→ | | | | | 11→ | | | | |
| ■ | 9↓ 6→ | | | 6↓ | 12↓ | 21↓ 4→ | | | 10↓ |
| 13→ | | | 11↓ 20→ | | | | 9↓ 16→ | | |
| 45→ | | | | | | | | | |
| ■ | 8→ | | | | 7→ | | | | ■ |

| ■ | ■ | 6\ | 4\ | 39\ | ■ | ■ | 11\ | 20\ | 10\ |
|---|---|---|---|---|---|---|---|---|---|
| ■ | 9\12 | | | | ■ | 34\23 | | | |
| \11 | | | | | 10\12 | | | | |
| \10 | | | 5\14 | | | | 7\10 | | |
| ■ | ■ | 15\16 | | | | | | 18\ | ■ |
| ■ | 13\30 | | | | | | | | 24\ |
| \14 | | | \21 | | | | \16 | | |
| \7 | | | ■ | 17\ | 30\ | 21\ | \13 | | |
| \3 | | | 11\14 | | | | 17\8 | | |
| ■ | \29 | | | | | | | | ■ |
| ■ | 11\ | 8\35 | | | | | | 22\ | 12\ |
| \4 | | | 13\11 | | | | 8\11 | | |
| \25 | | | | | \30 | | | | |
| \7 | | | | ■ | \9 | | | | ■ |

| ■ | ■ | 19\ | 11\ | 34\ | ■ | 14\ | 17\ | 29\ | ■ |
|---|---|---|---|---|---|---|---|---|---|
| ■ | 20\22 | | | | \23 | | | | 7\ |
| \10 | | | | | 45\28 | | | | |
| \16 | | | 3\12 | | | ■ | 16\10 | | |
| \32 | | | | | | 10\10 | | | |
| ■ | 24\ | 12\16 | | | | | | 21\ | 6\ |
| \17 | | | ■ | 15\20 | | | | | |
| \10 | | | 18\19 | | | | \9 | | |
| \22 | | | | | | 17\ | 7\12 | | |
| ■ | 9\ | 27\15 | | | | | | 11\ | 12\ |
| \8 | | | | \35 | | | | | |
| \9 | | | 8\ | 10\13 | | | 15\4 | | |
| \30 | | | | | \12 | | | | |
| ■ | \11 | | | | \12 | | | | ■ |

| ■ | 6\ | 21\ | ■ | 9\ | 17\ | ■ | ■ | 4\ | 11\ |
|---|---|---|---|---|---|---|---|---|---|
| \9 | | | \8 | | | ■ | 26\10 | | |
| \12 | | | 33\17 | | | 15\8 | | | |
| \11 | | | | 4\10 | | | | 24\ | 15\ |
| ■ | 11\ | 7\8 | | | 32\29 | | | | |
| \45 | | | | | | | | | |
| \22 | | | | 35\12 | | | 17\10 | | |
| ■ | 12\ | 6\16 | | | | | | 17\ | 12\ |
| \7 | | | 13\15 | | | 5\23 | | | |
| \45 | | | | | | | | | |
| \11 | | | | | 9\5 | | | 19\ | 20\ |
| ■ | 14\ | 3\14 | | | | 13\7 | | | |
| \16 | | | | \15 | | | \16 | | |
| \6 | | | ■ | \6 | | | \17 | | |

| ■ | 5\ | 14\ | ■ | ■ | 15\ | 10\ | 13\ | ■ | ■ |
|---|---|---|---|---|---|---|---|---|---|
| \6 |  |  | 25\ | \9 |  |  |  | 35\ | ■ |
| \18 |  |  |  | 39\27 |  |  |  |  | 12\ |
| ■ | ■ | 7\17 |  |  | ■ | 43\10 |  |  |  |
| ■ | 7\6 |  |  |  | 8\28 |  |  |  |  |
| \39 |  |  |  |  |  |  | 9\10 |  |  |
| \3 |  |  | 5\17 |  |  |  |  |  | ■ |
| ■ | ■ | 34\4 |  |  | 3\11 |  |  | 13\ | 13\ |
| ■ | 11\15 |  |  |  |  |  | 14\10 |  |  |
| \10 |  |  | 10\23 |  |  |  |  |  |  |
| \24 |  |  |  |  | \20 |  |  |  | ■ |
| \10 |  |  |  | 12\ | 9\11 |  |  | 8\ | 17\ |
| ■ | \12 |  |  |  |  | \16 |  |  |  |
| ■ | ■ | \19 |  |  |  | ■ | \16 |  |  |

| ■ | 14\ | 21\ | 11\ | 14\ | ■ | 30\ | 7\ | 10\ | 6\ |
|---|---|---|---|---|---|---|---|---|---|
| \26 | | | | | 14\12 | | | | |
| \45 | | | | | | | | | |
| \5 | | | 33\20 | | | | 31\4 | | |
| ■ | 12\ | 13\16 | | | \10 | | | 15\ | 6\ |
| \24 | | | | 7\ | ■ | 23\17 | | | |
| \14 | | | | | \25 | | | | |
| ■ | 17\ | 10\3 | | | \9 | | | 7\ | 11\ |
| \27 | | | | | \13 | | | | |
| \11 | | | | 29\ | ■ | 10\22 | | | |
| ■ | 15\ | 9\13 | | | 14\8 | | | 19\ | 11\ |
| \15 | | | 11\19 | | | | 17\5 | | |
| \45 | | | | | | | | | |
| \11 | | | | | \28 | | | | |

# KAKURO

NIVEAU 2

| ■ | 9\ | 19\ | 34\ | ■ | 12\ | 18\ | ■ | 6\ | 17\ |
|---|---|---|---|---|---|---|---|---|---|
| \16 | | | | \17 | | | 17\11 | | |
| \23 | | | | 20\18 | | | | | |
| \10 | | | | | \13 | | | 14\ | 12\ |
| ■ | 6\ | 15\16 | | | 33\ | 12\24 | | | |
| \45 | | | | | | | | | |
| \9 | | | ■ | 8\6 | | | | 11\ | 19\ |
| \3 | | | 35\22 | | | | \17 | | |
| ■ | 5\ | 7\18 | | | | 23\ | 16\4 | | |
| \45 | | | | | | | | | |
| \10 | | | | 17\ | \9 | | | 11\ | 21\ |
| ■ | 7\ | 8\14 | | | 10\30 | | | | |
| \15 | | | | | | \7 | | | |
| \8 | | | \16 | | | \16 | | | |

| | | | | | | | | | |
|---|---|---|---|---|---|---|---|---|---|
| ■ | ↓17 | ↓23 | ↓20 | ■ | ↓11 | ↓11 | ■ | ↓16 | ↓7 |
| →17 | | | | →5 | | | ↓21 →3 | | |
| →21 | | | | ↓9 →33 | | | | | |
| →16 | | | | | | ↓11 →9 | | | |
| ■ | ↓14 | ↓17 →8 | | | ↓19 →15 | | | ↓32 | ↓16 |
| →24 | | | | ↓7 →18 | | | | | |
| →10 | | | ↓24 →4 | | | ↓17 →13 | | | |
| ■ | ↓12 →31 | | | | | | | | ↓9 |
| →16 | | | | ↓16 →13 | | | ↓35 →10 | | |
| →22 | | | | | | ↓6 →22 | | | |
| ■ | ↓8 | ↓15 →15 | | | ↓10 →14 | | | ↓6 | ↓18 |
| →8 | | | | ↓13 →15 | | | | | |
| →29 | | | | | | →14 | | | |
| →3 | | | →12 | | | →20 | | | |

| | | | | | | | | | |
|---|---|---|---|---|---|---|---|---|---|
| ■ | ↓4 | ↓9 | ↓19 | ↓15 | ■ | ↓8 | ↓17 | ↓30 | ■ |
| →11 | | | | | →17 | | | | ↓11 |
| →26 | | | | | ↓29 →25 | | | | |
| ■ | ↓15 | ↓32 →12 | | | | | ↓14 →16 | | |
| →20 | | | | | | ↓22 →9 | | | |
| →14 | | | ■ | →23 | | | | ↓16 | ↓33 |
| →3 | | | ↓17 | ↓11 →35 | | | | | |
| →20 | | | | | ↓27 →11 | | | | |
| →34 | | | | | | ■ | →7 | | |
| ■ | ↓20 | ↓13 →7 | | | | ↓10 | ↓22 →13 | | |
| →6 | | | | ↓15 →29 | | | | | |
| →11 | | | ↓10 →12 | | | | | ↓8 | ↓12 |
| →16 | | | | | →10 | | | | |
| ■ | →24 | | | | →28 | | | | |

| ■ | 11\ | 10\ | 28\ | 24\ | ■ | 22\ | 15\ | 9\ | 12\ |
|---|---|---|---|---|---|---|---|---|---|
| \27 | | | | | \11 | | | | |
| \13 | | | | | \29 | | | | |
| ■ | ■ | 20\13 | | | \11 | | | 15\ | ■ |
| ■ | 6\6 | | | 16\ | ■ | 33\9 | | | 15\ |
| \19 | | | | | 21\26 | | | | |
| \38 | | | | | | | 42\7 | | |
| ■ | 12\ | 11\35 | | | | | | 13\ | 4\ |
| \5 | | | 17\36 | | | | | | |
| \25 | | | | | \12 | | | | |
| ■ | \3 | | | 21\ | ■ | 9\7 | | | ■ |
| ■ | 11\ | 8\10 | | | \8 | | | 10\ | 17\ |
| \10 | | | | | \30 | | | | |
| \28 | | | | | \14 | | | | |

| | | | | | | | | | |
|---|---|---|---|---|---|---|---|---|---|
| ■ | ↓12 | ↓42 | ↓9 | ■ | ↓15 | ↓7 | ■ | ↓32 | ↓16 |
| →23 | | | | ↓16 →14 | | | ↓6 →12 | | |
| →45 | | | | | | | | | |
| ■ | ↓11 →6 | | | | ↓22 | ↓18 →4 | | | ↓14 |
| →10 | | | →8 | | | | →13 | | |
| →5 | | | →19 | | | | ↓9 →17 | | |
| →7 | | | ↓17 →30 | | | | | ↓28 | ↓27 |
| →22 | | | | ↓24 | ↓11 | ↓15 →6 | | | |
| ■ | ↓16 | ↓18 →29 | | | | | →15 | | |
| →11 | | | →10 | | | | →11 | | |
| →10 | | | ↓7 →16 | | | | ↓21 →13 | | |
| ■ | ↓13 →5 | | | ↓12 | ↓3 →7 | | | | ↓9 |
| →45 | | | | | | | | | |
| →17 | | | →8 | | | →12 | | | |

| | | | | | | | | | |
|---|---|---|---|---|---|---|---|---|---|
| ■ | ↓8 | ↓12 | ■ | ↓17 | ↓6 | ↓12 | ■ | ↓13 | ↓5 |
| →13 | | | ↓37 →10 | | | | ↓28 →11 | | |
| →45 | | | | | | | | | |
| ■ | ■ | ↓12 →4 | | | →15 | | | ↓6 | ■ |
| ■ | ↓7 →5 | | | ↓10 | ↓13 →7 | | | | ↓10 |
| →34 | | | | | | ↓11 →14 | | | |
| →22 | | | | | | | ↓23 →9 | | |
| ■ | ↓10 | ↓18 →8 | | | ↓11 →4 | | | ↓23 | ↓14 |
| →17 | | | ↓30 →21 | | | | | | |
| →9 | | | | ↓13 →35 | | | | | |
| ■ | →24 | | | | ■ | ↓22 →16 | | | ■ |
| ■ | ↓13 | ↓6 →10 | | | ↓3 →9 | | | ↓3 | ↓9 |
| →45 | | | | | | | | | |
| →6 | | | →8 | | | | →4 | | |

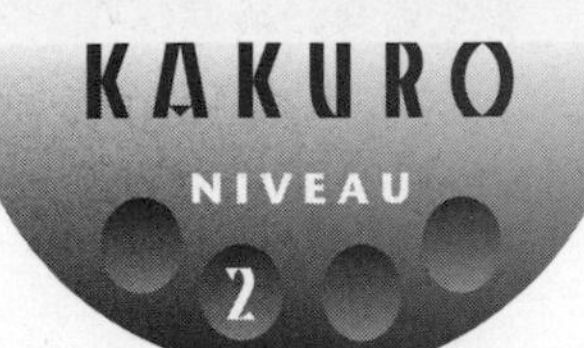


| | | | | | | | | | |
|---|---|---|---|---|---|---|---|---|---|
| ■ | 8\ | 20\ | ■ | 15\ | 7\ | ■ | 33\ | 4\ | 8\ |
| \7 | | | 36\12 | | | 12\6 | | | |
| \45 | | | | | | | | | |
| \22 | | | | 6\19 | | | | 21\ | 7\ |
| ■ | 5\ | 3\12 | | | 35\ | \14 | | | |
| \18 | | | | | | 13\20 | | | |
| \9 | | | | 3\17 | | | 38\7 | | |
| ■ | 23\ | 17\15 | | | | | | 9\ | 16\ |
| \16 | | | 17\10 | | | 4\20 | | | |
| \10 | | | | \31 | | | | | |
| \24 | | | | 3\ | 18\6 | | | 21\ | 9\ |
| ■ | 11\ | 14\11 | | | | 7\22 | | | |
| \45 | | | | | | | | | |
| \13 | | | | \7 | | | \5 | | |

| | | | | | | | | | |
|---|---|---|---|---|---|---|---|---|---|
| ■ | 13\ | 22\ | 28\ | 6\ | ■ | 12\ | 7\ | 38\ | 9\ |
| \27 | | | | | \12 | | | | |
| \15 | | | | | 16\28 | | | | |
| ■ | 22\14 | | | | | 10\6 | | | 8\ |
| \21 | | | | \10 | | | 29\10 | | |
| \14 | | | 18\ | ■ | 12\25 | | | | |
| \13 | | | | 30\15 | | | | | |
| ■ | 9\ | 39\34 | | | | | | 34\ | 11\ |
| \16 | | | | | | \11 | | | |
| \18 | | | | | 8\ | ■ | 13\7 | | |
| \13 | | | 10\11 | | | 14\23 | | | |
| ■ | 10\9 | | | 4\21 | | | | | 13\ |
| \26 | | | | | \11 | | | | |
| \11 | | | | | \24 | | | | |

| | | | | | | | | | |
|---|---|---|---|---|---|---|---|---|---|
| ■ | ■ | 37 \ | 15 \ | ■ | 6 \ | 20 \ | 8 \ | 39 \ | ■ |
| ■ | 5 \ 12 | | | \ 11 | | | | | 7 \ |
| \ 14 | | | | \ 33 | | | | | |
| \ 7 | | | | 34 \ 9 | | | 29 \ 10 | | |
| ■ | 16 \ 8 | | | | 11 \ | \ 15 | | | 6 \ |
| \ 35 | | | | | | 24 \ 18 | | | |
| \ 16 | | | 28 \ 21 | | | | | | |
| ■ | 4 \ | 22 \ 15 | | | 11 \ 17 | | | 38 \ | 3 \ |
| \ 31 | | | | | | | 16 \ 4 | | |
| \ 15 | | | | \ 19 | | | | | |
| ■ | 14 \ 7 | | | 23 \ | 9 \ 22 | | | | 13 \ |
| \ 14 | | | 11 \ 9 | | | \ 10 | | | |
| \ 17 | | | | | | \ 17 | | | |
| ■ | \ 30 | | | | | \ 13 | | | ■ |

| ■ | ■ | 11\ | 13\ | 44\ | ■ | ■ | ■ | 33\ | 3\ |
|---|---|---|---|---|---|---|---|---|---|
| ■ | 17\20 |  |  |  | 8\ | ■ | 16\6 |  |  |
| \18 |  |  |  |  |  | \19 |  |  |  |
| \14 |  |  | 19\12 |  |  | \16 |  |  | 5\ |
| ■ | 14\ | 9\5 |  |  | 15\ | ■ | 7\10 |  |  |
| \34 |  |  |  |  |  | 39\7 |  |  |  |
| \41 |  |  |  |  |  |  |  | 8\ | 24\ |
| \4 |  |  | 7\10 |  |  |  | 6\10 |  |  |
| ■ | 4\ | 35\31 |  |  |  |  |  |  |  |
| \12 |  |  |  | \17 |  |  |  |  |  |
| \9 |  |  | 15\ | ■ | 5\12 |  |  | 22\ | 3\ |
| ■ | 8\13 |  |  | \6 |  |  | 13\10 |  |  |
| \23 |  |  |  | \16 |  |  |  |  |  |
| \11 |  |  | ■ | ■ | \17 |  |  |  | ■ |

| ■ | 13\ | 33\ | ■ | 11\ | 15\ | 12\ | ■ | 39\ | 7\ |
|---|---|---|---|---|---|---|---|---|---|
| \17 | | | \21 | | | | \11 | | |
| \5 | | | 23\9 | | | | 17\10 | | |
| ■ | 9\13 | | | | \11 | | | | |
| \19 | | | | 26\ | ■ | 34\16 | | | 14\ |
| \29 | | | | | 9\27 | | | | |
| \7 | | | 16\22 | | | | | | |
| ■ | 8\ | 38\15 | | | | | | 34\ | 8\ |
| \21 | | | | | | | 24\9 | | |
| \30 | | | | | \19 | | | | |
| ■ | 6\9 | | | 17\ | ■ | 10\22 | | | |
| \13 | | | | | 8\15 | | | | 3\ |
| \12 | | | \20 | | | | \11 | | |
| \9 | | | \6 | | | | \6 | | |

| | | | | | | | | | |
|---|---|---|---|---|---|---|---|---|---|
| ■ | ↓14 | ↓17 | ↓12 | ■ | ■ | ■ | ↓27 | ↓9 | ↓10 |
| →23 | | | | ↓34 | ■ | ↓15 →6 | | | |
| →26 | | | | | →29 | | | | |
| ■ | ■ | ↓37 →8 | | | ↓4 →11 | | | ↓39 | ■ |
| ■ | ↓5 →31 | | | | | | | | ↓17 |
| →11 | | | ↓9 →15 | | | | ↓10 →14 | | |
| →10 | | | | | →14 | | | | |
| ■ | ↓12 →15 | | | ↓35 | ■ | ↓16 →7 | | | ↓10 |
| →11 | | | | | ↓3 →30 | | | | |
| →16 | | | ↓13 →11 | | | | ↓28 →3 | | |
| ■ | →32 | | | | | | | | ■ |
| ■ | ↓13 | ↓11 →8 | | | →11 | | | ↓4 | ↓11 |
| →19 | | | | | →23 | | | | |
| →24 | | | | ■ | ■ | →7 | | | |

| ■ | ■ | 36↓ | 12↓ | 11↓ | ■ | 13↓ | 23↓ | 21↓ | 9↓ |
|---|---|---|---|---|---|---|---|---|---|
| ■ | 3↓ 8→ | | | | 13→ | | | | |
| 20→ | | | | | 45↓ 29→ | | | | |
| 10→ | | | 17↓ 9→ | | | 15↓ 12→ | | | 20↓ |
| ■ | 5↓ 35→ | | | | | | 6↓ 13→ | | |
| 11→ | | | | 12↓ 33→ | | | | | |
| 13→ | | | 16↓ 8→ | | | 10↓ 7→ | | | |
| ■ | 22↓ | 37↓ 31→ | | | | | | 22↓ | 11↓ |
| 21→ | | | | 10↓ 3→ | | | 15↓ 14→ | | |
| 15→ | | | | | | 10↓ 10→ | | | |
| 16→ | | | 9↓ 34→ | | | | | | 7↓ |
| ■ | 8↓ 4→ | | | 12↓ 6→ | | | 16↓ 8→ | | |
| 12→ | | | | | 14→ | | | | |
| 30→ | | | | | 14→ | | | | ■ |

| | | | | | | | | | |
|---|---|---|---|---|---|---|---|---|---|
| ■ | 23\ | 18\ | 15\ | ■ | 23\ | 12\ | ■ | 13\ | 27\ |
| \21 | | | | \16 | | | 9\11 | | |
| \11 | | | | 10\31 | | | | | |
| \34 | | | | | | 29\7 | | | |
| ■ | 17\ | 10\11 | | | | | 19\7 | | |
| \7 | | | | \20 | | | | 25\ | 12\ |
| \5 | | | 24\ | 19\19 | | | | | |
| \28 | | | | | 32\30 | | | | |
| \17 | | | | | | ■ | 35\3 | | |
| ■ | 20\ | 23\18 | | | | 4\19 | | | |
| \17 | | | 17\26 | | | | | 15\ | 8\ |
| \12 | | | | 7\16 | | | | | |
| \18 | | | | | | \9 | | | |
| \16 | | | \15 | | | \22 | | | |

| | | | | | | | | | |
|---|---|---|---|---|---|---|---|---|---|
| | 28 \ | 17 \ | 12 \ | 8 \ | | | 20 \ | 4 \ | 8 \ |
| \ 11 | | | | | | 3 \ 13 | | | |
| \ 30 | | | | | 45 \ 17 | | | | |
| \ 12 | | | | 35 \ 9 | | | | 13 \ | 30 \ |
| \ 7 | | | 5 \ 16 | | | | 14 \ 10 | | |
| | \ 14 | | | | | 16 \ 24 | | | |
| | 27 \ | 19 \ 37 | | | | | | | |
| \ 16 | | | 15 \ 10 | | | | 14 \ 7 | | |
| \ 29 | | | | | | | | 34 \ | |
| \ 15 | | | | \ 27 | | | | | 26 \ |
| \ 17 | | | 8 \ | 11 \ 8 | | | \ 16 | | |
| | 13 \ | 10 \ 22 | | | | 9 \ | 6 \ 14 | | |
| \ 10 | | | | | \ 29 | | | | |
| \ 18 | | | | | \ 12 | | | | |

| | | | | | | | | | |
|---|---|---|---|---|---|---|---|---|---|
| ■ | 29\ | 12\ | ■ | 8\ | 19\ | 6\ | 15\ | ■ | ■ |
| \8 | | | 22\27 | | | | | ■ | ■ |
| \29 | | | | | | | | 39\ | 4\ |
| \22 | | | | 12\7 | | | 9\6 | | |
| \11 | | | | | ■ | \18 | | | |
| ■ | 22\ | 21\14 | | | 20\ | 3\7 | | | 7\ |
| \17 | | | | 9\9 | | | 38\11 | | |
| \45 | | | | | | | | | |
| \8 | | | 11\5 | | | 3\21 | | | |
| ■ | 16\11 | | | ■ | \6 | | | 28\ | 13\ |
| \10 | | | | 9\ | 24\10 | | | | |
| \13 | | | 12\10 | | | 15\23 | | | |
| ■ | ■ | \37 | | | | | | | |
| ■ | ■ | \30 | | | | | \11 | | |

| ■ | 15\ | 27\ | 10\ | 15\ | ■ | 37\ | 12\ | ■ | ■ |
|---|---|---|---|---|---|---|---|---|---|
| \11 | | | | | \14 | | | ■ | ■ |
| \29 | | | | | 12\7 | | | 11\ | 7\ |
| \13 | | | \24 | | | | | | |
| \7 | | | 5\6 | | | | 9\14 | | |
| ■ | 7\ | 23\6 | | | 22\10 | | | 20\ | 8\ |
| \10 | | | | 38\35 | | | | | |
| \11 | | | 15\9 | | | | 13\11 | | |
| \33 | | | | | | 16\13 | | | |
| ■ | 11\ | 7\17 | | | 4\6 | | | 28\ | 25\ |
| \3 | | | 24\11 | | | | \14 | | |
| \37 | | | | | | | 8\16 | | |
| ■ | ■ | \9 | | | \30 | | | | |
| ■ | ■ | \13 | | | \10 | | | | |

| | | | | | | | | | |
|---|---|---|---|---|---|---|---|---|---|
| ■ | 10\ | 38\ | 29\ | 7\ | ■ | 12\ | 25\ | 10\ | 5\ |
| \11 | | | | | \14 | | | | |
| \21 | | | | | 10\28 | | | | |
| \23 | | | | 10\8 | | | | 19\ | 9\ |
| ■ | 3\26 | | | | | 13\11 | | | |
| \6 | | | 7\6 | | | | 17\9 | | |
| \14 | | | | 16\34 | | | | | |
| ■ | 15\ | 20\10 | | | 30\4 | | | 37\ | 14\ |
| \16 | | | | | | 8\21 | | | |
| \14 | | | 18\18 | | | | 17\11 | | |
| \24 | | | | 18\13 | | | | | 8\ |
| ■ | 16\ | 11\22 | | | | 12\20 | | | |
| \13 | | | | | \27 | | | | |
| \28 | | | | | \12 | | | | |

| | | | | | | | | | |
|---|---|---|---|---|---|---|---|---|---|
| ■ | 7\ | 41\ | ■ | 35\ | 7\ | ■ | 3\ | 11\ | ■ |
| \4 | | | \13 | | | \3 | | | 20\ |
| \11 | | | 4\8 | | | 30\10 | | | |
| ■ | 14\15 | | | | | | 9\10 | | |
| \26 | | | | | 13\28 | | | | |
| \7 | | | 5\13 | | | | | 38\ | 7\ |
| ■ | 15\9 | | | 34\16 | | | 8\5 | | |
| \27 | | | | | 12\29 | | | | |
| \12 | | | 11\13 | | | 16\6 | | | 10\ |
| ■ | 18\ | 12\30 | | | | | 17\17 | | |
| \10 | | | | | 24\14 | | | | |
| \12 | | | 14\27 | | | | | | 16\ |
| \23 | | | | \13 | | | \11 | | |
| ■ | \6 | | | \8 | | | \15 | | |

| | | | | | | | | | |
|---|---|---|---|---|---|---|---|---|---|
| ■ | ■ | 21\ | 16\ | ■ | 24\ | 11\ | 4\ | 22\ | ■ |
| ■ | 7\11 | | | \13 | | | | | 9\ |
| \19 | | | | \33 | | | | | |
| \7 | | | | 32\9 | | | 28\8 | | |
| ■ | 13\ | 15\3 | | | 16\ | \13 | | | 12\ |
| \35 | | | | | | 15\18 | | | |
| \15 | | | 10\23 | | | | | | |
| ■ | 9\ | 21\12 | | | 17\11 | | | 14\ | 16\ |
| \39 | | | | | | | 31\14 | | |
| \6 | | | | \34 | | | | | |
| ■ | 10\6 | | | 10\ | 23\5 | | | 8\ | 11\ |
| \8 | | | 14\11 | | | \9 | | | |
| \17 | | | | | | \22 | | | |
| ■ | \29 | | | | | \9 | | | ■ |

| | | | | | | | | | |
|---|---|---|---|---|---|---|---|---|---|
| ■ | 7\ | 21\ | ■ | 17\ | 17\ | 37\ | ■ | 4\ | 10\ |
| \7 | | | \12 | | | | 12\3 | | |
| \8 | | | 6\31 | | | | | | |
| \14 | | | | 18\19 | | | | 9\ | 13\ |
| ■ | 22\ | 10\29 | | | | | 11\5 | | |
| \9 | | | 10\39 | | | | | | |
| \22 | | | | | \10 | | | 13\ | 20\ |
| \8 | | | | 21\ | 6 | 16\ | | | |
| ■ | 15\ | 8\6 | | | 34\24 | | | | |
| \38 | | | | | | | 7\11 | | |
| \9 | | | 5\12 | | | | | 24\ | 9\ |
| ■ | 5\ | 16\15 | | | | 12\11 | | | |
| \23 | | | | | | | \14 | | |
| \11 | | | \23 | | | | \10 | | |

|  |  |  |  |  |  |  |  |  |  |
|---|---|---|---|---|---|---|---|---|---|
| ■ | 12\ | 6\ | ■ | 6\ | 14\ | ■ | 34\ | 8\ | 16\ |
| \9 |  |  | 39\5 |  |  | 10\23 |  |  |  |
| \45 |  |  |  |  |  |  |  |  |  |
| ■ | \11 |  |  | 10\7 |  |  |  | 20\ | ■ |
| ■ | 3\ | 11\13 |  |  | \24 |  |  |  | 7\ |
| \10 |  |  |  |  | 8\ | 17\22 |  |  |  |
| \18 |  |  |  | 14\13 |  |  | 21\4 |  |  |
| ■ | 15\ | 12\29 |  |  |  |  |  | 16\ | 15\ |
| \7 |  |  | 15\6 |  |  | 10\21 |  |  |  |
| \22 |  |  |  | 22\ | \29 |  |  |  |  |
| ■ | \15 |  |  |  | 19\5 |  |  | 16\ | ■ |
| ■ | 9\ | 15\9 |  |  |  | 11\4 |  |  | 15\ |
| \45 |  |  |  |  |  |  |  |  |  |
| \17 |  |  |  | \16 |  |  | \17 |  |  |

| | | | | | | | | | |
|---|---|---|---|---|---|---|---|---|---|
| | 22\ | 23\ | | 3\ | 15\ | 29\ | | 13\ | 9\ |
| \13 | | | \9 | | | | \4 | | |
| \11 | | | 18\19 | | | | 17\15 | | |
| \8 | | | | 18\19 | | | | | |
| | 14\19 | | | | 5\11 | | | 11\ | 14\ |
| \30 | | | | | | 34\23 | | | |
| \7 | | | 35\22 | | | | | | |
| | 6\ | 8\9 | | | 10\7 | | | 39\ | 10\ |
| \38 | | | | | | | 10\17 | | |
| \11 | | | | 16\15 | | | | | |
| | 6\ | 20\13 | | | 21\22 | | | | 10\ |
| \16 | | | | | | 16\7 | | | |
| \10 | | | \24 | | | | \8 | | |
| \12 | | | \17 | | | | \16 | | |

| | | | | | | | | | |
|---|---|---|---|---|---|---|---|---|---|
| ■ | 3\ | 35\ | ■ | 37\ | 5\ | 12\ | 20\ | ■ | ■ |
| \6 | | | \14 | | | | | ■ | ■ |
| \5 | | | 9\28 | | | | | 24\ | 9\ |
| ■ | 11\16 | | | | 17\13 | | | | |
| \35 | | | | | | 9\23 | | | |
| \10 | | | 22\17 | | | | 20\9 | | |
| \15 | | | | | \13 | | | 33\ | 10\ |
| \8 | | | | 4\ | 6 | 21\ | | | |
| ■ | 7\ | 10\10 | | | 15\19 | | | | |
| \4 | | | 30\15 | | | | 16\8 | | |
| \10 | | | | 17\34 | | | | | |
| \27 | | | | | 12\11 | | | | 7\ |
| ■ | ■ | \12 | | | | | \7 | | |
| ■ | ■ | \29 | | | | | \11 | | |

| | | | | | | | | | |
|---|---|---|---|---|---|---|---|---|---|
| ■ | ↓24 | ↓21 | ↓16 | ↓9 | ■ | ↓11 | ↓12 | ↓37 | ↓22 |
| →13 | | | | | →26 | | | | |
| →29 | | | | | →15 | | | | |
| →13 | | | | ↓10 | ■ | ↓7 →23 | | | |
| ■ | ↓10 →11 | | | | ↓17 →6 | | | | ↓8 |
| →4 | | | ↓21 →15 | | | | ↓8 →5 | | |
| →34 | | | | | | ↓30 →18 | | | |
| ■ | ↓13 | ↓23 →6 | | | ↓12 →12 | | | ↓39 | ↓6 |
| →16 | | | | ↓9 →16 | | | | | |
| →16 | | | ↓28 →20 | | | | ↓18 →10 | | |
| ■ | ↓7 →14 | | | | →17 | | | | ↓9 |
| →15 | | | | ↓14 | ■ | ↓12 →19 | | | |
| →12 | | | | | →30 | | | | |
| →27 | | | | | →11 | | | | |

| | | | | | | | | | |
|---|---|---|---|---|---|---|---|---|---|
| ■ | 15\ | 15\ | ■ | 16\ | 36\ | ■ | 27\ | 8\ | 11\ |
| \7 | | | 15\14 | | | \24 | | | |
| \35 | | | | | | 14\6 | | | |
| ■ | 6\9 | | | \16 | | | | 10\ | 28\ |
| \5 | | | 22\ | 15\34 | | | | | |
| \38 | | | | | | | \6 | | |
| ■ | 11\ | 30\8 | | | | 19\ | 10\10 | | |
| \29 | | | | | 37\25 | | | | |
| \11 | | | ■ | 8\20 | | | | 33\ | 13\ |
| \10 | | | 12\21 | | | | | | |
| \16 | | | | | | ■ | 3\17 | | |
| ■ | 12\ | 11\11 | | | | 9\7 | | | 10\ |
| \23 | | | | \32 | | | | | |
| \7 | | | | \4 | | | \11 | | |

# KAKURO

NIVEAU 2

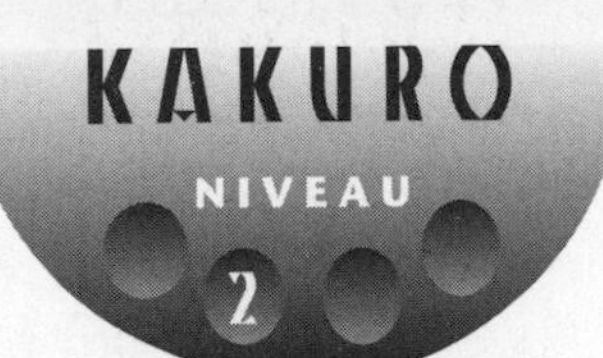

| | | | | | | | | | |
|---|---|---|---|---|---|---|---|---|---|
| ■ | ■ | ■ | 35\ | 17\ | 8\ | 11\ | 27\ | ■ | ■ |
| ■ | ■ | \35 | | | | | | ■ | ■ |
| ■ | 10\ | 15\18 | | | | | | 33\ | 15\ |
| \24 | | | | ■ | \19 | | | | |
| \9 | | | | 23\ | 3\24 | | | | |
| ■ | ■ | \19 | | | | ■ | \8 | | |
| ■ | 17\ | 32\15 | | | | 20\ | 29\4 | | |
| \13 | | | | | 8\29 | | | | |
| \16 | | | ■ | \17 | | | | ■ | ■ |
| \11 | | | 10\ | 30\6 | | | | 12\ | 10\ |
| \16 | | | | | ■ | \7 | | | |
| \23 | | | | | 12\ | 8\22 | | | |
| ■ | ■ | \16 | | | | | | ■ | ■ |
| ■ | ■ | \34 | | | | | | ■ | ■ |

| | | | | | | | | | |
|---|---|---|---|---|---|---|---|---|---|
| ■ | 13\ | 4\ | 29\ | 15\ | ■ | ■ | 28\ | 8\ | 10\ |
| \24 | | | | | ■ | \7 | | | |
| \12 | | | | | 27\ | 11\23 | | | |
| ■ | ■ | 22\34 | | | | | | ■ | ■ |
| ■ | 33\34 | | | | | | | 36\ | 17\ |
| \15 | | | 6\12 | | | 8\ | \8 | | |
| \6 | | | | 3\9 | | | 13\10 | | |
| \20 | | | | | 13\10 | | | | |
| \10 | | | \5 | | | 35\24 | | | |
| \7 | | | 11\ | 10\11 | | | 23\13 | | |
| ■ | ■ | \37 | | | | | | | ■ |
| ■ | 14\ | 17\16 | | | | | | 16\ | 7\ |
| \19 | | | | ■ | \15 | | | | |
| \18 | | | | ■ | \30 | | | | |

| | | | | | | | | | |
|---|---|---|---|---|---|---|---|---|---|
| ■ | 3\ | 13\ | 11\ | 38\ | ■ | 8\ | 8\ | 12\ | 23\ |
| \14 | | | | | \26 | | | | |
| \22 | | | | | 22\13 | | | | |
| ■ | 11\ | 37\25 | | | | | \9 | | |
| \16 | | | | | | 3\ | ■ | 23\ | 12\ |
| \17 | | | 9\13 | | | | 24\16 | | |
| \16 | | | | | \14 | | | | |
| ■ | 10\4 | | | 7\ | ■ | 31\12 | | | 21\ |
| \28 | | | | | 6\23 | | | | |
| \8 | | | \10 | | | | 29\7 | | |
| ■ | 7\ | 18\ | ■ | 20\33 | | | | | |
| \11 | | | 10\15 | | | | | 15\ | 8\ |
| \12 | | | | | \29 | | | | |
| \27 | | | | | \19 | | | | |

| | | | | | | | | | |
|---|---|---|---|---|---|---|---|---|---|
| | | 35 | 16 | 3 | 39 | | 17 | 9 | 17 |
| | 12 \ 24 | | | | | 24 | | | |
| 32 | | | | | | 14 \ 12 | | | |
| 8 | | | | 12 | | | | | |
| 12 | | | 6 | 12 \ 20 | | | | 22 | 9 |
| 15 | | | | | | 10 \ 8 | | | |
| | 7 | 23 \ 11 | | | | | 19 \ 15 | | |
| 13 | | | | | 21 \ 14 | | | | |
| 10 | | | 33 \ 17 | | | | | 22 | 30 |
| 21 | | | | 4 \ 34 | | | | | |
| | | 6 | | | | | 8 | | |
| | 6 | 7 \ 10 | | | | 8 | 10 \ 11 | | |
| 18 | | | | 16 | | | | | |
| 11 | | | | 29 | | | | | |

| | | | | | | | | | |
|---|---|---|---|---|---|---|---|---|---|
| ■ | ■ | 29\ | 19\ | ■ | ■ | ■ | 20\ | 11\ | 10\ |
| ■ | 6\16 | | | 39\ | ■ | 28\18 | | | |
| \12 | | | | | \10 | | | | |
| \27 | | | | | 31\24 | | | | ■ |
| \10 | | | 5\20 | | | | 6\ | 30\ | ■ |
| ■ | ■ | 23\38 | | | | | | | 10\ |
| ■ | 7\11 | | | | | 37\9 | | | |
| \14 | | | 3\15 | | | | 4\15 | | |
| \7 | | | | 22\26 | | | | | ■ |
| ■ | \33 | | | | | | | 14\ | 23\ |
| ■ | ■ | 8\ | 15\12 | | | | 21\11 | | |
| ■ | 9\10 | | | | \25 | | | | |
| \15 | | | | | \13 | | | | |
| \22 | | | | ■ | ■ | \17 | | | ■ |

| ■ | ↓14 | ↓20 | ↓12 | ↓9 | ■ | ↓21 | ↓6 | ↓34 | ↓12 |
|---|---|---|---|---|---|---|---|---|---|
| →30 | | | | | →27 | | | | |
| →10 | | | | | ↓22 →13 | | | | |
| →8 | | | ↓39 →15 | | | | | | ↓6 |
| →10 | | | | ↓10 →15 | | | ↓21 →9 | | |
| ■ | ↓4 | ↓17 →21 | | | | ↓28 →17 | | | |
| →20 | | | | | →13 | | | ↓12 | ↓4 |
| →17 | | | | | →11 | | | | |
| ■ | ↓7 | ↓35 →12 | | | ↓16 →23 | | | | |
| →20 | | | | ↓19 →23 | | | | ↓26 | ↓12 |
| →6 | | | ↓7 →14 | | | ↓19 →13 | | | |
| ■ | ↓16 →16 | | | | | | ↓14 →3 | | |
| →18 | | | | | →25 | | | | |
| →24 | | | | | →29 | | | | |

# KAKURO

NIVEAU 2

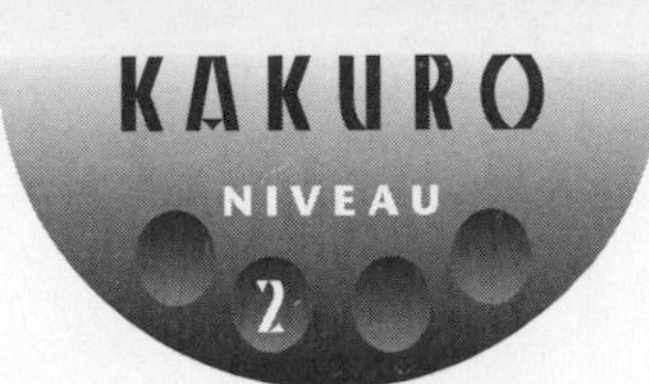

| | | | | | | | | | |
|---|---|---|---|---|---|---|---|---|---|
| ■ | 14\ | 6\ | ■ | 17\ | 24\ | 4\ | ■ | 15\ | 7\ |
| \9 | | | 11\10 | | | | 16\8 | | |
| \45 | | | | | | | | | |
| ■ | \27 | | | | | \10 | | | 12\ |
| ■ | ■ | 11\ | 14\ | 29\ | 16\ | ■ | 6\4 | | |
| ■ | 8\23 | | | | | 13\18 | | | |
| \29 | | | | | | | | 22\ | 9\ |
| \3 | | | 13\12 | | | | 15\6 | | |
| ■ | 10\ | 34\42 | | | | | | | |
| \13 | | | | \30 | | | | | ■ |
| \15 | | | 13\ | ■ | 23\ | 7\ | 14\ | 19\ | ■ |
| ■ | 5\17 | | | 5\28 | | | | | 3\ |
| \45 | | | | | | | | | |
| \8 | | | \9 | | | | \4 | | |

| | | | | | | | | | |
|---|---|---|---|---|---|---|---|---|---|
| ■ | ↓12 | ↓38 | ■ | ↓9 | ↓15 | ■ | ↓35 | ↓17 | ↓8 |
| →4 | | | ↓22 →15 | | | →23 | | | |
| →16 | | | | | | ↓7 →18 | | | |
| →22 | | | | ↓10 →9 | | | | ↓10 | ↓19 |
| ■ | ↓5 →24 | | | | ↓34 →28 | | | | |
| →15 | | | | | | ↓4 →18 | | | |
| →14 | | | | ↓10 →10 | | | ↓26 →3 | | |
| ■ | ↓8 | ↓20 →28 | | | | | | ↓38 | ↓16 |
| →14 | | | ↓17 →11 | | | ↓10 →21 | | | |
| →12 | | | | ↓13 →19 | | | | | |
| →12 | | | | | ↓11 →19 | | | | ↓11 |
| ■ | ↓11 | ↓12 →21 | | | | ↓6 →8 | | | |
| →7 | | | | →33 | | | | | |
| →20 | | | | →3 | | | →7 | | |

| ■ | ■ | 22\ | 12\ | ■ | ■ | ■ | 11\ | 21\ | ■ |
|---|---|---|---|---|---|---|---|---|---|
| ■ | 14\12 | | | 34\ | ■ | 17\10 | | | 12\ |
| \20 | | | | | \10 | | | | |
| \30 | | | | | 7\28 | | | | |
| ■ | 33\ | 18\15 | | | | | | 32\ | 17\ |
| \12 | | | 9\14 | | | | 23\8 | | |
| \13 | | | | | \29 | | | | |
| \13 | | | | 35\ | ■ | 31\17 | | | |
| \27 | | | | | 5\14 | | | | |
| \6 | | | 12\16 | | | | 20\13 | | |
| ■ | 14\ | 19\16 | | | | | | 10\ | 4\ |
| \30 | | | | | \26 | | | | |
| \26 | | | | | \15 | | | | |
| ■ | \3 | | | ■ | ■ | \9 | | | ■ |

| | | | | | | | | | |
|---|---|---|---|---|---|---|---|---|---|
| ■ | 15\ | 12\ | 7\ | ■ | ■ | ■ | 6\ | 17\ | 9\ |
| \13 | | | | 37\ | ■ | 30\20 | | | |
| \27 | | | | | 6\18 | | | | |
| ■ | 10\ | 40\16 | | | | | | 37\ | 9\ |
| \11 | | | 11\14 | | | | 4\8 | | |
| \14 | | | | | 9\26 | | | | |
| \34 | | | | | | 39\7 | | | 29\ |
| \8 | | | 14\15 | | | | 12\16 | | |
| ■ | 3\6 | | | 12\15 | | | | | |
| \17 | | | | | 13\28 | | | | |
| \11 | | | 24\18 | | | | 11\12 | | |
| ■ | 3\ | 5\33 | | | | | | 10\ | 12\ |
| \13 | | | | | \11 | | | | |
| \12 | | | | ■ | ■ | \23 | | | |

| | | | | | | | | | |
|---|---|---|---|---|---|---|---|---|---|
| ■ | ↓8 | ↓7 | ■ | ↓16 | ↓11 | ↓20 | ■ | ↓6 | ↓12 |
| →7 | | | ↓12 →6 | | | | ↓25 →10 | | |
| →45 | | | | | | | | | |
| ■ | ■ | ↓15 →12 | | | →16 | | | ↓23 | ■ |
| ■ | ↓12 →15 | | | ↓34 | ■ | ↓16 →12 | | | ↓4 |
| →10 | | | | | ↓13 →13 | | | | |
| →13 | | | ↓21 →24 | | | | | | |
| ■ | ↓14 | ↓11 →35 | | | | | | ↓19 | ↓6 |
| →22 | | | | | | | ↓28 →13 | | |
| →30 | | | | | →11 | | | | |
| ■ | →3 | | | ↓22 | ■ | ↓11 →17 | | | ■ |
| ■ | ↓11 | ↓7 →9 | | | ↓3 →14 | | | ↓10 | ↓5 |
| →45 | | | | | | | | | |
| →5 | | | →8 | | | | →7 | | |

| | | | | | | | | | |
|---|---|---|---|---|---|---|---|---|---|
| ■ | 4\ | 15\ | 13\ | ■ | 16\ | 14\ | ■ | 24\ | 11\ |
| \20 | | | | 33\9 | | | 19\17 | | |
| \45 | | | | | | | | | |
| ■ | 8\ | 6\7 | | | | 24\10 | | | |
| \3 | | | 28\30 | | | | | 6\ | 21\ |
| \38 | | | | | | | 29\11 | | |
| ■ | 9\ | 13\15 | | | \27 | | | | |
| \23 | | | | 6\ | ■ | 15\15 | | | |
| \10 | | | | | 35\8 | | | 7\ | 13\ |
| \4 | | | 14\21 | | | | | | |
| ■ | 11\ | 22\11 | | | | | 23\15 | | |
| \8 | | | | 7\22 | | | | 5\ | 12\ |
| \45 | | | | | | | | | |
| \16 | | | \13 | | | \20 | | | |

| | | | | | | | | | |
|---|---|---|---|---|---|---|---|---|---|
| ■ | 12\ | 20\ | 11\ | 29\ | ■ | 17\ | 8\ | 6\ | 19\ |
| \12 | | | | | 17\27 | | | | |
| \45 | | | | | | | | | |
| \17 | | | 9\10 | | | | \7 | | |
| ■ | 16\ | 16\24 | | | | 20\ | ■ | 35\ | 17\ |
| \14 | | | | 28\3 | | | 6\15 | | |
| \10 | | | 14\38 | | | | | | |
| ■ | 11\23 | | | | 34\8 | | | | 9\ |
| \37 | | | | | | | 5\9 | | |
| \6 | | | \14 | | | 11\21 | | | |
| ■ | 22\ | 15\ | ■ | 9\11 | | | | 18\ | 19\ |
| \15 | | | 13\7 | | | | 14\4 | | |
| \45 | | | | | | | | | |
| \30 | | | | | \28 | | | | |

| | | | | | | | | | |
|---|---|---|---|---|---|---|---|---|---|
| ■ | 5\ | 12\ | ■ | 33\ | 9\ | 17\ | ■ | 16\ | 7\ |
| \12 | | | 8\6 | | | | 16\13 | | |
| \45 | | | | | | | | | |
| ■ | ■ | 29\14 | | | 13\3 | | | 34\ | ■ |
| ■ | 6\31 | | | | | | | | 4\ |
| \9 | | | 20\23 | | | | 24\10 | | |
| \7 | | | | ■ | ■ | \11 | | | |
| ■ | 3\17 | | | ■ | ■ | \15 | | | 8\ |
| \13 | | | | 16\ | 12\ | 34\10 | | | |
| \4 | | | 20\22 | | | | 9\11 | | |
| ■ | \28 | | | | | | | | ■ |
| ■ | 8\ | 17\11 | | | 5\14 | | | 7\ | 15\ |
| \45 | | | | | | | | | |
| \16 | | | \7 | | | | \10 | | |

| ■ | 23\ | 12\ | ■ | 21\ | 10\ | ■ | 9\ | 45\ | 10\ |
|---|---|---|---|---|---|---|---|---|---|
| \10 | | | 21\13 | | | \6 | | | |
| \17 | | | | | | \24 | | | |
| \29 | | | | | 11\ | ■ | 16\6 | | |
| ■ | 5\ | 45\13 | | | | 15\7 | | | 4\ |
| \9 | | | 34\37 | | | | | | |
| \10 | | | | | \12 | | | | |
| ■ | 5\8 | | | 13\ | ■ | 38\3 | | | 12\ |
| \28 | | | | | 16\30 | | | | |
| \23 | | | | | | | 7\7 | | |
| ■ | 11\15 | | | \15 | | | | 18\ | 8\ |
| \17 | | | 14\ | ■ | 11\15 | | | | |
| \19 | | | | \33 | | | | | |
| \10 | | | | \8 | | | \10 | | |

| ■ | 5\ | 34\ | ■ | 16\ | 6\ | ■ | 11\ | 30\ | 28\ |
|---|---|---|---|---|---|---|---|---|---|
| \9 | | | \12 | | | 15\24 | | | |
| \13 | | | 10\23 | | | | | | |
| ■ | 6\7 | | | \11 | | | 8\10 | | |
| \7 | | | | 21\ | 17\11 | | | | |
| \43 | | | | | | | | | 3\ |
| ■ | 14\ | 31\12 | | | | 11\ | \7 | | |
| \13 | | | \8 | | | | 26\4 | | |
| \6 | | | 16\ | 12\23 | | | | 16\ | 15\ |
| ■ | 30\37 | | | | | | | | |
| \29 | | | | | 15\ | \22 | | | |
| \11 | | | 9\5 | | | 4\8 | | | 17\ |
| \37 | | | | | | | \12 | | |
| \9 | | | | \3 | | | \10 | | |

# KAKURO

NIVEAU 3

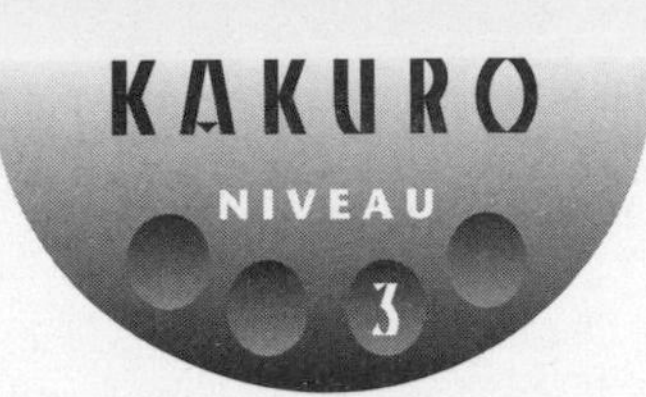

| | | | | | | | | | |
|---|---|---|---|---|---|---|---|---|---|
| ■ | ■ | 28\ | 16\ | 16\ | ■ | 12\ | 7\ | 34\ | ■ |
| ■ | 22\18 | | | | \10 | | | | 11\ |
| \21 | | | | | 13\28 | | | | |
| \14 | | | 38\17 | | | ■ | \12 | | |
| \16 | | | | | | 17\ | 37\8 | | |
| ■ | 4\6 | | | ■ | 9\10 | | | | |
| \14 | | | | 17\23 | | | | 29\ | 3\ |
| \45 | | | | | | | | | |
| ■ | 30\ | 15\11 | | | | \7 | | | |
| \29 | | | | | 9\ | 23\10 | | | 8\ |
| \9 | | | ■ | \35 | | | | | |
| \12 | | | 8\ | 13\5 | | | 15\5 | | |
| \13 | | | | | \12 | | | | |
| ■ | \20 | | | | \24 | | | | ■ |

| ■ | 27\ | 16\ | 37\ | ■ | ■ | ■ | 22\ | 3\ | 6\ |
|---|---|---|---|---|---|---|---|---|---|
| \6 | | | | 8\ | ■ | 17\7 | | | |
| \30 | | | | | \14 | | | | |
| \15 | | | | | \13 | | | 23\ | ■ |
| \17 | | | | 34\ | ■ | 15\14 | | | 24\ |
| ■ | \19 | | | | 9\29 | | | | |
| ■ | 14\ | 12\39 | | | | | | | |
| \3 | | | 26\14 | | | | 25\9 | | |
| \31 | | | | | | | | 35\ | ■ |
| \10 | | | | | \11 | | | | 13\ |
| ■ | \15 | | | 5\ | ■ | 12\23 | | | |
| ■ | 9\ | 16\4 | | | \11 | | | | |
| \28 | | | | | \26 | | | | |
| \10 | | | | ■ | ■ | \10 | | | |

# KAKURO

NIVEAU 3

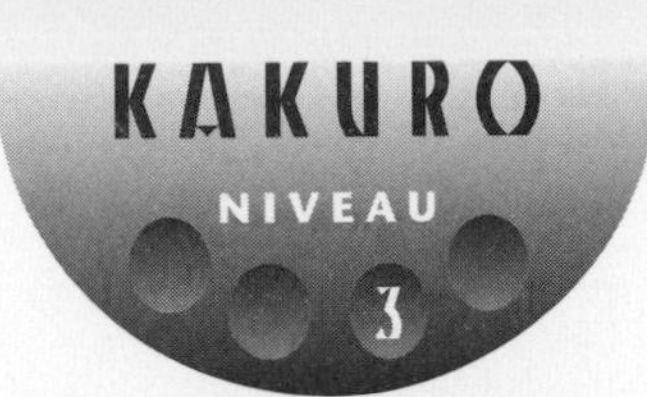

| | | | | | | | | | |
|---|---|---|---|---|---|---|---|---|---|
| ■ | 23\ | 22\ | 13\ | 9\ | ■ | 9\ | 41\ | 6\ | 21\ |
| \29 | | | | | 12\10 | | | | |
| \45 | | | | | | | | | |
| \9 | | | 13\6 | | | 11\18 | | | |
| ■ | 7\14 | | | 24\ | \16 | | | 3\ | 15\ |
| \14 | | | | | 7\22 | | | | |
| \10 | | | 29\9 | | | 16\12 | | | |
| ■ | 14\ | 8\34 | | | | | | 37\ | 5\ |
| \8 | | | | 16\3 | | | 10\8 | | |
| \30 | | | | | \28 | | | | |
| ■ | 22\ | 9\13 | | | 11\ | 11\4 | | | 10\ |
| \11 | | | | 9\17 | | | 15\7 | | |
| \45 | | | | | | | | | |
| \11 | | | | | \25 | | | | |

| | | | | | | | | | |
|---|---|---|---|---|---|---|---|---|---|
| ■ | ■ | ■ | 18↓ | 9↓ | ■ | 17↓ | 9↓ | ■ | ■ |
| ■ | ■ | 17↓ 9→ | | | 12→ | | | 34↓ | ■ |
| ■ | 24↓ 23→ | | | | 15→ | | | | 11↓ |
| 14→ | | | | 35↓ | 17↓ | 31↓ 13→ | | | |
| 10→ | | | 15↓ 12→ | | | | 16↓ 16→ | | |
| 45→ | | | | | | | | | |
| ■ | 16→ | | | | 8→ | | | | ■ |
| ■ | ■ | 32↓ 6→ | | | 15→ | | | 33↓ | ■ |
| ■ | 7↓ 22→ | | | | 11↓ 6→ | | | | 10↓ |
| 45→ | | | | | | | | | |
| 3→ | | | 17↓ 11→ | | | | 20↓ 13→ | | |
| 10→ | | | | 5↓ | ■ | 6↓ 18→ | | | |
| ■ | 19→ | | | | 21→ | | | | ■ |
| ■ | ■ | 8→ | | | 4→ | | | ■ | ■ |

| ■ | ↓23 | ↓24 | ■ | ↓11 | ↓10 | ↓21 | ■ | ↓22 | ↓24 |
|---|---|---|---|---|---|---|---|---|---|
| →9 | | | →15 | | | | ↓19 →13 | | |
| →12 | | | ↓23 →26 | | | | | | |
| →9 | | | | ↓11 →34 | | | | | |
| ■ | ↓16 →16 | | | | | →14 | | | ↓14 |
| →20 | | | | | ↓14 | ■ | ↓21 →7 | | |
| →18 | | | | | | ↓29 →12 | | | |
| ■ | ↓8 | ↓38 →35 | | | | | | ↓37 | ↓9 |
| →22 | | | | →15 | | | | | |
| →6 | | | ↓14 | ■ | ↓30 →28 | | | | |
| ■ | ↓20 →11 | | | ↓8 →29 | | | | | ↓7 |
| →16 | | | | | | ↓5 →10 | | | |
| →39 | | | | | | | →10 | | |
| →17 | | | →11 | | | | →4 | | |

| | | | | | | | | | |
|---|---|---|---|---|---|---|---|---|---|
| ■ | 14\ | 27\ | ■ | 8\ | 12\ | ■ | 6\ | 25\ | 29\ |
| \11 | | | \3 | | | 21\8 | | | |
| \17 | | | 16\38 | | | | | | |
| \6 | | | | 9\5 | | | 15\16 | | |
| \13 | | | | | 33\30 | | | | |
| ■ | 6\ | 20\35 | | | | | | 19\ | 10\ |
| \7 | | | | 39\7 | | | 34\8 | | |
| \45 | | | | | | | | | |
| \9 | | | 4\17 | | | 11\24 | | | |
| ■ | 13\ | 22\15 | | | | | | 11\ | 26\ |
| \10 | | | | | 16\28 | | | | |
| \13 | | | 14\10 | | | 6\19 | | | |
| \22 | | | | | | | \10 | | |
| \23 | | | | \13 | | | \4 | | |

| | | | | | | | | | |
|---|---|---|---|---|---|---|---|---|---|
| ■ | 8\ | 38\ | ■ | 7\ | 10\ | 17\ | ■ | 26\ | 12\ |
| \9 | | | 14\20 | | | | 13\4 | | |
| \45 | | | | | | | | | |
| ■ | 8\13 | | | | \6 | | | | 23\ |
| \21 | | | | 35\ | ■ | 31\9 | | | |
| \11 | | | | | 10\26 | | | | |
| \6 | | | \24 | | | | \14 | | |
| ■ | 19\ | 23\ | \17 | | | | ■ | 25\ | 11\ |
| \3 | | | 12\15 | | | | 27\17 | | |
| \30 | | | | | \10 | | | | |
| \13 | | | | 12\ | ■ | 13\12 | | | |
| ■ | 11\9 | | | | 16\22 | | | | 15\ |
| \45 | | | | | | | | | |
| \14 | | | \14 | | | | \7 | | |

| ■ | 24\ | 9\ | ■ | ■ | 4\ | 7\ | ■ | 21\ | 5\ |
|---|---|---|---|---|---|---|---|---|---|
| \12 | | | ■ | 22\8 | | | 23\10 | | |
| \13 | | | 16\23 | | | | | | |
| \13 | | | | | ■ | 16\14 | | | ■ |
| ■ | ■ | 35\5 | | | 15\17 | | | 22\ | 26\ |
| ■ | 14\18 | | | | | | \3 | | |
| \35 | | | | | | 21\ | 32\11 | | |
| \45 | | | | | | | | | |
| \9 | | | ■ | 9\34 | | | | | |
| \8 | | | 12\15 | | | | | | ■ |
| ■ | ■ | 20\12 | | | \4 | | | 19\ | 11\ |
| ■ | 11\7 | | | 6\ | 15\29 | | | | |
| \38 | | | | | | | \3 | | |
| \8 | | | \10 | | | ■ | \11 | | |

| ■ | 7\ | 41\ | ■ | 11\ | 14\ | 13\ | ■ | 35\ | 17\ |
|---|---|---|---|---|---|---|---|---|---|
| \9 | | | 30\21 | | | | \17 | | |
| \22 | | | | | | | 23\15 | | |
| ■ | 14\20 | | | | 16\22 | | | | 4\ |
| \16 | | | | | | 12\9 | | | |
| \15 | | | | 10\15 | | | | | |
| \16 | | | 33\19 | | | | | 40\ | 14\ |
| \21 | | | | | 23\29 | | | | |
| ■ | 8\ | 22\20 | | | | | 20\8 | | |
| \34 | | | | | | 13\6 | | | |
| \14 | | | | 17\17 | | | | | |
| ■ | 13\7 | | | | 17\19 | | | | 6\ |
| \5 | | | \38 | | | | | | |
| \12 | | | \24 | | | | \3 | | |

| ■ | 17\ | 22\ | 17\ | ■ | ■ | ■ | 15\ | 29\ | 12\ |
|---|---|---|---|---|---|---|---|---|---|
| \11 | | | | 20\ | 10\ | 8\13 | | | |
| \45 | | | | | | | | | |
| \13 | | | 37\22 | | | | 39\16 | | |
| ■ | 7\6 | | | | \18 | | | | 8\ |
| \15 | | | | 23\ | ■ | 21\14 | | | |
| \30 | | | | | \10 | | | | |
| ■ | 6\ | 37\14 | | | \9 | | | 38\ | 3\ |
| \13 | | | | | \26 | | | | |
| \16 | | | | 19\ | ■ | 15\13 | | | |
| ■ | 7\24 | | | | 5\14 | | | | 10\ |
| \4 | | | 6\8 | | | | 12\11 | | |
| \45 | | | | | | | | | |
| \9 | | | | ■ | ■ | \24 | | | |

| | | | | | | | | | |
|---|---|---|---|---|---|---|---|---|---|
| ■ | 29\ | 26\ | 12\ | 24\ | ■ | 37\ | 8\ | 16\ | ■ |
| \27 | | | | | \22 | | | | ■ |
| \11 | | | | | 7\6 | | | | 11\ |
| \45 | | | | | | | | | |
| \16 | | | 16\21 | | | | 10\3 | | |
| ■ | 11\ | 13\14 | | | \15 | | | 7\ | 23\ |
| \14 | | | | | \13 | | | | |
| \17 | | | 12\ | 23\ | ■ | 38\ | 4\9 | | |
| \15 | | | | | \23 | | | | |
| ■ | 5\ | 15\8 | | | 6\6 | | | 28\ | 12\ |
| \13 | | | 24\9 | | | | 14\9 | | |
| \45 | | | | | | | | | |
| ■ | \10 | | | | \30 | | | | |
| ■ | \20 | | | | \10 | | | | |

| | | | | | | | | | |
|---|---|---|---|---|---|---|---|---|---|
| ■ | 23\ | 22\ | ■ | 13\ | 12\ | ■ | 10\ | 37\ | 11\ |
| \14 | | | \8 | | | 6\9 | | | |
| \12 | | | 43\38 | | | | | | |
| \10 | | | | 17\3 | | | 37\4 | | |
| ■ | 15\30 | | | | | 22\9 | | | 3\ |
| \17 | | | | | 17\23 | | | | |
| \18 | | | | 8\15 | | | | | |
| ■ | 7\ | 25\35 | | | | | | 21\ | 10\ |
| \16 | | | | | | 17\11 | | | |
| \13 | | | | | 11\29 | | | | |
| ■ | 18\16 | | | 5\28 | | | | | 21\ |
| \12 | | | 14\4 | | | 13\14 | | | |
| \23 | | | | | | | \5 | | |
| \24 | | | | \7 | | | \11 | | |

| | | | | | | | | | |
|---|---|---|---|---|---|---|---|---|---|
| ■ | 9\ | 11\ | ■ | 21\ | 12\ | 10\ | ■ | 13\ | 4\ |
| \5 | | | 18\20 | | | | 33\8 | | |
| \45 | | | | | | | | | |
| ■ | 9\ | 11\16 | | | \6 | | | 12\ | 8\ |
| \9 | | | | 11\ | 35\28 | | | | |
| \16 | | | | | | 27\7 | | | |
| ■ | \34 | | | | | | | | ■ |
| ■ | ■ | 16\ | 17\22 | | | | 15\ | 24\ | ■ |
| ■ | 12\28 | | | | | | | | 7\ |
| \23 | | | | 30\34 | | | | | |
| \12 | | | | | ■ | 21\13 | | | |
| ■ | 17\ | 7\11 | | | 3\14 | | | 11\ | 15\ |
| \45 | | | | | | | | | |
| \9 | | | \19 | | | | \15 | | |

| | | | | | | | | | |
|---|---|---|---|---|---|---|---|---|---|
| ■ | ↓10 | ↓26 | ■ | ↓12 | ↓10 | ■ | ↓13 | ↓37 | ↓11 |
| →4 | | | →7 | | | ↓6 →8 | | | |
| →6 | | | ↓35 →28 | | | | | | |
| →24 | | | | ↓39 →6 | | | ↓3 →17 | | |
| ■ | ↓17 →28 | | | | | ↓38 →5 | | | ↓12 |
| →26 | | | | | ↓19 →25 | | | | |
| →36 | | | | | | | ↓15 →10 | | |
| ■ | ↓11 | ↓22 →16 | | | | | | ↓35 | ↓8 |
| →15 | | | ↓10 →35 | | | | | | |
| →11 | | | | | ↓14 →29 | | | | |
| ■ | ↓7 →14 | | | ↓10 →12 | | | | | ↓13 |
| →5 | | | ↓8 →16 | | | ↓9 →9 | | | |
| →21 | | | | | | | →11 | | |
| →6 | | | | →4 | | | →16 | | |

| ■ | 22\ | 23\ | 8\ | 20\ | ■ | 16\ | 11\ | 21\ | 15\ |
|---|---|---|---|---|---|---|---|---|---|
| \28 | | | | | \16 | | | | |
| \11 | | | | | 14\12 | | | | |
| \16 | | | 22\35 | | | | | | 19\ |
| ■ | 12\8 | | | 24\8 | | | 38\4 | | |
| \30 | | | | | 6\23 | | | | |
| \18 | | | | | | 10\23 | | | |
| ■ | 8\ | 39\17 | | | | | | 35\ | 12\ |
| \7 | | | | 34\33 | | | | | |
| \20 | | | | | 9\17 | | | | |
| \7 | | | 9\17 | | | 12\6 | | | 13\ |
| ■ | 9\15 | | | | | | 3\10 | | |
| \29 | | | | | \26 | | | | |
| \18 | | | | | \10 | | | | |

| | | | | | | | | | |
|---|---|---|---|---|---|---|---|---|---|
| ■ | 7\ | 45\ | ■ | 23\ | 4\ | 15\ | ■ | 11\ | 20\ |
| \9 | | | 9\9 | | | | 9\14 | | |
| \45 | | | | | | | | | |
| ■ | 5\6 | | | | 10\ | 21\6 | | | |
| \13 | | | \11 | | | | | 45\ | 8\ |
| \9 | | | 7\24 | | | | 12\6 | | |
| ■ | 23\10 | | | | \29 | | | | |
| \17 | | | | 23\ | ■ | 31\6 | | | |
| \27 | | | | | 12\15 | | | | 11\ |
| \8 | | | 7\22 | | | | \12 | | |
| ■ | 24\ | 13\13 | | | | | 4\3 | | |
| \10 | | | | 4\ | 16\19 | | | | 10\ |
| \45 | | | | | | | | | |
| \13 | | | \11 | | | | \17 | | |

| | 10\ | 18\ | | 27\ | 11\ | 12\ | | 19\ | 9\ |
|---|---|---|---|---|---|---|---|---|---|
| \14 | | | \23 | | | | \3 | | |
| \5 | | | 45\7 | | | | 45\15 | | |
| \45 | | | | | | | | | |
| | 7\ | 16\9 | | | \11 | | | 4\ | 5\ |
| \15 | | | | 24\ | | 21\12 | | | |
| \30 | | | | | \10 | | | | |
| | 11\ | 6\10 | | | \12 | | | 4\ | 10\ |
| \13 | | | | | \26 | | | | |
| \20 | | | | 11\ | | 29\6 | | | |
| | 21\ | 7\8 | | | 17\9 | | | 11\ | 17\ |
| \45 | | | | | | | | | |
| \13 | | | \22 | | | | \17 | | |
| \6 | | | \8 | | | | \3 | | |

| | | | | | | | | | |
|---|---|---|---|---|---|---|---|---|---|
| ■ | 28\ | 13\ | ■ | 14\ | 12\ | 16\ | ■ | 39\ | 11\ |
| \12 | | | 20\8 | | | | \5 | | |
| \31 | | | | | | | 17\13 | | |
| \24 | | | | 29\30 | | | | | 17\ |
| \15 | | | | | | \21 | | | |
| ■ | 16\ | 43\13 | | | 6\ | ■ | 15\4 | | |
| \6 | | | 10\12 | | | 23\23 | | | |
| \45 | | | | | | | | | |
| \22 | | | | \8 | | | 10\3 | | |
| \7 | | | 7\ | ■ | 28\3 | | | 27\ | 21\ |
| \15 | | | | 10\34 | | | | | |
| ■ | 8\11 | | | | | 6\7 | | | |
| \3 | | | \38 | | | | | | |
| \11 | | | \13 | | | | \9 | | |

| | | | | | | | | | |
|---|---|---|---|---|---|---|---|---|---|
| ■ | ↓17 | ↓38 | ■ | ↓13 | ↓28 | ■ | ↓7 | ↓30 | ↓11 |
| →6 | | | ↓15 →21 | | | ↓8 →5 | | | |
| →45 | | | | | | | | | |
| →21 | | | | ↓10 →9 | | | ↓17 →4 | | |
| ■ | ↓10 →12 | | | | | ↓8 →7 | | | ↓16 |
| →30 | | | | | ↓13 →18 | | | | |
| →15 | | | | ↓3 →22 | | | ↓10 →39 | | |
| ■ | ↓9 | ↓33 →23 | | | | | | ↓22 | ↓11 |
| →14 | | | ↓14 →11 | | | ↓20 →4 | | | |
| →14 | | | | | ↓11 →29 | | | | |
| ■ | ↓16 →12 | | | ↓12 →13 | | | | | ↓23 |
| →12 | | | ↓17 →15 | | | ↓24 →3 | | | |
| →45 | | | | | | | | | |
| →9 | | | | →8 | | | →12 | | |

|  |  |  |  |  |  |  |  |  |  |
|---|---|---|---|---|---|---|---|---|---|
| ■ | ↓15 | ↓22 | ↓9 | ↓34 | ■ | ↓32 | ↓8 | ↓27 | ■ |
| →30 |  |  |  |  | →22 |  |  |  | ■ |
| →10 |  |  |  |  | ↓12 →6 |  |  |  | ↓7 |
| →45 |  |  |  |  |  |  |  |  |  |
| →3 |  |  | ↓16 →20 |  |  |  | ↓3 →8 |  |  |
| ■ | ↓16 | ↓7 →15 |  |  | ↓15 →11 |  |  | ↓23 | ↓10 |
| →19 |  |  |  | ↓30 →17 |  |  |  |  |  |
| →4 |  |  | ↓14 →11 |  |  |  | ↓17 →9 |  |  |
| →33 |  |  |  |  |  | ↓35 →21 |  |  |  |
| ■ | ↓13 | ↓13 →6 |  |  | ↓16 →15 |  |  | ↓26 | ↓12 |
| →5 |  |  | ↓12 →18 |  |  |  | ↓12 →13 |  |  |
| →45 |  |  |  |  |  |  |  |  |  |
| ■ | →6 |  |  |  | →11 |  |  |  |  |
| ■ | →24 |  |  |  | →29 |  |  |  |  |

| ■ | 8\ | 38\ | 15\ | ■ | 39\ | 12\ | ■ | 36\ | 21\ |
|---|---|---|---|---|---|---|---|---|---|
| \22 | | | | 10\13 | | | \17 | | |
| \35 | | | | | | | 15\14 | | |
| \11 | | | 3\5 | | | 10\7 | | | |
| ■ | 14\8 | | | 19\29 | | | | | 7\ |
| \45 | | | | | | | | | |
| \11 | | | 16\17 | | | 17\9 | | | |
| ■ | 13\ | 22\3 | | | 34\7 | | | 31\ | 12\ |
| \13 | | | | 17\16 | | | 10\9 | | |
| \45 | | | | | | | | | |
| ■ | 20\30 | | | | | 9\6 | | | 10\ |
| \6 | | | | 6\4 | | | 16\8 | | |
| \14 | | | \37 | | | | | | |
| \11 | | | \5 | | | \23 | | | |

# KAKURO

NIVEAU 3

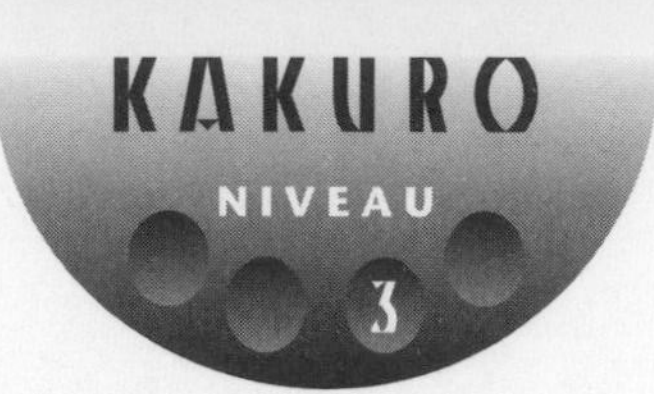

| | | | | | | | | | |
|---|---|---|---|---|---|---|---|---|---|
| ■ | 13\ | 16\ | ■ | 9\ | 6\ | 42\ | ■ | 24\ | 28\ |
| \6 | | | \16 | | | | \14 | | |
| \4 | | | 34\7 | | | | 11\17 | | |
| \24 | | | | 5\33 | | | | | |
| \15 | | | | | 18\10 | | | | |
| ■ | 6\ | 21\15 | | | | | | 20\ | 8\ |
| \17 | | | | 41\17 | | | 35\11 | | |
| \45 | | | | | | | | | |
| \5 | | | 13\3 | | | 10\22 | | | |
| ■ | 12\ | 25\16 | | | | | | 11\ | 26\ |
| \30 | | | | | 23\29 | | | | |
| \17 | | | | | | 8\15 | | | |
| \12 | | | \17 | | | | \11 | | |
| \9 | | | \24 | | | | \4 | | |

| | | | | | | | | | |
|---|---|---|---|---|---|---|---|---|---|
| ■ | ↓8 | ↓25 | ↓13 | ■ | ↓39 | ↓7 | ■ | ↓23 | ↓13 |
| →22 | | | | →11 | | | ↓18 →17 | | |
| →7 | | | | ↓18 →25 | | | | | |
| →5 | | | ↓15 →33 | | | | | | ↓16 |
| ■ | ↓15 →11 | | | | | ↓6 →12 | | | |
| →38 | | | | | | | ↓35 →8 | | |
| →9 | | | | ↓10 →16 | | | | | |
| ■ | ↓13 | ↓37 →4 | | | ↓21 →9 | | | ↓27 | ↓6 |
| →34 | | | | | | ↓24 →20 | | | |
| →3 | | | ↓23 →22 | | | | | | |
| →17 | | | | ↓15 →29 | | | | | ↓19 |
| ■ | ↓7 →30 | | | | | | ↓16 →12 | | |
| →17 | | | | | | →11 | | | |
| →14 | | | →12 | | | →21 | | | |

| ■ | 16\ | 10\ | ■ | 18\ | 6\ | 15\ | ■ | 34\ | 10\ |
|---|---|---|---|---|---|---|---|---|---|
| \16 | | | 30\13 | | | | 15\6 | | |
| \45 | | | | | | | | | |
| \12 | | | | | ■ | \8 | | | 13\ |
| ■ | ■ | \17 | | | 17\ | 24\22 | | | |
| ■ | 9\ | 15\31 | | | | | | | |
| \17 | | | | 23\14 | | | | 12\ | 4\ |
| \8 | | | 33\23 | | | | 16\11 | | |
| ■ | 3\ | 32\20 | | | | 35\7 | | | |
| \41 | | | | | | | | ■ | ■ |
| \6 | | | | ■ | \12 | | | 21\ | 10\ |
| ■ | 5\13 | | | 4\ | 7\30 | | | | |
| \45 | | | | | | | | | |
| \7 | | | \8 | | | | \5 | | |

| | | | | | | | | | |
|---|---|---|---|---|---|---|---|---|---|
| ■ | 19\ | 8\ | ■ | 6\ | 33\ | ■ | 20\ | 3\ | 9\ |
| \12 | | | 11\10 | | | 16\7 | | | |
| \45 | | | | | | | | | |
| \10 | | | | 14\9 | | | | 23\ | 16\ |
| ■ | 15\ | 22\39 | | | | | | | |
| \15 | | | 21\6 | | | | 20\12 | | |
| \12 | | | | | \22 | | | | 13\ |
| \16 | | | | 20\ | ■ | 16\23 | | | |
| ■ | 17\18 | | | | 32\16 | | | | |
| \11 | | | 30\24 | | | | 18\5 | | |
| \29 | | | | | | | | 8\ | 16\ |
| ■ | 8\ | 13\17 | | | | 7\9 | | | |
| \45 | | | | | | | | | |
| \24 | | | | \4 | | | \14 | | |

| | | | | | | | | | |
|---|---|---|---|---|---|---|---|---|---|
| ■ | ↓28 | ↓44 | ↓10 | ■ | ↓11 | ↓13 | ■ | ↓11 | ↓24 |
| →7 | | | | ↓12 →9 | | | ↓23 →12 | | |
| →45 | | | | | | | | | |
| →16 | | | ↓3 →17 | | | ↓11 →10 | | | |
| →14 | | | | ■ | →21 | | | | ■ |
| ■ | ↓7 →4 | | | ↓6 | ↓20 →3 | | | ↓36 | ■ |
| →15 | | | ↓37 →4 | | | ↓8 →14 | | | ↓12 |
| →45 | | | | | | | | | |
| ■ | →17 | | | ↓5 →15 | | | ↓10 →5 | | |
| ■ | ■ | ↓27 →9 | | | ■ | →15 | | | ↓29 |
| ■ | ↓8 →6 | | | | ↓23 | ↓11 →9 | | | |
| →22 | | | | ↓7 →16 | | | ↓12 →12 | | |
| →45 | | | | | | | | | |
| →9 | | | →8 | | | →24 | | | |

# KAKURO

NIVEAU 3

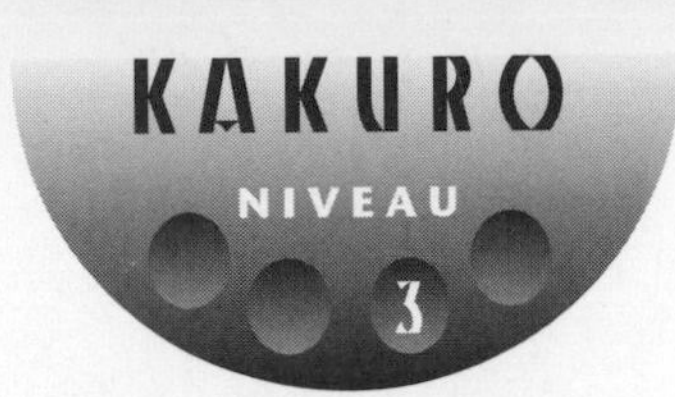

| | | | | | | | | | |
|---|---|---|---|---|---|---|---|---|---|
| ■ | 6\ | 4\ | 8\ | 34\ | ■ | 17\ | 19\ | 15\ | 9\ |
| \15 | | | | | \14 | | | | |
| \10 | | | | | 45\29 | | | | |
| ■ | 16\ | 27\22 | | | | 25\13 | | | 6\ |
| \17 | | | 3\21 | | | | 15\5 | | |
| \45 | | | | | | | | | |
| \7 | | | | 12\9 | | | | 13\ | 28\ |
| \7 | | | 14\23 | | | | 14\9 | | |
| ■ | 11\ | 35\11 | | | | 16\24 | | | |
| \45 | | | | | | | | | |
| \9 | | | 10\13 | | | | 20\12 | | |
| ■ | 12\10 | | | 3\6 | | | | 16\ | 14\ |
| \11 | | | | | \30 | | | | |
| \26 | | | | | \24 | | | | |

| | 13\ | 22\ | | 5\ | 16\ | 17\ | | 23\ | 15\ |
|---|---|---|---|---|---|---|---|---|---|
| \14 | | | 14\21 | | | | 4\17 | | |
| \45 | | | | | | | | | |
| | 8\7 | | | 28\ | 16\ | 6\3 | | | 11\ |
| \10 | | | 16\7 | | | | 35\3 | | |
| \45 | | | | | | | | | |
| | \30 | | | | | 13\9 | | | |
| | | 24\10 | | | 19\12 | | | 38\ | |
| | 15\8 | | | 13\11 | | | | | 9\ |
| \45 | | | | | | | | | |
| \12 | | | 5\23 | | | | 7\15 | | |
| | 11\6 | | | 9\ | 5\ | 16\7 | | | 4\ |
| \45 | | | | | | | | | |
| \16 | | | \10 | | | | \6 | | |

| ■ | 14\ | 42\ | ■ | 19\ | 6\ | 23\ | ■ | 15\ | 12\ |
|---|---|---|---|---|---|---|---|---|---|
| \17 | | | \10 | | | | 39\7 | | |
| \9 | | | 12\38 | | | | | | |
| \13 | | | | | \14 | | | | 16\ |
| \20 | | | | 21\ | ■ | 35\21 | | | |
| ■ | 10\7 | | | | 6\29 | | | | |
| \13 | | | 35\27 | | | | | 37\ | 14\ |
| \45 | | | | | | | | | |
| ■ | 15\ | 16\11 | | | | | 22\8 | | |
| \30 | | | | | \22 | | | | 10\ |
| \9 | | | | 18\ | 8 | 16\ | | | |
| ■ | 4\12 | | | | 10\28 | | | | |
| \37 | | | | | | | \11 | | |
| \3 | | | \11 | | | | \7 | | |

| | | | | | | | | | |
|---|---|---|---|---|---|---|---|---|---|
| ■ | ■ | 26\ | 6\ | ■ | ■ | ■ | 23\ | 36\ | 3\ |
| ■ | 13\6 | | | 33\ | ■ | 16\15 | | | |
| \27 | | | | | 11\13 | | | | |
| \43 | | | | | | | | | 32\ |
| \9 | | | 5\7 | | | | 12\4 | | |
| ■ | 34\ | 44\13 | | | \30 | | | | |
| \16 | | | | | \16 | | | | |
| \13 | | | 8\ | 15\ | ■ | 35\ | 5\17 | | |
| \29 | | | | | \23 | | | | |
| \10 | | | | | 14\7 | | | 12\ | 20\ |
| \15 | | | 8\14 | | | | 14\15 | | |
| ■ | 16\42 | | | | | | | | |
| \14 | | | | | \11 | | | | |
| \22 | | | | ■ | ■ | \10 | | | ■ |

| | | | | | | | | | |
|---|---|---|---|---|---|---|---|---|---|
| ■ | 14\ | 16\ | ■ | 11\ | 13\ | 10\ | ■ | 10\ | 12\ |
| \17 | | | 35\21 | | | | 17\8 | | |
| \45 | | | | | | | | | |
| ■ | ■ | 8\6 | | | \6 | | | 20\ | ■ |
| ■ | 7\14 | | | 11\ | 32\6 | | | | 12\ |
| \16 | | | | | | 27\24 | | | |
| \45 | | | | | | | | | |
| ■ | 7\ | 10\ | 33\22 | | | | 15\ | 19\ | 17\ |
| \45 | | | | | | | | | |
| \7 | | | | 29\34 | | | | | |
| ■ | \23 | | | | ■ | 9\4 | | | ■ |
| ■ | 11\ | 8\16 | | | 5\9 | | | 5\ | 15\ |
| \45 | | | | | | | | | |
| \3 | | | \9 | | | | \13 | | |

| ■ | ■ | 14\ | 14\ | 27\ | ■ | 16\ | 9\ | 26\ | ■ |
|---|---|---|---|---|---|---|---|---|---|
| ■ | 17\7 | | | | \13 | | | | 10\ |
| \28 | | | | | 45\30 | | | | |
| \25 | | | | | | | 13\3 | | |
| \16 | | | \23 | | | | | | |
| ■ | 14\ | 19\ | ■ | 15\6 | | | | 12\ | 21\ |
| \4 | | | 12\7 | | | 12\24 | | | |
| \45 | | | | | | | | | |
| \23 | | | | 15\13 | | | \5 | | |
| ■ | 22\ | 17\14 | | | | 28\ | ■ | 11\ | 20\ |
| \27 | | | | | | | 9\9 | | |
| \6 | | | 8\39 | | | | | | |
| \29 | | | | | \10 | | | | |
| ■ | \6 | | | | \14 | | | | ■ |

| ■ | 22\ | 22\ | 30\ | ■ | 19\ | 27\ | 16\ | 23\ | 16\ |
|---|---|---|---|---|---|---|---|---|---|
| \24 |  |  |  | \26 |  |  |  |  |  |
| \18 |  |  |  | \32 |  |  |  |  |  |
| \8 |  |  |  | 29\12 |  |  | 11\16 |  |  |
| ■ | 11\10 |  |  |  | 16\6 |  |  |  | 9\ |
| \35 |  |  |  |  |  | 17\8 |  |  |  |
| \4 |  |  | 30\39 |  |  |  |  |  |  |
| ■ | 3\ | 21\19 |  |  |  |  |  | 22\ | 14\ |
| \25 |  |  |  |  |  |  | 34\10 |  |  |
| \9 |  |  |  | 28\15 |  |  |  |  |  |
| ■ | 7\23 |  |  |  | 11\16 |  |  |  | 7\ |
| \6 |  |  | 17\8 |  |  | \13 |  |  |  |
| \33 |  |  |  |  |  | \20 |  |  |  |
| \18 |  |  |  |  |  | \9 |  |  |  |

| ■ | ↓16 | ↓37 | ■ | ↓22 | ↓5 | ↓18 | ■ | ↓10 | ↓11 |
|---|---|---|---|---|---|---|---|---|---|
| →14 | | | ↓17 →8 | | | | ↓23 →15 | | |
| →45 | | | | | | | | | |
| ■ | ↓6 →17 | | | | →12 | | | ↓7 | ↓23 |
| →20 | | | | ↓35 | ■ | ↓15 →12 | | | |
| →11 | | | | | ↓18 →13 | | | | |
| →10 | | | ↓21 →39 | | | | | | |
| ■ | ↓21 | ↓11 →34 | | | | | | ↓38 | ↓10 |
| →24 | | | | | | | ↓28 →6 | | |
| →29 | | | | | →10 | | | | |
| →9 | | | | ↓19 | ■ | ↓13 →24 | | | |
| ■ | ↓17 | ↓4 →3 | | | ↓8 →17 | | | | ↓7 |
| →45 | | | | | | | | | |
| →9 | | | →24 | | | | →10 | | |

| ■ | ↓13 | ↓20 | ■ | ↓24 | ↓5 | ■ | ↓29 | ↓8 | ↓12 |
|---|---|---|---|---|---|---|---|---|---|
| →4 | | | ↓5 →6 | | | ↓18 →19 | | | |
| →45 | | | | | | | | | |
| →28 | | | | | ↓12 →13 | | | ↓34 | ↓17 |
| →3 | | | →21 | | | | | | |
| ■ | ↓33 | ↓16 | ■ | ↓10 →6 | | | ↓10 →13 | | |
| →7 | | | ↓10 →11 | | | ↓4 →23 | | | |
| →30 | | | | | ↓14 →10 | | | | |
| →6 | | | | ↓27 →8 | | | →9 | | |
| →10 | | | ↓11 →4 | | | ↓12 | ■ | ↓26 | ↓14 |
| →39 | | | | | | | ↓16 →3 | | |
| ■ | ↓9 | ↓14 →12 | | | ↓15 →18 | | | | |
| →45 | | | | | | | | | |
| →16 | | | | →12 | | | →17 | | |

| ■ | 12↓ | 33↓ | ■ | 13↓ | 12↓ | ■ | 8↓ | 40↓ | 10↓ |
|---|---|---|---|---|---|---|---|---|---|
| 16→ | | | 14→ | | | 28\13 | | | |
| 13→ | | | 15\23 | | | | | | |
| ■ | 4\11 | | | 15→ | | | 6\9 | | |
| 6→ | | | | 19↓ | 16\11 | | | | |
| 36→ | | | | | | | | | 13↓ |
| ■ | 6↓ | 29\20 | | | | 23↓ | 17→ | | |
| 7→ | | | 10→ | | | | 27\11 | | |
| 13→ | | | 5↓ | 17\22 | | | | 34↓ | 3↓ |
| ■ | 29\42 | | | | | | | | |
| 12→ | | | | | 7↓ | 8→ | | | |
| 12→ | | | 14\10 | | | 4\15 | | | 8↓ |
| 22→ | | | | | | | 9→ | | |
| 18→ | | | | 4→ | | | 16→ | | |

| ■ | ■ | ■ | 28\ | 6\ | 10\ | ■ | ■ | 11\ | 10\ |
|---|---|---|---|---|---|---|---|---|---|
| ■ | ■ | 24\18 | | | | ■ | 30\4 | | |
| ■ | 7\13 | | | | | 32\10 | | | |
| \13 | | | | 12\ | \28 | | | | |
| \29 | | | | | 15\16 | | | | ■ |
| ■ | ■ | 19\16 | | | | | | 14\ | 17\ |
| ■ | 3\11 | | | 34\13 | | | 33\10 | | |
| \45 | | | | | | | | | |
| \4 | | | 17\10 | | | 8\15 | | | ■ |
| ■ | ■ | 12\27 | | | | | | 6\ | 6\ |
| ■ | 19\12 | | | | \14 | | | | |
| \10 | | | | | 14\ | 9\11 | | | |
| \23 | | | | \27 | | | | | ■ |
| \9 | | | ■ | \8 | | | | ■ | ■ |

| | | | | | | | | | |
|---|---|---|---|---|---|---|---|---|---|
| ■ | ■ | 31\ | 9\ | ■ | ■ | ■ | 13\ | 38\ | ■ |
| ■ | 10\15 | | | 20\ | 12\ | 10\15 | | | 4\ |
| \45 | | | | | | | | | |
| \5 | | | 29\24 | | | | 33\6 | | |
| ■ | 7\6 | | | | \11 | | | | 8\ |
| \20 | | | | 21\ | ■ | 23\22 | | | |
| \11 | | | | | \12 | | | | |
| ■ | 16\ | 28\8 | | | \11 | | | 22\ | 3\ |
| \21 | | | | | \26 | | | | |
| \22 | | | | 9\ | ■ | 18\15 | | | |
| ■ | 14\12 | | | | 15\16 | | | | 11\ |
| \17 | | | 8\9 | | | | 13\9 | | |
| \45 | | | | | | | | | |
| ■ | \12 | | | ■ | ■ | \10 | | | ■ |

| | | | | | | | | | |
|---|---|---|---|---|---|---|---|---|---|
| ■ | ↓7 | ↓38 | ↓10 | ■ | ↓39 | ↓15 | ■ | ↓27 | ↓15 |
| →20 | | | | →13 | | | ↓6 →7 | | |
| →9 | | | | ↓10 →22 | | | | | |
| →6 | | | ↓25 →30 | | | | | | ↓6 |
| ■ | ↓5 →11 | | | | | ↓11 →10 | | | |
| →26 | | | | | | | ↓35 →11 | | |
| →21 | | | | ↓18 →15 | | | | | |
| ■ | ↓8 | ↓22 →9 | | | ↓21 →17 | | | ↓37 | ↓16 |
| →34 | | | | | | ↓14 →24 | | | |
| →3 | | | ↓12 →23 | | | | | | |
| →16 | | | | ↓22 →29 | | | | | ↓17 |
| ■ | ↓12 →20 | | | | | | ↓12 →4 | | |
| →16 | | | | | | →19 | | | |
| →14 | | | →8 | | | →23 | | | |

| ■ | 8\ | 16\ | ■ | 13\ | 5\ | 28\ | ■ | 7\ | 13\ |
|---|---|---|---|---|---|---|---|---|---|
| \14 | | | 32\10 | | | | 19\13 | | |
| \45 | | | | | | | | | |
| ■ | 17\ | 9\3 | | | \12 | | | 15\ | 10\ |
| \17 | | | | 10\ | 33\13 | | | | |
| \34 | | | | | | 20\23 | | | |
| ■ | \38 | | | | | | | | ■ |
| ■ | ■ | 21\ | 16\6 | | | | 15\ | 24\ | ■ |
| ■ | 15\28 | | | | | | | | 12\ |
| \18 | | | | 27\35 | | | | | |
| \30 | | | | | ■ | 18\16 | | | |
| ■ | 3\ | 6\10 | | | 8\9 | | | 11\ | 4\ |
| \45 | | | | | | | | | |
| \3 | | | \7 | | | | \6 | | |

| | | | | | | | | | |
|---|---|---|---|---|---|---|---|---|---|
| ■ | 24↓ | 12↓ | 20↓ | 32↓ | ■ | 41↓ | 15↓ | 13↓ | ■ |
| 27→ | | | | | 24→ | | | | ■ |
| 11→ | | | | | 7→ 5↓ | | | | 15↓ |
| 45→ | | | | | | | | | |
| 11→ | | | 21→ 10↓ | | | | 12→ 4↓ | | |
| ■ | 22↓ | 14→ 6↓ | | | 3→ 14↓ | | | 10↓ | 23↓ |
| 8→ | | | | 17→ 31↓ | | | | | |
| 11→ | | | 12→ 10↓ | | | | 9→ 7↓ | | |
| 33→ | | | | | | 19→ 15↓ | | | |
| ■ | 17↓ | 13→ 27↓ | | | 7→ 16↓ | | | 28↓ | 16↓ |
| 17→ | | | 11→ 9↓ | | | | 14→ 14↓ | | |
| 45→ | | | | | | | | | |
| ■ | 19→ | | | | 29→ | | | | |
| ■ | 7→ | | | | 10→ | | | | |

| | | | | | | | | | |
|---|---|---|---|---|---|---|---|---|---|
| ■ | 12\ | 22\ | ■ | 9\ | 13\ | 7\ | ■ | 21\ | 7\ |
| \9 | | | 4\7 | | | | 17\6 | | |
| \45 | | | | | | | | | |
| ■ | 11\7 | | | 30\ | 15\ | 8\15 | | | 12\ |
| \14 | | | 15\9 | | | | 35\8 | | |
| \45 | | | | | | | | | |
| ■ | \29 | | | | | 13\8 | | | ■ |
| ■ | ■ | 39\10 | | | 19\9 | | | 38\ | ■ |
| ■ | 13\10 | | | 11\11 | | | | | 9\ |
| \45 | | | | | | | | | |
| \17 | | | 15\24 | | | | 5\14 | | |
| ■ | 3\16 | | | 16\ | 11\ | 14\6 | | | 6\ |
| \45 | | | | | | | | | |
| \5 | | | \23 | | | | \13 | | |

| | | | | | | | | | |
|---|---|---|---|---|---|---|---|---|---|
| ■ | 15\ | 42\ | ■ | 7\ | 21\ | 10\ | ■ | 35\ | 16\ |
| \9 | | | \19 | | | | 21\17 | | |
| \14 | | | 18\23 | | | | | | |
| ■ | 12\27 | | | | | 16\8 | | | 4\ |
| \23 | | | | ■ | \16 | | | | |
| \7 | | | | 34\ | 18\11 | | | | |
| \11 | | | 30\17 | | | | | 34\ | 13\ |
| \45 | | | | | | | | | |
| ■ | 11\ | 15\30 | | | | | 22\12 | | |
| \29 | | | | | ■ | \17 | | | |
| \10 | | | | | 20\ | 10\8 | | | |
| ■ | 6\5 | | | 10\22 | | | | | 7\ |
| \38 | | | | | | | \13 | | |
| \3 | | | \6 | | | | \7 | | |

| | | | | | | | | | |
|---|---|---|---|---|---|---|---|---|---|
| ■ | 8\ | 13\ | ■ | 10\ | 12\ | 28\ | ■ | 3\ | 15\ |
| \5 | | | 35\23 | | | | 17\10 | | |
| \45 | | | | | | | | | |
| ■ | ■ | 8\8 | | | \11 | | | 12\ | ■ |
| ■ | 5\14 | | | 22\ | 15\7 | | | | 14\ |
| \16 | | | | | | 29\24 | | | |
| \45 | | | | | | | | | |
| ■ | 4\ | 14\ | 26\9 | | | | 32\ | 14\ | 7\ |
| \45 | | | | | | | | | |
| \6 | | | | 10\34 | | | | | |
| ■ | \13 | | | | ■ | 13\4 | | | ■ |
| ■ | 8\ | 7\10 | | | 16\7 | | | 6\ | 17\ |
| \45 | | | | | | | | | |
| \9 | | | \21 | | | | \9 | | |

| | | | | | | | | | |
|---|---|---|---|---|---|---|---|---|---|
| ■ | ↓4 | ↓17 | ↓15 | ↓21 | ■ | ↓35 | ↓30 | ↓3 | ↓10 |
| →16 | | | | | →26 | | | | |
| →14 | | | | | ↓10 →12 | | | | |
| ■ | ■ | ↓28 →35 | | | | | | ↓33 | ■ |
| ■ | ↓11 →33 | | | | | | | | ↓12 |
| →8 | | | ↓23 →9 | | | | ↓7 →6 | | |
| →29 | | | | | →27 | | | | |
| ■ | ↓10 →9 | | | ↓33 | ■ | ↓38 →8 | | | ↓15 |
| →13 | | | | | ↓12 →15 | | | | |
| →9 | | | ↓10 →6 | | | | ↓24 →14 | | |
| ■ | →28 | | | | | | | | ■ |
| ■ | ↓11 | ↓9 →34 | | | | | | ↓16 | ↓5 |
| →27 | | | | | →24 | | | | |
| →12 | | | | | →28 | | | | |

| | | | | | | | | | |
|---|---|---|---|---|---|---|---|---|---|
| ■ | 10\ | 38\ | 11\ | ■ | 18\ | 11\ | ■ | 21\ | 9\ |
| \20 | | | | 23\16 | | | 41\5 | | |
| \45 | | | | | | | | | |
| ■ | 12\13 | | | | | 10\19 | | | |
| \25 | | | | | 14\12 | | | ■ | ■ |
| \9 | | | 29\ | \14 | | | | 37\ | 15\ |
| ■ | 4\3 | | | 30\34 | | | | | |
| \26 | | | | | 6\12 | | | | |
| \16 | | | | | | \7 | | | 9\ |
| ■ | ■ | \16 | | | | 6\ | 28\13 | | |
| ■ | 8\ | 24\17 | | | 12\14 | | | | |
| \10 | | | | 10\27 | | | | | 8\ |
| \45 | | | | | | | | | |
| \14 | | | \5 | | | \7 | | | |

| | | | | | | | | | |
|---|---|---|---|---|---|---|---|---|---|
| ■ | ↓14 | ↓45 | ■ | ↓21 | ↓22 | ↓4 | ■ | ↓14 | ↓8 |
| →6 | | | ↓18 →19 | | | | ↓16 →3 | | |
| →45 | | | | | | | | | |
| ■ | ↓8 →10 | | | | | ↓22 →22 | | | |
| →18 | | | | →17 | | | | ↓45 | ↓9 |
| →16 | | | ↓5 | ■ | ↓11 →12 | | | | |
| ■ | ↓15 →7 | | | ↓28 →9 | | | ↓10 →15 | | |
| →45 | | | | | | | | | |
| →9 | | | ↓14 →9 | | | →10 | | | ↓12 |
| →11 | | | | | ↓13 | ■ | ↓13 →11 | | |
| ■ | ↓20 | ↓8 →23 | | | | ↓24 →7 | | | |
| →6 | | | | ↓4 →27 | | | | | ↓13 |
| →45 | | | | | | | | | |
| →9 | | | →10 | | | | →15 | | |

| ■ | 5↓ | 8↓ | ■ | 6↓ | 10↓ | 30↓ | ■ | 15↓ | 9↓ |
|---|---|---|---|---|---|---|---|---|---|
| 3→ | | | 15↓ 20→ | | | | 18↓ 7→ | | |
| 45→ | | | | | | | | | |
| ■ | ■ | 19↓ 4→ | | | 28↓ 17→ | | | 10↓ | ■ |
| ■ | 11↓ 3→ | | | 24↓ 12→ | | | | | 16↓ |
| 29→ | | | | | | 26↓ 11→ | | | |
| 45→ | | | | | | | | | |
| ■ | 17↓ | 16↓ | 17↓ 23→ | | | | 16↓ | 21↓ | 10↓ |
| 45→ | | | | | | | | | |
| 24→ | | | | 28↓ 35→ | | | | | |
| ■ | 10→ | | | | | 8↓ 6→ | | | ■ |
| ■ | 6↓ | 14↓ 9→ | | | 17↓ 5→ | | | 12↓ | 13↓ |
| 45→ | | | | | | | | | |
| 14→ | | | 22→ | | | | 11→ | | |

| ■ | ■ | 23\ | 18\ | ■ | 18\ | 10\ | ■ | 20\ | 8\ |
|---|---|---|---|---|---|---|---|---|---|
| ■ | 11\17 | | | \8 | | | 23\10 | | |
| \18 | | | | 40\34 | | | | | |
| \20 | | | | | | 39\9 | | | |
| ■ | 12\ | 6\3 | | | 10\16 | | | 14\ | 4\ |
| \45 | | | | | | | | | |
| \4 | | | 38\37 | | | | | | |
| ■ | 14\ | 3\6 | | | 4\5 | | | 9\ | 13\ |
| \22 | | | | | | | 35\16 | | |
| \45 | | | | | | | | | |
| ■ | 22\ | 7\15 | | | 11\7 | | | 10\ | 13\ |
| \21 | | | | 12\15 | | | | | |
| \16 | | | | | | \24 | | | |
| \8 | | | \15 | | | \11 | | | ■ |

# KAKURO

NIVEAU 4

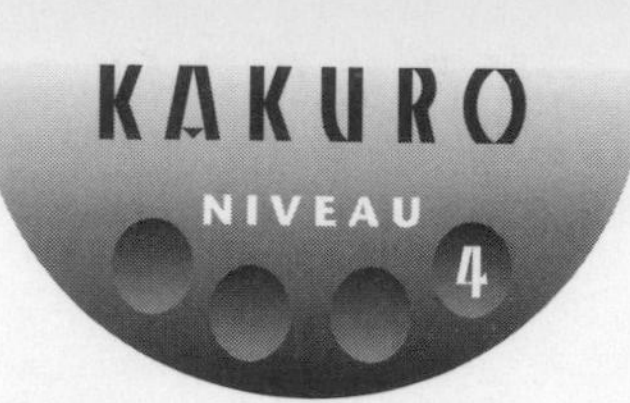

| | | | | | | | | | |
|---|---|---|---|---|---|---|---|---|---|
| ■ | 9\ | 10\ | ■ | 35\ | 10\ | 10\ | ■ | 45\ | 9\ |
| \6 | | | 29\8 | | | | 12\7 | | |
| \45 | | | | | | | | | |
| ■ | ■ | \8 | | | 3\24 | | | | 21\ |
| ■ | 13\ | 45\17 | | | | 16\15 | | | |
| \23 | | | | | | | 39\17 | | |
| \22 | | | | ■ | \16 | | | | |
| ■ | 6\9 | | | 12\ | ■ | \13 | | | 11\ |
| \27 | | | | | 15\ | 33\19 | | | |
| \5 | | | 9\28 | | | | | | |
| \6 | | | | 14\24 | | | | ■ | ■ |
| ■ | 11\23 | | | | 8\13 | | | 17\ | 6\ |
| \45 | | | | | | | | | |
| \7 | | | \7 | | | | \14 | | |

| ■ | 18\ | 33\ | 15\ | ■ | 29\ | 6\ | ■ | 34\ | 5\ |
|---|---|---|---|---|---|---|---|---|---|
| \9 | | | | 12\9 | | | 6\7 | | |
| \45 | | | | | | | | | |
| \14 | | | 31\12 | | | \13 | | | 3\ |
| \15 | | | | | | 6\ | 23\8 | | |
| ■ | 3\15 | | | | 20\10 | | | | |
| \18 | | | | 8\7 | | | | 29\ | 15\ |
| \45 | | | | | | | | | |
| ■ | 11\ | 18\22 | | | | 30\14 | | | |
| \11 | | | | | 14\10 | | | | 13\ |
| \9 | | | 12\ | \16 | | | | | |
| ■ | 10\16 | | | 10\17 | | | 13\7 | | |
| \45 | | | | | | | | | |
| \4 | | | \5 | | | \24 | | | |

| | | | | | | | | | |
|---|---|---|---|---|---|---|---|---|---|
| ■ | ↓20 | ↓12 | ↓29 | ■ | ↓10 | ↓9 | ■ | ↓45 | ↓13 |
| →23 | | | | →4 | | | ↓11 →9 | | |
| →21 | | | | ↓19 →35 | | | | | |
| →12 | | | | | ↓37 →14 | | | | ↓38 |
| ■ | ↓27 | ↓45 →16 | | | | ↓24 →18 | | | |
| →7 | | | ↓12 →26 | | | | | | |
| →11 | | | | ↓15 →16 | | | ↓3 →14 | | |
| →45 | | | | | | | | | |
| →15 | | | ↓30 →3 | | | ↓13 →10 | | | |
| →37 | | | | | | | ↓10 →6 | | |
| →20 | | | | ↓7 →13 | | | | ↓11 | ↓22 |
| ■ | ↓8 →14 | | | | ↓11 →28 | | | | |
| →16 | | | | | | →13 | | | |
| →14 | | | →13 | | | →8 | | | |

| ■ | 6 \ | 45 \ | 29 \ | ■ | 17 \ | 18 \ | ■ | 23 \ | 7 \ |
|---|---|---|---|---|---|---|---|---|---|
| \ 14 | | | | \ 16 | | | 13 \ 10 | | |
| \ 19 | | | | 35 \ 33 | | | | | |
| \ 27 | | | | | 35 \ 13 | | | | |
| ■ | 13 \ 21 | | | | | | | 45 \ | 4 \ |
| \ 14 | | | 8 \ 19 | | | | 17 \ 9 | | |
| \ 15 | | | | | | 34 \ 20 | | | |
| ■ | 15 \ 28 | | | | | | | | 3 \ |
| \ 22 | | | | 16 \ 32 | | | | | |
| \ 7 | | | 21 \ 16 | | | | 11 \ 5 | | |
| ■ | 24 \ | 10 \ 32 | | | | | | | 12 \ |
| \ 30 | | | | | 6 \ 10 | | | | |
| \ 17 | | | | | | \ 15 | | | |
| \ 11 | | | \ 5 | | | \ 7 | | | |

| | | | | | | | | | |
|---|---|---|---|---|---|---|---|---|---|
| ■ | 8\ | 45\ | ■ | 4\ | 16\ | ■ | 26\ | 13\ | ■ |
| \10 | | | 22\5 | | | 33\3 | | | 7\ |
| \45 | | | | | | | | | |
| ■ | 9\6 | | | 11\35 | | | | | |
| \42 | | | | | | | | 45\ | 9\ |
| \8 | | | 18\6 | | | | 20\5 | | |
| ■ | 8\11 | | | ■ | \30 | | | | |
| \10 | | | | 34\ | ■ | \7 | | | |
| \29 | | | | | 17\ | 9\13 | | | 17\ |
| \8 | | | 11\24 | | | | 11\10 | | |
| ■ | 7\ | 21\29 | | | | | | | |
| \15 | | | | | | 15\16 | | | 9\ |
| \45 | | | | | | | | | |
| ■ | \14 | | | \7 | | | \12 | | |

| | | | | | | | | | |
|---|---|---|---|---|---|---|---|---|---|
| ■ | 14\ | 45\ | ■ | 26\ | 4\ | ■ | 14\ | 24\ | ■ |
| \9 | | | 11\3 | | | 28\17 | | | 12\ |
| \45 | | | | | | | | | |
| ■ | 22\20 | | | | \13 | | | | |
| \29 | | | | | 10\7 | | | 45\ | 13\ |
| \8 | | | | 42\16 | | | 6\7 | | |
| \15 | | | 5\35 | | | | | | |
| ■ | 15\21 | | | | 8\9 | | | | 23\ |
| \22 | | | | | | | 18\17 | | |
| \13 | | | 12\9 | | | 27\18 | | | |
| ■ | 16\ | 17\5 | | | \28 | | | | |
| \30 | | | | | 6\7 | | | | 15\ |
| \45 | | | | | | | | | |
| ■ | \11 | | | \8 | | | \11 | | |

|  |  |  |  |  |  |  |  |  |  |
|---|---|---|---|---|---|---|---|---|---|
| ■ | ↓12 | ↓17 | ↓11 | ■ | ↓39 | ↓6 | ■ | ↓29 | ↓15 |
| →24 |  |  |  | ↓21 →10 |  |  | ↓16 →9 |  |  |
| →45 |  |  |  |  |  |  |  |  |  |
| ■ | ↓3 →32 |  |  |  |  |  |  |  | ↓28 |
| →3 |  |  | →16 |  |  | ↓14 | →8 |  |  |
| →4 |  |  | ↓13 | ↓11 →17 |  |  | ↓7 →13 |  |  |
| ■ | ↓29 | ↓42 →33 |  |  |  |  |  |  |  |
| →12 |  |  |  |  | ↓38 →10 |  |  |  |  |
| →31 |  |  |  |  |  |  |  | ↓34 | ↓6 |
| →14 |  |  | →13 |  |  | ↓8 | →14 |  |  |
| →16 |  |  | ↓4 | ↓18 →8 |  |  | ↓7 →9 |  |  |
| ■ | ↓7 →28 |  |  |  |  |  |  |  | ↓6 |
| →45 |  |  |  |  |  |  |  |  |  |
| →15 |  |  | →5 |  |  | →7 |  |  |  |

| ■ | 24\ | 11\ | 7\ | 21\ | 38\ | ■ | 6\ | 43\ | 17\ |
|---|---|---|---|---|---|---|---|---|---|
| \29 | | | | | | \14 | | | |
| \16 | | | | | | 7\15 | | | |
| \8 | | | 28\33 | | | | | | 15\ |
| \17 | | | | 13\6 | | | 28\13 | | |
| ■ | 16\ | 44\23 | | | | 27\9 | | | |
| \43 | | | | | | | | | 3\ |
| \14 | | | | | 22\26 | | | | |
| ■ | 4\38 | | | | | | | | |
| \20 | | | | 10\7 | | | | 29\ | 10\ |
| \9 | | | 24\14 | | | 12\14 | | | |
| ■ | 8\17 | | | | | | 12\12 | | |
| \11 | | | | \15 | | | | | |
| \22 | | | | \34 | | | | | |

| | | | | | | | | | |
|---|---|---|---|---|---|---|---|---|---|
| ■ | 12\ | 11\ | ■ | 17\ | 7\ | ■ | 5\ | 45\ | ■ |
| \8 | | | 45\12 | | | 10\8 | | | 10\ |
| \45 | | | | | | | | | |
| \6 | | | | 14\4 | | | 45\11 | | |
| ■ | 7\ | 45\12 | | | ■ | \7 | | | 3\ |
| \11 | | | | | 23\ | 13\19 | | | |
| \22 | | | | 14\16 | | | | | |
| ■ | 3\34 | | | | | | | | 5\ |
| \32 | | | | | | 15\10 | | | |
| \15 | | | | ■ | \28 | | | | |
| ■ | 6\11 | | | 8\ | 9\10 | | | 21\ | 10\ |
| \5 | | | 17\6 | | | 16\24 | | | |
| \45 | | | | | | | | | |
| ■ | \9 | | | \15 | | | \11 | | |

| ■ | 12\ | 21\ | ■ | 42\ | 19\ | ■ | 9\ | 26\ | 13\ |
|---|---|---|---|---|---|---|---|---|---|
| \15 | | | \4 | | | 9\23 | | | |
| \3 | | | 28\22 | | | | | | |
| \35 | | | | | | | 22\11 | | |
| ■ | 10\18 | | | | ■ | \11 | | | 12\ |
| \10 | | | | | 6\ | 36\21 | | | |
| \45 | | | | | | | | | |
| ■ | 8\ | 37\ | 24\10 | | | | 11\ | 39\ | 14\ |
| \45 | | | | | | | | | |
| \13 | | | | ■ | \29 | | | | |
| ■ | 7\15 | | | 6\ | 24\9 | | | | 17\ |
| \3 | | | 10\38 | | | | | | |
| \34 | | | | | | | \17 | | |
| \10 | | | | \16 | | | \5 | | |

Ce casse-tête contient des points reliés entre eux par une boucle continue dissimulée dans la grille. Il n'existe qu'une boucle, et chaque nombre indique par combien de côtés de la cellule elle passe.

Par exemple, un 1 indique qu'un seul côté est recouvert par la boucle [un trait doit être tiré sur un des côtés de la cellule qui entoure le chiffre 1]. Les trois autres côtés ne seront pas recouverts par la boucle. Un 2 indique que deux des côtés sont recouverts par la boucle et que deux autres ne le sont pas.

Pourrez-vous déterminer où se cache la boucle?

## Comment jouer au Kenshu

Le meilleur moyen de commencer ces casse-tête est de déterminer à quels endroits la boucle ne peut pas passer, par exemple autour des chiffres 0 [grille A].

Chaque nombre est entouré de quatre côtés et chaque point a également quatre côtés. Si deux côtés d'un point ne peuvent pas être utilisés [comme dans le cas d'un point en coin ou d'un point adjacent à la valeur 0], la boucle passe par les deux autres côtés du point ou ne passe pas du tout par ce point.

Le 3 situé à la diagonale du 0 doit être entouré de trois lignes. Des lignes partent donc des deux côtés du point situé entre 0 et 3 [grille B].

Il n'y a qu'une façon de trouver la solution des deux 3 adjacents sans former de boucle. En faisant une boucle à partir de deux nombres seulement, on obtiendra plus d'une boucle dans la grille.

Il n'y a qu'une façon de remplir les traits restants des 2, comme l'indiquent les signes «?» [grille C]. En tirant des traits à ces endroits, vous résoudrez pratiquement la moitié du casse-tête.

Vous pouvez continuer à tirer le trait vers la droite, jusqu'à ce que vous ne disposiez plus que d'un chemin possible, comme l'indiquent les signes «?» [grille D]. De plus, le 2 qui a un 0 et un 3 pour voisins ne présente plus qu'une possibilité. Si vous continuez ainsi en appliquant ces techniques, vous viendrez facilement à bout de ce casse-tête.

A

B

C

D

|   |   |   |   |   |   |
|---|---|---|---|---|---|
| 2 | 1 |   |   | 1 |   |
|   |   |   |   |   | 0 |
| 3 | 1 | 2 |   | 2 |   |
|   |   |   |   | 0 |   |
| 1 |   | 2 | 1 |   |   |
|   |   | 1 | 2 | 2 | 2 |

| | | | | | |
|---|---|---|---|---|---|
| 1 | | | 2 | 2 | |
| | | | | 1 | |
| 1 | | 2 | 0 | 1 | |
| | | | 1 | | |
| | 1 | | 1 | 2 | 3 |
| 2 | 1 | 1 | | | |

| | | | | | |
|---|---|---|---|---|---|
| | 3 | | 0 | 0 | |
| 1 | | 2 | 1 | 2 | |
| 2 | | | | | |
| | | 1 | | | 1 |
| | | | | 3 | |
| 2 | 1 | | | 2 | 2 |

| | | | | | |
|---|---|---|---|---|---|
| | 2 | 1 | | 2 | |
| | 2 | 3 | | | |
| | 1 | | | | 2 |
| | | | | 2 | |
| 1 | 0 | 1 | 2 | | |
| | 2 | 3 | | | 2 |

| | | | | | |
|---|---|---|---|---|---|
| | 2 | 3 | | 0 | |
| 2 | | 1 | | | |
| | | 1 | | | 2 |
| 1 | | | 1 | 1 | |
| | 1 | | 1 | 1 | 3 |
| | 1 | 2 | | 1 | |

| | | | | | |
|---|---|---|---|---|---|
| | | 1 | 3 | | |
| 2 | 1 | | 3 | | 3 |
| | | 2 | | | |
| 3 | | | 2 | | 3 |
| 2 | 2 | | 1 | | |
| | | 1 | | 2 | |

| | | | | | |
|---|---|---|---|---|---|
| 3 | | | 3 | | |
| | | 0 | 1 | | 1 |
| 1 | | | 1 | | |
| 3 | | 3 | | | |
| 1 | | 1 | | 3 | |
| | | 1 | | 1 | |

| | | | | | |
|---|---|---|---|---|---|
| | 2 | | 2 | 3 | |
| 2 | | 1 | | 0 | |
| 1 | | | 3 | | |
| 2 | | | | | |
| 1 | 1 | 1 | | 1 | 2 |
| | | | 3 | | |

| | | | | | |
|---|---|---|---|---|---|
| | | | | 3 | |
| | 3 | | | 1 | 2 |
| | 2 | 1 | | | |
| 1 | 2 | 3 | | 2 | |
| | | | | | 1 |
| 2 | 2 | 3 | | 3 | |

| | | | | | |
|---|---|---|---|---|---|
| 2 | | | 1 | 3 | |
| 1 | | | 3 | 2 | 2 |
| 1 | | 0 | | | |
| 2 | | 1 | 0 | | |
| 2 | | | | | 1 |
| 3 | | | 3 | 1 | |

| | | | | | | | |
|---|---|---|---|---|---|---|---|
| 2 | 1 | | | | 1 | | |
| | | 1 | | | | | 2 |
| | | 0 | | 2 | | 2 | |
| 1 | 2 | | | | | 2 | 2 |
| | | | 3 | | 0 | 1 | |
| 2 | | | | 1 | | 2 | |
| | 1 | 2 | | | | 2 | |
| 2 | 1 | | | | | 0 | |

| 2 | 1 |  |  |  |  | 3 |  |
|---|---|---|---|---|---|---|---|
|  |  |  | 0 | 1 |  |  |  |
|  |  |  |  | 3 |  | 0 |  |
|  | 3 |  |  | 1 | 2 |  |  |
|  | 1 |  |  |  |  |  | 3 |
| 0 |  | 2 | 1 |  |  | 3 |  |
|  | 3 |  | 2 |  |  |  | 2 |
| 1 |  |  |  | 2 | 2 | 2 |  |

| | | | | | | | |
|---|---|---|---|---|---|---|---|
| | 1 | 2 | | | 3 | | |
| 0 | | | | | | 0 | 2 |
| | | 0 | | | | | |
| | | 3 | | | 1 | | 3 |
| | 2 | | | | | 2 | |
| | | 3 | | | | | 1 |
| | | | | 0 | 2 | | |
| 2 | 2 | 3 | | 1 | | 3 | |

| | | | | | | | |
|---|---|---|---|---|---|---|---|
| | 2 | | 2 | | | 3 | |
| | 0 | | 3 | | | | |
| | | | | 0 | 1 | | 2 |
| 2 | | | | 0 | 2 | | 1 |
| 0 | | 2 | | | | | |
| 0 | | 2 | 2 | | | 3 | 2 |
| 2 | 2 | 2 | | 3 | 1 | | |
| | | | 2 | | | 2 | 2 |

| | | | | | | | |
|---|---|---|---|---|---|---|---|
| | 0 | | 3 | | 3 | | |
| | | 0 | 2 | | 2 | | 3 |
| 2 | | 2 | | | | | |
| | 2 | | | 1 | | 3 | 2 |
| | | | 1 | | | | 2 |
| 2 | 1 | | | | | 1 | |
| | | 0 | 1 | | 1 | | |
| | 1 | 1 | | 1 | 2 | | 3 |

| 2 | 2 |   |   | 2 |   | 3 |   |
|---|---|---|---|---|---|---|---|
| 2 | 2 | 1 |   |   | 3 |   |   |
| 2 |   |   |   |   |   |   | 1 |
|   |   | 3 |   |   | 2 | 1 | 1 |
|   |   |   | 1 |   |   | 1 |   |
| 2 | 1 | 0 |   |   |   |   | 1 |
|   | 3 |   | 3 |   |   |   |   |
|   | 2 |   | 1 |   |   | 2 | 3 |

| | | | | | | | |
|---|---|---|---|---|---|---|---|
| | 2 | 2 | 1 | | 2 | 2 | |
| | | 2 | | | | 2 | 2 |
| 1 | 1 | | | 2 | | | |
| | | | | 1 | | 0 | |
| | 1 | 2 | 2 | 1 | | | |
| | 1 | | | 1 | 1 | 3 | |
| | | 1 | 3 | | | | |
| 2 | 2 | | 2 | 3 | | | 3 |

| | | | | | | | |
|---|---|---|---|---|---|---|---|
| | 2 | | | | | 3 | |
| 2 | 0 | | | | | 2 | |
| 3 | | 1 | 3 | | 1 | 1 | |
| 3 | | | | 0 | 1 | | |
| | | 3 | | | | 1 | 2 |
| | 0 | | | 1 | | | |
| | 0 | 1 | 0 | | 0 | | 1 |
| | 2 | | | | 2 | 1 | |

| | | | | | | | |
|---|---|---|---|---|---|---|---|
| | | | 1 | | 1 | 2 | |
| 3 | 1 | 2 | 2 | | | | |
| | | 1 | | | | 1 | 1 |
| 2 | | | | 3 | 3 | | |
| 2 | | | | | | | |
| 3 | 0 | | 1 | 0 | | 0 | 2 |
| | 3 | | | 2 | | | |
| | | | | | | 2 | 0 |

| | | | | | | | |
|---|---|---|---|---|---|---|---|
| 3 | 1 | | | 3 | 2 | 0 | |
| | | | 1 | | | | |
| | 2 | 1 | 2 | 2 | | | 2 |
| | 3 | | | | | 1 | |
| 2 | 1 | 1 | | 2 | 1 | | |
| | | | | 3 | 1 | | 1 |
| 1 | | | 1 | | | | 2 |
| | | 3 | | | 1 | 2 | |

| | | | | | | | | | |
|---|---|---|---|---|---|---|---|---|---|
| 1 | 1 | | 2 | | 3 | | 1 | | |
| | | | 1 | 0 | | | 1 | | 2 |
| 2 | | 1 | | 2 | 3 | | 2 | | |
| | | | | 2 | 2 | | | 3 | |
| | 0 | | | 3 | | 3 | | 1 | |
| | | | 0 | | 2 | 2 | | 1 | |
| 3 | | 2 | 0 | | | | | | |
| 1 | | | | | | | 0 | 1 | |
| | | | | 0 | | | 1 | | 1 |
| 1 | 2 | | | 3 | | | | 1 | 2 |

| | | | | | | | | | |
|---|---|---|---|---|---|---|---|---|---|
| 3 | | 2 | | 1 | 1 | 1 | | | |
| | 3 | 2 | | | 1 | 1 | | 1 | 2 |
| 1 | | | | 3 | 1 | | 2 | | |
| | | | | | 2 | | 1 | | |
| | 1 | 0 | 2 | | | | | | 2 |
| | 2 | | | | 1 | 0 | | | 0 |
| 3 | | | 0 | | | | | | |
| | | 0 | | | | | 1 | 2 | |
| | 0 | | | 1 | 0 | | 1 | 2 | 1 |
| | 3 | | | | 2 | | 2 | | 1 |

| | | | | | | | | | |
|---|---|---|---|---|---|---|---|---|---|
| 2 | | | | 2 | | | | 0 | |
| 2 | | 3 | | | 1 | 0 | | | |
| | 1 | | 1 | | | 1 | | | 3 |
| | 1 | 3 | | 1 | 1 | 0 | | | 1 |
| 2 | | | 2 | | 2 | | 1 | | |
| 1 | 2 | | | | | | 1 | | |
| | | | | 1 | 3 | | 1 | 2 | |
| 2 | 3 | | | | | 1 | 3 | 2 | 3 |
| | | 0 | | | | | | | |
| | 1 | | 1 | 1 | | 2 | 2 | | |

| | | | | | | | | | |
|---|---|---|---|---|---|---|---|---|---|
| 3 | 3 | | 2 | | | 2 | 2 | 2 | |
| | | | 2 | | | | 2 | 1 | |
| | 0 | | 2 | 1 | 1 | 3 | 2 | | |
| 1 | | 2 | | | | 2 | 2 | | |
| | | 2 | 2 | 1 | | 1 | 1 | | |
| | 2 | | | | | 0 | | 0 | |
| | | | 3 | | | | | 1 | |
| 2 | | | | | | | 3 | | |
| 2 | 2 | | | 1 | | | | | |
| 3 | | 2 | 3 | | 2 | 2 | 0 | 0 | 1 |

# KENSHU

NIVEAU 10 x 10

| | | | | | | | | | |
|---|---|---|---|---|---|---|---|---|---|
| | 2 | 3 | 2 | | 1 | 2 | | 2 | 2 |
| | | | | | 2 | | | 1 | |
| 2 | 2 | 1 | 2 | | | 1 | | 2 | 2 |
| | | | 1 | | 2 | | | | 1 |
| 1 | | | 1 | 2 | | | 1 | | |
| | | | 1 | | 1 | 0 | | 0 | |
| 1 | 1 | 2 | | | | | | 1 | |
| | 2 | 0 | 1 | | 3 | | | | |
| 1 | | | | 1 | | 1 | | | 1 |
| | | | 1 | | | 2 | 1 | | 2 |

| | | | | | | | | | |
|---|---|---|---|---|---|---|---|---|---|
| 2 | | | | 1 | | | 1 | 2 | |
| 1 | 0 | 1 | 3 | | 2 | | 1 | 1 | 2 |
| | | 1 | | | 0 | | 2 | | |
| | | | | | | 3 | | 2 | 2 |
| 2 | | | 2 | | 2 | 1 | | | |
| 2 | 1 | | 1 | | | | | 1 | 2 |
| 2 | 2 | | 3 | | 1 | | | | |
| 3 | | 2 | | | 1 | 3 | | 1 | |
| 3 | | 2 | 1 | | | | 2 | | 2 |
| | 2 | 2 | | | 1 | | 2 | 1 | |

| | | | | | | | | | |
|---|---|---|---|---|---|---|---|---|---|
| | 1 | | | | | | 2 | | |
| | 1 | | | 2 | 2 | | 3 | | 2 |
| | | 2 | 1 | | | 1 | | 1 | 2 |
| 3 | 3 | | 2 | 1 | | 3 | | 0 | |
| 1 | | | | | 2 | 2 | 2 | | |
| 1 | | | | | 2 | 1 | | | 3 |
| 1 | 3 | 1 | | | | | | | 2 |
| | | | | | | | 1 | 0 | |
| | 1 | 1 | | 0 | | 1 | 1 | 1 | 1 |
| | 2 | 2 | | 3 | 2 | | | | |

| | | | | | | | | | |
|---|---|---|---|---|---|---|---|---|---|
| | 2 | | 2 | | 1 | | | 2 | |
| | 2 | | 1 | | | 1 | | 0 | 2 |
| 1 | | | 2 | 1 | 2 | | 2 | 0 | |
| | 1 | | | 1 | | | | | |
| 1 | 0 | | | 1 | | 0 | | | 2 |
| | | | | 2 | | | | | 2 |
| 1 | 3 | | | 3 | | 2 | | 2 | |
| | | | 1 | 1 | | 0 | 2 | | |
| | 3 | | | | | | | 3 | |
| | | 1 | | 1 | | 1 | | | |

| | | | | | | | | | |
|---|---|---|---|---|---|---|---|---|---|
| | 2 | | 3 | 2 | 2 | 2 | | 1 | |
| | 1 | 3 | | | 2 | | | 2 | |
| | | 3 | 2 | 2 | | 3 | | | |
| | | 1 | | | | | 1 | 0 | |
| 1 | | | | 2 | | | | | |
| | | 1 | | | | 2 | | | 2 |
| | 0 | | | 3 | | 2 | 0 | 3 | |
| | 1 | 0 | | | | | | | |
| | | 2 | | | 0 | 2 | | | |
| 2 | 2 | | | | 1 | 2 | 1 | 2 | |

| | | | | | | | | | |
|---|---|---|---|---|---|---|---|---|---|
| 2 | 1 | | 1 | 2 | | | | | |
| | | 0 | | 0 | | | 0 | | |
| | | | 1 | | | | | 2 | 2 |
| 3 | | | 2 | | 0 | 2 | | 1 | |
| | | 3 | 1 | | 1 | | 1 | 0 | |
| 3 | | 3 | | | | | | | |
| | | | | | | 2 | 1 | | 1 |
| | | | 2 | | | 1 | 0 | | 2 |
| 1 | | 1 | 3 | | 1 | | 2 | | |
| | 1 | | 2 | | 1 | | | | |

Ce jeu s'inspire des tours que l'on trouve dans une ville. La première tour fait un étage et la plus haute fait cinq étages, en fonction de la taille de la grille. Le nombre situé à l'extérieur d'une rangée ou d'une colonne nous indique combien de tours un spectateur peut «voir» à partir de cette configuration. Chaque rangée et chaque colonne ne peut contenir qu'une tour de chaque taille.

Pouvez-vous déterminer la hauteur et la position de toutes les tours de la ville?

## Comment jouer au shinjuku

Si une petite tour se trouve derrière une grande tour, un observateur ne verra pas la petite tour. Par exemple, dans la suite de tours 1, 3, 2, 4, un observateur voit les tours 1, 3 et 4, mais pas la tour 2 (qui sera cachée par la tour 3). L'indice pour cette rangée serait 3, puisque c'est le nombre de tours qu'il est possible de voir.

Alors avant de nous lancer, essayons de comprendre quel type d'information peut nous donner les indices.

**Indice: 1**

Si l'indice qui nous est donné est 1, il est possible de voir seulement une tour. Seule la plus grande tour peut cacher toutes les autres. Ainsi, la première tour de l'indice 1 doit être la plus grande tour.

**Indice: 2**

Si l'indice est 2, la première tour de la suite ne peut pas être la plus grande. [On doit être en mesure de voir au moins une tour ainsi que la tour la plus haute]. En outre, le deuxième carré d'un indice de 2 ne peut pas être la deuxième tour la plus haute.

**Indice: 3**

Dans ce cas de figure, la première case ne peut pas être celle de la tour la plus grande ou de la deuxième tour la plus grande. En outre, la deuxième case ne peut pas être celle de la tour la plus grande.

Si vous parvenez à comprendre quels renseignements se cachent derrière ces trois indices, vous pouvez en faire de même pour d'autres indices.

Essayons maintenant avec un exemple.

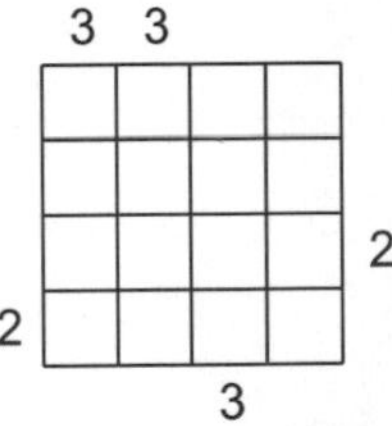


Dans ce casse-tête, les deux indices du haut [3 et 3] indiquent que la tour la plus haute [4] ne peut pas se trouver dans une des deux premières cases [en partant du haut] d'une de ces deux colonnes. Il doit donc y avoir un 4 dans une des deux dernières rangées de chacune de ces colonnes.

L'indice 2 de la rangée du bas révèle que la tour la plus haute [4] ne peut pas se trouver dans la première case de cette rangée. Donc, dans la première colonne, la tour la plus haute se trouve dans la troisième rangée, et dans la deuxième colonne elle se trouve dans la rangée du bas.

| | | | | | |
|---|---|---|---|---|---|
| | 3 | 3 | | | |
| | | | | | |
| | | | | | |
| | 4 | | | | 2 |
| 2 | | 4 | | | |
| | | | 3 | | |

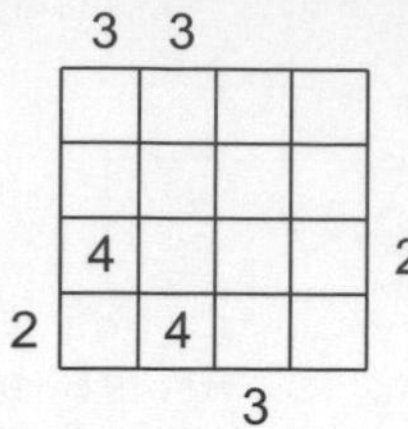

L'indice 2 situé à droite de la grille révèle que seules deux tours sont visibles à partir de cette configuration. La tour la plus haute a déjà été trouvée, à l'autre extrémité de la suite, et elle est toujours visible. Nous devons placer la deuxième tour la plus haute à l'autre extrémité de la rangée pour cacher les deux autres tours. Ainsi, la première case pour cet indice [qui est la dernière case en partant de la gauche de la troisième rangée] doit être 3.

| | | | | | |
|---|---|---|---|---|---|
| | 3 | 3 | | | |
| | | | | | |
| | | | | | |
| | 4 | | | 3 | 2 |
| 2 | | 4 | | | |
| | | | 3 | | |

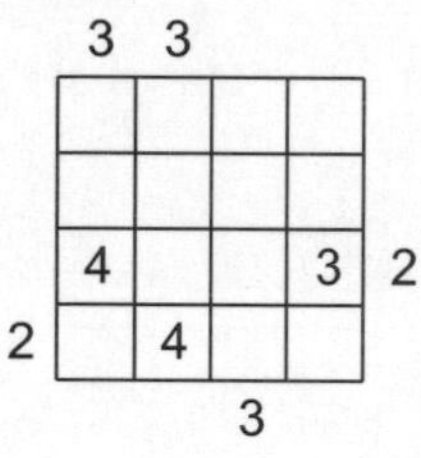

La rangée du haut ne peut pas contenir la deuxième tour la plus haute [3] dans une des deux premières colonnes [l'indice 3 ne permet pas de placer la deuxième tour la plus haute dans la première case]. Elle doit donc se trouver dans la troisième colonne de la rangée du haut.

| | | | | | |
|---|---|---|---|---|---|
| | 3 | 3 | | | |
| | | | 3 | | |
| | | | | | |
| | 4 | | | 3 | 2 |
| 2 | | 4 | | | |
| | | | 3 | | |

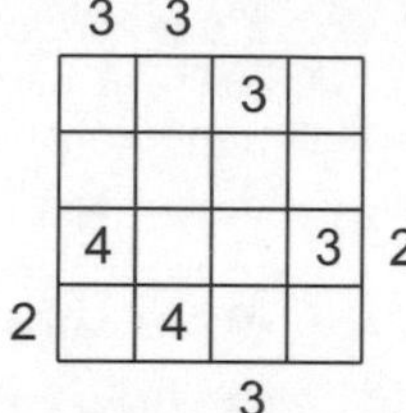

Le reste du casse-tête peut être rempli en faisant appel à la même logique.

| | | | | | |
|---|---|---|---|---|---|
| | 3 | 3 | | | |
| | 1 | 2 | 3 | 4 | |
| | 2 | 3 | 4 | 1 | |
| | 4 | 1 | 2 | 3 | 2 |
| 2 | 3 | 4 | 1 | 2 | |
| | | | 3 | | |

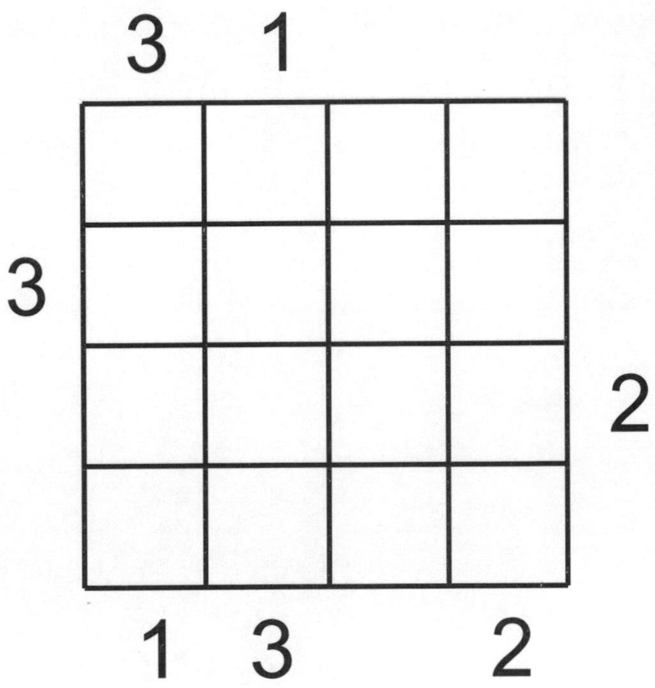
3 1
3
2
1 3 2

SHINJUKU
NIVEAU
1

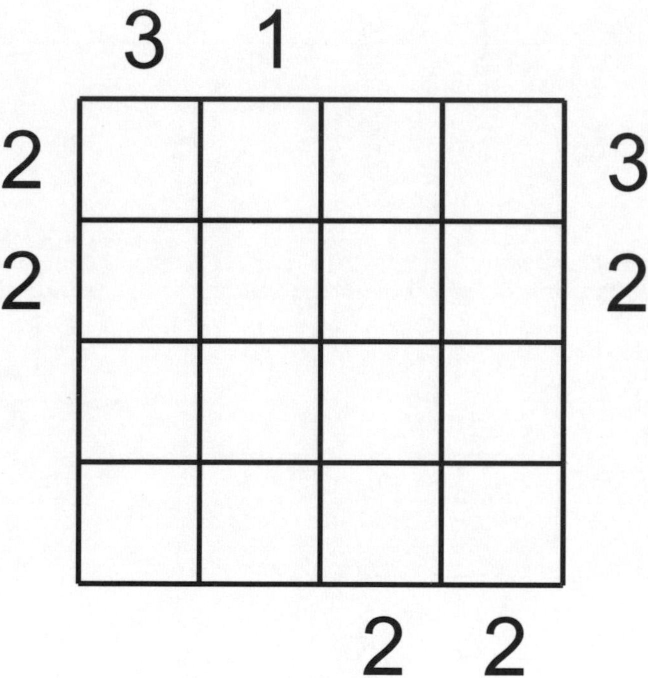
3 1
2
2
3
2
2 2

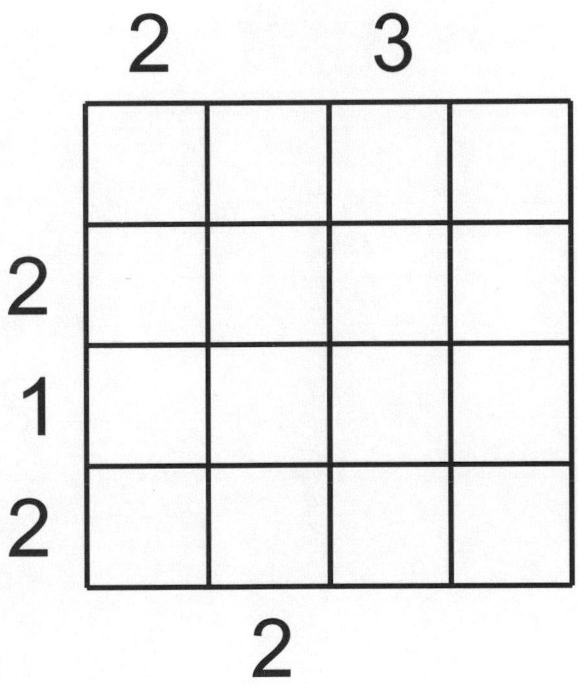

2
3
2
1
2
2

SHINJUKU
NIVEAU
I

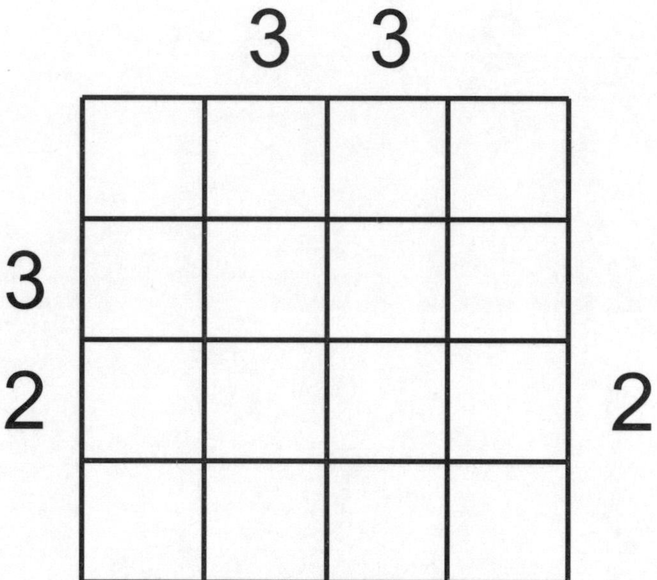
3 3
3
2
2

SHINJUKU
NIVEAU
1

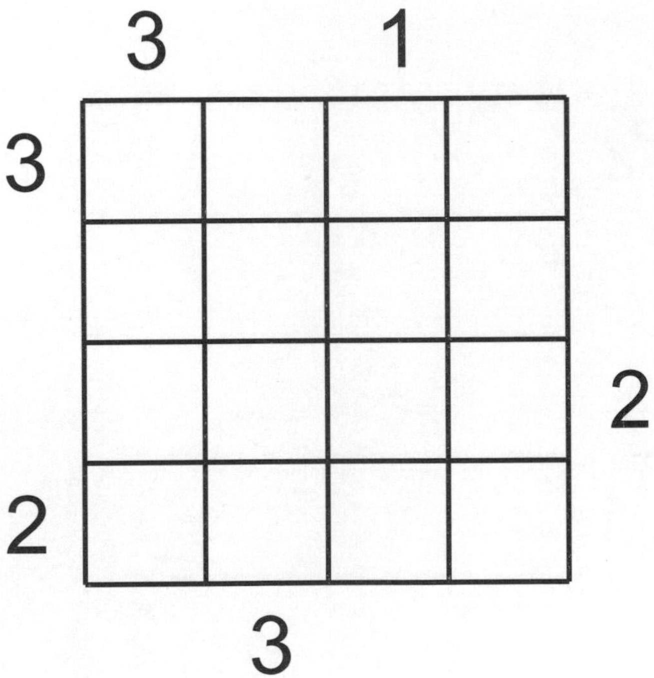
3
1
3
2
2
3

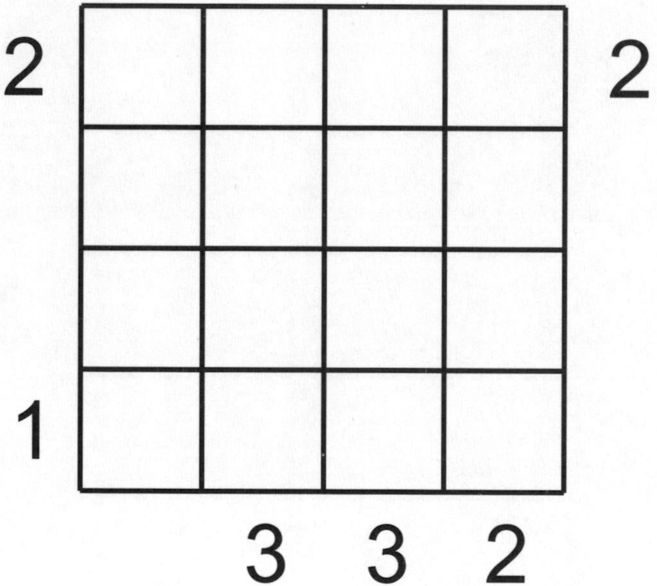
2
2
1
3 3 2

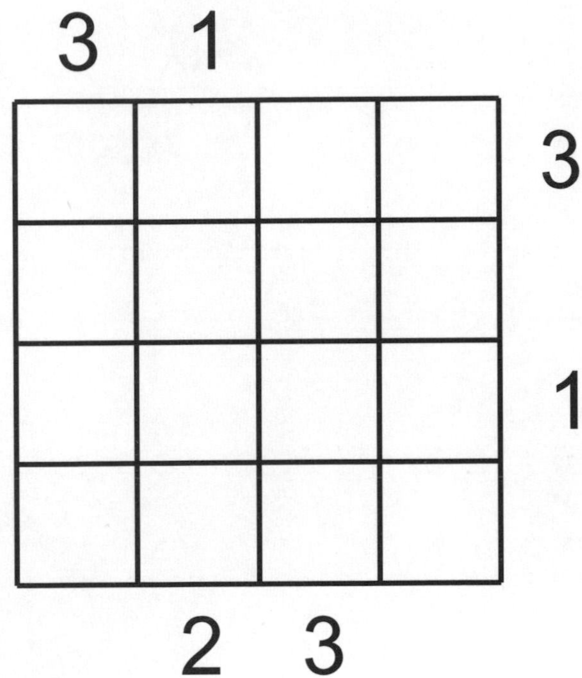
3
1
3
1
2
3

SHINJUKU
NIVEAU
1

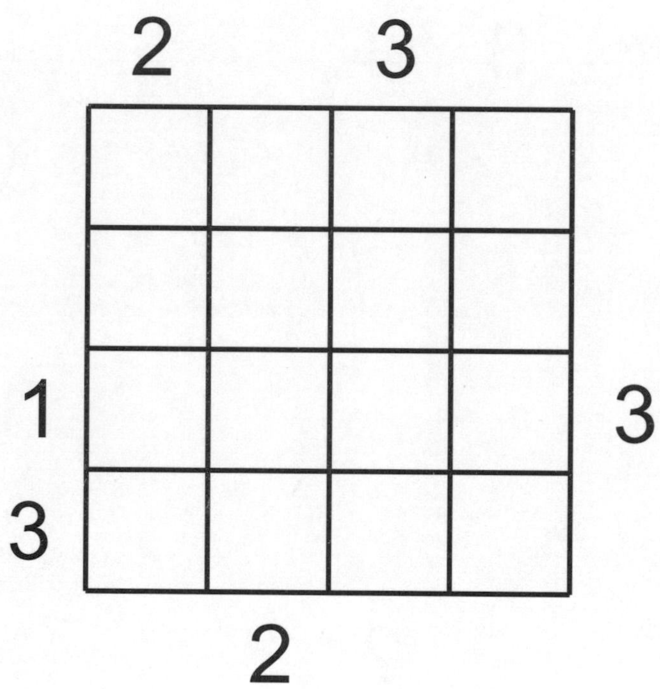
2
3
1
3
3
2

SHINJUKU
NIVEAU
1

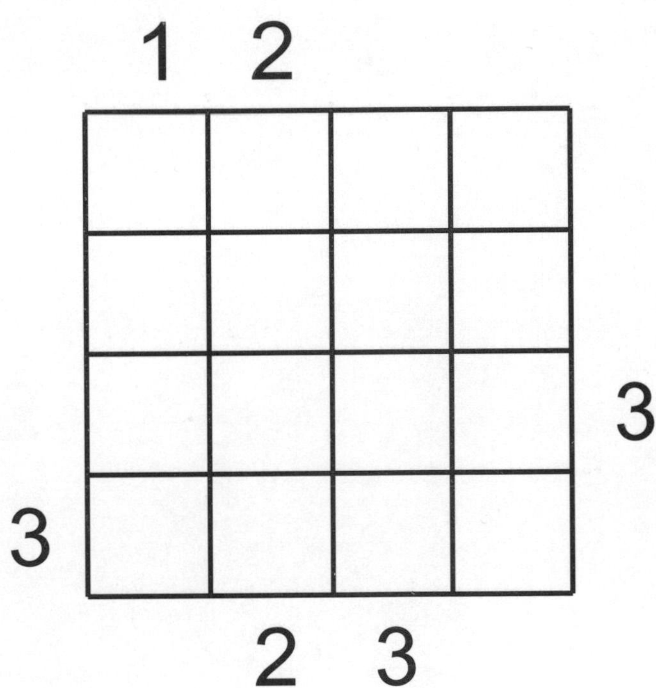
1
2
3
3
2
3

SHINJUKU
NIVEAU
1

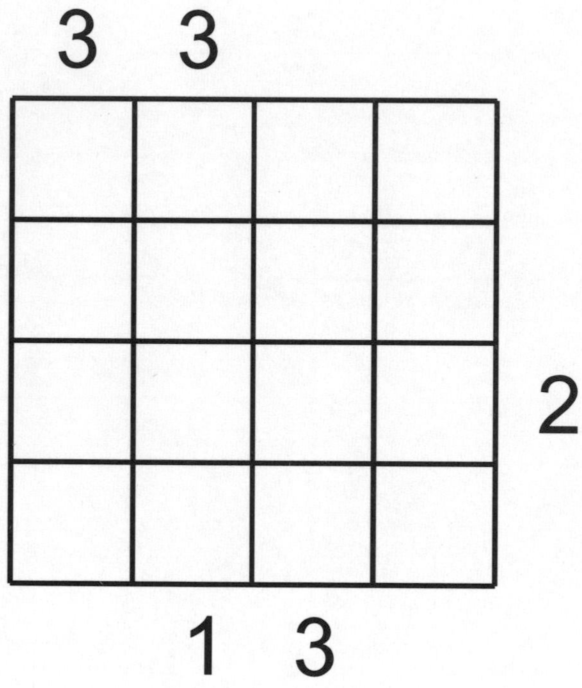
3
3
2
1
3

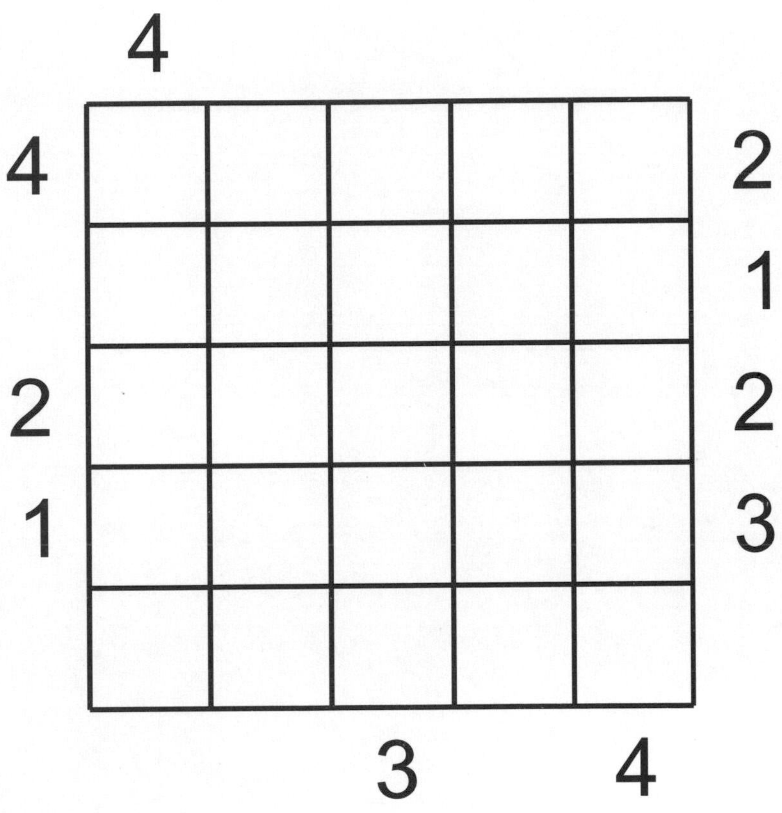

4
4
2
1
2
1
2
3
3
4

SHINJUKU
NIVEAU
2

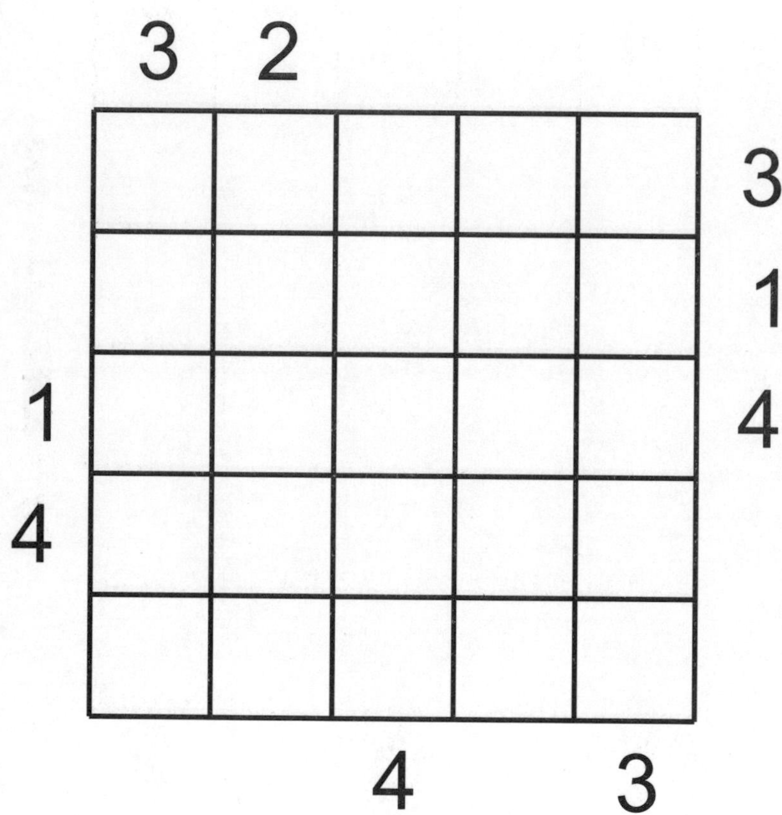
3 2
3
1
1
4
4
4 3

|   |   |   |   |   |   |   |
|---|---|---|---|---|---|---|
|   |   | 2 |   |   |   |   |
|   |   |   |   |   |   | 3 |
|   |   |   |   |   |   | 3 |
| 3 |   |   |   |   |   | 1 |
| 2 |   |   |   |   |   |   |
|   |   |   |   |   |   |   |
|   | 3 |   | 4 |   | 3 |   |

|   |   |   |   |   |   |   |
|---|---|---|---|---|---|---|
|   |   | 3 |   |   | 4 |   |
|   |   |   |   |   |   | 2 |
|   |   |   |   |   |   |   |
|   |   |   |   |   |   | 3 |
| 3 |   |   |   |   |   |   |
| 1 |   |   |   |   |   |   |
|   |   |   | 4 |   |   |   |

SHINJUKU
NIVEAU
2

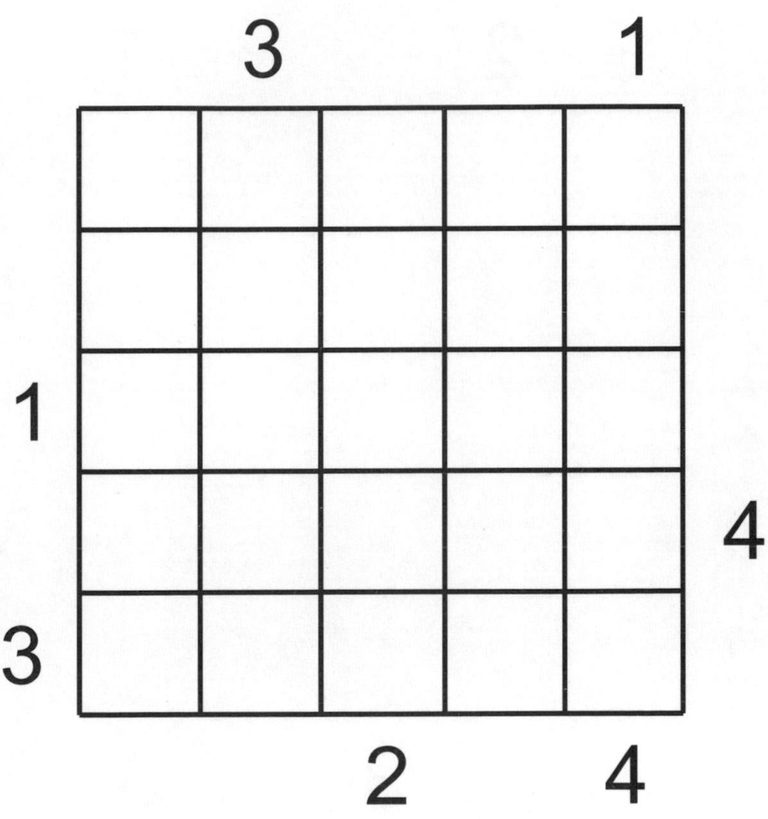
3
1
1
4
3
2
4

SHINJUKU
NIVEAU
2

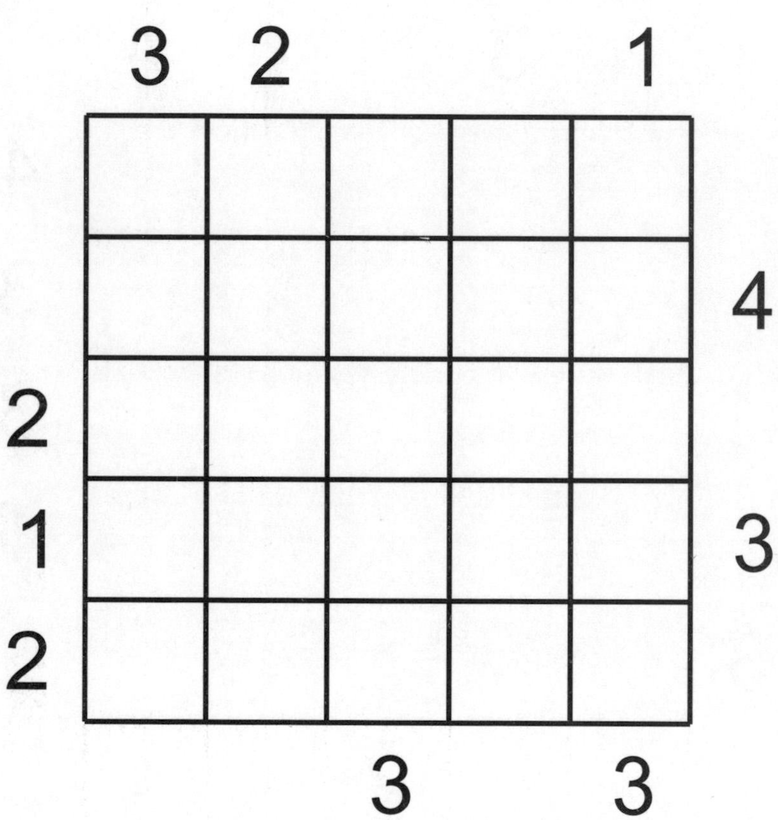
3
2
1
4
2
1
3
2
3
3

| | 2 | 1 | | | 4 | |
|---|---|---|---|---|---|---|
| | | | | | | 4 |
| | | | | | | 3 |
| | | | | | | 3 |
| 2 | | | | | | 1 |
| 3 | | | | | | |
| | | | 3 | | | |

| | | | | | | |
|---|---|---|---|---|---|---|
| | | | | | 4 | |
| | | | | | | 3 |
| | | | | | | 4 |
| | | | | | | 3 |
| 2 | | | | | | 1 |
| 4 | | | | | | |
| | | | 3 | | | |

SHINJUKU
NIVEAU
2

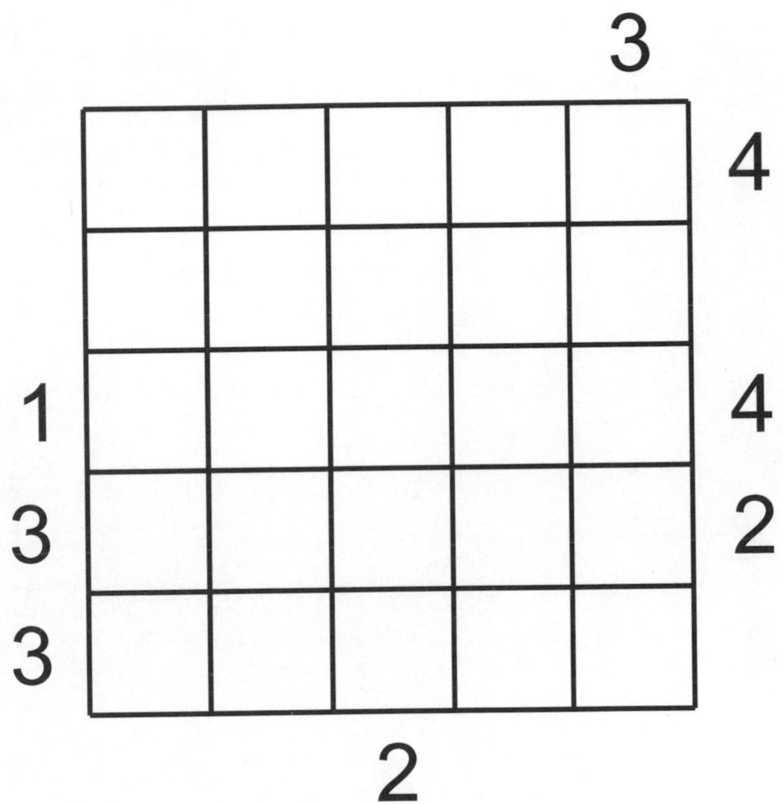
3
4
1
4
3
2
3
2

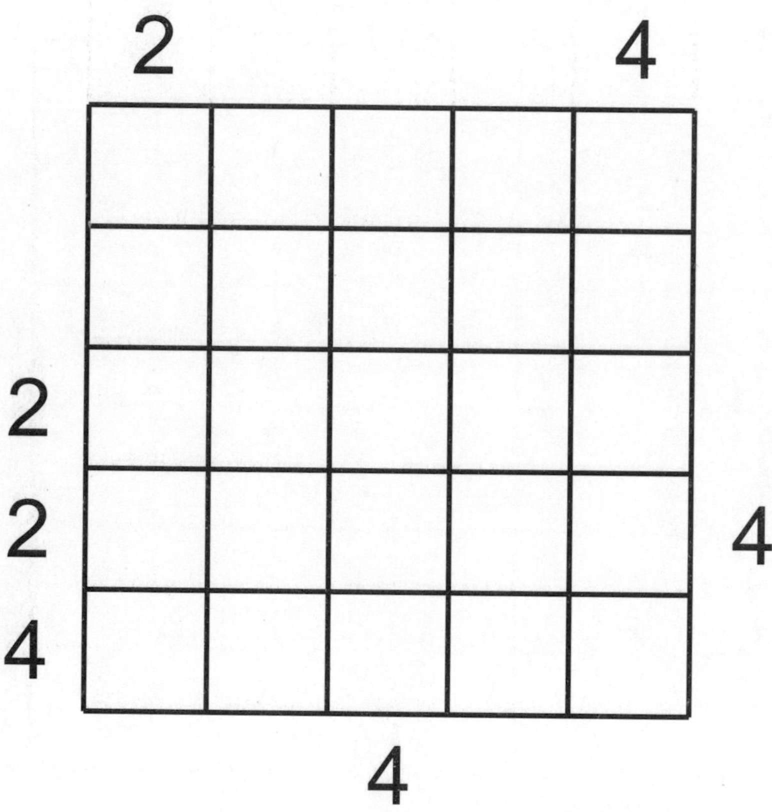
2
4
2
2
4
4
4

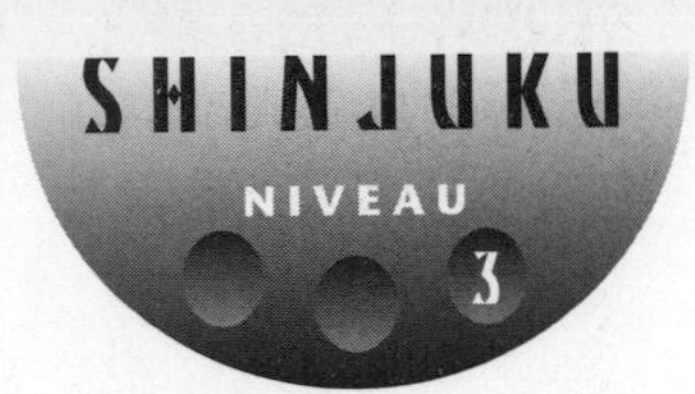


| | | | | | | | |
|---|---|---|---|---|---|---|---|
| | | | | 2 | | | |
| 3 | | | | | | | 2 |
| | | | | | | | |
| | | | | | | | 4 |
| | | | | | | | 4 |
| 3 | | | | | | | |
| 3 | | | | | | | |
| | 2 | 5 | | 2 | 2 | | |

| | | | | | | | |
|---|---|---|---|---|---|---|---|
| | | | | 2 | 2 | 2 | |
| | | | | | | | 3 |
| 4 | | | | | | | |
| 3 | | | | | | | 1 |
| 3 | | | | | | | 3 |
| 2 | | | | | | | |
| 2 | | | | | | | 3 |
| | 2 | 1 | 3 | | 4 | | |

| | | | | | | | |
|---|---|---|---|---|---|---|---|
| | | | | 4 | 2 | | |
| 3 | | | | | | | 3 |
| | | | | | | | 2 |
| 3 | | | | | | | |
| 3 | | | | | | | |
| 3 | | | | | | | |
| 1 | | | | | | | 4 |
| | 1 | 2 | 4 | | 3 | | |

| | | | | | | | |
|---|---|---|---|---|---|---|---|
| | | | | 2 | | | |
| 5 | | | | | | | |
| | | | | | | | 4 |
| 2 | | | | | | | 2 |
| 4 | | | | | | | |
| | | | | | | | |
| | | | | | | | 2 |
| | 3 | 1 | 4 | | 4 | | |

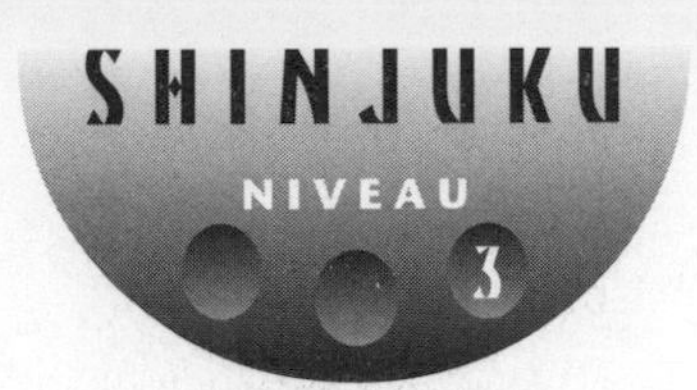


| | | | | 4 | 2 | 3 | |
|---|---|---|---|---|---|---|---|
| 2 | | | | | | | |
| | | | | | | | 4 |
| 5 | | | | | | | 1 |
| | | | | | | | |
| 3 | | | | | | | |
| 2 | | | | | | | 3 |
| | 4 | 3 | | | | | |

| | | | | 2 | 3 | 5 | |
|---|---|---|---|---|---|---|---|
| | | | | | | | |
| | | | | | | | 2 |
| | | | | | | | 2 |
| 3 | | | | | | | |
| 2 | | | | | | | |
| 5 | | | | | | | |
| | 2 | 5 | | | | | |

| | | | | | | | |
|---|---|---|---|---|---|---|---|
| | | | | 4 | 2 | 2 | |
| | | | | | | | |
| | | | | | | | 4 |
| 2 | | | | | | | 4 |
| | | | | | | | |
| 2 | | | | | | | |
| 4 | | | | | | | |
| | 4 | 2 | | | 2 | | |

| | | | | | | | |
|---|---|---|---|---|---|---|---|
| | | | | 3 | 2 | 2 | |
| | | | | | | | |
| | | | | | | | 5 |
| 4 | | | | | | | 2 |
| 3 | | | | | | | |
| 2 | | | | | | | |
| 3 | | | | | | | |
| | 3 | 4 | 1 | | 3 | | |

| | | | | 3 | 4 | 3 | |
|---|---|---|---|---|---|---|---|
| | | | | | | | |
| | | | | | | | 2 |
| 3 | | | | | | | 2 |
| | | | | | | | |
| 5 | | | | | | | |
| | | | | | | | |
| | 5 | 1 | 4 | | | | |

| | | | | | | | |
|---|---|---|---|---|---|---|---|
| | | | | 3 | 2 | 4 | |
| | | | | | | | |
| | | | | | | | 4 |
| 2 | | | | | | | 2 |
| 3 | | | | | | | |
| 3 | | | | | | | |
| 3 | | | | | | | |
| | 3 | 2 | 3 | | 2 | | |

# SOLUTIONS

| 6 | 2 | 3 | 9 | 5 | 1 | 8 | 4 | 7 |
|---|---|---|---|---|---|---|---|---|
| 5 | 1 | 9 | 8 | 4 | 7 | 6 | 3 | 2 |
| 7 | 4 | 8 | 6 | 3 | 2 | 9 | 1 | 5 |
| 2 | 5 | 6 | 3 | 7 | 9 | 4 | 8 | 1 |
| 9 | 3 | 7 | 1 | 8 | 4 | 2 | 5 | 6 |
| 1 | 8 | 4 | 5 | 2 | 6 | 3 | 7 | 9 |
| 8 | 6 | 1 | 7 | 9 | 3 | 5 | 2 | 4 |
| 4 | 9 | 5 | 2 | 1 | 8 | 7 | 6 | 3 |
| 3 | 7 | 2 | 4 | 6 | 5 | 1 | 9 | 8 |

6

| 3 | 8 | 5 | 6 | 4 | 9 | 1 | 7 | 2 |
|---|---|---|---|---|---|---|---|---|
| 2 | 1 | 6 | 7 | 8 | 5 | 9 | 3 | 4 |
| 4 | 9 | 7 | 1 | 2 | 3 | 8 | 5 | 6 |
| 7 | 5 | 2 | 9 | 3 | 8 | 4 | 6 | 1 |
| 1 | 3 | 9 | 2 | 6 | 4 | 5 | 8 | 7 |
| 6 | 4 | 8 | 5 | 1 | 7 | 3 | 2 | 9 |
| 8 | 6 | 4 | 3 | 7 | 1 | 2 | 9 | 5 |
| 5 | 7 | 3 | 4 | 9 | 2 | 6 | 1 | 8 |
| 9 | 2 | 1 | 8 | 5 | 6 | 7 | 4 | 3 |

7

| 2 | 8 | 4 | 5 | 6 | 3 | 7 | 9 | 1 |
|---|---|---|---|---|---|---|---|---|
| 6 | 3 | 5 | 9 | 1 | 7 | 8 | 4 | 2 |
| 7 | 1 | 9 | 2 | 8 | 4 | 5 | 3 | 6 |
| 8 | 2 | 6 | 4 | 5 | 9 | 3 | 1 | 7 |
| 9 | 4 | 1 | 7 | 3 | 6 | 2 | 8 | 5 |
| 5 | 7 | 3 | 8 | 2 | 1 | 9 | 6 | 4 |
| 4 | 9 | 8 | 6 | 7 | 5 | 1 | 2 | 3 |
| 1 | 6 | 7 | 3 | 9 | 2 | 4 | 5 | 8 |
| 3 | 5 | 2 | 1 | 4 | 8 | 6 | 7 | 9 |

8

| 8 | 1 | 3 | 6 | 2 | 9 | 4 | 7 | 5 |
|---|---|---|---|---|---|---|---|---|
| 2 | 5 | 4 | 8 | 7 | 3 | 6 | 9 | 1 |
| 7 | 6 | 9 | 1 | 4 | 5 | 8 | 2 | 3 |
| 3 | 9 | 5 | 7 | 6 | 4 | 2 | 1 | 8 |
| 1 | 8 | 6 | 9 | 5 | 2 | 7 | 3 | 4 |
| 4 | 7 | 2 | 3 | 1 | 8 | 9 | 5 | 6 |
| 9 | 4 | 8 | 2 | 3 | 1 | 5 | 6 | 7 |
| 5 | 3 | 7 | 4 | 9 | 6 | 1 | 8 | 2 |
| 6 | 2 | 1 | 5 | 8 | 7 | 3 | 4 | 9 |

9

| 3 | 5 | 4 | 6 | 8 | 1 | 2 | 9 | 7 |
|---|---|---|---|---|---|---|---|---|
| 2 | 8 | 9 | 3 | 4 | 7 | 5 | 6 | 1 |
| 7 | 6 | 1 | 9 | 5 | 2 | 4 | 3 | 8 |
| 4 | 9 | 2 | 8 | 3 | 5 | 7 | 1 | 6 |
| 6 | 7 | 3 | 1 | 2 | 4 | 8 | 5 | 9 |
| 5 | 1 | 8 | 7 | 6 | 9 | 3 | 2 | 4 |
| 1 | 4 | 6 | 2 | 7 | 3 | 9 | 8 | 5 |
| 9 | 2 | 7 | 5 | 1 | 8 | 6 | 4 | 3 |
| 8 | 3 | 5 | 4 | 9 | 6 | 1 | 7 | 2 |

10

| 2 | 4 | 1 | 9 | 7 | 8 | 5 | 3 | 6 |
|---|---|---|---|---|---|---|---|---|
| 6 | 8 | 7 | 5 | 3 | 2 | 4 | 9 | 1 |
| 5 | 3 | 9 | 6 | 4 | 1 | 2 | 8 | 7 |
| 8 | 9 | 5 | 4 | 1 | 7 | 6 | 2 | 3 |
| 4 | 7 | 6 | 2 | 9 | 3 | 1 | 5 | 8 |
| 3 | 1 | 2 | 8 | 6 | 5 | 7 | 4 | 9 |
| 9 | 6 | 3 | 1 | 5 | 4 | 8 | 7 | 2 |
| 1 | 5 | 8 | 7 | 2 | 9 | 3 | 6 | 4 |
| 7 | 2 | 4 | 3 | 8 | 6 | 9 | 1 | 5 |

11

# SOLUTIONS

| 8 | 9 | 5 | 3 | 2 | 1 | 7 | 6 | 4 |
|---|---|---|---|---|---|---|---|---|
| 3 | 6 | 1 | 4 | 8 | 7 | 9 | 5 | 2 |
| 7 | 4 | 2 | 9 | 6 | 5 | 1 | 3 | 8 |
| 6 | 8 | 9 | 5 | 7 | 4 | 2 | 1 | 3 |
| 5 | 7 | 3 | 2 | 1 | 9 | 4 | 8 | 6 |
| 1 | 2 | 4 | 8 | 3 | 6 | 5 | 9 | 7 |
| 9 | 5 | 8 | 6 | 4 | 2 | 3 | 7 | 1 |
| 2 | 3 | 7 | 1 | 5 | 8 | 6 | 4 | 9 |
| 4 | 1 | 6 | 7 | 9 | 3 | 8 | 2 | 5 |

12

| 5 | 4 | 8 | 2 | 9 | 3 | 1 | 7 | 6 |
|---|---|---|---|---|---|---|---|---|
| 2 | 3 | 1 | 4 | 7 | 6 | 5 | 8 | 9 |
| 7 | 6 | 9 | 5 | 1 | 8 | 2 | 4 | 3 |
| 4 | 2 | 6 | 9 | 8 | 5 | 3 | 1 | 7 |
| 1 | 9 | 3 | 6 | 4 | 7 | 8 | 2 | 5 |
| 8 | 5 | 7 | 3 | 2 | 1 | 6 | 9 | 4 |
| 9 | 8 | 5 | 1 | 3 | 4 | 7 | 6 | 2 |
| 3 | 1 | 4 | 7 | 6 | 2 | 9 | 5 | 8 |
| 6 | 7 | 2 | 8 | 5 | 9 | 4 | 3 | 1 |

13

| 4 | 5 | 6 | 8 | 3 | 9 | 7 | 2 | 1 |
|---|---|---|---|---|---|---|---|---|
| 8 | 1 | 9 | 7 | 5 | 2 | 6 | 3 | 4 |
| 2 | 3 | 7 | 4 | 1 | 6 | 5 | 8 | 9 |
| 7 | 4 | 5 | 1 | 6 | 8 | 2 | 9 | 3 |
| 3 | 2 | 1 | 9 | 7 | 5 | 8 | 4 | 6 |
| 6 | 9 | 8 | 3 | 2 | 4 | 1 | 5 | 7 |
| 9 | 6 | 4 | 2 | 8 | 1 | 3 | 7 | 5 |
| 1 | 8 | 3 | 5 | 4 | 7 | 9 | 6 | 2 |
| 5 | 7 | 2 | 6 | 9 | 3 | 4 | 1 | 8 |

14

| 1 | 7 | 6 | 4 | 5 | 3 | 8 | 2 | 9 |
|---|---|---|---|---|---|---|---|---|
| 3 | 8 | 9 | 2 | 1 | 7 | 4 | 6 | 5 |
| 4 | 5 | 2 | 6 | 9 | 8 | 3 | 7 | 1 |
| 7 | 3 | 1 | 5 | 4 | 2 | 6 | 9 | 8 |
| 9 | 2 | 4 | 8 | 3 | 6 | 1 | 5 | 7 |
| 5 | 6 | 8 | 9 | 7 | 1 | 2 | 3 | 4 |
| 2 | 9 | 5 | 1 | 6 | 4 | 7 | 8 | 3 |
| 8 | 1 | 7 | 3 | 2 | 9 | 5 | 4 | 6 |
| 6 | 4 | 3 | 7 | 8 | 5 | 9 | 1 | 2 |

15

| 6 | 1 | 5 | 3 | 4 | 7 | 8 | 2 | 9 |
|---|---|---|---|---|---|---|---|---|
| 7 | 2 | 3 | 6 | 8 | 9 | 1 | 4 | 5 |
| 9 | 4 | 8 | 1 | 5 | 2 | 7 | 3 | 6 |
| 8 | 3 | 4 | 9 | 2 | 1 | 5 | 6 | 7 |
| 2 | 9 | 7 | 4 | 6 | 5 | 3 | 8 | 1 |
| 5 | 6 | 1 | 8 | 7 | 3 | 2 | 9 | 4 |
| 1 | 7 | 9 | 2 | 3 | 4 | 6 | 5 | 8 |
| 3 | 5 | 6 | 7 | 9 | 8 | 4 | 1 | 2 |
| 4 | 8 | 2 | 5 | 1 | 6 | 9 | 7 | 3 |

16

| 3 | 9 | 6 | 8 | 4 | 1 | 2 | 7 | 5 |
|---|---|---|---|---|---|---|---|---|
| 1 | 4 | 7 | 2 | 3 | 5 | 6 | 9 | 8 |
| 5 | 2 | 8 | 9 | 6 | 7 | 4 | 3 | 1 |
| 9 | 3 | 2 | 6 | 1 | 4 | 5 | 8 | 7 |
| 7 | 1 | 4 | 5 | 8 | 2 | 3 | 6 | 9 |
| 8 | 6 | 5 | 7 | 9 | 3 | 1 | 2 | 4 |
| 6 | 5 | 9 | 1 | 2 | 8 | 7 | 4 | 3 |
| 2 | 7 | 3 | 4 | 5 | 9 | 8 | 1 | 6 |
| 4 | 8 | 1 | 3 | 7 | 6 | 9 | 5 | 2 |

17

# SOLUTIONS

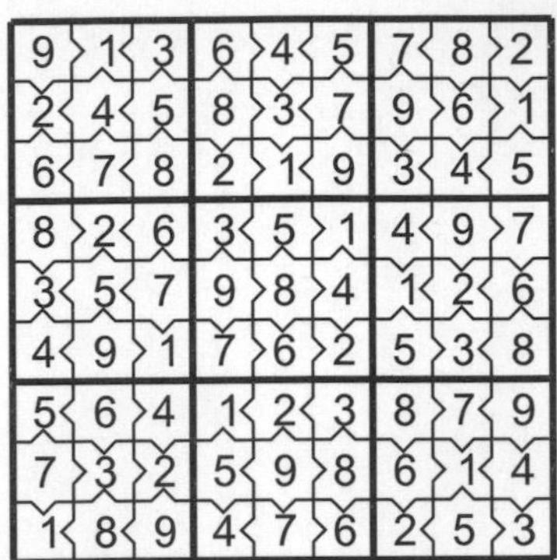

| 9 | 1 | 3 | 6 | 4 | 5 | 7 | 8 | 2 |
|---|---|---|---|---|---|---|---|---|
| 2 | 4 | 5 | 8 | 3 | 7 | 9 | 6 | 1 |
| 6 | 7 | 8 | 2 | 1 | 9 | 3 | 4 | 5 |
| 8 | 2 | 6 | 3 | 5 | 1 | 4 | 9 | 7 |
| 3 | 5 | 7 | 9 | 8 | 4 | 1 | 2 | 6 |
| 4 | 9 | 1 | 7 | 6 | 2 | 5 | 3 | 8 |
| 5 | 6 | 4 | 1 | 2 | 3 | 8 | 7 | 9 |
| 7 | 3 | 2 | 5 | 9 | 8 | 6 | 1 | 4 |
| 1 | 8 | 9 | 4 | 7 | 6 | 2 | 5 | 3 |

18

| 6 | 2 | 1 | 7 | 4 | 9 | 5 | 8 | 3 |
|---|---|---|---|---|---|---|---|---|
| 9 | 5 | 4 | 8 | 6 | 3 | 7 | 1 | 2 |
| 8 | 7 | 3 | 1 | 2 | 5 | 4 | 9 | 6 |
| 4 | 1 | 2 | 9 | 5 | 7 | 3 | 6 | 8 |
| 3 | 8 | 9 | 6 | 1 | 4 | 2 | 7 | 5 |
| 5 | 6 | 7 | 3 | 8 | 2 | 9 | 4 | 1 |
| 2 | 3 | 6 | 4 | 9 | 1 | 8 | 5 | 7 |
| 7 | 9 | 8 | 5 | 3 | 6 | 1 | 2 | 4 |
| 1 | 4 | 5 | 2 | 7 | 8 | 6 | 3 | 9 |

19

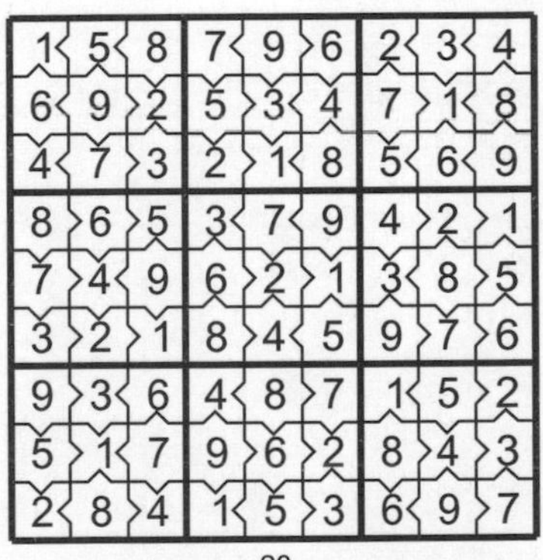

| 1 | 5 | 8 | 7 | 9 | 6 | 2 | 3 | 4 |
|---|---|---|---|---|---|---|---|---|
| 6 | 9 | 2 | 5 | 3 | 4 | 7 | 1 | 8 |
| 4 | 7 | 3 | 2 | 1 | 8 | 5 | 6 | 9 |
| 8 | 6 | 5 | 3 | 7 | 9 | 4 | 2 | 1 |
| 7 | 4 | 9 | 6 | 2 | 1 | 3 | 8 | 5 |
| 3 | 2 | 1 | 8 | 4 | 5 | 9 | 7 | 6 |
| 9 | 3 | 6 | 4 | 8 | 7 | 1 | 5 | 2 |
| 5 | 1 | 7 | 9 | 6 | 2 | 8 | 4 | 3 |
| 2 | 8 | 4 | 1 | 5 | 3 | 6 | 9 | 7 |

20

| 3 | 1 | 3 | 4 | 6 | 6 | 2 | 4 |
|---|---|---|---|---|---|---|---|
| 2 | 5 | 5 | 1 | 1 | 7 | 4 | 3 |
| 1 | 5 | 2 | 6 | 4 | 3 | 6 | 7 |
| 4 | 7 | 4 | 2 | 5 | 6 | 3 | 5 |
| 5 | 1 | 3 | 1 | 1 | 5 | 6 | 1 |
| 6 | 2 | 6 | 3 | 5 | 1 | 7 | 4 |
| 6 | 3 | 4 | 2 | 2 | 5 | 1 | 5 |
| 5 | 4 | 3 | 7 | 3 | 5 | 5 | 1 |

24

| 5 | 6 | 3 | 7 | 2 | 7 | 3 | 7 |
|---|---|---|---|---|---|---|---|
| 1 | 1 | 6 | 5 | 5 | 7 | 4 | 2 |
| 4 | 7 | 3 | 1 | 6 | 2 | 6 | 3 |
| 3 | 5 | 2 | 5 | 1 | 2 | 5 | 6 |
| 6 | 5 | 3 | 2 | 7 | 4 | 1 | 4 |
| 1 | 3 | 3 | 4 | 5 | 1 | 1 | 5 |
| 2 | 1 | 4 | 1 | 3 | 5 | 6 | 7 |
| 4 | 2 | 3 | 3 | 5 | 6 | 6 | 4 |

25

| 5 | 2 | 1 | 5 | 2 | 3 | 6 | 6 |
|---|---|---|---|---|---|---|---|
| 6 | 4 | 2 | 1 | 7 | 2 | 5 | 3 |
| 7 | 5 | 3 | 5 | 5 | 4 | 1 | 1 |
| 1 | 5 | 6 | 4 | 1 | 2 | 5 | 7 |
| 2 | 3 | 5 | 5 | 6 | 1 | 3 | 4 |
| 6 | 1 | 6 | 7 | 6 | 6 | 4 | 1 |
| 4 | 2 | 7 | 5 | 3 | 7 | 6 | 1 |
| 7 | 3 | 4 | 1 | 1 | 7 | 2 | 3 |

26

# SOLUTIONS

| | | | | | | | |
|---|---|---|---|---|---|---|---|
| 4 | 4 | 1 | 3 | 6 | 4 | 7 | 1 |
| 2 | 1 | 6 | 1 | 5 | 4 | 4 | 3 |
| 6 | 6 | 7 | 2 | 4 | 1 | 3 | 5 |
| 5 | 3 | 5 | 1 | 1 | 7 | 7 | 2 |
| 3 | 6 | 5 | 5 | 7 | 6 | 2 | 4 |
| 4 | 5 | 1 | 5 | 2 | 6 | 4 | 4 |
| 5 | 7 | 7 | 4 | 1 | 2 | 7 | 6 |
| 4 | 6 | 2 | 6 | 1 | 5 | 1 | 7 |

27

| | | | | | | | |
|---|---|---|---|---|---|---|---|
| 5 | 6 | 1 | 7 | 4 | 3 | 2 | 2 |
| 7 | 7 | 1 | 2 | 5 | 1 | 1 | 3 |
| 7 | 2 | 5 | 7 | 3 | 1 | 6 | 4 |
| 3 | 5 | 1 | 4 | 6 | 2 | 3 | 1 |
| 1 | 3 | 7 | 7 | 1 | 4 | 2 | 1 |
| 4 | 1 | 1 | 3 | 2 | 7 | 5 | 7 |
| 1 | 4 | 2 | 1 | 7 | 6 | 3 | 5 |
| 2 | 1 | 4 | 1 | 7 | 7 | 6 | 6 |

28

| | | | | | | | |
|---|---|---|---|---|---|---|---|
| 6 | 4 | 1 | 2 | 7 | 6 | 5 | 3 |
| 4 | 2 | 6 | 4 | 5 | 6 | 4 | 1 |
| 4 | 5 | 3 | 5 | 2 | 5 | 1 | 7 |
| 7 | 1 | 3 | 3 | 7 | 5 | 2 | 6 |
| 4 | 7 | 4 | 6 | 1 | 3 | 6 | 2 |
| 5 | 5 | 2 | 5 | 3 | 3 | 6 | 4 |
| 1 | 5 | 6 | 7 | 1 | 4 | 3 | 4 |
| 4 | 3 | 1 | 1 | 6 | 4 | 4 | 5 |

29

| | | | | | | | |
|---|---|---|---|---|---|---|---|
| 3 | 2 | 6 | 4 | 2 | 5 | 1 | 7 |
| 4 | 3 | 2 | 7 | 2 | 6 | 4 | 4 |
| 5 | 7 | 2 | 1 | 3 | 4 | 4 | 7 |
| 2 | 6 | 7 | 3 | 1 | 4 | 2 | 3 |
| 1 | 4 | 7 | 3 | 7 | 5 | 5 | 3 |
| 4 | 5 | 1 | 1 | 5 | 7 | 3 | 6 |
| 2 | 1 | 5 | 6 | 4 | 6 | 7 | 4 |
| 1 | 5 | 5 | 2 | 2 | 3 | 6 | 1 |

30

| | | | | | | | |
|---|---|---|---|---|---|---|---|
| 7 | 1 | 7 | 2 | 5 | 6 | 5 | 1 |
| 7 | 5 | 6 | 4 | 6 | 1 | 1 | 2 |
| 4 | 1 | 3 | 1 | 2 | 5 | 5 | 6 |
| 5 | 2 | 2 | 3 | 4 | 4 | 7 | 1 |
| 6 | 5 | 5 | 7 | 3 | 1 | 5 | 4 |
| 7 | 7 | 1 | 7 | 5 | 3 | 4 | 4 |
| 1 | 6 | 2 | 5 | 4 | 4 | 3 | 7 |
| 2 | 6 | 6 | 7 | 1 | 7 | 3 | 3 |

31

| | | | | | | | |
|---|---|---|---|---|---|---|---|
| 2 | 2 | 6 | 4 | 7 | 4 | 3 | 2 |
| 3 | 6 | 4 | 7 | 5 | 1 | 6 | 4 |
| 3 | 5 | 1 | 4 | 4 | 3 | 6 | 2 |
| 5 | 3 | 3 | 2 | 1 | 2 | 7 | 3 |
| 2 | 7 | 7 | 4 | 7 | 5 | 1 | 3 |
| 3 | 3 | 4 | 1 | 2 | 5 | 5 | 2 |
| 7 | 1 | 1 | 6 | 5 | 2 | 4 | 5 |
| 7 | 4 | 7 | 5 | 3 | 4 | 2 | 4 |

32

# SOLUTIONS

| | | | | | | | |
|---|---|---|---|---|---|---|---|
| 5 | 1 | 7 | 3 | 4 | 6 | 2 | 4 |
| 7 | 5 | 1 | 7 | 5 | 7 | 4 | 6 |
| 3 | 6 | 4 | 4 | 2 | 7 | 4 | 5 |
| 1 | 7 | 4 | 1 | 3 | 5 | 5 | 4 |
| 3 | 4 | 3 | 1 | 4 | 5 | 6 | 2 |
| 4 | 5 | 3 | 7 | 6 | 2 | 3 | 5 |
| 6 | 5 | 5 | 2 | 1 | 5 | 7 | 3 |
| 3 | 3 | 6 | 7 | 7 | 1 | 7 | 4 |

33

| | | | | | | | |
|---|---|---|---|---|---|---|---|
| 5 | 5 | 1 | 4 | 7 | 6 | 6 | 5 |
| 4 | 4 | 2 | 2 | 5 | 6 | 3 | 1 |
| 1 | 7 | 4 | 2 | 3 | 4 | 5 | 6 |
| 1 | 1 | 3 | 3 | 4 | 7 | 3 | 5 |
| 5 | 4 | 7 | 2 | 6 | 4 | 2 | 2 |
| 3 | 1 | 5 | 6 | 7 | 2 | 1 | 7 |
| 7 | 6 | 3 | 3 | 2 | 7 | 4 | 7 |
| 7 | 3 | 6 | 5 | 1 | 4 | 7 | 2 |

34

| | | | | | | | |
|---|---|---|---|---|---|---|---|
| 5 | 3 | 1 | 1 | 4 | 3 | 2 | 6 |
| 5 | 1 | 1 | 3 | 7 | 4 | 3 | 5 |
| 3 | 7 | 4 | 3 | 6 | 2 | 5 | 1 |
| 5 | 6 | 1 | 2 | 5 | 1 | 1 | 5 |
| 2 | 5 | 3 | 2 | 1 | 6 | 1 | 4 |
| 4 | 1 | 2 | 1 | 7 | 5 | 7 | 3 |
| 4 | 4 | 7 | 6 | 2 | 1 | 3 | 6 |
| 6 | 2 | 4 | 5 | 5 | 3 | 4 | 7 |

35

| | | | | | | | |
|---|---|---|---|---|---|---|---|
| 2 | 3 | 1 | 7 | 4 | 3 | 4 | 3 |
| 7 | 2 | 7 | 4 | 1 | 6 | 2 | 3 |
| 5 | 1 | 7 | 5 | 4 | 4 | 2 | 6 |
| 4 | 2 | 3 | 2 | 7 | 5 | 5 | 1 |
| 6 | 7 | 7 | 1 | 1 | 5 | 3 | 1 |
| 5 | 6 | 2 | 5 | 3 | 3 | 1 | 7 |
| 3 | 1 | 4 | 6 | 5 | 1 | 7 | 7 |
| 4 | 3 | 5 | 2 | 4 | 3 | 6 | 2 |

36

| | | | | | | | |
|---|---|---|---|---|---|---|---|
| 5 | 6 | 2 | 7 | 3 | 7 | 6 | 6 |
| 4 | 1 | 4 | 3 | 3 | 6 | 5 | 2 |
| 2 | 6 | 7 | 2 | 4 | 6 | 1 | 4 |
| 6 | 2 | 2 | 4 | 1 | 5 | 7 | 1 |
| 2 | 6 | 3 | 6 | 1 | 7 | 6 | 4 |
| 2 | 5 | 4 | 7 | 6 | 7 | 2 | 7 |
| 1 | 7 | 6 | 5 | 1 | 3 | 4 | 4 |
| 2 | 4 | 2 | 1 | 2 | 3 | 3 | 6 |

37

| | | | | | | | |
|---|---|---|---|---|---|---|---|
| 5 | 2 | 3 | 7 | 1 | 6 | 3 | 1 |
| 7 | 3 | 4 | 3 | 2 | 7 | 5 | 7 |
| 6 | 7 | 5 | 4 | 1 | 2 | 4 | 3 |
| 4 | 7 | 3 | 2 | 4 | 7 | 7 | 5 |
| 1 | 3 | 2 | 4 | 5 | 1 | 7 | 2 |
| 1 | 4 | 2 | 5 | 2 | 3 | 5 | 6 |
| 3 | 6 | 6 | 1 | 4 | 2 | 2 | 7 |
| 5 | 6 | 7 | 4 | 3 | 5 | 5 | 4 |

38

# SOLUTIONS

| | | | | | | | |
|---|---|---|---|---|---|---|---|
| 5 | 3 | 2 | 5 | 7 | 1 | 5 | 3 |
| 5 | 7 | 6 | 7 | 2 | 4 | 4 | 1 |
| 6 | 7 | 3 | 1 | 4 | 4 | 3 | 3 |
| 3 | 1 | 5 | 4 | 3 | 6 | 6 | 7 |
| 4 | 6 | 3 | 2 | 2 | 5 | 6 | 6 |
| 3 | 2 | 4 | 7 | 5 | 6 | 7 | 7 |
| 1 | 6 | 7 | 5 | 4 | 7 | 2 | 3 |
| 1 | 5 | 5 | 3 | 1 | 7 | 5 | 2 |

39

| | | | | | | | |
|---|---|---|---|---|---|---|---|
| 3 | 7 | 7 | 3 | 3 | 1 | 6 | 4 |
| 7 | 3 | 4 | 2 | 6 | 5 | 2 | 1 |
| 3 | 4 | 5 | 3 | 1 | 2 | 2 | 1 |
| 5 | 5 | 7 | 4 | 4 | 6 | 1 | 2 |
| 7 | 6 | 7 | 1 | 3 | 4 | 1 | 7 |
| 1 | 5 | 3 | 7 | 4 | 2 | 4 | 6 |
| 4 | 2 | 6 | 5 | 4 | 6 | 3 | 3 |
| 4 | 1 | 5 | 6 | 1 | 7 | 5 | 3 |

40

| | | | | | | | |
|---|---|---|---|---|---|---|---|
| 1 | 3 | 3 | 2 | 2 | 5 | 6 | 2 |
| 4 | 1 | 2 | 6 | 7 | 3 | 4 | 5 |
| 6 | 4 | 1 | 2 | 2 | 1 | 7 | 4 |
| 7 | 4 | 6 | 3 | 6 | 1 | 5 | 7 |
| 7 | 3 | 6 | 1 | 5 | 7 | 4 | 5 |
| 2 | 5 | 7 | 2 | 4 | 2 | 6 | 6 |
| 5 | 6 | 6 | 4 | 1 | 7 | 3 | 2 |
| 2 | 5 | 5 | 7 | 2 | 6 | 5 | 1 |

41

| | | | | | | | |
|---|---|---|---|---|---|---|---|
| 2 | 4 | 3 | 7 | 5 | 6 | 1 | 2 |
| 2 | 7 | 4 | 7 | 3 | 3 | 6 | 2 |
| 6 | 2 | 2 | 5 | 2 | 1 | 4 | 4 |
| 1 | 3 | 5 | 1 | 6 | 2 | 4 | 1 |
| 1 | 2 | 6 | 6 | 7 | 3 | 3 | 6 |
| 5 | 7 | 7 | 1 | 7 | 3 | 2 | 6 |
| 7 | 5 | 6 | 5 | 2 | 4 | 3 | 3 |
| 7 | 6 | 6 | 2 | 1 | 2 | 7 | 5 |

42

| | | | | | | | |
|---|---|---|---|---|---|---|---|
| 4 | 1 | 6 | 5 | 5 | 3 | 4 | 2 |
| 6 | 4 | 3 | 3 | 5 | 2 | 4 | 1 |
| 3 | 2 | 5 | 4 | 1 | 4 | 3 | 6 |
| 1 | 4 | 5 | 6 | 6 | 5 | 2 | 5 |
| 6 | 3 | 1 | 3 | 6 | 4 | 1 | 5 |
| 3 | 6 | 3 | 2 | 1 | 1 | 5 | 4 |
| 5 | 4 | 2 | 3 | 4 | 6 | 1 | 6 |
| 3 | 5 | 4 | 4 | 2 | 6 | 6 | 3 |

43

| | | | | | | | |
|---|---|---|---|---|---|---|---|
| 5 | 1 | 4 | 7 | 3 | 1 | 2 | 1 |
| 3 | 2 | 4 | 6 | 2 | 5 | 4 | 5 |
| 4 | 7 | 5 | 2 | 1 | 1 | 3 | 6 |
| 7 | 1 | 6 | 5 | 2 | 7 | 6 | 6 |
| 6 | 1 | 1 | 6 | 4 | 1 | 5 | 7 |
| 1 | 4 | 2 | 3 | 4 | 6 | 2 | 5 |
| 2 | 5 | 2 | 4 | 6 | 1 | 7 | 3 |
| 7 | 2 | 6 | 1 | 2 | 2 | 4 | 4 |

44

# SOLUTIONS

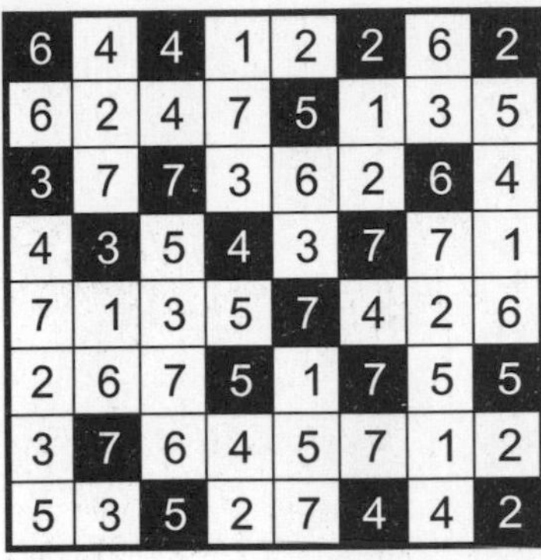

| 6 | 4 | 4 | 1 | 2 | 2 | 6 | 2 |
|---|---|---|---|---|---|---|---|
| 6 | 2 | 4 | 7 | 5 | 1 | 3 | 5 |
| 3 | 7 | 7 | 3 | 6 | 2 | 6 | 4 |
| 4 | 3 | 5 | 4 | 3 | 7 | 7 | 1 |
| 7 | 1 | 3 | 5 | 7 | 4 | 2 | 6 |
| 2 | 6 | 7 | 5 | 1 | 7 | 5 | 5 |
| 3 | 7 | 6 | 4 | 5 | 7 | 1 | 2 |
| 5 | 3 | 5 | 2 | 7 | 4 | 4 | 2 |

45

| 4 | 6 | 5 | 6 | 7 | 2 | 7 | 7 |
|---|---|---|---|---|---|---|---|
| 3 | 2 | 4 | 3 | 5 | 7 | 5 | 1 |
| 6 | 5 | 3 | 7 | 3 | 4 | 1 | 5 |
| 1 | 6 | 7 | 3 | 4 | 3 | 5 | 7 |
| 5 | 6 | 7 | 5 | 6 | 1 | 3 | 1 |
| 7 | 4 | 2 | 1 | 6 | 5 | 6 | 3 |
| 7 | 7 | 5 | 5 | 3 | 3 | 2 | 5 |
| 2 | 5 | 1 | 6 | 7 | 3 | 4 | 6 |

46

| 3 | 4 | 3 | 4 | 2 | 4 | 5 | 5 |
|---|---|---|---|---|---|---|---|
| 6 | 4 | 7 | 3 | 5 | 1 | 2 | 4 |
| 3 | 6 | 3 | 5 | 1 | 1 | 4 | 7 |
| 5 | 3 | 5 | 4 | 3 | 6 | 4 | 2 |
| 1 | 5 | 1 | 6 | 3 | 4 | 7 | 3 |
| 2 | 6 | 1 | 1 | 7 | 6 | 6 | 5 |
| 7 | 2 | 4 | 1 | 6 | 5 | 7 | 3 |
| 5 | 2 | 2 | 4 | 4 | 1 | 1 | 6 |

47

| 6 | 6 | 3 | 2 | 2 | 5 | 7 | 7 |
|---|---|---|---|---|---|---|---|
| 2 | 7 | 6 | 7 | 7 | 4 | 1 | 3 |
| 4 | 3 | 7 | 2 | 5 | 5 | 6 | 2 |
| 7 | 2 | 4 | 3 | 4 | 6 | 5 | 1 |
| 5 | 2 | 1 | 7 | 7 | 5 | 2 | 7 |
| 7 | 7 | 5 | 6 | 3 | 1 | 4 | 2 |
| 1 | 7 | 2 | 2 | 6 | 3 | 2 | 7 |
| 6 | 1 | 4 | 5 | 5 | 2 | 3 | 2 |

48

| 3 | 7 | 6 | 8 | 8 | 5 | 9 | 4 | 6 | 4 |
|---|---|---|---|---|---|---|---|---|---|
| 5 | 9 | 2 | 4 | 5 | 8 | 8 | 6 | 3 | 3 |
| 4 | 6 | 6 | 9 | 3 | 8 | 8 | 2 | 3 | 5 |
| 1 | 1 | 3 | 5 | 5 | 7 | 2 | 9 | 9 | 6 |
| 6 | 1 | 6 | 8 | 9 | 2 | 1 | 5 | 8 | 8 |
| 9 | 5 | 5 | 6 | 6 | 3 | 1 | 8 | 5 | 7 |
| 2 | 4 | 5 | 7 | 8 | 6 | 7 | 9 | 1 | 3 |
| 1 | 8 | 1 | 4 | 6 | 9 | 5 | 4 | 2 | 9 |
| 5 | 3 | 3 | 2 | 3 | 9 | 4 | 7 | 5 | 8 |
| 6 | 1 | 8 | 3 | 4 | 1 | 7 | 7 | 5 | 2 |

49

| 3 | 7 | 7 | 2 | 1 | 2 | 4 | 7 | 3 | 6 |
|---|---|---|---|---|---|---|---|---|---|
| 1 | 6 | 2 | 4 | 2 | 9 | 8 | 7 | 5 | 9 |
| 5 | 9 | 7 | 3 | 8 | 7 | 2 | 1 | 6 | 9 |
| 3 | 2 | 9 | 6 | 6 | 7 | 1 | 6 | 4 | 8 |
| 7 | 9 | 7 | 5 | 3 | 3 | 6 | 6 | 7 | 5 |
| 8 | 1 | 6 | 9 | 7 | 4 | 3 | 1 | 2 | 5 |
| 4 | 5 | 9 | 7 | 3 | 4 | 6 | 9 | 6 | 4 |
| 4 | 9 | 1 | 6 | 2 | 2 | 9 | 7 | 8 | 7 |
| 7 | 4 | 7 | 1 | 2 | 5 | 1 | 8 | 9 | 3 |
| 8 | 3 | 4 | 8 | 9 | 4 | 5 | 2 | 8 | 1 |

50

# SOLUTIONS

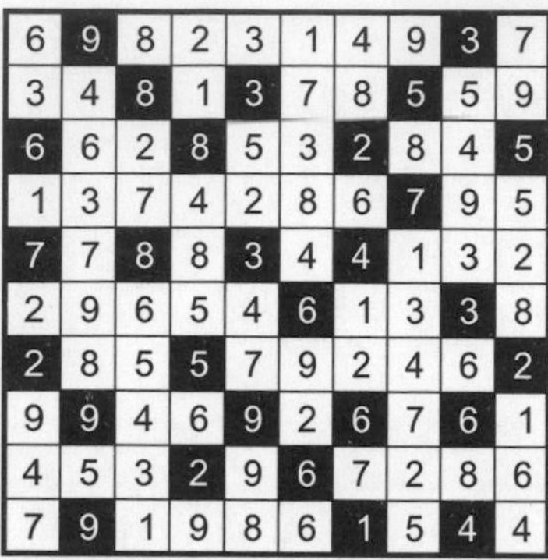

| 6 | 9 | 8 | 2 | 3 | 1 | 4 | 9 | 3 | 7 |
|---|---|---|---|---|---|---|---|---|---|
| 3 | 4 | 8 | 1 | 3 | 7 | 8 | 5 | 5 | 9 |
| 6 | 6 | 2 | 8 | 5 | 3 | 2 | 8 | 4 | 5 |
| 1 | 3 | 7 | 4 | 2 | 8 | 6 | 7 | 9 | 5 |
| 7 | 7 | 8 | 8 | 3 | 4 | 4 | 1 | 3 | 2 |
| 2 | 9 | 6 | 5 | 4 | 6 | 1 | 3 | 3 | 8 |
| 2 | 8 | 5 | 5 | 7 | 9 | 2 | 4 | 6 | 2 |
| 9 | 9 | 4 | 6 | 9 | 2 | 6 | 7 | 6 | 1 |
| 4 | 5 | 3 | 2 | 9 | 6 | 7 | 2 | 8 | 6 |
| 7 | 9 | 1 | 9 | 8 | 6 | 1 | 5 | 4 | 4 |

51

| 7 | 5 | 3 | 2 | 4 | 6 | 9 | 3 | 8 | 4 |
|---|---|---|---|---|---|---|---|---|---|
| 2 | 6 | 8 | 1 | 6 | 1 | 5 | 9 | 3 | 2 |
| 3 | 8 | 3 | 4 | 8 | 7 | 1 | 2 | 6 | 1 |
| 3 | 3 | 6 | 3 | 7 | 8 | 1 | 4 | 4 | 2 |
| 6 | 2 | 7 | 3 | 8 | 9 | 9 | 5 | 4 | 6 |
| 8 | 4 | 8 | 9 | 2 | 1 | 2 | 9 | 5 | 7 |
| 7 | 1 | 9 | 6 | 4 | 3 | 7 | 3 | 9 | 6 |
| 5 | 9 | 8 | 6 | 2 | 4 | 3 | 2 | 7 | 8 |
| 2 | 6 | 2 | 3 | 5 | 3 | 6 | 7 | 1 | 3 |
| 1 | 7 | 4 | 8 | 2 | 2 | 6 | 7 | 9 | 3 |

52

| 5 | 5 | 7 | 1 | 8 | 2 | 8 | 6 | 9 | 6 |
|---|---|---|---|---|---|---|---|---|---|
| 1 | 7 | 2 | 2 | 4 | 4 | 5 | 3 | 5 | 9 |
| 8 | 3 | 9 | 6 | 7 | 5 | 4 | 5 | 2 | 1 |
| 4 | 2 | 4 | 4 | 2 | 6 | 9 | 7 | 8 | 6 |
| 2 | 8 | 6 | 7 | 9 | 8 | 3 | 6 | 7 | 4 |
| 5 | 4 | 8 | 7 | 2 | 9 | 4 | 5 | 3 | 5 |
| 7 | 7 | 3 | 6 | 6 | 4 | 2 | 8 | 2 | 5 |
| 3 | 5 | 8 | 9 | 8 | 6 | 7 | 6 | 1 | 2 |
| 4 | 6 | 4 | 3 | 3 | 7 | 1 | 1 | 5 | 4 |
| 4 | 9 | 2 | 3 | 3 | 8 | 2 | 1 | 6 | 7 |

53

| 1 | 1 | 8 | 5 | 7 | 3 | 2 | 5 | 3 | 8 |
|---|---|---|---|---|---|---|---|---|---|
| 3 | 5 | 7 | 2 | 2 | 1 | 9 | 4 | 6 | 8 |
| 9 | 4 | 2 | 7 | 3 | 9 | 5 | 6 | 2 | 2 |
| 8 | 3 | 3 | 6 | 8 | 9 | 3 | 7 | 8 | 5 |
| 4 | 6 | 7 | 9 | 8 | 3 | 7 | 9 | 5 | 2 |
| 7 | 2 | 5 | 2 | 1 | 7 | 6 | 8 | 9 | 9 |
| 5 | 1 | 9 | 3 | 6 | 5 | 4 | 2 | 5 | 6 |
| 5 | 6 | 2 | 4 | 6 | 7 | 3 | 9 | 8 | 7 |
| 6 | 8 | 4 | 4 | 9 | 2 | 5 | 5 | 2 | 3 |
| 7 | 3 | 6 | 2 | 9 | 7 | 8 | 9 | 4 | 9 |

54

| 7 | 2 | 5 | 3 | 1 | 5 | 9 | 9 | 8 | 6 |
|---|---|---|---|---|---|---|---|---|---|
| 9 | 7 | 5 | 2 | 8 | 3 | 6 | 3 | 9 | 5 |
| 9 | 8 | 8 | 6 | 1 | 1 | 8 | 4 | 4 | 7 |
| 7 | 3 | 4 | 1 | 7 | 6 | 8 | 1 | 2 | 9 |
| 1 | 4 | 4 | 8 | 5 | 7 | 2 | 5 | 7 | 5 |
| 5 | 5 | 8 | 1 | 4 | 7 | 9 | 9 | 3 | 1 |
| 7 | 5 | 6 | 7 | 6 | 2 | 1 | 8 | 4 | 4 |
| 4 | 9 | 7 | 6 | 6 | 5 | 3 | 9 | 1 | 5 |
| 9 | 6 | 5 | 1 | 9 | 4 | 6 | 5 | 3 | 3 |
| 6 | 1 | 2 | 9 | 4 | 3 | 5 | 7 | 4 | 8 |

55

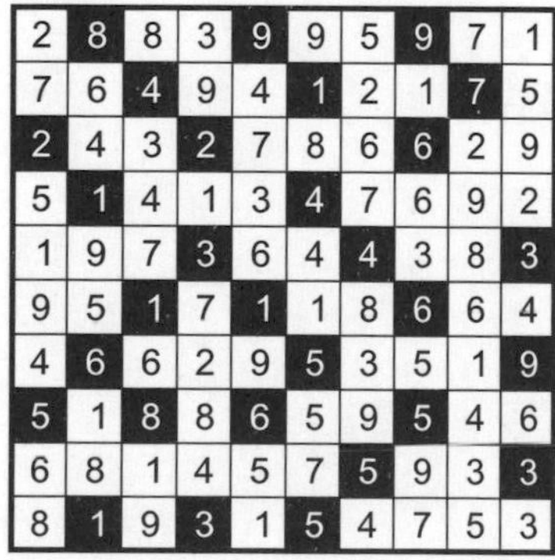

| 2 | 8 | 8 | 3 | 9 | 9 | 5 | 9 | 7 | 1 |
|---|---|---|---|---|---|---|---|---|---|
| 7 | 6 | 4 | 9 | 4 | 1 | 2 | 1 | 7 | 5 |
| 2 | 4 | 3 | 2 | 7 | 8 | 6 | 6 | 2 | 9 |
| 5 | 1 | 4 | 1 | 3 | 4 | 7 | 6 | 9 | 2 |
| 1 | 9 | 7 | 3 | 6 | 4 | 4 | 3 | 8 | 3 |
| 9 | 5 | 1 | 7 | 1 | 1 | 8 | 6 | 6 | 4 |
| 4 | 6 | 6 | 2 | 9 | 5 | 3 | 5 | 1 | 9 |
| 5 | 1 | 8 | 8 | 6 | 5 | 9 | 5 | 4 | 6 |
| 6 | 8 | 1 | 4 | 5 | 7 | 5 | 9 | 3 | 3 |
| 8 | 1 | 9 | 3 | 1 | 5 | 4 | 7 | 5 | 3 |

56

# SOLUTIONS

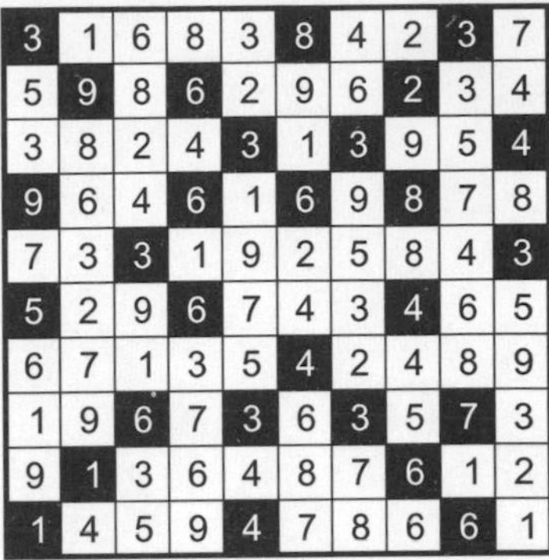

| 3 | 1 | 6 | 8 | 3 | 8 | 4 | 2 | 3 | 7 |
|---|---|---|---|---|---|---|---|---|---|
| 5 | 9 | 8 | 6 | 2 | 9 | 6 | 2 | 3 | 4 |
| 3 | 8 | 2 | 4 | 3 | 1 | 3 | 9 | 5 | 4 |
| 9 | 6 | 4 | 6 | 1 | 6 | 9 | 8 | 7 | 8 |
| 7 | 3 | 3 | 1 | 9 | 2 | 5 | 8 | 4 | 3 |
| 5 | 2 | 9 | 6 | 7 | 4 | 3 | 4 | 6 | 5 |
| 6 | 7 | 1 | 3 | 5 | 4 | 2 | 4 | 8 | 9 |
| 1 | 9 | 6 | 7 | 3 | 6 | 3 | 5 | 7 | 3 |
| 9 | 1 | 3 | 6 | 4 | 8 | 7 | 6 | 1 | 2 |
| 1 | 4 | 5 | 9 | 4 | 7 | 8 | 6 | 6 | 1 |

57

| 3 | 1 | 9 | 8 | 9 | 8 | 7 | 6 | 3 | 4 |
|---|---|---|---|---|---|---|---|---|---|
| 7 | 5 | 1 | 2 | 4 | 2 | 8 | 3 | 6 | 7 |
| 9 | 2 | 4 | 7 | 8 | 8 | 3 | 4 | 1 | 5 |
| 7 | 7 | 8 | 1 | 2 | 1 | 5 | 4 | 5 | 5 |
| 2 | 6 | 9 | 1 | 7 | 3 | 5 | 2 | 9 | 8 |
| 9 | 3 | 7 | 2 | 6 | 8 | 2 | 9 | 8 | 7 |
| 4 | 8 | 6 | 5 | 3 | 9 | 7 | 7 | 9 | 1 |
| 5 | 4 | 4 | 9 | 4 | 8 | 6 | 2 | 7 | 3 |
| 7 | 7 | 9 | 9 | 1 | 6 | 1 | 5 | 2 | 5 |
| 8 | 9 | 9 | 2 | 5 | 4 | 1 | 9 | 3 | 6 |

58

| 9 | 3 | 9 | 5 | 5 | 4 | 2 | 8 | 6 | 6 |
|---|---|---|---|---|---|---|---|---|---|
| 5 | 8 | 2 | 4 | 8 | 2 | 4 | 3 | 6 | 6 |
| 6 | 9 | 2 | 5 | 7 | 8 | 4 | 1 | 8 | 3 |
| 8 | 1 | 1 | 6 | 6 | 9 | 5 | 1 | 7 | 5 |
| 7 | 7 | 4 | 6 | 3 | 6 | 1 | 4 | 1 | 2 |
| 4 | 6 | 5 | 4 | 1 | 8 | 2 | 7 | 2 | 9 |
| 9 | 1 | 5 | 7 | 6 | 5 | 8 | 6 | 8 | 4 |
| 6 | 2 | 6 | 9 | 8 | 8 | 7 | 5 | 4 | 5 |
| 7 | 5 | 4 | 3 | 3 | 1 | 2 | 2 | 4 | 8 |
| 6 | 4 | 9 | 8 | 2 | 6 | 3 | 9 | 1 | 5 |

59

| 9 | 5 | 8 | 4 | 2 | 2 | 1 | 6 | 1 | 8 |
|---|---|---|---|---|---|---|---|---|---|
| 8 | 4 | 4 | 7 | 3 | 9 | 2 | 6 | 6 | 7 |
| 7 | 9 | 6 | 2 | 7 | 5 | 5 | 4 | 1 | 3 |
| 5 | 3 | 8 | 9 | 1 | 2 | 9 | 7 | 3 | 3 |
| 3 | 7 | 6 | 6 | 4 | 8 | 5 | 6 | 2 | 1 |
| 4 | 8 | 7 | 8 | 5 | 7 | 3 | 1 | 3 | 6 |
| 4 | 3 | 9 | 8 | 7 | 4 | 3 | 2 | 7 | 8 |
| 1 | 6 | 9 | 9 | 7 | 3 | 4 | 8 | 5 | 2 |
| 7 | 1 | 5 | 3 | 5 | 7 | 6 | 7 | 9 | 1 |
| 2 | 4 | 8 | 7 | 6 | 1 | 9 | 9 | 8 | 5 |

60

| 7 | 1 | 7 | 5 | 2 | 9 | 6 | 9 | 8 | 2 |
|---|---|---|---|---|---|---|---|---|---|
| 7 | 5 | 4 | 8 | 8 | 1 | 3 | 7 | 9 | 3 |
| 4 | 7 | 8 | 9 | 6 | 6 | 2 | 7 | 3 | 5 |
| 9 | 8 | 7 | 6 | 9 | 7 | 1 | 3 | 5 | 3 |
| 9 | 9 | 1 | 3 | 2 | 2 | 1 | 5 | 7 | 6 |
| 1 | 4 | 2 | 6 | 7 | 9 | 8 | 2 | 6 | 9 |
| 7 | 2 | 8 | 7 | 5 | 3 | 3 | 8 | 2 | 4 |
| 8 | 6 | 7 | 1 | 4 | 3 | 5 | 2 | 4 | 9 |
| 6 | 3 | 8 | 8 | 1 | 5 | 5 | 4 | 5 | 2 |
| 4 | 9 | 5 | 1 | 4 | 6 | 7 | 7 | 2 | 1 |

61

| 6 | 4 | 7 | 3 | 8 | 3 | 9 | 4 | 1 | 1 |
|---|---|---|---|---|---|---|---|---|---|
| 2 | 5 | 8 | 4 | 6 | 9 | 4 | 4 | 1 | 7 |
| 9 | 2 | 2 | 9 | 5 | 6 | 3 | 3 | 5 | 9 |
| 3 | 9 | 6 | 4 | 5 | 3 | 7 | 8 | 8 | 2 |
| 4 | 5 | 1 | 7 | 3 | 2 | 3 | 3 | 6 | 5 |
| 9 | 6 | 9 | 5 | 3 | 8 | 2 | 1 | 7 | 4 |
| 1 | 2 | 3 | 2 | 5 | 5 | 3 | 9 | 6 | 6 |
| 3 | 7 | 2 | 3 | 9 | 6 | 6 | 9 | 3 | 2 |
| 7 | 4 | 1 | 8 | 1 | 3 | 5 | 6 | 2 | 9 |
| 2 | 3 | 9 | 6 | 8 | 7 | 9 | 2 | 8 | 9 |

62

# SOLUTIONS

| 4 | 8 | 6 | 6 | 1 | 6 | 3 | 5 | 4 | 3 |
|---|---|---|---|---|---|---|---|---|---|
| 3 | 9 | 4 | 1 | 8 | 5 | 8 | 2 | 6 | 4 |
| 2 | 7 | 9 | 2 | 3 | 7 | 5 | 1 | 2 | 9 |
| 4 | 5 | 2 | 8 | 5 | 6 | 1 | 2 | 7 | 3 |
| 1 | 4 | 3 | 1 | 2 | 7 | 7 | 6 | 9 | 4 |
| 6 | 5 | 3 | 2 | 7 | 3 | 8 | 4 | 1 | 9 |
| 6 | 6 | 4 | 7 | 7 | 9 | 4 | 8 | 6 | 2 |
| 2 | 1 | 3 | 6 | 9 | 6 | 7 | 1 | 3 | 8 |
| 5 | 3 | 8 | 8 | 4 | 1 | 2 | 9 | 7 | 7 |
| 4 | 2 | 9 | 9 | 6 | 5 | 4 | 3 | 5 | 4 |

63

| 2 | 7 | 8 | 6 | 5 | 8 | 5 | 1 | 8 | 3 |
|---|---|---|---|---|---|---|---|---|---|
| 4 | 3 | 7 | 1 | 5 | 9 | 4 | 4 | 8 | 6 |
| 3 | 9 | 1 | 6 | 6 | 5 | 2 | 6 | 5 | 7 |
| 6 | 3 | 9 | 7 | 7 | 4 | 1 | 3 | 8 | 8 |
| 2 | 8 | 3 | 2 | 9 | 4 | 4 | 7 | 3 | 5 |
| 9 | 2 | 4 | 8 | 8 | 3 | 4 | 5 | 6 | 1 |
| 6 | 4 | 8 | 5 | 5 | 6 | 9 | 4 | 7 | 8 |
| 1 | 6 | 8 | 8 | 3 | 7 | 7 | 9 | 4 | 2 |
| 4 | 5 | 3 | 5 | 7 | 2 | 6 | 3 | 1 | 4 |
| 4 | 1 | 2 | 3 | 3 | 5 | 7 | 6 | 4 | 9 |

64

| 5 | 6 | 4 | 5 | 3 | 4 | 1 | 8 | 2 | 8 |
|---|---|---|---|---|---|---|---|---|---|
| 3 | 8 | 6 | 5 | 8 | 4 | 7 | 1 | 1 | 2 |
| 2 | 5 | 1 | 1 | 2 | 5 | 4 | 7 | 8 | 7 |
| 4 | 3 | 3 | 2 | 7 | 1 | 4 | 5 | 2 | 6 |
| 8 | 8 | 2 | 4 | 5 | 3 | 3 | 7 | 6 | 7 |
| 5 | 7 | 5 | 4 | 6 | 3 | 2 | 1 | 4 | 8 |
| 2 | 7 | 8 | 1 | 2 | 7 | 6 | 6 | 3 | 7 |
| 1 | 2 | 7 | 7 | 4 | 1 | 8 | 1 | 5 | 3 |
| 4 | 8 | 3 | 7 | 1 | 2 | 6 | 4 | 1 | 5 |
| 6 | 1 | 7 | 8 | 5 | 5 | 6 | 2 | 7 | 8 |

65

| 1 | 4 | 8 | 1 | 5 | 9 | 2 | 6 | 2 | 3 |
|---|---|---|---|---|---|---|---|---|---|
| 2 | 4 | 5 | 1 | 4 | 3 | 5 | 8 | 6 | 7 |
| 8 | 9 | 3 | 8 | 6 | 3 | 7 | 6 | 2 | 4 |
| 4 | 7 | 6 | 9 | 1 | 7 | 5 | 9 | 6 | 2 |
| 8 | 7 | 1 | 4 | 3 | 4 | 6 | 5 | 1 | 8 |
| 6 | 2 | 9 | 1 | 7 | 5 | 2 | 3 | 9 | 1 |
| 6 | 1 | 7 | 2 | 8 | 6 | 4 | 2 | 9 | 8 |
| 3 | 1 | 1 | 4 | 9 | 4 | 4 | 2 | 7 | 5 |
| 5 | 3 | 4 | 7 | 3 | 2 | 8 | 1 | 2 | 9 |
| 7 | 2 | 2 | 9 | 8 | 1 | 2 | 4 | 5 | 7 |

66

| 8 | 9 | 5 | 6 | 1 | 2 | 5 | 8 | 3 | 7 |
|---|---|---|---|---|---|---|---|---|---|
| 8 | 8 | 5 | 9 | 6 | 1 | 1 | 7 | 1 | 9 |
| 3 | 6 | 7 | 1 | 4 | 9 | 7 | 5 | 2 | 4 |
| 2 | 7 | 7 | 4 | 2 | 3 | 8 | 1 | 6 | 6 |
| 2 | 3 | 9 | 9 | 8 | 1 | 7 | 9 | 1 | 1 |
| 3 | 1 | 6 | 9 | 5 | 5 | 1 | 2 | 7 | 3 |
| 5 | 4 | 8 | 2 | 7 | 1 | 6 | 3 | 3 | 2 |
| 9 | 9 | 1 | 2 | 5 | 1 | 3 | 8 | 4 | 8 |
| 4 | 2 | 5 | 3 | 2 | 7 | 9 | 8 | 5 | 9 |
| 5 | 5 | 3 | 9 | 4 | 8 | 9 | 9 | 6 | 1 |

67

| 8 | 5 | 2 | 7 | 7 | 3 | 5 | 1 | 6 | 1 |
|---|---|---|---|---|---|---|---|---|---|
| 3 | 6 | 7 | 4 | 4 | 5 | 8 | 1 | 2 | 6 |
| 5 | 4 | 4 | 8 | 2 | 7 | 1 | 7 | 2 | 6 |
| 4 | 5 | 8 | 7 | 3 | 1 | 5 | 4 | 8 | 2 |
| 6 | 2 | 1 | 7 | 8 | 7 | 4 | 5 | 5 | 3 |
| 4 | 4 | 8 | 2 | 5 | 3 | 6 | 3 | 7 | 3 |
| 3 | 4 | 5 | 4 | 1 | 2 | 7 | 3 | 3 | 8 |
| 1 | 8 | 3 | 3 | 6 | 5 | 2 | 5 | 4 | 8 |
| 2 | 6 | 6 | 5 | 8 | 4 | 3 | 8 | 1 | 7 |
| 4 | 7 | 3 | 4 | 4 | 8 | 4 | 6 | 4 | 5 |

68

# SOLUTIONS

| 1 | 6 | 3 | 1 | 2 | 7 | 4 | 3 | 4 | 7 |
|---|---|---|---|---|---|---|---|---|---|
| 4 | 5 | 3 | 2 | 6 | 1 | 9 | 7 | 3 | 1 |
| 3 | 3 | 8 | 7 | 4 | 2 | 9 | 1 | 9 | 7 |
| 2 | 9 | 2 | 6 | 3 | 3 | 7 | 5 | 1 | 7 |
| 6 | 9 | 9 | 3 | 8 | 6 | 4 | 2 | 5 | 5 |
| 3 | 4 | 2 | 7 | 1 | 6 | 8 | 7 | 2 | 9 |
| 2 | 2 | 4 | 5 | 4 | 1 | 6 | 6 | 3 | 6 |
| 1 | 7 | 2 | 7 | 5 | 8 | 6 | 4 | 1 | 3 |
| 7 | 1 | 9 | 4 | 3 | 9 | 8 | 8 | 5 | 6 |
| 6 | 8 | 6 | 2 | 7 | 8 | 2 | 9 | 4 | 4 |

69

| 6 | 4 | 3 | 8 | 9 | 7 | 6 | 3 | 2 | 6 |
|---|---|---|---|---|---|---|---|---|---|
| 9 | 9 | 8 | 6 | 6 | 7 | 7 | 4 | 5 | 3 |
| 9 | 9 | 3 | 7 | 8 | 2 | 6 | 3 | 4 | 4 |
| 2 | 5 | 3 | 3 | 4 | 9 | 1 | 8 | 1 | 7 |
| 5 | 8 | 7 | 1 | 3 | 3 | 2 | 3 | 8 | 1 |
| 3 | 6 | 2 | 4 | 2 | 3 | 8 | 9 | 3 | 1 |
| 8 | 6 | 4 | 5 | 4 | 6 | 9 | 1 | 3 | 2 |
| 4 | 3 | 3 | 2 | 1 | 6 | 5 | 7 | 4 | 6 |
| 4 | 7 | 2 | 6 | 9 | 4 | 1 | 5 | 9 | 2 |
| 1 | 8 | 3 | 9 | 3 | 5 | 7 | 6 | 7 | 4 |

70

| 6 | 8 | 7 | 9 | 9 | 4 | 1 | 1 | 3 | 4 |
|---|---|---|---|---|---|---|---|---|---|
| 1 | 6 | 9 | 4 | 2 | 6 | 5 | 2 | 5 | 7 |
| 2 | 3 | 4 | 7 | 1 | 8 | 4 | 3 | 6 | 8 |
| 4 | 3 | 1 | 1 | 5 | 3 | 6 | 3 | 2 | 8 |
| 9 | 2 | 4 | 1 | 4 | 3 | 5 | 7 | 7 | 9 |
| 9 | 4 | 8 | 7 | 6 | 2 | 4 | 7 | 1 | 9 |
| 5 | 6 | 3 | 2 | 8 | 3 | 3 | 1 | 9 | 8 |
| 3 | 7 | 6 | 9 | 2 | 1 | 9 | 8 | 8 | 4 |
| 7 | 3 | 3 | 9 | 8 | 5 | 8 | 8 | 4 | 2 |
| 4 | 1 | 5 | 7 | 4 | 7 | 8 | 6 | 5 | 3 |

71

| 2 | 4 | 7 | 3 | 7 | 6 | 2 | 7 | 7 | 8 |
|---|---|---|---|---|---|---|---|---|---|
| 4 | 7 | 6 | 8 | 3 | 9 | 7 | 1 | 5 | 2 |
| 9 | 5 | 8 | 5 | 1 | 3 | 5 | 4 | 7 | 4 |
| 6 | 3 | 5 | 7 | 5 | 1 | 2 | 1 | 4 | 9 |
| 8 | 9 | 5 | 5 | 8 | 2 | 6 | 2 | 4 | 4 |
| 5 | 4 | 1 | 2 | 7 | 4 | 5 | 6 | 3 | 4 |
| 8 | 6 | 3 | 8 | 4 | 8 | 1 | 8 | 9 | 7 |
| 1 | 2 | 7 | 4 | 7 | 2 | 5 | 8 | 5 | 3 |
| 7 | 2 | 2 | 1 | 5 | 2 | 9 | 3 | 8 | 6 |
| 7 | 7 | 2 | 6 | 1 | 8 | 4 | 6 | 1 | 4 |

72

| 2 | 9 | 6 | 7 | 2 | 7 | 4 | 6 | 5 | 7 |
|---|---|---|---|---|---|---|---|---|---|
| 4 | 3 | 8 | 7 | 5 | 5 | 6 | 9 | 1 | 2 |
| 4 | 1 | 8 | 4 | 5 | 8 | 2 | 2 | 5 | 6 |
| 3 | 7 | 9 | 9 | 4 | 2 | 1 | 9 | 7 | 5 |
| 7 | 2 | 1 | 9 | 1 | 4 | 4 | 8 | 6 | 3 |
| 3 | 6 | 5 | 2 | 1 | 3 | 3 | 4 | 9 | 5 |
| 9 | 8 | 5 | 6 | 4 | 3 | 5 | 8 | 4 | 7 |
| 4 | 7 | 4 | 6 | 3 | 4 | 8 | 6 | 2 | 4 |
| 2 | 5 | 4 | 1 | 7 | 6 | 9 | 3 | 8 | 4 |
| 7 | 4 | 7 | 5 | 8 | 7 | 2 | 8 | 3 | 3 |

73

| 8 | 8 | 7 | 3 | 1 | 9 | 5 | 5 | 7 | 4 | 4 | 1 |
|---|---|---|---|---|---|---|---|---|---|---|---|
| 3 | 4 | 5 | 10 | 7 | 8 | 6 | 6 | 2 | 7 | 1 | 9 |
| 2 | 2 | 9 | 8 | 6 | 9 | 3 | 10 | 2 | 5 | 7 | 4 |
| 8 | 2 | 6 | 7 | 7 | 1 | 6 | 5 | 10 | 10 | 9 | 1 |
| 9 | 5 | 4 | 6 | 10 | 3 | 9 | 6 | 8 | 1 | 1 | 7 |
| 10 | 3 | 6 | 3 | 7 | 8 | 1 | 8 | 3 | 4 | 2 | 5 |
| 6 | 5 | 10 | 2 | 9 | 7 | 8 | 8 | 1 | 3 | 5 | 2 |
| 4 | 10 | 7 | 1 | 10 | 6 | 2 | 3 | 1 | 9 | 7 | 8 |
| 7 | 7 | 1 | 4 | 8 | 4 | 1 | 2 | 3 | 3 | 10 | 6 |
| 9 | 6 | 7 | 5 | 7 | 10 | 7 | 5 | 4 | 2 | 7 | 1 |
| 1 | 1 | 3 | 9 | 5 | 2 | 4 | 7 | 4 | 10 | 6 | 2 |
| 1 | 7 | 7 | 4 | 5 | 2 | 10 | 9 | 5 | 7 | 8 | 2 |

74

| 9 | 8 | 7 | 6 | 10 | 10 | 5 | 3 | 4 | 1 | 9 | 8 |
|---|---|---|---|---|---|---|---|---|---|---|---|
| 7 | 8 | 6 | 7 | 1 | 3 | 2 | 6 | 9 | 4 | 5 | 10 |
| 4 | 10 | 1 | 8 | 6 | 9 | 4 | 6 | 10 | 5 | 1 | 8 |
| 9 | 9 | 3 | 4 | 5 | 2 | 8 | 10 | 2 | 6 | 10 | 7 |
| 3 | 6 | 9 | 4 | 2 | 7 | 4 | 9 | 1 | 5 | 8 | 5 |
| 10 | 6 | 2 | 1 | 4 | 7 | 6 | 5 | 2 | 7 | 3 | 3 |
| 2 | 7 | 1 | 2 | 4 | 8 | 10 | 4 | 5 | 9 | 3 | 3 |
| 6 | 1 | 3 | 3 | 8 | 4 | 7 | 2 | 7 | 10 | 9 | 4 |
| 10 | 2 | 5 | 2 | 10 | 1 | 3 | 9 | 7 | 9 | 6 | 5 |
| 2 | 4 | 10 | 9 | 1 | 5 | 8 | 1 | 1 | 8 | 8 | 6 |
| 6 | 5 | 4 | 6 | 6 | 2 | 1 | 7 | 8 | 3 | 10 | 9 |
| 5 | 3 | 8 | 7 | 10 | 4 | 9 | 3 | 10 | 2 | 3 | 1 |

75

| 5 | 6 | 3 | 10 | 8 | 7 | 9 | 4 | 3 | 7 | 5 | 1 |
|---|---|---|---|---|---|---|---|---|---|---|---|
| 7 | 10 | 2 | 6 | 1 | 7 | 1 | 9 | 5 | 7 | 3 | 6 |
| 1 | 3 | 3 | 5 | 9 | 2 | 2 | 1 | 10 | 8 | 7 | 1 |
| 9 | 9 | 6 | 4 | 4 | 5 | 8 | 2 | 7 | 3 | 1 | 10 |
| 8 | 5 | 3 | 3 | 4 | 5 | 10 | 7 | 7 | 2 | 10 | 9 |
| 1 | 8 | 7 | 6 | 8 | 2 | 7 | 1 | 9 | 7 | 5 | 1 |
| 7 | 1 | 4 | 9 | 3 | 8 | 5 | 6 | 6 | 10 | 9 | 2 |
| 6 | 2 | 4 | 7 | 7 | 10 | 7 | 8 | 6 | 9 | 9 | 4 |
| 9 | 4 | 3 | 8 | 5 | 6 | 7 | 7 | 2 | 1 | 10 | 2 |
| 10 | 5 | 8 | 4 | 7 | 3 | 1 | 5 | 4 | 7 | 6 | 3 |
| 2 | 7 | 9 | 9 | 10 | 3 | 4 | 1 | 1 | 6 | 8 | 5 |
| 6 | 5 | 9 | 1 | 5 | 4 | 8 | 3 | 8 | 5 | 1 | 7 |

76

| 8 | 2 | 3 | 7 | 6 | 1 | 7 | 7 | 9 | 10 | 5 | 10 |
|---|---|---|---|---|---|---|---|---|---|---|---|
| 6 | 2 | 8 | 9 | 7 | 5 | 4 | 8 | 3 | 2 | 10 | 7 |
| 3 | 1 | 4 | 3 | 8 | 10 | 8 | 6 | 4 | 7 | 3 | 5 |
| 10 | 6 | 2 | 5 | 4 | 4 | 8 | 3 | 1 | 9 | 3 | 2 |
| 5 | 5 | 10 | 4 | 9 | 7 | 7 | 2 | 6 | 7 | 8 | 8 |
| 5 | 8 | 6 | 6 | 7 | 9 | 3 | 10 | 5 | 5 | 7 | 4 |
| 4 | 5 | 9 | 7 | 3 | 8 | 1 | 1 | 2 | 9 | 6 | 7 |
| 6 | 3 | 6 | 7 | 2 | 7 | 1 | 6 | 5 | 10 | 4 | 6 |
| 9 | 1 | 2 | 10 | 9 | 6 | 7 | 5 | 2 | 4 | 10 | 1 |
| 3 | 9 | 5 | 1 | 10 | 10 | 5 | 4 | 4 | 10 | 2 | 8 |
| 1 | 10 | 5 | 2 | 5 | 4 | 10 | 8 | 7 | 3 | 9 | 6 |
| 7 | 10 | 1 | 3 | 5 | 2 | 10 | 4 | 4 | 8 | 9 | 9 |

77

| 2 | 8 | 1 | 6 | 5 | 8 | 6 | 9 | 10 | 8 | 7 | 6 |
|---|---|---|---|---|---|---|---|---|---|---|---|
| 11 | 5 | 2 | 7 | 11 | 9 | 1 | 6 | 7 | 4 | 3 | 3 |
| 5 | 3 | 10 | 9 | 11 | 2 | 8 | 5 | 4 | 6 | 9 | 3 |
| 8 | 1 | 4 | 6 | 6 | 5 | 6 | 10 | 2 | 8 | 10 | 2 |
| 8 | 6 | 9 | 9 | 1 | 11 | 3 | 5 | 7 | 2 | 4 | 10 |
| 3 | 4 | 2 | 2 | 4 | 6 | 4 | 8 | 7 | 7 | 11 | 11 |
| 5 | 9 | 6 | 1 | 7 | 1 | 10 | 7 | 5 | 3 | 11 | 11 |
| 10 | 3 | 6 | 9 | 4 | 7 | 5 | 4 | 1 | 4 | 6 | 8 |
| 9 | 8 | 5 | 8 | 2 | 3 | 4 | 7 | 11 | 10 | 5 | 7 |
| 9 | 7 | 11 | 6 | 4 | 2 | 6 | 2 | 9 | 1 | 10 | 6 |
| 7 | 8 | 8 | 11 | 6 | 4 | 2 | 2 | 3 | 7 | 5 | 9 |
| 7 | 10 | 8 | 3 | 2 | 1 | 8 | 7 | 2 | 9 | 7 | 5 |

78

| 1 | 9 | 6 | 9 | 4 | 1 | 2 | 8 | 2 | 4 | 3 | 3 |
|---|---|---|---|---|---|---|---|---|---|---|---|
| 1 | 6 | 8 | 10 | 9 | 8 | 6 | 5 | 2 | 3 | 2 | 7 |
| 9 | 8 | 1 | 2 | 7 | 10 | 7 | 1 | 4 | 6 | 1 | 6 |
| 9 | 10 | 7 | 3 | 8 | 5 | 2 | 6 | 5 | 5 | 9 | 4 |
| 10 | 6 | 4 | 4 | 1 | 9 | 9 | 3 | 5 | 5 | 7 | 4 |
| 8 | 8 | 5 | 4 | 7 | 10 | 9 | 10 | 1 | 6 | 6 | 3 |
| 4 | 7 | 4 | 8 | 7 | 2 | 5 | 9 | 3 | 9 | 10 | 6 |
| 3 | 4 | 9 | 9 | 5 | 3 | 2 | 2 | 7 | 7 | 10 | 10 |
| 3 | 9 | 10 | 1 | 6 | 8 | 8 | 9 | 7 | 4 | 5 | 9 |
| 7 | 2 | 1 | 9 | 4 | 8 | 3 | 7 | 10 | 3 | 4 | 5 |
| 6 | 8 | 3 | 9 | 2 | 5 | 6 | 1 | 1 | 8 | 2 | 9 |
| 3 | 3 | 2 | 5 | 9 | 6 | 10 | 7 | 9 | 1 | 8 | 9 |

79

| 10 | 7 | 5 | 3 | 4 | 1 | 5 | 8 | 9 | 6 | 2 | 2 |
|---|---|---|---|---|---|---|---|---|---|---|---|
| 5 | 10 | 10 | 8 | 2 | 2 | 3 | 10 | 6 | 4 | 5 | 7 |
| 3 | 10 | 7 | 4 | 10 | 6 | 6 | 9 | 2 | 4 | 1 | 1 |
| 2 | 3 | 1 | 6 | 6 | 8 | 6 | 10 | 2 | 5 | 10 | 9 |
| 9 | 8 | 4 | 7 | 8 | 6 | 5 | 5 | 3 | 2 | 8 | 1 |
| 6 | 8 | 8 | 6 | 7 | 3 | 9 | 1 | 8 | 3 | 10 | 9 |
| 6 | 9 | 3 | 10 | 6 | 5 | 4 | 9 | 1 | 6 | 7 | 8 |
| 8 | 1 | 6 | 4 | 2 | 3 | 9 | 5 | 10 | 9 | 4 | 6 |
| 7 | 7 | 10 | 2 | 10 | 4 | 1 | 1 | 5 | 10 | 9 | 6 |
| 3 | 5 | 7 | 9 | 8 | 5 | 7 | 3 | 2 | 10 | 2 | 2 |
| 5 | 2 | 8 | 1 | 9 | 10 | 6 | 4 | 7 | 6 | 6 | 3 |
| 5 | 4 | 5 | 5 | 4 | 9 | 2 | 4 | 8 | 7 | 3 | 7 |

80

# SOLUTIONS

| 3 | 8 | 8 | 6 | 9 | 2 | 2 | 8 | 7 | 5 | 10 | 9 |
|---|---|---|---|---|---|---|---|---|---|---|---|
| 2 | 7 | 10 | 5 | 9 | 9 | 6 | 8 | 2 | 1 | 5 | 4 |
| 9 | 4 | 1 | 4 | 10 | 5 | 10 | 6 | 8 | 4 | 7 | 2 |
| 4 | 4 | 5 | 8 | 3 | 4 | 9 | 1 | 9 | 10 | 2 | 9 |
| 6 | 5 | 8 | 10 | 7 | 10 | 4 | 4 | 3 | 5 | 1 | 9 |
| 3 | 6 | 9 | 2 | 8 | 1 | 5 | 4 | 1 | 7 | 1 | 3 |
| 7 | 1 | 5 | 9 | 5 | 4 | 10 | 2 | 6 | 6 | 8 | 5 |
| 6 | 10 | 6 | 10 | 2 | 1 | 3 | 10 | 9 | 4 | 4 | 9 |
| 2 | 3 | 1 | 10 | 5 | 7 | 8 | 7 | 6 | 4 | 10 | 1 |
| 8 | 5 | 7 | 1 | 2 | 2 | 5 | 10 | 7 | 9 | 5 | 6 |
| 10 | 9 | 6 | 4 | 6 | 7 | 1 | 2 | 5 | 2 | 3 | 5 |
| 8 | 2 | 4 | 2 | 1 | 8 | 2 | 5 | 10 | 6 | 6 | 7 |

81

| 3 | 1 | 9 | 2 | 7 | 8 | 11 | 5 | 3 | 8 | 8 | 2 |
|---|---|---|---|---|---|---|---|---|---|---|---|
| 1 | 3 | 1 | 4 | 2 | 6 | 1 | 10 | 5 | 9 | 5 | 11 |
| 2 | 10 | 1 | 1 | 4 | 2 | 9 | 10 | 7 | 11 | 3 | 6 |
| 2 | 4 | 4 | 1 | 3 | 8 | 3 | 11 | 10 | 8 | 5 | 11 |
| 1 | 11 | 4 | 10 | 3 | 1 | 3 | 9 | 9 | 6 | 10 | 8 |
| 3 | 3 | 7 | 3 | 5 | 10 | 6 | 9 | 2 | 8 | 4 | 10 |
| 7 | 8 | 7 | 2 | 9 | 3 | 4 | 1 | 4 | 8 | 10 | 2 |
| 7 | 6 | 2 | 3 | 8 | 6 | 10 | 7 | 2 | 1 | 4 | 4 |
| 10 | 2 | 6 | 2 | 1 | 9 | 4 | 11 | 11 | 3 | 7 | 5 |
| 2 | 5 | 11 | 7 | 10 | 10 | 2 | 3 | 8 | 3 | 9 | 7 |
| 9 | 7 | 11 | 11 | 10 | 4 | 6 | 8 | 1 | 2 | 6 | 3 |
| 10 | 9 | 10 | 10 | 11 | 10 | 1 | 2 | 1 | 5 | 10 | 7 |

82

| 10 | 2 | 9 | 8 | 1 | 5 | 6 | 5 | 9 | 2 | 8 | 3 |
|---|---|---|---|---|---|---|---|---|---|---|---|
| 6 | 1 | 5 | 2 | 10 | 3 | 7 | 8 | 9 | 4 | 1 | 8 |
| 5 | 5 | 8 | 7 | 3 | 10 | 2 | 10 | 6 | 2 | 7 | 4 |
| 4 | 8 | 10 | 3 | 10 | 1 | 5 | 6 | 2 | 6 | 6 | 9 |
| 9 | 2 | 3 | 6 | 6 | 8 | 8 | 7 | 1 | 6 | 9 | 8 |
| 3 | 7 | 2 | 8 | 5 | 4 | 1 | 1 | 2 | 9 | 6 | 10 |
| 1 | 6 | 4 | 6 | 8 | 10 | 9 | 6 | 5 | 3 | 5 | 7 |
| 8 | 6 | 8 | 9 | 7 | 8 | 4 | 8 | 10 | 8 | 1 | 5 |
| 7 | 9 | 1 | 6 | 6 | 5 | 9 | 8 | 4 | 5 | 10 | 7 |
| 9 | 4 | 4 | 1 | 2 | 8 | 10 | 1 | 3 | 7 | 5 | 6 |
| 8 | 8 | 6 | 4 | 1 | 7 | 1 | 3 | 4 | 5 | 7 | 2 |
| 5 | 10 | 3 | 7 | 4 | 8 | 3 | 1 | 8 | 1 | 2 | 7 |

83

| 8 | 6 | 10 | 10 | 1 | 6 | 2 | 4 | 8 | 4 | 4 | 5 |
|---|---|---|---|---|---|---|---|---|---|---|---|
| 2 | 7 | 9 | 11 | 9 | 5 | 1 | 8 | 3 | 3 | 10 | 4 |
| 4 | 4 | 11 | 5 | 6 | 6 | 3 | 7 | 10 | 9 | 7 | 4 |
| 4 | 7 | 2 | 8 | 7 | 9 | 8 | 11 | 11 | 3 | 11 | 10 |
| 3 | 10 | 4 | 8 | 11 | 1 | 11 | 3 | 7 | 2 | 9 | 6 |
| 8 | 4 | 5 | 2 | 11 | 2 | 8 | 3 | 3 | 10 | 4 | 3 |
| 2 | 2 | 7 | 9 | 6 | 8 | 6 | 4 | 5 | 9 | 1 | 11 |
| 1 | 9 | 6 | 9 | 5 | 4 | 7 | 7 | 2 | 11 | 3 | 6 |
| 11 | 2 | 1 | 2 | 4 | 9 | 9 | 10 | 6 | 6 | 5 | 7 |
| 9 | 1 | 9 | 2 | 2 | 10 | 4 | 7 | 3 | 6 | 11 | 3 |
| 9 | 9 | 3 | 10 | 6 | 7 | 8 | 2 | 11 | 8 | 6 | 1 |
| 7 | 5 | 8 | 4 | 4 | 3 | 10 | 9 | 5 | 1 | 6 | 5 |

84

| 4 | 10 | 5 | 5 | 7 | 3 | 2 | 2 | 10 | 6 | 8 | 9 |
|---|---|---|---|---|---|---|---|---|---|---|---|
| 4 | 1 | 3 | 6 | 8 | 6 | 9 | 5 | 7 | 4 | 8 | 10 |
| 3 | 9 | 2 | 8 | 5 | 4 | 7 | 7 | 2 | 9 | 6 | 7 |
| 1 | 8 | 5 | 3 | 9 | 9 | 6 | 10 | 5 | 8 | 7 | 2 |
| 6 | 2 | 4 | 7 | 4 | 8 | 1 | 4 | 10 | 3 | 1 | 7 |
| 5 | 1 | 6 | 5 | 3 | 10 | 8 | 10 | 1 | 8 | 2 | 4 |
| 9 | 8 | 10 | 1 | 2 | 7 | 5 | 3 | 5 | 9 | 7 | 6 |
| 8 | 6 | 2 | 9 | 10 | 6 | 5 | 7 | 4 | 1 | 9 | 6 |
| 2 | 5 | 5 | 4 | 6 | 2 | 10 | 2 | 9 | 3 | 3 | 1 |
| 6 | 6 | 7 | 7 | 4 | 9 | 2 | 1 | 7 | 10 | 5 | 1 |
| 9 | 4 | 8 | 2 | 1 | 8 | 3 | 3 | 6 | 5 | 10 | 7 |
| 10 | 4 | 4 | 9 | 4 | 2 | 1 | 8 | 4 | 7 | 10 | 5 |

85

| 8 | 8 | 9 | 1 | 7 | 6 | 2 | 6 | 10 | 9 | 8 | 6 |
|---|---|---|---|---|---|---|---|---|---|---|---|
| 7 | 3 | 8 | 2 | 3 | 4 | 10 | 6 | 1 | 3 | 9 | 5 |
| 4 | 10 | 4 | 5 | 6 | 1 | 1 | 3 | 10 | 5 | 7 | 3 |
| 8 | 4 | 3 | 10 | 3 | 6 | 1 | 7 | 5 | 2 | 7 | 7 |
| 6 | 1 | 6 | 1 | 2 | 6 | 8 | 10 | 4 | 9 | 5 | 9 |
| 2 | 6 | 2 | 5 | 1 | 8 | 5 | 9 | 5 | 7 | 3 | 3 |
| 1 | 5 | 3 | 8 | 4 | 7 | 6 | 5 | 2 | 1 | 4 | 10 |
| 5 | 8 | 2 | 8 | 4 | 7 | 7 | 1 | 3 | 8 | 8 | 2 |
| 6 | 9 | 6 | 4 | 10 | 2 | 3 | 10 | 7 | 8 | 7 | 1 |
| 4 | 7 | 9 | 6 | 1 | 10 | 4 | 5 | 8 | 1 | 1 | 2 |
| 4 | 2 | 10 | 10 | 5 | 9 | 4 | 7 | 3 | 3 | 6 | 8 |
| 1 | 7 | 7 | 9 | 8 | 2 | 5 | 2 | 6 | 10 | 3 | 1 |

86

# SOLUTIONS

| 1 | 9 | 4 | 9 | 4 | 10 | 10 | 11 | 5 | 11 | 3 | 9 |
|---|---|---|---|---|---|---|---|---|---|---|---|
| 5 | 1 | 9 | 8 | 2 | 11 | 4 | 3 | 9 | 7 | 6 | 10 |
| 9 | 11 | 8 | 2 | 4 | 3 | 11 | 10 | 9 | 4 | 1 | 3 |
| 11 | 9 | 9 | 5 | 7 | 8 | 8 | 7 | 4 | 9 | 10 | 11 |
| 10 | 7 | 9 | 5 | 6 | 8 | 1 | 4 | 11 | 5 | 2 | 7 |
| 6 | 7 | 2 | 11 | 8 | 4 | 3 | 1 | 1 | 9 | 2 | 7 |
| 11 | 5 | 3 | 4 | 2 | 2 | 6 | 1 | 8 | 6 | 8 | 9 |
| 7 | 7 | 11 | 4 | 10 | 5 | 2 | 5 | 6 | 6 | 4 | 7 |
| 6 | 2 | 1 | 7 | 5 | 9 | 6 | 3 | 3 | 8 | 5 | 4 |
| 8 | 6 | 11 | 3 | 8 | 7 | 10 | 2 | 8 | 11 | 9 | 1 |
| 2 | 11 | 7 | 1 | 3 | 5 | 9 | 11 | 10 | 2 | 11 | 10 |
| 6 | 10 | 6 | 3 | 4 | 8 | 11 | 7 | 8 | 2 | 5 | 3 |

87

| 6 | 1 | 1 | 4 | 3 | 5 | 7 | 5 | 10 | 2 | 8 | 1 |
|---|---|---|---|---|---|---|---|---|---|---|---|
| 6 | 6 | 10 | 7 | 3 | 5 | 7 | 2 | 2 | 1 | 2 | 3 |
| 2 | 3 | 6 | 10 | 10 | 7 | 1 | 9 | 4 | 2 | 5 | 8 |
| 4 | 9 | 2 | 10 | 8 | 10 | 6 | 7 | 7 | 5 | 9 | 7 |
| 10 | 9 | 9 | 3 | 1 | 8 | 10 | 1 | 5 | 5 | 4 | 6 |
| 5 | 7 | 4 | 1 | 7 | 6 | 8 | 10 | 4 | 3 | 2 | 9 |
| 3 | 2 | 2 | 8 | 1 | 3 | 1 | 7 | 9 | 4 | 9 | 1 |
| 1 | 4 | 5 | 2 | 6 | 10 | 3 | 8 | 8 | 10 | 7 | 2 |
| 8 | 6 | 9 | 10 | 1 | 4 | 10 | 6 | 9 | 7 | 3 | 2 |
| 7 | 5 | 3 | 6 | 7 | 9 | 4 | 2 | 2 | 8 | 4 | 10 |
| 7 | 7 | 3 | 5 | 9 | 10 | 1 | 8 | 3 | 6 | 1 | 6 |
| 3 | 8 | 1 | 2 | 5 | 4 | 2 | 4 | 6 | 6 | 10 | 7 |

88

| 5 | 4 | 2 | 11 | 5 | 11 | 8 | 5 | 7 | 6 | 8 | 9 |
|---|---|---|---|---|---|---|---|---|---|---|---|
| 5 | 8 | 1 | 3 | 2 | 6 | 11 | 7 | 6 | 2 | 8 | 10 |
| 1 | 7 | 10 | 8 | 9 | 9 | 10 | 1 | 4 | 3 | 9 | 5 |
| 10 | 10 | 9 | 1 | 2 | 11 | 4 | 2 | 5 | 9 | 6 | 9 |
| 10 | 10 | 6 | 1 | 8 | 3 | 1 | 9 | 10 | 5 | 11 | 1 |
| 8 | 2 | 4 | 5 | 4 | 9 | 1 | 10 | 3 | 10 | 1 | 6 |
| 2 | 2 | 7 | 6 | 3 | 10 | 5 | 8 | 10 | 1 | 4 | 6 |
| 3 | 8 | 10 | 8 | 6 | 4 | 4 | 5 | 10 | 7 | 1 | 11 |
| 4 | 3 | 3 | 10 | 1 | 10 | 6 | 10 | 2 | 9 | 7 | 4 |
| 5 | 3 | 5 | 10 | 4 | 10 | 7 | 1 | 5 | 8 | 9 | 2 |
| 6 | 7 | 8 | 9 | 7 | 11 | 2 | 2 | 1 | 11 | 1 | 4 |
| 7 | 9 | 11 | 5 | 2 | 1 | 3 | 10 | 6 | 4 | 5 | 9 |

89

| 10 | 8 | 11 | 8 | 10 | 9 | 9 | 3 | 8 | 2 | 7 | 1 |
|---|---|---|---|---|---|---|---|---|---|---|---|
| 5 | 3 | 2 | 10 | 9 | 10 | 7 | 11 | 8 | 1 | 4 | 11 |
| 4 | 4 | 7 | 2 | 10 | 10 | 9 | 6 | 11 | 5 | 9 | 6 |
| 8 | 11 | 1 | 2 | 4 | 8 | 9 | 2 | 7 | 3 | 9 | 5 |
| 2 | 1 | 2 | 9 | 5 | 7 | 10 | 6 | 8 | 8 | 7 | 4 |
| 6 | 7 | 4 | 10 | 1 | 6 | 8 | 6 | 10 | 11 | 5 | 7 |
| 4 | 8 | 9 | 10 | 6 | 6 | 8 | 1 | 5 | 4 | 6 | 11 |
| 1 | 1 | 8 | 6 | 11 | 5 | 3 | 1 | 9 | 11 | 6 | 10 |
| 3 | 9 | 5 | 6 | 7 | 2 | 7 | 8 | 9 | 10 | 1 | 5 |
| 9 | 5 | 6 | 8 | 2 | 1 | 4 | 5 | 3 | 8 | 10 | 8 |
| 1 | 4 | 10 | 11 | 1 | 3 | 5 | 2 | 1 | 7 | 2 | 2 |
| 8 | 5 | 3 | 9 | 6 | 11 | 1 | 10 | 11 | 9 | 2 | 7 |

90

| 3 | 3 | 5 | 3 | 6 | 4 | 1 | 1 | 7 | 5 | 10 | 9 |
|---|---|---|---|---|---|---|---|---|---|---|---|
| 1 | 3 | 9 | 10 | 2 | 9 | 4 | 1 | 11 | 8 | 1 | 6 |
| 11 | 7 | 3 | 6 | 4 | 11 | 10 | 2 | 1 | 7 | 3 | 8 |
| 11 | 5 | 3 | 1 | 2 | 8 | 7 | 6 | 6 | 4 | 2 | 6 |
| 5 | 8 | 11 | 9 | 7 | 8 | 5 | 4 | 4 | 7 | 1 | 11 |
| 8 | 4 | 11 | 5 | 4 | 3 | 10 | 9 | 2 | 10 | 7 | 7 |
| 3 | 10 | 2 | 8 | 3 | 6 | 2 | 4 | 7 | 5 | 7 | 7 |
| 10 | 1 | 7 | 4 | 7 | 2 | 1 | 11 | 5 | 9 | 6 | 3 |
| 9 | 10 | 4 | 2 | 10 | 3 | 3 | 8 | 8 | 11 | 10 | 1 |
| 6 | 9 | 5 | 11 | 3 | 5 | 1 | 3 | 5 | 7 | 4 | 4 |
| 5 | 5 | 2 | 7 | 1 | 9 | 7 | 8 | 6 | 3 | 2 | 10 |
| 2 | 11 | 3 | 3 | 1 | 1 | 9 | 5 | 1 | 6 | 8 | 4 |

91

| 2 | 1 | 9 | 3 | 3 | 4 | 7 | 1 | 6 | 2 | 10 | 5 |
|---|---|---|---|---|---|---|---|---|---|---|---|
| 8 | 2 | 4 | 7 | 5 | 10 | 2 | 10 | 3 | 9 | 1 | 7 |
| 4 | 2 | 6 | 9 | 10 | 6 | 10 | 8 | 6 | 5 | 2 | 1 |
| 2 | 5 | 8 | 6 | 2 | 9 | 1 | 8 | 10 | 3 | 6 | 7 |
| 5 | 3 | 3 | 6 | 6 | 2 | 4 | 9 | 4 | 10 | 8 | 8 |
| 9 | 7 | 6 | 1 | 3 | 9 | 9 | 2 | 4 | 8 | 4 | 1 |
| 6 | 4 | 10 | 7 | 9 | 3 | 5 | 2 | 7 | 4 | 8 | 2 |
| 3 | 10 | 8 | 4 | 3 | 8 | 1 | 3 | 2 | 1 | 5 | 1 |
| 7 | 1 | 3 | 10 | 4 | 5 | 8 | 5 | 1 | 2 | 5 | 6 |
| 3 | 9 | 9 | 8 | 7 | 5 | 5 | 6 | 4 | 4 | 2 | 10 |
| 1 | 7 | 2 | 5 | 10 | 10 | 3 | 7 | 8 | 6 | 6 | 9 |
| 9 | 8 | 5 | 8 | 6 | 10 | 4 | 1 | 1 | 7 | 3 | 6 |

92

# SOLUTIONS

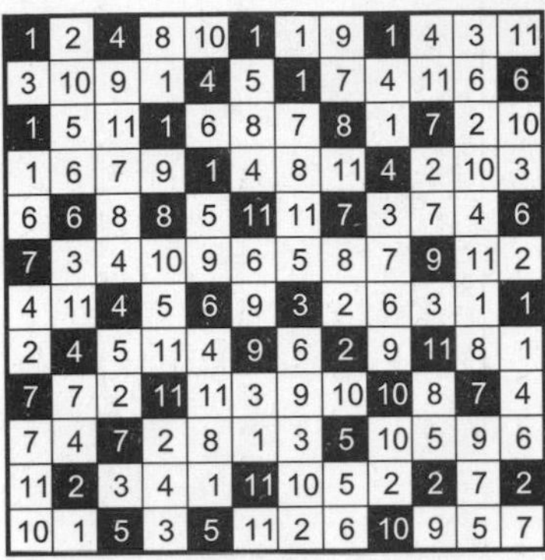

| 1 | 2 | 4 | 8 | 10 | 1 | 1 | 9 | 1 | 4 | 3 | 11 |
|---|---|---|---|---|---|---|---|---|---|---|---|
| 3 | 10 | 9 | 1 | 4 | 5 | 1 | 7 | 4 | 11 | 6 | 6 |
| 1 | 5 | 11 | 1 | 6 | 8 | 7 | 8 | 1 | 7 | 2 | 10 |
| 1 | 6 | 7 | 9 | 1 | 4 | 8 | 11 | 4 | 2 | 10 | 3 |
| 6 | 6 | 8 | 8 | 5 | 11 | 11 | 7 | 3 | 7 | 4 | 6 |
| 7 | 3 | 4 | 10 | 9 | 6 | 5 | 8 | 7 | 9 | 11 | 2 |
| 4 | 11 | 4 | 5 | 6 | 9 | 3 | 2 | 6 | 3 | 1 | 1 |
| 2 | 4 | 5 | 11 | 4 | 9 | 6 | 2 | 9 | 11 | 8 | 1 |
| 7 | 7 | 2 | 11 | 11 | 3 | 9 | 10 | 10 | 8 | 7 | 4 |
| 7 | 4 | 7 | 2 | 8 | 1 | 3 | 5 | 10 | 5 | 9 | 6 |
| 11 | 2 | 3 | 4 | 1 | 11 | 10 | 5 | 2 | 2 | 7 | 2 |
| 10 | 1 | 5 | 3 | 5 | 11 | 2 | 6 | 10 | 9 | 5 | 7 |

93

| 5 | 7 | 2 | 9 | 9 | 10 | 9 | 6 | 3 | 8 | 5 | 4 |
|---|---|---|---|---|---|---|---|---|---|---|---|
| 10 | 2 | 1 | 5 | 11 | 4 | 2 | 9 | 1 | 3 | 4 | 6 |
| 1 | 1 | 7 | 3 | 3 | 4 | 5 | 11 | 6 | 5 | 5 | 4 |
| 8 | 6 | 10 | 11 | 1 | 6 | 9 | 7 | 10 | 6 | 2 | 3 |
| 3 | 2 | 2 | 7 | 4 | 9 | 9 | 8 | 11 | 10 | 10 | 4 |
| 8 | 10 | 6 | 3 | 2 | 10 | 7 | 10 | 9 | 5 | 10 | 8 |
| 2 | 6 | 5 | 2 | 8 | 11 | 3 | 10 | 1 | 4 | 9 | 7 |
| 9 | 9 | 3 | 2 | 6 | 4 | 5 | 3 | 4 | 10 | 6 | 1 |
| 9 | 9 | 11 | 6 | 6 | 5 | 10 | 4 | 10 | 2 | 7 | 4 |
| 11 | 8 | 11 | 1 | 7 | 10 | 4 | 7 | 10 | 10 | 3 | 9 |
| 1 | 4 | 9 | 1 | 5 | 6 | 11 | 3 | 8 | 7 | 7 | 10 |
| 9 | 11 | 1 | 9 | 10 | 11 | 8 | 6 | 5 | 1 | 6 | 8 |

94

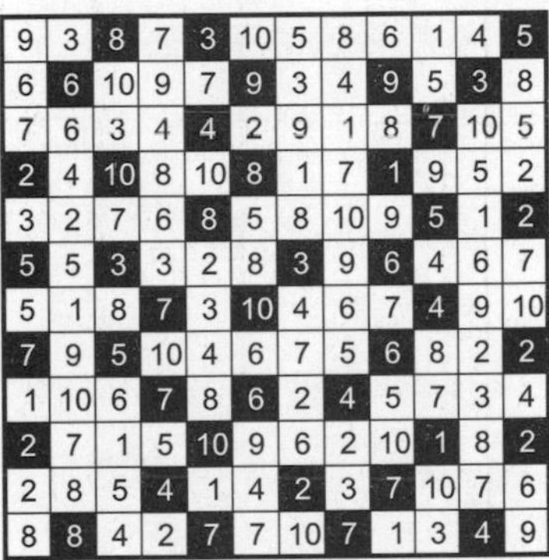

| 9 | 3 | 8 | 7 | 3 | 10 | 5 | 8 | 6 | 1 | 4 | 5 |
|---|---|---|---|---|---|---|---|---|---|---|---|
| 6 | 6 | 10 | 9 | 7 | 9 | 3 | 4 | 9 | 5 | 3 | 8 |
| 7 | 6 | 3 | 4 | 4 | 2 | 9 | 1 | 8 | 7 | 10 | 5 |
| 2 | 4 | 10 | 8 | 10 | 8 | 1 | 7 | 1 | 9 | 5 | 2 |
| 3 | 2 | 7 | 6 | 8 | 5 | 8 | 10 | 9 | 5 | 1 | 2 |
| 5 | 5 | 3 | 3 | 2 | 8 | 3 | 9 | 6 | 4 | 6 | 7 |
| 5 | 1 | 8 | 7 | 3 | 10 | 4 | 6 | 7 | 4 | 9 | 10 |
| 7 | 9 | 5 | 10 | 4 | 6 | 7 | 5 | 6 | 8 | 2 | 2 |
| 1 | 10 | 6 | 7 | 8 | 6 | 2 | 4 | 5 | 7 | 3 | 4 |
| 2 | 7 | 1 | 5 | 10 | 9 | 6 | 2 | 10 | 1 | 8 | 2 |
| 2 | 8 | 5 | 4 | 1 | 4 | 2 | 3 | 7 | 10 | 7 | 6 |
| 8 | 8 | 4 | 2 | 7 | 7 | 10 | 7 | 1 | 3 | 4 | 9 |

95

| 5 | 7 | 3 | 5 | 2 | 2 | 4 | 4 | 10 | 9 | 3 | 3 |
|---|---|---|---|---|---|---|---|---|---|---|---|
| 5 | 6 | 1 | 3 | 2 | 4 | 1 | 10 | 8 | 7 | 9 | 9 |
| 6 | 3 | 10 | 10 | 9 | 9 | 1 | 3 | 5 | 8 | 2 | 4 |
| 9 | 7 | 2 | 3 | 3 | 1 | 6 | 6 | 7 | 4 | 4 | 3 |
| 5 | 4 | 9 | 1 | 9 | 10 | 7 | 3 | 6 | 5 | 1 | 8 |
| 7 | 5 | 10 | 8 | 1 | 6 | 8 | 9 | 5 | 3 | 10 | 2 |
| 6 | 1 | 7 | 9 | 10 | 5 | 6 | 10 | 4 | 2 | 8 | 8 |
| 4 | 2 | 3 | 7 | 8 | 9 | 9 | 7 | 2 | 6 | 4 | 1 |
| 1 | 9 | 10 | 6 | 10 | 8 | 10 | 5 | 2 | 4 | 7 | 3 |
| 8 | 2 | 4 | 2 | 6 | 4 | 3 | 2 | 9 | 8 | 1 | 2 |
| 3 | 8 | 5 | 4 | 1 | 7 | 8 | 2 | 4 | 1 | 9 | 10 |
| 2 | 8 | 10 | 7 | 9 | 3 | 8 | 4 | 1 | 2 | 5 | 9 |

96

| 2 | 7 | 9 | 4 | 2 | 6 | 11 | 7 | 4 | 3 | 5 | 6 |
|---|---|---|---|---|---|---|---|---|---|---|---|
| 1 | 6 | 6 | 10 | 11 | 3 | 2 | 2 | 7 | 5 | 3 | 7 |
| 3 | 6 | 4 | 2 | 11 | 11 | 8 | 9 | 5 | 7 | 10 | 1 |
| 9 | 11 | 8 | 5 | 3 | 4 | 4 | 8 | 1 | 7 | 7 | 6 |
| 11 | 5 | 1 | 8 | 4 | 6 | 6 | 5 | 9 | 10 | 5 | 2 |
| 3 | 3 | 2 | 11 | 6 | 8 | 8 | 1 | 2 | 4 | 11 | 11 |
| 8 | 6 | 7 | 4 | 1 | 1 | 5 | 3 | 2 | 6 | 7 | 11 |
| 2 | 5 | 11 | 3 | 1 | 7 | 10 | 10 | 3 | 2 | 8 | 9 |
| 7 | 10 | 9 | 11 | 5 | 4 | 9 | 7 | 4 | 1 | 4 | 1 |
| 5 | 10 | 3 | 9 | 4 | 10 | 2 | 2 | 6 | 8 | 5 | 4 |
| 4 | 8 | 5 | 6 | 9 | 4 | 1 | 11 | 7 | 2 | 3 | 10 |
| 7 | 10 | 8 | 3 | 2 | 2 | 4 | 10 | 3 | 9 | 6 | 6 |

97

| 3 | 9 | 1 | 3 | 10 | 1 | 5 | 2 | 5 | 8 | 8 | 5 |
|---|---|---|---|---|---|---|---|---|---|---|---|
| 11 | 7 | 9 | 10 | 7 | 2 | 3 | 1 | 10 | 6 | 4 | 8 |
| 7 | 5 | 7 | 2 | 6 | 9 | 9 | 3 | 7 | 9 | 10 | 10 |
| 6 | 2 | 4 | 8 | 1 | 3 | 11 | 1 | 10 | 8 | 7 | 9 |
| 4 | 9 | 1 | 9 | 7 | 9 | 5 | 10 | 5 | 2 | 11 | 10 |
| 11 | 6 | 6 | 4 | 2 | 8 | 11 | 9 | 11 | 8 | 3 | 5 |
| 3 | 4 | 6 | 5 | 11 | 11 | 8 | 7 | 6 | 10 | 5 | 5 |
| 3 | 10 | 2 | 5 | 10 | 4 | 8 | 8 | 6 | 8 | 1 | 3 |
| 7 | 1 | 9 | 8 | 4 | 5 | 9 | 11 | 11 | 3 | 6 | 3 |
| 1 | 11 | 5 | 4 | 3 | 3 | 4 | 2 | 2 | 1 | 5 | 10 |
| 1 | 8 | 6 | 11 | 5 | 10 | 6 | 4 | 3 | 6 | 9 | 7 |
| 4 | 3 | 7 | 6 | 5 | 11 | 6 | 5 | 4 | 9 | 2 | 7 |

98

101

102

103

104

105

| | | | | | | | | |
|---|---|---|---|---|---|---|---|---|
| 2 | 1 | | | | 9 | 3 | | |
| 9 | 4 | 7 | | 6 | 2 | 1 | | |
| 8 | 2 | 5 | 1 | 9 | 4 | | 9 | 7 |
| | | 3 | 2 | | | 3 | 5 | 6 |
| | | 9 | 8 | | 6 | 2 | | |
| 8 | 9 | 4 | | 4 | 8 | 5 | 3 | |
| 1 | 5 | | 2 | 1 | 9 | | 1 | 9 |
| | 2 | 9 | 3 | 7 | | 2 | 9 | 7 |
| | | 3 | 1 | | 5 | 1 | | |
| 1 | 2 | 5 | | | 9 | 3 | | |
| 6 | 9 | | 6 | 7 | 8 | 4 | 5 | 9 |
| | | 9 | 3 | 1 | | 7 | 9 | 8 |
| | | 8 | 1 | | | | 1 | 7 |

106

107

108

109

110

| | | | | | | | | |
|---|---|---|---|---|---|---|---|---|
| 9 | 8 | | 3 | 9 | | | 5 | 1 |
| 6 | 1 | 8 | 2 | 5 | 3 | | 4 | 3 |
| | | 9 | 1 | | 2 | 4 | 1 | |
| | 8 | 6 | | | | 8 | 2 | |
| 9 | 2 | 4 | 1 | | 3 | 9 | 8 | 6 |
| 2 | 1 | | 2 | 7 | 1 | | 3 | 1 |
| | | | 7 | 9 | 4 | | | |
| 4 | 9 | | 9 | 8 | 5 | | 9 | 7 |
| 1 | 7 | 9 | 5 | | 2 | 5 | 3 | 1 |
| | 2 | 8 | | | | 7 | 4 | |
| | 1 | 6 | 2 | | 4 | 9 | | |
| 8 | 5 | | 7 | 2 | 1 | 8 | 4 | 9 |
| 9 | 3 | | | 4 | 3 | | 8 | 7 |

111

| | | | | | | | | |
|---|---|---|---|---|---|---|---|---|
| 2 | 3 | | | 7 | 1 | 2 | | |
| 3 | 9 | | | 9 | 8 | 6 | | |
| 1 | 7 | 2 | 8 | | | 3 | 1 | 9 |
| | | 1 | 7 | | | 1 | 2 | 6 |
| | | 3 | 9 | 7 | 6 | 8 | | |
| 9 | 6 | 5 | | 8 | 1 | 5 | | |
| 5 | 1 | | 5 | 9 | 8 | | 2 | 1 |
| | | 8 | 2 | 6 | | 8 | 9 | 4 |
| | | 3 | 1 | 4 | 5 | 2 | | |
| 9 | 3 | 5 | | | 9 | 4 | | |
| 8 | 1 | 2 | | | 3 | 1 | 2 | 6 |
| | | 7 | 8 | 9 | | | 4 | 9 |
| | | 1 | 2 | 6 | | | 1 | 3 |

112

113

114

115

116

117

| 9 | 1 |  |  | 1 | 7 |  | 4 | 1 |
|---|---|---|---|---|---|---|---|---|
| 8 | 4 |  | 6 | 4 | 9 |  | 8 | 3 |
| 3 | 2 | 1 | 4 |  |  | 2 | 1 |  |
|  |  | 3 | 9 |  |  | 6 | 9 | 8 |
|  |  | 6 | 8 | 7 | 9 | 4 | 3 | 1 |
| 7 | 2 | 5 |  | 2 | 7 | 1 |  |  |
| 3 | 1 |  | 5 | 9 | 8 |  | 5 | 1 |
|  |  | 3 | 1 | 8 |  | 1 | 9 | 8 |
| 3 | 9 | 1 | 2 | 5 | 6 | 8 |  |  |
| 1 | 3 | 2 |  |  | 5 | 9 |  |  |
|  | 8 | 5 |  |  | 1 | 6 | 3 | 2 |
| 8 | 6 |  | 2 | 9 | 4 |  | 9 | 8 |
| 9 | 7 |  | 1 | 6 |  |  | 5 | 1 |

118

# SOLUTIONS

| 9 | 8 | 5 |  | 6 | 5 | 9 |  |  |
|---|---|---|---|---|---|---|---|---|
| 8 | 1 | 2 |  | 1 | 2 | 5 |  |  |
|  |  | 1 | 3 | 2 |  |  | 8 | 4 |
| 8 | 2 | 3 | 9 | 5 |  |  | 3 | 1 |
| 5 | 1 |  |  | 3 | 1 | 7 | 4 | 2 |
| 7 | 3 |  |  | 8 | 4 | 9 |  |  |
| 9 | 6 | 7 | 8 |  | 2 | 8 | 7 | 3 |
|  |  | 1 | 6 | 5 |  |  | 2 | 1 |
| 1 | 9 | 2 | 4 | 3 |  |  | 9 | 4 |
| 9 | 8 |  |  | 9 | 1 | 5 | 8 | 2 |
| 2 | 6 |  |  | 8 | 4 | 9 |  |  |
|  |  | 1 | 7 | 2 |  | 1 | 2 | 6 |
|  |  | 3 | 9 | 7 |  | 3 | 1 | 9 |

119

| 8 | 6 | 9 |  |  |  | 9 | 8 | 2 |
|---|---|---|---|---|---|---|---|---|
| 2 | 1 | 3 | 7 |  | 8 | 6 | 9 | 1 |
|  |  | 5 | 9 | 8 | 4 | 2 |  |  |
| 3 | 8 |  | 1 | 4 | 2 |  | 1 | 4 |
| 1 | 2 | 3 | 5 |  | 6 | 8 | 3 | 9 |
|  | 3 | 1 |  |  | 1 | 5 | 2 |  |
|  |  | 4 | 1 |  | 3 | 9 |  |  |
|  | 8 | 5 | 9 |  |  | 6 | 9 |  |
| 1 | 4 | 2 | 3 |  | 3 | 7 | 8 | 9 |
| 7 | 9 |  | 2 | 8 | 1 |  | 1 | 5 |
|  |  | 1 | 6 | 9 | 2 | 4 |  |  |
| 7 | 1 | 2 | 4 |  | 6 | 7 | 9 | 8 |
| 9 | 8 | 7 |  |  |  | 1 | 6 | 2 |

120

| 4 | 3 | 2 | 1 |  |  | 2 | 1 | 4 |
|---|---|---|---|---|---|---|---|---|
| 8 | 7 | 9 | 5 |  |  | 8 | 4 | 9 |
| 6 | 1 |  |  | 8 | 3 | 9 |  |  |
| 7 | 2 |  |  | 9 | 1 | 4 |  |  |
| 9 | 5 | 2 | 8 | 6 |  | 6 | 4 | 9 |
|  |  | 1 | 3 | 5 | 2 |  | 1 | 2 |
|  |  | 6 | 9 |  | 9 | 3 |  |  |
| 9 | 7 |  | 7 | 8 | 4 | 2 |  |  |
| 5 | 2 | 3 |  | 4 | 3 | 1 | 5 | 2 |
|  |  | 8 | 6 | 9 |  |  | 9 | 7 |
|  |  | 1 | 2 | 5 |  |  | 7 | 5 |
| 1 | 8 | 2 |  |  | 9 | 1 | 6 | 8 |
| 3 | 9 | 6 |  |  | 7 | 6 | 8 | 9 |

121

| 2 | 7 |  | 5 | 6 |  |  | 8 | 9 |
|---|---|---|---|---|---|---|---|---|
| 3 | 5 | 1 | 2 | 4 |  | 4 | 1 | 7 |
|  | 9 | 6 |  | 9 | 4 | 7 |  |  |
| 1 | 8 |  |  | 7 | 2 | 1 | 3 |  |
| 3 | 6 | 8 | 2 | 5 | 1 |  | 2 | 1 |
|  |  | 9 | 7 | 8 |  |  | 4 | 9 |
|  | 2 | 5 | 1 |  | 3 | 2 | 1 |  |
| 3 | 9 |  |  | 8 | 9 | 6 |  |  |
| 1 | 4 |  | 9 | 6 | 7 | 1 | 4 | 2 |
|  | 1 | 2 | 5 | 3 |  |  | 6 | 8 |
|  |  | 8 | 7 | 9 |  | 7 | 1 |  |
| 9 | 5 | 1 |  | 5 | 8 | 9 | 2 | 7 |
| 2 | 1 |  |  | 7 | 9 |  | 3 | 9 |

122

| 2 | 7 | 8 | 9 |  | 8 | 9 | 7 | 4 |
|---|---|---|---|---|---|---|---|---|
| 1 | 9 | 6 | 8 |  | 2 | 7 | 3 | 1 |
|  |  | 3 | 6 | 1 |  | 8 | 6 |  |
|  | 6 | 2 |  | 8 | 9 |  | 5 | 1 |
| 4 | 9 |  |  |  | 3 | 7 | 9 | 8 |
| 1 | 7 | 5 |  | 7 | 1 | 9 | 8 |  |
|  |  | 1 | 6 | 9 | 2 | 8 |  |  |
|  | 1 | 2 | 3 | 5 |  | 5 | 3 | 1 |
| 8 | 9 | 6 | 7 |  |  |  | 9 | 5 |
| 2 | 5 |  | 1 | 3 |  | 5 | 2 |  |
|  | 8 | 4 |  | 8 | 3 | 9 |  |  |
| 4 | 3 | 2 | 1 |  | 2 | 1 | 9 | 4 |
| 9 | 2 | 1 | 4 |  | 1 | 3 | 6 | 2 |

123

|  | 8 | 9 | 5 |  |  | 9 | 7 |  |
|---|---|---|---|---|---|---|---|---|
| 1 | 4 | 6 | 3 | 2 |  | 3 | 1 | 2 |
| 3 | 9 |  | 1 | 6 | 9 | 5 | 2 | 7 |
|  |  | 9 | 4 |  | 7 | 2 |  |  |
| 4 | 1 | 7 | 2 |  |  | 7 | 9 | 1 |
| 1 | 2 | 4 |  | 7 | 9 | 8 | 6 | 5 |
|  |  |  | 2 | 9 | 8 |  |  |  |
| 8 | 9 | 5 | 1 | 6 |  | 8 | 9 | 7 |
| 2 | 8 | 1 |  |  | 2 | 4 | 3 | 1 |
|  |  | 9 | 4 |  | 1 | 9 |  |  |
| 9 | 4 | 6 | 1 | 8 | 7 |  | 1 | 5 |
| 6 | 1 | 2 |  | 2 | 3 | 1 | 4 | 9 |
|  | 3 | 8 |  |  | 8 | 6 | 9 |  |

124

# SOLUTIONS

| 2 | 4 | 1 |  |  | 5 | 9 |  |  |
|---|---|---|---|---|---|---|---|---|
| 7 | 8 | 9 | 1 |  | 2 | 7 | 1 |  |
|  |  | 8 | 5 | 9 |  |  | 3 | 1 |
|  | 1 | 3 | 2 | 5 |  | 6 | 7 | 2 |
| 8 | 3 |  |  | 6 | 5 | 3 |  |  |
| 9 | 6 |  | 7 | 8 | 9 | 5 | 6 |  |
| 4 | 2 | 1 | 3 |  | 4 | 1 | 2 | 6 |
|  | 4 | 9 | 8 | 2 | 6 |  | 1 | 8 |
|  |  | 7 | 9 | 4 |  |  | 3 | 9 |
| 1 | 6 | 2 |  | 5 | 8 | 9 | 7 |  |
| 8 | 9 |  |  | 1 | 3 | 2 |  |  |
|  | 2 | 9 | 5 |  | 9 | 7 | 1 | 6 |
|  |  | 4 | 1 |  |  | 8 | 7 | 9 |

125

| 4 | 8 | 9 |  |  | 8 | 6 | 9 |  |
|---|---|---|---|---|---|---|---|---|
| 1 | 3 | 7 | 5 |  | 4 | 1 | 3 | 7 |
|  |  | 8 | 9 | 6 | 5 |  | 8 | 9 |
|  | 3 | 5 | 2 | 1 |  |  |  |  |
| 5 | 1 |  | 7 | 3 | 9 |  | 1 | 2 |
| 9 | 6 | 2 | 8 |  | 1 | 2 | 7 | 9 |
|  | 2 | 1 |  |  |  | 6 | 9 |  |
| 7 | 9 | 3 | 8 |  | 4 | 1 | 8 | 9 |
| 1 | 7 |  | 9 | 5 | 8 |  | 2 | 7 |
|  |  |  |  | 2 | 1 | 6 | 3 |  |
| 3 | 9 |  | 3 | 1 | 5 | 9 |  |  |
| 1 | 3 | 9 | 4 |  | 2 | 7 | 3 | 1 |
|  | 1 | 4 | 2 |  |  | 8 | 9 | 7 |

126

| 2 | 9 | 8 |  |  |  | 1 | 2 | 3 |
|---|---|---|---|---|---|---|---|---|
| 1 | 3 | 2 | 8 |  | 3 | 5 | 8 | 9 |
|  |  | 7 | 9 | 8 | 5 | 6 |  |  |
| 1 | 5 |  | 6 | 2 | 1 |  | 8 | 9 |
| 3 | 9 | 4 | 7 |  | 4 | 5 | 1 | 7 |
|  | 7 | 2 |  |  | 8 | 6 | 9 |  |
|  |  | 3 | 8 |  | 2 | 1 |  |  |
|  | 9 | 6 | 7 |  |  | 3 | 1 |  |
| 9 | 3 | 1 | 2 |  | 3 | 2 | 5 | 1 |
| 6 | 1 |  | 1 | 5 | 2 |  | 9 | 4 |
|  |  | 7 | 6 | 9 | 1 | 4 |  |  |
| 7 | 8 | 9 | 3 |  | 5 | 9 | 7 | 1 |
| 1 | 2 | 4 |  |  |  | 8 | 9 | 7 |

127

| 9 | 6 | 2 | 4 |  | 9 | 4 |  |  |
|---|---|---|---|---|---|---|---|---|
| 7 | 2 | 1 | 3 |  | 6 | 3 |  |  |
|  | 9 | 6 |  |  |  | 7 | 9 | 8 |
| 2 | 1 | 3 | 5 |  | 3 | 1 | 8 | 2 |
| 1 | 3 |  | 7 | 4 | 9 | 2 |  |  |
|  |  |  |  | 6 | 7 | 5 | 9 | 8 |
| 9 | 2 |  | 4 | 2 | 1 |  | 7 | 1 |
| 2 | 1 | 5 | 6 | 3 |  |  |  |  |
|  |  | 4 | 9 | 1 | 2 |  | 1 | 8 |
| 5 | 9 | 7 | 8 |  | 6 | 1 | 3 | 9 |
| 9 | 6 | 8 |  |  |  | 5 | 6 |  |
|  |  | 3 | 1 |  | 9 | 7 | 8 | 4 |
|  |  | 9 | 5 |  | 4 | 3 | 2 | 1 |

128

| 7 | 9 |  |  | 9 | 5 |  | 3 | 1 |
|---|---|---|---|---|---|---|---|---|
| 3 | 7 |  | 5 | 7 | 8 |  | 6 | 5 |
| 1 | 5 | 2 | 3 |  |  | 3 | 5 |  |
|  |  | 5 | 1 |  | 5 | 7 |  |  |
|  | 2 | 1 |  | 5 | 2 |  | 2 | 8 |
| 4 | 7 | 8 | 9 | 6 |  |  | 5 | 9 |
| 2 | 8 | 6 | 4 | 1 | 5 | 9 | 3 | 7 |
| 1 | 6 |  |  | 2 | 3 | 4 | 1 | 6 |
| 3 | 9 |  | 1 | 4 |  | 8 | 4 |  |
|  |  | 1 | 8 |  | 7 | 5 |  |  |
|  | 5 | 3 |  |  | 1 | 2 | 3 | 6 |
| 9 | 6 |  | 6 | 8 | 5 |  | 4 | 8 |
| 2 | 1 |  | 4 | 9 |  |  | 8 | 9 |

129

| 1 | 4 |  |  | 1 | 7 |  | 1 | 6 |
|---|---|---|---|---|---|---|---|---|
| 5 | 9 |  | 1 | 5 | 9 | 2 | 4 | 8 |
|  | 5 | 1 | 2 | 6 |  | 7 | 8 | 9 |
|  |  | 9 | 6 |  |  | 5 | 9 |  |
| 4 | 9 | 3 |  | 8 | 2 | 1 |  |  |
| 1 | 8 |  |  | 9 | 7 | 4 | 6 | 8 |
| 5 | 7 | 9 | 8 |  | 1 | 3 | 5 | 2 |
| 2 | 3 | 1 | 9 | 4 |  |  | 9 | 7 |
|  |  | 2 | 5 | 1 |  | 3 | 8 | 9 |
|  | 2 | 7 |  |  | 8 | 2 |  |  |
| 9 | 4 | 8 |  | 6 | 4 | 1 | 2 |  |
| 7 | 3 | 4 | 9 | 8 | 2 |  | 1 | 3 |
| 3 | 1 |  | 2 | 1 |  |  | 4 | 9 |

130

131

132

133

134

135

| 9 | 1 |  |  | 2 | 6 |  | 1 | 5 |
|---|---|---|---|---|---|---|---|---|
| 8 | 5 |  | 9 | 5 | 8 |  | 2 | 9 |
| 6 | 2 | 3 | 5 | 1 |  | 3 | 6 |  |
|  | 3 | 1 |  |  | 6 | 1 |  |  |
|  |  | 2 | 4 |  | 9 | 2 | 1 |  |
|  | 1 | 8 | 9 | 7 |  |  | 9 | 8 |
| 1 | 2 |  | 2 | 1 | 4 |  | 5 | 4 |
| 3 | 7 |  |  | 2 | 8 | 7 | 6 |  |
|  | 6 | 1 | 7 |  | 9 | 2 |  |  |
|  |  | 8 | 9 |  |  | 3 | 8 |  |
|  | 3 | 9 |  | 4 | 2 | 1 | 5 | 3 |
| 1 | 7 |  | 7 | 3 | 1 |  | 7 | 9 |
| 4 | 9 |  | 9 | 6 |  |  | 9 | 8 |

136

# SOLUTIONS

137

138

139

140

141

| 3 | 8 | 9 |  | 6 | 9 |  | 1 | 2 |
|---|---|---|---|---|---|---|---|---|
| 1 | 9 | 7 |  | 1 | 6 | 5 | 4 | 9 |
|  |  | 1 | 5 |  | 8 | 4 |  |  |
|  |  | 2 | 9 | 3 |  | 3 | 9 | 6 |
| 1 | 4 | 3 |  | 9 | 6 |  | 3 | 1 |
| 7 | 9 |  | 5 | 1 | 3 | 6 | 7 | 2 |
|  |  | 9 | 4 |  | 2 | 3 |  |  |
| 2 | 7 | 4 | 3 | 5 | 1 |  | 5 | 1 |
| 7 | 9 |  | 1 | 9 |  | 4 | 9 | 8 |
| 1 | 3 | 7 |  | 2 | 1 | 7 |  |  |
|  |  | 6 | 2 |  | 2 | 9 |  |  |
| 7 | 8 | 9 | 4 | 5 |  | 3 | 2 | 1 |
| 3 | 9 |  | 1 | 6 |  | 8 | 7 | 9 |

142

# SOLUTIONS

143

144

145

146

147

| | | | | | | | | |
|---|---|---|---|---|---|---|---|---|
| 4 | 9 | | 4 | 9 | 3 | | 6 | 8 |
| 1 | 2 | | 2 | 5 | 1 | | 2 | 6 |
| | 7 | 9 | 1 | | 9 | 1 | 4 | |
| | 4 | 5 | | | | 4 | 8 | |
| 9 | 3 | 1 | 5 | | 7 | 2 | 5 | 1 |
| 6 | 1 | | 8 | 7 | 9 | | 9 | 8 |
| | | | 9 | 2 | 5 | | | |
| 1 | 5 | | 7 | 1 | 2 | | 9 | 7 |
| 3 | 7 | 1 | 6 | | 6 | 2 | 5 | 1 |
| | 8 | 3 | | | | 1 | 3 | |
| | 9 | 7 | 2 | | 9 | 3 | 8 | |
| 1 | 2 | | 9 | 5 | 8 | | 6 | 9 |
| 4 | 6 | | 1 | 2 | 6 | | 4 | 2 |

148

149

150

151

152

153

| | | | | | | | | |
|---|---|---|---|---|---|---|---|---|
| | 1 | 6 | 2 | | 9 | 6 | 8 | |
| 1 | 5 | 9 | 3 | | 6 | 1 | 5 | 2 |
| 7 | 9 | | 6 | 8 | 5 | | 3 | 1 |
| | | 2 | 1 | 4 | | 5 | 1 | |
| 2 | 1 | 5 | 4 | | | 9 | 2 | 1 |
| 8 | 4 | 9 | | 7 | 9 | | 9 | 8 |
| | | 1 | 7 | 2 | 3 | 4 | | |
| 2 | 3 | | 6 | 5 | | 8 | 1 | 2 |
| 9 | 8 | 7 | | | 5 | 9 | 7 | 8 |
| | 5 | 1 | | 3 | 1 | 6 | | |
| 3 | 7 | | 5 | 9 | 3 | | 8 | 1 |
| 1 | 2 | 4 | 9 | | 4 | 2 | 9 | 6 |
| | 1 | 2 | 3 | | 2 | 1 | 5 | |

154

# SOLUTIONS

| | 9 | 3 | | 9 | 7 | | 1 | 6 |
|---|---|---|---|---|---|---|---|---|
| 3 | 6 | 1 | | 5 | 3 | 7 | 4 | 9 |
| 9 | 8 | 4 | 7 | | 8 | 9 | | |
| | | 2 | 8 | 3 | | 6 | 9 | 5 |
| 1 | 9 | | 6 | 2 | 1 | | 5 | 4 |
| 5 | 7 | 8 | 9 | | 3 | 5 | 1 | 2 |
| | 1 | 9 | | | | 7 | 8 | |
| 1 | 2 | 7 | 3 | | 5 | 9 | 7 | 6 |
| 4 | 5 | | 1 | 5 | 2 | | 4 | 7 |
| 9 | 8 | 2 | | 9 | 1 | 2 | | |
| | | 9 | 3 | | 6 | 8 | 2 | 9 |
| 3 | 6 | 5 | 1 | 4 | | 7 | 1 | 8 |
| 1 | 2 | | 2 | 7 | | 9 | 4 | |

155

| 2 | 5 | 3 | 1 | | 6 | 2 | 8 | 9 |
|---|---|---|---|---|---|---|---|---|
| 4 | 8 | 9 | 5 | | 8 | 5 | 9 | 7 |
| 7 | 9 | | 4 | 7 | 5 | | 4 | 1 |
| | | 2 | 9 | 8 | | | | |
| 3 | 6 | 5 | | 9 | 4 | | 9 | 8 |
| 1 | 5 | | | 3 | 2 | 9 | 7 | 1 |
| | 3 | 1 | 9 | | 1 | 5 | 6 | |
| 9 | 4 | 7 | 8 | 5 | | | 8 | 3 |
| 2 | 1 | | 6 | 2 | | 9 | 4 | 2 |
| | | | | 1 | 2 | 5 | | |
| 9 | 7 | | 2 | 7 | 1 | | 3 | 9 |
| 2 | 1 | 6 | 3 | | 3 | 2 | 1 | 7 |
| 1 | 3 | 9 | 4 | | 4 | 9 | 2 | 8 |

156

| 9 | 7 | | | 1 | 7 | | 8 | 9 |
|---|---|---|---|---|---|---|---|---|
| 7 | 2 | | | 4 | 9 | | 4 | 1 |
| 4 | 1 | 2 | 9 | 6 | | 2 | 9 | 7 |
| | | 1 | 8 | | 8 | 3 | | |
| | | 3 | 7 | 8 | 6 | 9 | | |
| 1 | 7 | | | 6 | 9 | 7 | 4 | 8 |
| 8 | 9 | | 2 | 1 | 4 | | 2 | 9 |
| 4 | 6 | 2 | 1 | 3 | | | 1 | 6 |
| | | 1 | 3 | 9 | 4 | 2 | | |
| | | 9 | 6 | | 9 | 5 | | |
| 8 | 2 | 3 | | 4 | 3 | 1 | 2 | 5 |
| 2 | 1 | | 3 | 9 | | | 1 | 9 |
| 9 | 6 | | 1 | 5 | | | 5 | 8 |

157

| 3 | 9 | 8 | | 3 | 1 | 9 | | |
|---|---|---|---|---|---|---|---|---|
| 1 | 5 | 2 | | 1 | 2 | 7 | | |
| 2 | 8 | 3 | 1 | 7 | 4 | | 8 | 1 |
| | | 9 | 6 | | | 1 | 9 | 4 |
| | | 4 | 2 | | 1 | 7 | | |
| 2 | 8 | 1 | | 1 | 4 | 9 | 6 | 2 |
| 7 | 9 | | 5 | 9 | 6 | | 9 | 4 |
| 3 | 7 | 1 | 2 | 4 | | 4 | 8 | 1 |
| | | 2 | 9 | | 9 | 5 | | |
| 9 | 4 | 3 | | | 2 | 1 | | |
| 3 | 1 | | 7 | 3 | 8 | 2 | 1 | 5 |
| | | 6 | 9 | 8 | | 7 | 5 | 9 |
| | | 1 | 8 | 4 | | 3 | 2 | 4 |

158

| 5 | 2 | | 3 | 1 | | 8 | 9 | 5 |
|---|---|---|---|---|---|---|---|---|
| 6 | 4 | 9 | 7 | 2 | | 2 | 3 | 1 |
| 3 | 1 | 6 | 2 | | 2 | 5 | | |
| 9 | 7 | | 1 | 9 | 4 | 6 | 7 | 8 |
| | | | | 4 | 1 | | 9 | 1 |
| 9 | 7 | | 3 | 8 | | 6 | 8 | |
| 3 | 4 | 2 | 1 | | 1 | 3 | 5 | 9 |
| | 6 | 9 | | 2 | 9 | | 1 | 8 |
| 8 | 9 | | 7 | 1 | | | | |
| 7 | 8 | 9 | 5 | 6 | 1 | | 8 | 5 |
| | | 7 | 2 | | 7 | 1 | 9 | 2 |
| 2 | 1 | 5 | | 1 | 8 | 2 | 7 | 3 |
| 9 | 7 | 8 | | 5 | 9 | | 4 | 1 |

159

| | 1 | 2 | 4 | | 5 | 1 | 3 | |
|---|---|---|---|---|---|---|---|---|
| 1 | 2 | 3 | 8 | | 7 | 5 | 2 | 9 |
| 9 | 8 | 7 | | 2 | 9 | | 1 | 2 |
| | 4 | 1 | 9 | 3 | 8 | | | |
| 8 | 9 | | 4 | 1 | | 6 | 3 | 1 |
| 1 | 5 | 6 | | 4 | 9 | 8 | 2 | 3 |
| | | 1 | 4 | | 7 | 1 | | |
| 8 | 4 | 3 | 9 | 7 | | 9 | 3 | 1 |
| 9 | 8 | 5 | | 9 | 6 | | 7 | 8 |
| | | | 3 | 6 | 1 | 2 | 5 | |
| 1 | 3 | | 2 | 8 | | 6 | 9 | 8 |
| 5 | 9 | 3 | 1 | | 9 | 3 | 8 | 2 |
| | 7 | 9 | 5 | | 5 | 1 | 2 | |

160

161

| | 4 | 1 | 2 | | 2 | 8 | 7 | |
|---|---|---|---|---|---|---|---|---|
| 8 | 9 | 3 | 6 | | 1 | 5 | 3 | 2 |
| 7 | 1 | | 8 | 4 | 9 | | 9 | 6 |
| 9 | 7 | 5 | 4 | 1 | | 9 | 4 | 1 |
| | | 1 | 9 | | 9 | 7 | | |
| 2 | 6 | 4 | | 2 | 6 | 4 | 3 | 1 |
| 3 | 9 | | 9 | 7 | 8 | | 9 | 5 |
| 1 | 3 | 2 | 6 | 5 | | 8 | 6 | 2 |
| | | 3 | 8 | | 1 | 2 | | |
| 1 | 7 | 5 | | 7 | 8 | 9 | 4 | 6 |
| 2 | 5 | | 6 | 2 | 3 | | 3 | 8 |
| 6 | 8 | 1 | 2 | | 4 | 9 | 2 | 1 |
| | 9 | 5 | 8 | | 2 | 8 | 1 | |

162

163

164

165

| 3 | 6 | 2 | 1 | | 8 | 6 | 2 | 9 |
|---|---|---|---|---|---|---|---|---|
| 1 | 9 | 4 | 2 | | 9 | 8 | 5 | 7 |
| | | 9 | 4 | | 2 | 1 | | |
| 3 | 6 | 1 | | | | 3 | 9 | 2 |
| 1 | 8 | 6 | 4 | | 2 | 7 | 8 | 3 |
| 7 | 9 | | 2 | 1 | 6 | | 5 | 1 |
| | | | 5 | 6 | 9 | | | |
| 1 | 7 | | 1 | 3 | 7 | | 4 | 8 |
| 9 | 8 | 1 | 6 | | 5 | 4 | 1 | 3 |
| 7 | 9 | 5 | | | | 8 | 2 | 5 |
| | | 9 | 5 | | 1 | 7 | | |
| 1 | 8 | 3 | 2 | | 2 | 6 | 9 | 1 |
| 4 | 9 | 2 | 1 | | 7 | 9 | 8 | 4 |

166

# SOLUTIONS

| 7 | 9 |  | 9 | 3 |  |  | 8 | 6 |
|---|---|---|---|---|---|---|---|---|
| 2 | 3 |  | 5 | 1 | 4 |  | 9 | 8 |
|  | 7 | 1 | 4 |  | 3 | 9 | 6 | 5 |
| 9 | 8 | 7 |  | 2 | 1 | 4 |  |  |
| 5 | 1 |  | 8 | 6 | 5 |  | 1 | 5 |
|  |  | 3 | 9 | 1 |  | 5 | 9 | 8 |
| 2 | 8 | 4 | 6 | 5 | 3 | 1 | 7 | 9 |
| 3 | 9 | 8 |  | 3 | 1 | 2 |  |  |
| 1 | 4 |  | 9 | 8 | 7 |  | 3 | 7 |
|  |  | 5 | 8 | 4 |  | 6 | 1 | 2 |
| 2 | 1 | 3 | 6 |  | 5 | 9 | 2 |  |
| 4 | 3 |  | 5 | 2 | 7 |  | 9 | 2 |
| 9 | 7 |  |  | 8 | 9 |  | 6 | 1 |

167

| 7 | 2 |  | 7 | 3 | 8 |  | 3 | 9 |
|---|---|---|---|---|---|---|---|---|
| 3 | 1 |  | 1 | 2 | 3 |  | 1 | 4 |
| 9 | 4 | 3 |  | 7 | 9 | 2 | 8 |  |
|  |  | 1 | 3 | 4 |  | 1 | 5 |  |
| 3 | 8 | 2 | 1 |  |  |  | 9 | 6 |
| 8 | 9 | 6 | 4 | 7 |  | 5 | 4 | 1 |
|  |  | 7 | 2 | 9 | 1 | 3 |  |  |
| 7 | 1 | 5 |  | 6 | 3 | 2 | 1 | 4 |
| 9 | 4 |  |  |  | 2 | 8 | 4 | 7 |
|  | 9 | 5 |  | 7 | 5 | 9 |  |  |
|  | 6 | 1 | 7 | 9 |  | 4 | 6 | 1 |
| 8 | 2 |  | 9 | 8 | 7 |  | 9 | 7 |
| 9 | 3 |  | 3 | 5 | 1 |  | 8 | 3 |

168

| 3 | 7 | 2 | 1 |  | 1 | 3 | 4 | 2 |
|---|---|---|---|---|---|---|---|---|
| 1 | 9 | 4 | 2 |  | 2 | 8 | 9 | 7 |
|  |  | 8 | 4 |  | 8 | 9 |  |  |
| 7 | 9 | 5 |  | 5 | 3 | 4 | 1 | 8 |
| 1 | 3 |  | 5 | 3 |  | 1 | 2 | 7 |
| 3 | 6 | 7 | 8 | 9 | 5 |  | 5 | 9 |
|  |  | 2 | 4 |  | 3 | 8 |  |  |
| 1 | 2 |  | 3 | 5 | 2 | 7 | 1 | 4 |
| 6 | 8 | 9 |  | 9 | 1 |  | 3 | 9 |
| 2 | 9 | 4 | 7 | 6 |  | 5 | 2 | 3 |
|  |  | 2 | 5 |  | 5 | 1 |  |  |
| 7 | 4 | 8 | 9 |  | 8 | 4 | 6 | 9 |
| 9 | 1 | 6 | 8 |  | 9 | 2 | 1 | 7 |

169

| 6 | 7 | 9 | 8 |  |  |  | 7 | 9 |
|---|---|---|---|---|---|---|---|---|
| 1 | 2 | 5 | 3 | 9 |  | 9 | 4 | 8 |
|  |  | 1 | 2 | 6 |  | 2 | 1 |  |
| 8 | 4 | 7 | 9 |  |  |  | 6 | 9 |
| 6 | 2 |  | 1 | 4 |  | 1 | 2 | 3 |
| 9 | 1 | 5 |  | 9 | 7 | 5 | 3 | 8 |
|  |  | 9 | 3 |  | 4 | 9 |  |  |
| 9 | 5 | 8 | 1 | 3 |  | 4 | 6 | 8 |
| 7 | 1 | 2 |  | 1 | 3 |  | 2 | 9 |
| 8 | 6 |  |  |  | 1 | 2 | 3 | 5 |
|  | 9 | 5 |  | 6 | 5 | 1 |  |  |
| 9 | 7 | 1 |  | 3 | 2 | 4 | 1 | 6 |
| 8 | 2 |  |  |  | 7 | 5 | 9 | 8 |

170

| 7 | 6 | 8 | 9 |  | 3 | 1 | 4 | 2 |
|---|---|---|---|---|---|---|---|---|
| 9 | 1 | 6 | 8 |  | 9 | 2 | 6 | 8 |
|  |  | 2 | 5 | 1 |  | 4 | 8 |  |
|  | 6 | 5 |  | 5 | 9 |  | 9 | 8 |
| 4 | 9 |  |  |  | 2 | 4 | 5 | 1 |
| 1 | 4 | 5 |  | 9 | 4 | 8 | 7 |  |
|  |  | 2 | 4 | 7 | 1 | 5 |  |  |
|  | 2 | 1 | 3 | 5 |  | 2 | 1 | 3 |
| 8 | 5 | 7 | 9 |  |  |  | 2 | 1 |
| 6 | 1 |  | 1 | 9 |  | 3 | 8 |  |
|  | 3 | 9 |  | 6 | 1 | 2 |  |  |
| 9 | 7 | 8 | 2 |  | 8 | 4 | 9 | 6 |
| 2 | 4 | 6 | 1 |  | 3 | 1 | 8 | 2 |

171

|  | 9 | 2 | 8 |  |  | 6 | 1 |  |
|---|---|---|---|---|---|---|---|---|
| 8 | 5 | 1 | 4 | 2 |  | 1 | 2 | 8 |
| 3 | 1 |  | 7 | 8 | 1 | 5 | 4 | 9 |
|  |  | 3 | 9 |  | 7 | 9 |  |  |
| 8 | 9 | 2 | 3 |  |  | 8 | 6 | 9 |
| 2 | 6 | 1 |  | 9 | 7 | 3 | 1 | 6 |
|  |  | 3 | 1 | 2 |  |  |  |  |
| 9 | 8 | 7 | 6 | 4 |  | 7 | 1 | 2 |
| 7 | 6 | 4 |  |  | 5 | 8 | 7 | 9 |
|  |  | 9 | 5 |  | 1 | 9 |  |  |
| 5 | 2 | 3 | 1 | 8 | 4 |  | 9 | 4 |
| 9 | 5 | 8 |  | 5 | 2 | 6 | 3 | 1 |
|  | 1 | 5 |  |  | 3 | 8 | 1 |  |

172

| 1 | 4 |  | 8 | 9 | 6 |  | 2 | 7 |
|---|---|---|---|---|---|---|---|---|
| 4 | 8 |  | 2 | 8 | 1 |  | 4 | 9 |
| 2 | 9 | 7 |  | 6 | 2 | 1 | 7 |  |
|  |  | 2 | 3 | 1 |  | 2 | 9 |  |
| 2 | 1 | 4 | 7 |  |  |  | 1 | 6 |
| 7 | 6 | 5 | 8 | 9 |  | 1 | 3 | 9 |
|  |  | 1 | 9 | 7 | 3 | 8 |  |  |
| 1 | 5 | 6 |  | 6 | 2 | 4 | 1 | 3 |
| 5 | 9 |  |  |  | 6 | 9 | 7 | 8 |
|  | 3 | 2 |  | 5 | 1 | 2 |  |  |
|  | 4 | 8 | 7 | 9 |  | 3 | 9 | 7 |
| 1 | 2 |  | 2 | 7 | 1 |  | 3 | 1 |
| 3 | 1 |  | 9 | 8 | 7 |  | 8 | 9 |

173

| 5 | 9 |  |  | 7 | 8 | 9 |  |  |
|---|---|---|---|---|---|---|---|---|
| 1 | 5 |  |  | 1 | 7 | 2 |  |  |
| 2 | 4 | 1 | 3 |  | 9 | 5 | 8 | 1 |
|  |  | 8 | 9 | 4 |  |  | 5 | 2 |
|  |  | 3 | 8 | 2 |  |  | 9 | 6 |
| 1 | 2 |  | 7 | 1 | 5 | 9 | 6 |  |
| 3 | 7 | 9 | 6 |  | 1 | 3 | 2 | 9 |
|  | 1 | 2 | 5 | 7 | 3 |  | 1 | 4 |
| 8 | 9 |  |  | 1 | 2 | 3 |  |  |
| 2 | 8 |  |  | 9 | 6 | 8 |  |  |
| 1 | 5 | 4 | 2 |  | 7 | 9 | 5 | 8 |
|  |  | 8 | 3 | 1 |  |  | 3 | 6 |
|  |  | 9 | 8 | 5 |  |  | 7 | 9 |

174

| 6 | 8 | 9 |  |  |  | 1 | 2 | 6 |
|---|---|---|---|---|---|---|---|---|
| 1 | 2 | 8 | 9 |  | 8 | 3 | 4 | 9 |
|  | 6 | 7 | 8 | 1 | 9 | 2 |  |  |
|  |  | 5 | 1 | 2 |  |  | 3 | 9 |
| 9 | 5 |  |  | 5 | 8 |  | 1 | 5 |
| 7 | 2 |  | 1 | 3 | 4 | 9 | 6 | 8 |
|  | 8 | 9 | 4 |  | 1 | 8 | 2 |  |
| 5 | 6 | 1 | 3 | 7 | 2 |  | 4 | 1 |
| 8 | 4 |  | 2 | 9 |  |  | 9 | 2 |
| 6 | 9 |  |  | 8 | 3 | 9 |  |  |
|  |  | 5 | 4 | 6 | 1 | 3 | 2 |  |
| 3 | 7 | 1 | 6 |  | 2 | 6 | 4 | 1 |
| 1 | 2 | 4 |  |  |  | 8 | 9 | 7 |

175

| 2 | 5 | 1 |  | 5 | 8 |  | 7 | 9 |
|---|---|---|---|---|---|---|---|---|
| 4 | 8 | 5 | 9 | 7 | 2 | 1 | 3 | 6 |
| 1 | 9 |  | 7 | 1 |  | 3 | 6 | 8 |
|  |  |  |  | 9 | 8 | 6 |  |  |
| 6 | 9 |  | 4 | 8 | 1 |  | 1 | 5 |
| 1 | 6 | 2 | 3 |  | 5 | 8 | 4 | 9 |
|  | 5 | 8 |  |  |  | 4 | 5 |  |
| 9 | 7 | 6 | 8 |  | 8 | 2 | 3 | 1 |
| 2 | 1 |  | 3 | 2 | 1 |  | 9 | 4 |
|  |  | 7 | 9 | 8 |  |  |  |  |
| 9 | 2 | 1 |  | 9 | 3 |  | 6 | 9 |
| 7 | 5 | 3 | 9 | 6 | 1 | 8 | 2 | 4 |
| 3 | 1 |  | 8 | 1 |  | 9 | 1 | 8 |

176

| 8 | 1 |  | 5 | 4 |  | 9 | 8 | 5 |
|---|---|---|---|---|---|---|---|---|
| 9 | 7 | 8 | 6 | 5 |  | 8 | 2 | 1 |
|  | 9 | 5 |  | 1 | 6 | 2 |  |  |
| 2 | 8 |  |  | 2 | 8 | 3 | 1 | 5 |
| 1 | 6 | 2 | 8 | 3 | 9 |  | 2 | 9 |
|  |  | 1 | 3 |  |  | 9 | 4 | 8 |
| 2 | 7 | 3 |  |  |  | 7 | 3 | 6 |
| 7 | 9 | 8 |  |  | 1 | 2 |  |  |
| 3 | 8 |  | 1 | 3 | 7 | 8 | 5 | 9 |
| 1 | 6 | 3 | 2 | 4 |  |  | 1 | 6 |
|  |  | 8 | 3 | 9 |  | 4 | 9 |  |
| 4 | 2 | 1 |  | 7 | 3 | 1 | 8 | 5 |
| 8 | 7 | 4 |  | 5 | 2 |  | 7 | 9 |

177

| 1 | 6 |  |  | 9 | 8 | 5 |  |  |
|---|---|---|---|---|---|---|---|---|
| 4 | 8 |  |  | 8 | 2 | 1 |  |  |
| 2 | 3 | 1 | 5 |  | 9 | 7 | 5 | 8 |
|  |  | 6 | 4 | 2 |  |  | 2 | 9 |
|  |  | 8 | 9 | 3 |  |  | 1 | 4 |
| 1 | 2 |  | 7 | 1 | 3 | 9 | 4 |  |
| 3 | 9 | 6 | 8 |  | 2 | 4 | 3 | 1 |
|  | 5 | 1 | 6 | 2 | 4 |  | 9 | 5 |
| 7 | 1 |  |  | 8 | 9 | 5 |  |  |
| 9 | 6 |  |  | 4 | 1 | 2 |  |  |
| 8 | 3 | 5 | 9 |  | 6 | 1 | 2 | 4 |
|  |  | 1 | 2 | 7 |  |  | 1 | 5 |
|  |  | 6 | 8 | 9 |  |  | 6 | 9 |

178

# SOLUTIONS

179

180

181

182

183

| | | | | | | | | |
|---|---|---|---|---|---|---|---|---|
| 7 | 2 | | | 8 | 6 | | 1 | 2 |
| 6 | 1 | | 5 | 2 | 4 | | 7 | 4 |
| 8 | 4 | 9 | 7 | | 8 | 1 | 6 | |
| | | 2 | 8 | | 9 | 3 | | |
| | 5 | 1 | 2 | 3 | | | 9 | 7 |
| 6 | 2 | | 9 | 8 | | 2 | 5 | 1 |
| 8 | 3 | 5 | 6 | 4 | 1 | 9 | 7 | 2 |
| 9 | 6 | 8 | | 1 | 2 | | 8 | 4 |
| 3 | 1 | | | 9 | 7 | 8 | 6 | |
| | | 2 | 7 | | 4 | 9 | | |
| | 3 | 1 | 5 | | 3 | 1 | 7 | 2 |
| 1 | 4 | | 8 | 5 | 6 | | 8 | 1 |
| 6 | 9 | | 9 | 3 | | | 9 | 3 |

184

| 8 | 9 | 7 | 5 |  | 4 | 2 |  |  |
|---|---|---|---|---|---|---|---|---|
| 3 | 6 | 2 | 1 |  | 1 | 7 |  |  |
| 9 | 7 |  | 4 | 9 | 7 | 8 | 6 | 2 |
| 6 | 8 |  | 3 | 8 | 9 |  | 5 | 1 |
|  |  | 3 | 2 |  | 6 | 1 |  |  |
| 8 | 5 | 9 |  | 3 | 8 | 6 | 9 | 7 |
| 9 | 2 |  | 4 | 1 | 2 |  | 8 | 9 |
| 6 | 1 | 3 | 5 | 2 |  | 2 | 7 | 1 |
|  |  | 6 | 7 |  | 8 | 6 |  |  |
| 1 | 9 |  | 8 | 4 | 9 |  | 3 | 1 |
| 4 | 5 | 1 | 3 | 2 | 7 |  | 2 | 4 |
|  |  | 2 | 6 |  | 5 | 3 | 1 | 2 |
|  |  | 6 | 9 |  | 6 | 9 | 4 | 8 |

185

| 2 | 9 | 7 | 1 |  | 4 | 2 | 1 |  |
|---|---|---|---|---|---|---|---|---|
| 5 | 8 | 9 | 7 |  | 2 | 1 | 3 | 4 |
|  |  | 1 | 2 | 6 |  |  | 4 | 8 |
|  | 4 | 8 | 5 | 7 |  | 8 | 5 | 9 |
| 9 | 3 |  |  | 9 | 5 | 1 |  |  |
| 7 | 1 |  | 6 | 8 | 9 | 3 | 7 |  |
| 8 | 5 | 9 | 7 |  | 3 | 2 | 5 | 1 |
|  | 2 | 4 | 3 | 1 | 6 |  | 9 | 7 |
|  |  | 8 | 1 | 2 |  |  | 8 | 2 |
| 9 | 5 | 6 |  | 7 | 2 | 1 | 6 |  |
| 1 | 2 |  |  | 8 | 1 | 3 |  |  |
| 7 | 4 | 9 | 8 |  | 6 | 8 | 3 | 9 |
|  | 1 | 5 | 2 |  | 4 | 9 | 1 | 7 |

186

| 3 | 1 |  | 2 | 1 |  | 7 | 6 |  |
|---|---|---|---|---|---|---|---|---|
| 9 | 6 | 8 | 4 | 7 |  | 8 | 7 | 5 |
|  | 2 | 5 | 1 |  | 1 | 5 | 3 | 2 |
| 5 | 3 | 9 |  | 2 | 6 | 9 | 8 |  |
| 9 | 7 |  | 8 | 6 | 9 |  | 5 | 1 |
| 2 | 4 | 3 | 5 | 1 |  | 1 | 9 | 4 |
|  |  | 6 | 9 |  | 9 | 2 |  |  |
| 1 | 6 | 5 |  | 9 | 8 | 3 | 7 | 6 |
| 9 | 8 |  | 9 | 1 | 3 |  | 1 | 8 |
|  | 2 | 6 | 1 | 3 |  | 1 | 2 | 7 |
| 2 | 9 | 7 | 8 |  | 7 | 8 | 4 |  |
| 1 | 5 | 9 |  | 1 | 8 | 2 | 3 | 4 |
|  | 7 | 8 |  | 6 | 9 |  | 5 | 9 |

187

| 1 | 2 | 3 | 8 |  | 9 | 5 | 7 | 8 |
|---|---|---|---|---|---|---|---|---|
| 8 | 6 | 5 | 9 |  | 6 | 4 | 1 | 2 |
| 3 | 4 | 2 |  | 8 | 4 | 1 |  |  |
|  | 3 | 1 | 4 | 7 |  | 2 | 9 | 3 |
| 9 | 7 |  | 8 | 9 | 7 |  | 6 | 1 |
| 4 | 1 | 6 |  | 6 | 1 | 4 | 3 | 2 |
|  |  | 9 | 1 |  | 2 | 1 |  |  |
| 9 | 7 | 8 | 6 | 4 |  | 3 | 9 | 8 |
| 8 | 3 |  | 8 | 3 | 5 |  | 5 | 1 |
| 7 | 1 | 8 |  | 2 | 9 | 5 | 3 |  |
|  |  | 4 | 2 | 1 |  | 7 | 6 | 8 |
| 1 | 8 | 9 | 7 |  | 3 | 2 | 1 | 5 |
| 3 | 9 | 6 | 8 |  | 1 | 4 | 2 | 9 |

188

| 9 | 4 | 8 |  |  |  | 2 | 1 | 6 |
|---|---|---|---|---|---|---|---|---|
| 3 | 1 | 2 | 6 |  | 8 | 5 | 7 | 9 |
|  |  | 1 | 7 |  | 3 | 1 |  |  |
|  | 5 | 7 | 8 | 2 | 9 | 3 | 6 |  |
| 9 | 7 |  | 9 | 1 | 6 |  | 5 | 1 |
| 5 | 3 | 2 |  |  |  | 5 | 9 | 8 |
|  | 6 | 1 |  |  |  | 1 | 7 |  |
| 8 | 9 | 3 |  |  |  | 2 | 8 | 9 |
| 1 | 8 |  | 9 | 7 | 2 |  | 3 | 1 |
|  | 1 | 2 | 5 | 9 | 3 | 6 | 4 |  |
|  |  | 4 | 8 |  | 1 | 9 |  |  |
| 3 | 8 | 1 | 2 |  | 4 | 8 | 7 | 9 |
| 8 | 9 | 6 |  |  |  | 4 | 1 | 2 |

189

| 7 | 9 |  | 1 | 8 |  | 6 | 2 |  |
|---|---|---|---|---|---|---|---|---|
| 3 | 4 |  | 3 | 9 |  | 3 | 1 | 5 |
|  | 3 | 1 | 2 | 4 | 6 |  | 6 | 9 |
| 9 | 6 | 8 | 7 |  | 7 | 3 | 4 | 8 |
| 5 | 1 |  | 4 | 1 | 5 | 2 |  |  |
|  | 5 | 1 |  | 3 | 9 |  | 1 | 3 |
| 7 | 8 | 9 | 5 |  | 8 | 9 | 4 | 2 |
| 1 | 2 |  | 2 | 1 |  | 8 | 3 |  |
|  |  | 8 | 4 | 6 | 9 |  | 7 | 8 |
| 8 | 5 | 9 | 6 |  | 6 | 9 | 8 | 5 |
| 9 | 3 |  | 1 | 3 | 4 | 5 | 2 |  |
| 6 | 1 | 4 |  | 2 | 8 |  | 6 | 5 |
|  | 2 | 9 |  | 1 | 7 |  | 9 | 7 |

190

| | | 5 | 2 | | | 8 | 6 | 9 |
|---|---|---|---|---|---|---|---|---|
| | | 9 | 4 | 5 | | 1 | 2 | 5 |
| 6 | 9 | | | 1 | 2 | | 4 | 7 |
| 1 | 8 | | | 6 | 5 | 7 | 9 | 8 |
| | 4 | 1 | 2 | | 1 | 4 | | |
| 8 | 5 | 2 | 6 | 7 | 4 | 9 | | |
| 9 | 7 | | 1 | 6 | 3 | | 3 | 7 |
| | | 5 | 8 | 9 | 6 | 3 | 2 | 1 |
| | | 1 | 9 | | 8 | 9 | 7 | |
| 2 | 1 | 3 | 4 | 6 | | | 1 | 5 |
| 8 | 3 | | 3 | 9 | | | 4 | 9 |
| 9 | 5 | 7 | | 4 | 3 | 9 | | |
| 7 | 2 | 1 | | | 1 | 7 | | |

191

| | 7 | 9 | | 3 | 1 | 2 | 5 | |
|---|---|---|---|---|---|---|---|---|
| 1 | 3 | 4 | | 6 | 3 | 9 | 8 | 7 |
| 6 | 9 | 8 | | 1 | 2 | | 6 | 1 |
| | | 5 | 6 | | | 9 | 7 | |
| 1 | 3 | 2 | 4 | 5 | | 8 | 9 | 5 |
| 8 | 9 | | 7 | 3 | 2 | 5 | 4 | 1 |
| | | 4 | 9 | | 9 | 7 | | |
| 9 | 7 | 3 | 8 | 5 | 6 | | 3 | 2 |
| 7 | 6 | 2 | | 8 | 5 | 6 | 9 | 7 |
| | 8 | 1 | | | 7 | 3 | | |
| 1 | 3 | | 9 | 5 | | 2 | 4 | 1 |
| 3 | 4 | 2 | 7 | 1 | | 4 | 9 | 8 |
| | 9 | 7 | 8 | 3 | | 1 | 7 | |

192

| 5 | 9 | | 3 | 1 | 5 | | 1 | 6 |
|---|---|---|---|---|---|---|---|---|
| 2 | 8 | | 9 | 3 | 6 | 8 | 5 | 7 |
| 1 | 4 | 6 | | 2 | 7 | 9 | | |
| | | 5 | 9 | 7 | 8 | | 1 | 3 |
| 2 | 9 | | 6 | 4 | 9 | 5 | 7 | 8 |
| 4 | 7 | 9 | 3 | | 2 | 1 | | |
| 1 | 3 | 8 | | | | 3 | 2 | 9 |
| | | 6 | 9 | | 5 | 2 | 1 | 6 |
| 1 | 4 | 7 | 2 | 5 | 3 | | 3 | 7 |
| 3 | 9 | | 1 | 4 | 2 | 5 | | |
| | | 9 | 6 | 8 | | 4 | 5 | 1 |
| 6 | 3 | 7 | 5 | 9 | 8 | | 8 | 5 |
| 4 | 2 | | 3 | 7 | 1 | | 7 | 9 |

193

| 4 | 1 | | | 8 | 7 | 9 | | |
|---|---|---|---|---|---|---|---|---|
| 8 | 2 | | 6 | 1 | 2 | 4 | 3 | |
| 9 | 6 | 3 | 8 | 7 | | 3 | 1 | 7 |
| | | 1 | 9 | | | 8 | 6 | 9 |
| | 9 | 2 | 7 | 4 | 8 | 6 | | |
| 1 | 3 | | | 2 | 3 | 1 | 4 | |
| 5 | 6 | | 7 | 1 | 9 | | 7 | 1 |
| | 8 | 7 | 9 | 5 | | | 9 | 2 |
| | | 4 | 6 | 3 | 2 | 1 | 8 | |
| 9 | 4 | 8 | | | 3 | 9 | | |
| 5 | 1 | 2 | | 9 | 5 | 8 | 6 | 7 |
| | 2 | 3 | 4 | 7 | 1 | | 1 | 6 |
| | | 5 | 1 | 8 | | | 8 | 9 |

194

| 7 | 2 | | 9 | 5 | | 8 | 2 | 9 |
|---|---|---|---|---|---|---|---|---|
| 9 | 3 | 8 | 6 | 2 | 5 | 7 | 1 | 4 |
| | 1 | 6 | | 1 | 2 | 4 | | |
| | | 9 | 8 | | 3 | 6 | 1 | |
| 3 | 1 | 4 | 2 | | | 9 | 6 | 8 |
| 9 | 6 | 7 | | 5 | 1 | | 2 | 3 |
| | | 1 | 2 | 7 | 3 | 4 | | |
| 1 | 3 | | 6 | 9 | | 2 | 9 | 8 |
| 6 | 1 | 4 | | | 8 | 5 | 7 | 9 |
| | 8 | 5 | 9 | | 2 | 1 | | |
| | | 1 | 4 | 2 | | 6 | 7 | |
| 1 | 4 | 2 | 7 | 9 | 6 | 3 | 8 | 5 |
| 4 | 8 | 3 | | 7 | 2 | | 9 | 7 |

195

| 9 | 7 | | 2 | 1 | 6 | | 2 | 4 |
|---|---|---|---|---|---|---|---|---|
| 7 | 3 | | 5 | 9 | 8 | | 3 | 9 |
| 8 | 4 | 9 | | 2 | 7 | 4 | 1 | 5 |
| | 1 | 4 | 2 | | 9 | 8 | | |
| 8 | 6 | 7 | 4 | 9 | | 1 | 4 | 5 |
| 6 | 2 | | 3 | 5 | 1 | 2 | 8 | 6 |
| | | 8 | 5 | | 2 | 3 | | |
| 7 | 3 | 5 | 1 | 2 | 4 | | 4 | 6 |
| 8 | 2 | 9 | | 7 | 6 | 8 | 5 | 9 |
| | | 3 | 1 | | 3 | 6 | 2 | |
| 6 | 3 | 7 | 9 | 8 | | 9 | 6 | 8 |
| 7 | 1 | | 5 | 1 | 2 | | 3 | 5 |
| 1 | 2 | | 8 | 5 | 9 | | 1 | 2 |

196

197

198

199

200

201

| | | | | | | | | |
|---|---|---|---|---|---|---|---|---|
| | | 5 | 7 | 1 | 3 | 2 | | |
| | | 8 | 9 | 2 | 6 | 7 | | |
| 1 | 2 | 3 | | | 1 | 4 | 6 | 2 |
| 5 | 8 | 9 | | | 7 | 9 | 8 | 6 |
| | | 2 | 4 | 1 | | | 3 | 1 |
| | | 1 | 8 | 3 | | | 9 | 3 |
| 5 | 8 | 7 | 9 | | 8 | 9 | 7 | 4 |
| 4 | 7 | | | 8 | 9 | 7 | | |
| 1 | 6 | | | 1 | 6 | 3 | | |
| 2 | 9 | 4 | 1 | | | 2 | 1 | 5 |
| 3 | 5 | 1 | 2 | | | 5 | 4 | 7 |
| | | 2 | 3 | 8 | 1 | 6 | | |
| | | 7 | 4 | 9 | 6 | 8 | | |

202

| 1 | 4 | 2 | 7 |  |  | 2 | 1 | 6 |
|---|---|---|---|---|---|---|---|---|
| 8 | 7 | 5 | 9 |  |  | 8 | 2 | 9 |
|  |  | 1 | 6 | 2 | 4 | 3 |  |  |
|  | 7 | 3 | 5 | 8 | 9 | 6 |  |  |
| 9 | 3 |  | 8 | 7 |  |  | 7 | 3 |
| 4 | 2 | 1 |  | 5 | 2 |  | 6 | 2 |
| 8 | 6 | 9 | 3 |  | 3 | 7 | 9 | 4 |
| 5 | 1 |  | 5 | 4 |  | 9 | 8 | 7 |
| 7 | 4 |  |  | 2 | 1 |  | 3 | 1 |
|  |  | 2 | 5 | 1 | 3 | 7 | 4 |  |
|  |  | 7 | 9 | 6 | 4 | 8 |  |  |
| 9 | 7 | 1 |  |  | 2 | 6 | 1 | 3 |
| 8 | 9 | 6 |  |  | 5 | 9 | 6 | 8 |

203

|  | 2 | 8 | 9 |  | 1 | 8 | 2 |  |
|---|---|---|---|---|---|---|---|---|
| 2 | 1 | 4 | 3 |  | 3 | 6 | 1 | 2 |
| 8 | 3 | 9 |  |  |  | 9 | 7 | 8 |
|  |  | 2 | 3 |  | 6 | 1 |  |  |
| 4 | 2 |  | 6 | 8 | 9 |  | 7 | 3 |
| 8 | 6 | 3 | 1 | 7 | 4 | 2 | 9 | 5 |
|  |  | 9 | 7 |  | 5 | 9 |  |  |
| 2 | 7 | 6 | 5 | 9 | 3 | 1 | 8 | 4 |
| 1 | 3 |  | 2 | 8 | 1 |  | 9 | 5 |
|  |  | 2 | 4 |  | 2 | 6 |  |  |
| 1 | 8 | 3 |  |  |  | 1 | 4 | 2 |
| 8 | 9 | 5 | 7 |  | 7 | 4 | 8 | 9 |
|  | 5 | 1 | 2 |  | 6 | 2 | 9 |  |

204

| 2 | 8 | 7 | 1 |  | 8 | 9 | 4 | 7 |
|---|---|---|---|---|---|---|---|---|
| 5 | 9 | 8 | 3 |  | 6 | 1 | 2 | 4 |
|  |  | 3 | 2 | 1 | 5 |  | 1 | 9 |
| 8 | 7 | 9 | 6 | 5 |  |  |  |  |
| 9 | 4 |  | 5 | 2 | 3 |  | 1 | 6 |
| 5 | 3 | 9 | 4 |  | 8 | 2 | 4 | 9 |
|  | 1 | 8 |  |  |  | 9 | 7 |  |
| 3 | 2 | 4 | 1 |  | 5 | 1 | 3 | 7 |
| 9 | 5 |  | 5 | 1 | 4 |  | 2 | 1 |
|  |  |  |  | 3 | 8 | 7 | 6 | 9 |
| 8 | 1 |  | 5 | 2 | 1 | 6 |  |  |
| 9 | 5 | 8 | 7 |  | 3 | 9 | 1 | 2 |
| 6 | 3 | 2 | 1 |  | 9 | 8 | 3 | 6 |

205

|  | 2 | 9 | 1 | 4 |  | 1 | 6 | 2 |
|---|---|---|---|---|---|---|---|---|
| 4 | 1 | 8 | 3 | 2 |  | 6 | 9 | 8 |
| 5 | 3 |  |  | 1 | 7 | 3 |  |  |
| 7 | 5 |  |  | 3 | 9 | 2 |  |  |
| 9 | 4 | 8 | 7 | 6 |  | 5 | 6 | 8 |
|  |  | 9 | 8 | 5 | 7 |  | 5 | 9 |
| 2 | 4 | 3 | 1 |  | 8 | 4 | 9 | 7 |
| 1 | 9 |  | 2 | 5 | 3 | 1 |  |  |
| 5 | 8 | 9 |  | 9 | 1 | 2 | 5 | 3 |
|  |  | 8 | 4 | 7 |  |  | 8 | 1 |
|  |  | 7 | 1 | 6 |  |  | 9 | 6 |
| 2 | 5 | 6 |  | 4 | 3 | 1 | 6 | 2 |
| 1 | 2 | 3 |  | 8 | 9 | 6 | 7 |  |

206

|  | 8 | 2 |  |  |  | 3 | 4 | 1 |
|---|---|---|---|---|---|---|---|---|
| 4 | 9 | 8 | 6 |  | 5 | 1 | 2 | 4 |
| 2 | 5 | 1 | 7 |  | 8 | 2 | 9 |  |
| 1 | 7 |  | 3 | 1 | 9 |  |  |  |
|  |  | 1 | 4 | 2 | 7 | 6 | 3 |  |
|  | 8 | 3 | 9 | 4 |  | 8 | 7 | 9 |
| 2 | 9 |  | 8 | 6 | 9 |  | 2 | 3 |
| 1 | 6 | 2 |  | 3 | 2 | 8 | 1 |  |
|  | 7 | 8 | 6 | 5 | 4 | 9 |  |  |
|  |  |  | 2 | 7 | 1 |  | 9 | 7 |
|  | 3 | 9 | 8 |  | 3 | 2 | 4 | 1 |
| 3 | 2 | 5 | 1 |  | 8 | 1 | 7 | 3 |
| 4 | 9 | 8 |  |  |  | 5 | 8 |  |

207

| 3 | 8 | 9 | 7 |  | 9 | 8 | 4 |  |
|---|---|---|---|---|---|---|---|---|
| 1 | 2 | 7 | 3 |  | 8 | 3 | 1 | 2 |
|  |  | 8 | 9 | 6 | 7 |  | 2 | 8 |
| 1 | 6 | 4 | 2 | 3 |  | 7 | 3 | 9 |
| 6 | 7 |  |  | 2 | 1 | 4 |  |  |
|  | 9 | 7 |  | 1 | 3 | 8 | 6 | 9 |
| 4 | 8 | 6 | 9 |  | 5 | 9 | 8 | 7 |
| 1 | 5 | 4 | 3 | 2 |  | 5 | 7 |  |
|  |  | 9 | 8 | 1 |  |  | 2 | 1 |
| 6 | 9 | 8 |  | 3 | 6 | 5 | 9 | 7 |
| 1 | 5 |  | 6 | 5 | 9 | 8 |  |  |
| 3 | 4 | 8 | 1 |  | 8 | 2 | 9 | 7 |
|  | 8 | 9 | 5 |  | 3 | 1 | 6 | 2 |

208

209

210

211

212

| 5 | 7 |  | 6 | 8 |  | 8 | 7 | 2 |
|---|---|---|---|---|---|---|---|---|
| 1 | 6 | 2 | 3 | 4 |  | 6 | 3 | 1 |
| 8 | 9 | 7 |  | 3 | 1 | 4 |  |  |
|  | 3 | 1 | 2 |  | 6 | 9 | 5 | 8 |
| 2 | 5 | 4 | 1 | 8 |  | 7 | 3 | 9 |
| 6 | 8 | 5 |  | 9 | 3 |  | 1 | 6 |
|  |  | 3 | 9 | 7 | 1 | 2 |  |  |
| 5 | 8 |  | 4 | 1 |  | 9 | 8 | 4 |
| 4 | 9 | 5 |  | 3 | 7 | 1 | 4 | 2 |
| 3 | 4 | 1 | 2 |  | 9 | 8 | 6 |  |
|  |  | 6 | 9 | 7 |  | 5 | 7 | 4 |
| 1 | 8 | 2 |  | 5 | 6 | 7 | 9 | 8 |
| 7 | 9 | 4 |  | 1 | 9 |  | 3 | 1 |

213

|  | 9 | 2 |  |  |  | 3 | 2 |  |
|---|---|---|---|---|---|---|---|---|
| 7 | 8 | 6 | 9 |  | 9 | 2 | 1 | 7 |
| 2 | 3 | 1 | 8 |  | 8 | 4 | 7 | 9 |
|  |  | 3 | 5 | 2 | 4 | 1 |  |  |
| 1 | 6 |  | 2 | 1 | 6 |  | 3 | 1 |
| 8 | 9 | 4 | 6 |  | 7 | 4 | 9 | 5 |
| 2 | 3 | 1 |  |  |  | 9 | 8 | 6 |
| 3 | 7 | 2 | 9 |  | 7 | 8 | 5 | 2 |
| 4 | 8 |  | 7 | 9 | 6 |  | 7 | 3 |
|  |  | 2 | 6 | 4 | 3 | 1 |  |  |
| 1 | 8 | 3 | 5 |  | 1 | 2 | 7 | 3 |
| 7 | 9 | 5 | 8 |  | 2 | 4 | 8 | 9 |
|  | 2 | 1 |  |  |  | 7 | 9 |  |

214

# SOLUTIONS

215

216

217

218

219

|   | 2 | 1 | 9 |   |   | 9 | 8 | 6 |
|---|---|---|---|---|---|---|---|---|
| 2 | 1 | 3 | 5 |   | 4 | 2 | 5 | 1 |
| 7 | 3 |   | 6 | 1 | 7 |   | 7 | 3 |
|   |   | 1 | 4 | 3 | 6 | 2 |   |   |
|   | 1 | 4 | 7 | 2 | 8 | 5 | 3 |   |
| 9 | 5 |   | 8 | 4 | 9 |   | 7 | 9 |
| 3 | 4 |   |   |   |   |   | 5 | 8 |
| 1 | 2 |   | 2 | 9 | 3 |   | 1 | 7 |
|   | 3 | 5 | 1 | 6 | 4 | 8 | 2 |   |
|   |   | 6 | 7 | 8 | 5 | 9 |   |   |
| 3 | 1 |   | 3 | 7 | 1 |   | 7 | 4 |
| 7 | 5 | 9 | 4 |   | 6 | 7 | 9 | 8 |
| 1 | 2 | 4 |   |   | 2 | 1 | 6 |   |

220

# SOLUTIONS

221

222

223

224

225

| | | | | | | | | |
|---|---|---|---|---|---|---|---|---|
| 6 | 8 | 3 | | 1 | 4 | | 1 | 2 |
| 7 | 9 | 5 | | 8 | 7 | 5 | 9 | 4 |
| 4 | 6 | 1 | 3 | 2 | | 2 | 6 | 1 |
| | | 2 | 6 | | 9 | 6 | | |
| 8 | 7 | 9 | | 1 | 2 | 3 | 5 | 7 |
| 6 | 4 | | 1 | 3 | | 1 | 3 | 9 |
| | 1 | 3 | 6 | 2 | 8 | 4 | 7 | |
| 9 | 3 | 4 | | 4 | 9 | | 8 | 2 |
| 3 | 2 | 1 | 7 | 9 | | 6 | 9 | 7 |
| | | 6 | 9 | | 5 | 9 | | |
| 1 | 5 | 2 | | 4 | 1 | 5 | 2 | 3 |
| 5 | 9 | 8 | 6 | 1 | | 7 | 1 | 6 |
| 2 | 1 | | 7 | 5 | | 8 | 3 | 9 |

226

# SOLUTIONS

| 1 | 3 | 5 | 2 |  | 2 | 8 | 7 |  |
|---|---|---|---|---|---|---|---|---|
| 3 | 6 | 9 | 8 |  | 5 | 9 | 8 | 3 |
|  |  | 2 | 4 | 5 | 1 |  | 9 | 7 |
| 2 | 6 | 3 | 1 | 8 |  | 2 | 6 | 1 |
| 5 | 9 |  |  | 9 | 8 | 6 |  |  |
| 1 | 2 |  |  | 7 | 9 | 5 | 6 | 8 |
| 3 | 8 | 5 | 4 |  | 5 | 1 | 2 | 3 |
| 4 | 7 | 9 | 6 | 8 |  |  | 1 | 6 |
|  |  | 2 | 1 | 4 |  |  | 4 | 9 |
| 3 | 2 | 1 |  | 9 | 2 | 8 | 3 | 7 |
| 8 | 3 |  | 2 | 6 | 1 | 3 |  |  |
| 9 | 1 | 2 | 4 |  | 3 | 2 | 1 | 4 |
|  | 7 | 8 | 9 |  | 4 | 9 | 7 | 8 |

227

| 9 | 7 | 3 | 8 |  | 5 | 1 | 2 | 3 |
|---|---|---|---|---|---|---|---|---|
| 2 | 3 | 1 | 7 |  | 8 | 5 | 7 | 9 |
|  |  | 4 | 9 |  | 9 | 2 |  |  |
|  | 4 | 2 |  |  |  | 3 | 6 |  |
| 1 | 9 | 7 | 2 |  | 5 | 4 | 8 | 9 |
| 5 | 7 | 6 | 3 | 9 | 8 |  | 1 | 6 |
|  |  | 5 | 6 | 7 | 9 | 8 |  |  |
| 3 | 2 |  | 4 | 5 | 7 | 9 | 8 | 3 |
| 9 | 8 | 7 | 1 |  | 4 | 5 | 2 | 1 |
|  | 1 | 2 |  |  |  | 4 | 3 |  |
|  |  | 1 | 9 |  | 2 | 6 |  |  |
| 2 | 1 | 3 | 4 |  | 6 | 7 | 8 | 9 |
| 9 | 7 | 4 | 8 |  | 1 | 3 | 2 | 8 |

228

| 9 | 8 | 6 |  | 8 | 6 |  | 5 | 7 |
|---|---|---|---|---|---|---|---|---|
| 3 | 6 | 2 | 4 | 7 | 1 | 5 | 8 | 9 |
|  | 3 | 1 | 2 |  |  | 1 | 3 |  |
| 3 | 7 |  | 1 | 5 | 2 |  | 7 | 6 |
| 1 | 4 |  | 3 | 9 | 7 |  | 9 | 8 |
| 2 | 5 |  | 6 | 8 | 9 | 7 |  |  |
| 5 | 9 | 8 |  |  |  | 2 | 1 | 3 |
|  |  | 9 | 8 | 7 | 5 |  | 6 | 9 |
| 9 | 2 |  | 7 | 1 | 2 |  | 4 | 7 |
| 7 | 3 |  | 9 | 3 | 4 |  | 5 | 8 |
|  | 4 | 1 |  |  | 1 | 4 | 2 |  |
| 4 | 1 | 6 | 5 | 2 | 3 | 9 | 7 | 8 |
| 9 | 8 |  | 7 | 1 |  | 8 | 3 | 1 |

229

| 6 | 7 |  | 7 | 2 | 1 |  | 7 | 4 |
|---|---|---|---|---|---|---|---|---|
| 2 | 5 | 8 | 9 | 4 | 3 | 7 | 6 | 1 |
|  |  | 3 | 1 |  | 6 | 9 |  |  |
|  | 1 | 4 |  |  | 2 | 4 | 1 |  |
| 6 | 7 | 9 | 4 | 8 |  | 8 | 2 | 4 |
| 1 | 4 | 7 | 3 | 5 | 2 |  | 3 | 6 |
|  |  | 6 | 2 |  | 1 | 3 |  |  |
| 8 | 9 |  | 1 | 4 | 3 | 2 | 6 | 5 |
| 2 | 1 | 6 |  | 7 | 5 | 6 | 8 | 9 |
|  | 8 | 9 | 7 |  |  | 7 | 9 |  |
|  |  | 8 | 2 |  | 8 | 1 |  |  |
| 8 | 5 | 7 | 3 | 1 | 9 | 4 | 2 | 6 |
| 5 | 1 |  | 1 | 2 | 5 |  | 1 | 3 |

230

| 1 | 6 |  | 8 | 4 |  | 3 | 1 | 2 |
|---|---|---|---|---|---|---|---|---|
| 2 | 5 | 9 | 7 | 1 | 4 | 8 | 3 | 6 |
| 5 | 9 | 8 |  | 2 | 8 | 9 |  |  |
|  |  | 7 | 5 |  |  | 6 | 7 | 1 |
| 3 | 2 | 5 | 1 | 7 |  | 7 | 9 | 4 |
| 2 | 1 | 6 |  | 8 | 9 |  | 5 | 2 |
|  |  | 1 | 2 | 5 | 4 | 3 |  |  |
| 9 | 7 |  | 1 | 9 |  | 9 | 4 | 7 |
| 6 | 1 | 3 |  | 6 | 3 | 8 | 5 | 9 |
| 8 | 9 | 7 |  |  | 1 | 5 |  |  |
|  |  | 1 | 2 | 8 |  | 7 | 9 | 6 |
| 5 | 9 | 4 | 1 | 7 | 3 | 6 | 8 | 2 |
| 6 | 5 | 2 |  | 3 | 4 |  | 4 | 1 |

231

| 9 | 7 | 8 | 3 |  | 3 | 2 | 6 | 1 |
|---|---|---|---|---|---|---|---|---|
| 4 | 3 | 7 | 1 |  | 9 | 4 | 7 | 8 |
|  | 1 | 4 | 2 | 7 |  | 1 | 5 |  |
| 8 | 4 | 9 |  | 9 | 1 |  | 8 | 2 |
| 9 | 5 |  |  |  | 3 | 8 | 9 | 5 |
| 5 | 2 | 6 |  | 4 | 2 | 5 | 3 | 1 |
|  |  | 8 | 7 | 6 | 4 | 9 |  |  |
| 1 | 4 | 3 | 6 | 2 |  | 7 | 3 | 1 |
| 2 | 6 | 1 | 9 |  |  |  | 5 | 2 |
| 6 | 7 |  | 8 | 3 |  | 6 | 9 | 8 |
|  | 8 | 1 |  | 5 | 6 | 2 | 8 |  |
| 8 | 9 | 6 | 3 |  | 3 | 1 | 2 | 5 |
| 2 | 5 | 3 | 1 |  | 5 | 4 | 7 | 8 |

232

# SOLUTIONS

| | | | | | | | | |
|---|---|---|---|---|---|---|---|---|
| | 8 | 4 | | 2 | 3 | 1 | 5 | |
| 4 | 7 | 3 | | 3 | 9 | 7 | 8 | 6 |
| 1 | 4 | 2 | | 1 | 8 | | 9 | 1 |
| | 3 | 1 | 4 | | | 8 | 7 | |
| 9 | 6 | 5 | 7 | 8 | | 7 | 6 | 5 |
| 7 | 9 | | 6 | 3 | 2 | 5 | 4 | 1 |
| | | 6 | 9 | | 8 | 9 | | |
| 1 | 3 | 9 | 8 | 6 | 4 | | 3 | 1 |
| 3 | 4 | 8 | | 5 | 1 | 3 | 8 | 2 |
| | 2 | 5 | | | 9 | 6 | 7 | |
| 9 | 5 | | 8 | 1 | | 1 | 5 | 4 |
| 5 | 1 | 3 | 6 | 2 | | 2 | 6 | 9 |
| | 7 | 8 | 9 | 6 | | 4 | 9 | |

233

| | | | | | | | | |
|---|---|---|---|---|---|---|---|---|
| | 4 | 9 | 7 | | | | 5 | 1 |
| 8 | 2 | 4 | 3 | 1 | | 9 | 8 | 2 |
| 9 | 5 | | 5 | 7 | | 7 | 9 | |
| | | 3 | 2 | | | | 7 | 3 |
| 7 | 6 | 9 | 8 | 4 | | 1 | 4 | 2 |
| 4 | 2 | 7 | 9 | 5 | 8 | 6 | | |
| 3 | 1 | | 4 | 1 | 5 | | 1 | 9 |
| | | 1 | 6 | 3 | 7 | 2 | 4 | 8 |
| 1 | 5 | 6 | | 2 | 4 | 1 | 3 | 7 |
| 3 | 6 | | | | 9 | 3 | | |
| | 7 | 6 | | 4 | 2 | | 9 | 1 |
| 6 | 8 | 9 | | 1 | 3 | 4 | 6 | 2 |
| 2 | 9 | | | | 1 | 9 | 7 | |

234

| | | | | | | | | |
|---|---|---|---|---|---|---|---|---|
| 9 | 8 | | 4 | 9 | 8 | | 7 | 4 |
| 4 | 1 | | 2 | 6 | 1 | | 8 | 2 |
| | 2 | 6 | 5 | | 3 | 2 | 5 | 1 |
| 3 | 7 | 9 | | | | 7 | 9 | |
| 5 | 9 | 8 | 7 | | 8 | 4 | 6 | 9 |
| 1 | 6 | | 2 | 3 | 7 | 1 | 4 | 5 |
| | | 1 | 5 | 2 | 4 | 3 | | |
| 1 | 5 | 2 | 3 | 4 | 6 | | 7 | 2 |
| 7 | 8 | 6 | 9 | | 9 | 7 | 2 | 1 |
| | 6 | 3 | | | | 9 | 8 | 5 |
| 1 | 3 | 4 | 5 | | 4 | 8 | 3 | |
| 3 | 9 | | 9 | 6 | 5 | | 9 | 2 |
| 2 | 7 | | 3 | 2 | 1 | | 5 | 1 |

235

| | | | | | | | | |
|---|---|---|---|---|---|---|---|---|
| 8 | 9 | 6 | | | | 3 | 2 | 1 |
| 6 | 8 | 3 | 9 | | 5 | 8 | 7 | 9 |
| | | 1 | 7 | | 2 | 9 | | |
| | 4 | 2 | 6 | 1 | 3 | 7 | 8 | |
| 3 | 8 | | 8 | 3 | 4 | | 5 | 9 |
| 2 | 3 | 1 | 4 | | 1 | 2 | 3 | 8 |
| | 9 | 6 | | | | 1 | 6 | |
| 3 | 1 | 2 | 5 | | 6 | 7 | 9 | 8 |
| 9 | 7 | | 8 | 2 | 1 | | 1 | 2 |
| | 5 | 2 | 6 | 1 | 3 | 8 | 7 | |
| | | 1 | 7 | | 2 | 9 | | |
| 5 | 2 | 3 | 9 | | 4 | 7 | 3 | 9 |
| 8 | 9 | 7 | | | | 4 | 1 | 2 |

236

| | | | | | | | | |
|---|---|---|---|---|---|---|---|---|
| | 4 | 3 | 1 | | 4 | 6 | 1 | 2 |
| 1 | 7 | 9 | 3 | | 9 | 8 | 5 | 7 |
| 2 | 8 | | 2 | 7 | | 9 | 3 | |
| | 6 | 9 | 5 | 8 | 7 | | 4 | 9 |
| 1 | 2 | 8 | | 9 | 8 | 3 | 6 | 7 |
| 4 | 9 | | 5 | 3 | | 1 | 2 | 4 |
| | | 9 | 7 | 5 | 8 | 2 | | |
| 8 | 9 | 4 | | 1 | 2 | | 5 | 9 |
| 5 | 4 | 3 | 1 | 2 | | 7 | 1 | 2 |
| 9 | 7 | | 9 | 6 | 4 | 8 | 7 | |
| | 3 | 1 | | 4 | 2 | | 3 | 5 |
| 1 | 6 | 2 | 3 | | 1 | 7 | 4 | 2 |
| 7 | 8 | 6 | 9 | | 3 | 9 | 2 | |

237

| | | | | | | | | |
|---|---|---|---|---|---|---|---|---|
| 9 | 7 | 5 | | 7 | 9 | | 3 | 8 |
| 6 | 2 | 3 | | 4 | 3 | 8 | 7 | 9 |
| 8 | 9 | 4 | 7 | 6 | | 1 | 2 | 4 |
| | | 1 | 3 | 2 | 5 | | 1 | 6 |
| 4 | 1 | 2 | | 3 | 8 | 9 | | |
| 3 | 2 | | | 1 | 7 | 3 | 6 | 2 |
| 9 | 4 | 8 | 7 | | 9 | 7 | 8 | 6 |
| 1 | 3 | 7 | 2 | 4 | | | 2 | 1 |
| | | 9 | 1 | 8 | | 7 | 9 | 3 |
| 9 | 8 | | 9 | 6 | 3 | 8 | | |
| 1 | 2 | 9 | | 3 | 1 | 6 | 4 | 2 |
| 3 | 4 | 8 | 1 | 2 | | 5 | 3 | 1 |
| 7 | 9 | | 6 | 9 | | 9 | 8 | 5 |

238

| 5 | 2 | 3 | 1 |  |  | 9 | 1 | 3 |
|---|---|---|---|---|---|---|---|---|
| 8 | 6 | 9 | 7 |  | 1 | 8 | 3 | 5 |
| 9 | 3 |  |  | 4 | 2 | 3 |  |  |
| 6 | 1 |  | 9 | 7 |  |  | 3 | 7 |
|  | 5 | 2 | 6 | 1 |  | 9 | 7 | 8 |
|  |  | 3 | 8 | 6 | 4 | 5 | 2 | 9 |
| 9 | 7 |  | 7 | 2 | 1 |  | 1 | 6 |
| 4 | 1 | 8 | 5 | 3 | 2 | 6 |  |  |
| 6 | 2 | 7 |  | 9 | 6 | 8 | 4 |  |
| 8 | 9 |  |  | 5 | 3 |  | 7 | 9 |
|  |  | 5 | 9 | 8 |  |  | 8 | 6 |
| 4 | 3 | 1 | 2 |  | 7 | 5 | 9 | 8 |
| 9 | 7 | 2 |  |  | 2 | 1 | 6 | 3 |

239

| 7 | 1 |  | 7 | 8 | 3 | 9 |  |  |
|---|---|---|---|---|---|---|---|---|
| 8 | 3 | 4 | 1 | 5 | 2 | 6 |  |  |
| 9 | 6 | 7 |  | 6 | 1 |  | 5 | 1 |
| 5 | 2 | 1 | 3 |  |  | 8 | 7 | 3 |
|  |  | 5 | 9 |  |  | 1 | 6 |  |
| 9 | 6 | 2 |  | 8 | 1 |  | 9 | 2 |
| 8 | 5 | 3 | 7 | 9 | 2 | 6 | 4 | 1 |
| 5 | 3 |  | 2 | 3 |  | 9 | 8 | 4 |
|  | 2 | 9 |  |  | 1 | 5 |  |  |
| 7 | 1 | 2 |  |  | 2 | 3 | 4 | 1 |
| 9 | 4 |  | 2 | 8 |  | 8 | 9 | 6 |
|  |  | 4 | 1 | 9 | 6 | 7 | 8 | 2 |
|  |  | 8 | 6 | 7 | 9 |  | 7 | 4 |

240

| 2 | 5 | 1 | 3 |  | 8 | 6 |  |  |
|---|---|---|---|---|---|---|---|---|
| 8 | 7 | 9 | 5 |  | 6 | 1 |  |  |
| 4 | 9 |  | 2 | 9 | 4 | 5 | 3 | 1 |
| 1 | 6 |  | 1 | 3 | 2 |  | 8 | 6 |
|  |  | 2 | 4 |  | 7 | 3 |  |  |
| 1 | 6 | 3 |  | 8 | 9 | 6 | 7 | 5 |
| 2 | 9 |  | 3 | 5 | 1 |  | 9 | 2 |
| 4 | 8 | 7 | 5 | 9 |  | 8 | 4 | 1 |
|  |  | 8 | 9 |  | 1 | 5 |  |  |
| 2 | 1 |  | 8 | 1 | 2 |  | 8 | 6 |
| 9 | 6 | 8 | 7 | 3 | 4 |  | 7 | 9 |
|  |  | 7 | 2 |  | 6 | 7 | 9 | 8 |
|  |  | 9 | 4 |  | 3 | 1 | 4 | 2 |

241

| 1 | 3 | 5 | 2 |  | 4 | 7 | 2 | 1 |
|---|---|---|---|---|---|---|---|---|
| 3 | 6 | 7 | 5 |  | 7 | 9 | 8 | 4 |
| 6 | 9 | 8 |  | 3 | 1 | 4 |  |  |
|  | 7 | 9 | 8 | 2 |  | 5 | 4 | 2 |
| 1 | 5 |  | 2 | 1 | 3 |  | 8 | 1 |
| 2 | 8 | 4 |  | 4 | 9 | 8 | 7 | 6 |
|  |  | 1 | 9 |  | 1 | 3 |  |  |
| 1 | 4 | 2 | 3 | 6 |  | 6 | 7 | 8 |
| 5 | 9 |  | 4 | 9 | 5 |  | 5 | 6 |
| 9 | 7 | 8 |  | 7 | 3 | 1 | 2 |  |
|  |  | 5 | 9 | 8 |  | 8 | 9 | 3 |
| 7 | 3 | 1 | 2 |  | 9 | 6 | 8 | 4 |
| 9 | 8 | 4 | 7 |  | 3 | 2 | 6 | 1 |

242

| 3 | 1 |  | 9 | 4 |  | 1 | 2 |  |
|---|---|---|---|---|---|---|---|---|
| 4 | 7 |  | 7 | 1 |  | 2 | 3 | 5 |
|  | 3 | 1 | 5 | 2 | 4 |  | 1 | 9 |
| 9 | 6 | 3 | 8 |  | 9 | 8 | 5 | 6 |
| 5 | 2 |  | 6 | 4 | 2 | 1 |  |  |
|  | 8 | 1 |  | 9 | 7 |  | 3 | 2 |
| 8 | 9 | 4 | 6 |  | 8 | 7 | 9 | 5 |
| 7 | 5 |  | 8 | 5 |  | 1 | 5 |  |
|  |  | 8 | 9 | 7 | 6 |  | 8 | 9 |
| 1 | 2 | 3 | 4 |  | 3 | 8 | 2 | 1 |
| 9 | 3 |  | 7 | 8 | 2 | 9 | 1 |  |
| 8 | 6 | 9 |  | 9 | 4 |  | 4 | 7 |
|  | 1 | 5 |  | 7 | 1 |  | 6 | 9 |

243

|  | 8 | 3 |  | 7 | 2 | 1 | 3 |  |
|---|---|---|---|---|---|---|---|---|
| 6 | 9 | 4 |  | 9 | 8 | 3 | 7 | 6 |
| 1 | 4 | 2 |  | 8 | 1 |  | 5 | 3 |
|  |  | 1 | 2 |  |  | 9 | 4 |  |
| 5 | 8 | 6 | 7 | 9 |  | 7 | 2 | 9 |
| 8 | 7 |  | 6 | 7 | 2 | 4 | 1 | 3 |
|  |  | 3 | 9 |  | 3 | 8 |  |  |
| 7 | 6 | 4 | 8 | 9 | 5 |  | 5 | 9 |
| 2 | 3 | 1 |  | 8 | 4 | 6 | 9 | 7 |
|  | 4 | 2 |  |  | 1 | 4 |  |  |
| 7 | 1 |  | 2 | 9 |  | 5 | 1 | 3 |
| 3 | 2 | 5 | 1 | 6 |  | 9 | 5 | 8 |
|  | 5 | 9 | 7 | 8 |  | 7 | 2 |  |

244

| 2 | 5 |  | 8 | 1 | 3 |  | 1 | 2 |
|---|---|---|---|---|---|---|---|---|
| 1 | 7 |  | 9 | 2 | 4 | 5 | 3 | 8 |
| 4 | 9 | 1 |  | 3 | 9 | 7 |  |  |
|  |  | 5 | 9 | 7 | 8 |  | 1 | 4 |
| 8 | 1 |  | 7 | 4 | 6 | 5 | 8 | 9 |
| 9 | 7 | 4 | 2 |  | 7 | 3 |  |  |
| 5 | 2 | 1 |  |  |  | 1 | 2 | 3 |
|  |  | 2 | 4 |  | 5 | 2 | 8 | 9 |
| 8 | 6 | 3 | 5 | 7 | 9 |  | 3 | 8 |
| 7 | 2 |  | 1 | 4 | 2 | 5 |  |  |
|  |  | 4 | 3 | 8 |  | 2 | 8 | 1 |
| 3 | 7 | 1 | 2 | 6 | 4 |  | 9 | 5 |
| 2 | 9 |  | 6 | 9 | 8 |  | 7 | 3 |

245

| 8 | 1 |  | 1 | 4 |  | 8 | 6 | 9 |
|---|---|---|---|---|---|---|---|---|
| 4 | 3 | 8 | 5 | 9 | 1 | 6 | 2 | 7 |
|  | 2 | 9 |  | 1 | 2 | 4 |  |  |
|  |  | 6 | 7 |  | 7 | 9 | 8 |  |
| 1 | 2 | 4 | 3 |  |  | 7 | 9 | 6 |
| 2 | 9 | 7 |  | 4 | 9 |  | 3 | 1 |
|  |  | 5 | 9 | 3 | 8 | 4 |  |  |
| 6 | 1 |  | 5 | 1 |  | 6 | 7 | 8 |
| 9 | 8 | 5 |  |  | 8 | 5 | 9 | 7 |
|  | 3 | 4 | 8 |  | 2 | 3 |  |  |
|  |  | 1 | 5 | 3 |  | 1 | 3 |  |
| 1 | 8 | 3 | 9 | 7 | 4 | 2 | 5 | 6 |
| 8 | 7 | 2 |  | 9 | 7 |  | 8 | 9 |

246

| 9 | 4 |  | 1 | 3 | 5 |  | 3 | 1 |
|---|---|---|---|---|---|---|---|---|
| 8 | 3 |  | 2 | 8 | 9 |  | 9 | 6 |
| 5 | 1 | 2 |  | 4 | 7 | 5 | 1 | 2 |
|  | 8 | 9 | 2 |  | 8 | 3 |  |  |
| 9 | 5 | 7 | 8 | 1 |  | 6 | 8 | 9 |
| 5 | 2 |  | 1 | 4 | 7 | 2 | 3 | 5 |
|  |  | 5 | 4 |  | 6 | 1 |  |  |
| 5 | 6 | 9 | 3 | 7 | 8 |  | 8 | 9 |
| 1 | 2 | 8 |  | 3 | 4 | 2 | 5 | 1 |
|  |  | 7 | 6 |  | 9 | 7 | 6 |  |
| 1 | 3 | 6 | 2 | 4 |  | 1 | 4 | 2 |
| 2 | 8 |  | 7 | 8 | 9 |  | 7 | 1 |
| 3 | 9 |  | 1 | 9 | 7 |  | 9 | 7 |

247

| 1 | 5 |  | 8 | 1 | 3 | 2 |  |  |
|---|---|---|---|---|---|---|---|---|
| 2 | 3 |  | 9 | 4 | 8 | 7 |  |  |
|  | 9 | 1 | 6 |  | 1 | 3 | 7 | 2 |
| 5 | 6 | 8 | 7 | 9 |  | 8 | 9 | 6 |
| 3 | 7 |  | 5 | 8 | 4 |  | 8 | 1 |
| 1 | 4 | 8 | 2 |  | 5 | 8 |  |  |
| 2 | 1 | 5 |  |  |  | 3 | 2 | 1 |
|  |  | 9 | 1 |  | 2 | 9 | 5 | 3 |
| 1 | 3 |  | 3 | 8 | 4 |  | 6 | 2 |
| 2 | 1 | 7 |  | 7 | 6 | 9 | 8 | 4 |
| 4 | 6 | 9 | 8 |  | 3 | 7 | 1 |  |
|  |  | 6 | 2 | 3 | 1 |  | 4 | 3 |
|  |  | 8 | 7 | 9 | 5 |  | 7 | 4 |

248

| 7 | 3 | 2 | 1 |  | 9 | 3 | 6 | 8 |
|---|---|---|---|---|---|---|---|---|
| 9 | 5 | 7 | 8 |  | 2 | 1 | 7 | 5 |
| 8 | 4 | 1 |  |  |  | 6 | 8 | 9 |
|  | 2 | 6 | 3 |  | 1 | 2 | 3 |  |
| 3 | 1 |  | 1 | 8 | 6 |  | 4 | 1 |
| 7 | 6 | 8 | 4 | 9 |  | 2 | 9 | 7 |
|  |  | 4 | 2 |  | 7 | 5 |  |  |
| 4 | 3 | 9 |  | 3 | 6 | 1 | 4 | 2 |
| 9 | 7 |  | 3 | 9 | 8 |  | 6 | 4 |
|  | 1 | 7 | 6 |  | 9 | 1 | 7 |  |
| 2 | 4 | 9 |  |  |  | 8 | 9 | 2 |
| 1 | 2 | 4 | 5 |  | 9 | 7 | 8 | 6 |
| 4 | 6 | 8 | 9 |  | 3 | 2 | 5 | 1 |

249

| 6 | 1 |  | 9 | 5 |  | 8 | 7 | 9 |
|---|---|---|---|---|---|---|---|---|
| 9 | 5 | 8 | 7 | 6 |  | 3 | 1 | 2 |
|  | 2 | 7 |  | 8 | 1 | 7 |  |  |
| 1 | 4 |  |  | 7 | 6 | 9 | 4 | 8 |
| 5 | 3 | 8 | 6 | 9 | 7 |  | 2 | 4 |
|  |  | 5 | 2 | 1 |  |  | 1 | 9 |
| 5 | 8 | 9 | 7 |  | 9 | 6 | 3 | 7 |
| 2 | 9 |  |  | 9 | 8 | 3 |  |  |
| 3 | 7 |  | 5 | 6 | 2 | 1 | 3 | 4 |
| 1 | 6 | 3 | 2 | 4 |  |  | 8 | 9 |
|  |  | 2 | 1 | 8 |  | 1 | 6 |  |
| 8 | 9 | 6 |  | 7 | 8 | 2 | 9 | 6 |
| 4 | 2 | 1 |  | 3 | 1 |  | 7 | 4 |

250

251

| | | | | | | | | |
|---|---|---|---|---|---|---|---|---|
| 9 | 3 | 7 | 5 | | | 4 | 2 | 1 |
| 4 | 1 | 5 | 2 | | | 8 | 6 | 9 |
| | | 8 | 4 | 6 | 7 | 9 | | |
| | 5 | 9 | 1 | 8 | 4 | 7 | | |
| 8 | 7 | | 3 | 9 | | | 6 | 2 |
| 3 | 2 | 1 | | 4 | 5 | | 7 | 3 |
| 9 | 4 | 5 | 2 | | 3 | 4 | 2 | 1 |
| 7 | 3 | | 1 | 4 | | 9 | 8 | 7 |
| 6 | 1 | | | 2 | 9 | | 9 | 4 |
| | | 3 | 7 | 6 | 8 | 9 | 4 | |
| | | 2 | 3 | 1 | 6 | 4 | | |
| 6 | 8 | 5 | | | 5 | 2 | 7 | 1 |
| 8 | 9 | 1 | | | 7 | 8 | 9 | 6 |

252

253

254

255

| | | | | | | | | |
|---|---|---|---|---|---|---|---|---|
| 7 | 8 | 9 | 6 | | 9 | 3 | 7 | 8 |
| 4 | 1 | 3 | 2 | | 2 | 1 | 6 | 4 |
| 2 | 6 | | 1 | 5 | 3 | 2 | 4 | |
| 1 | 5 | 4 | | 8 | 7 | | 8 | 1 |
| | | 8 | 4 | 9 | | 3 | 9 | 5 |
| 3 | 9 | 7 | 1 | | 9 | 4 | | |
| 1 | 8 | 6 | 2 | | 5 | 2 | 3 | 1 |
| | | 9 | 3 | | 6 | 5 | 9 | 3 |
| 6 | 9 | 5 | | 9 | 8 | 6 | | |
| 1 | 5 | | 8 | 6 | | 1 | 8 | 4 |
| | 6 | 4 | 3 | 1 | 2 | | 2 | 1 |
| 7 | 8 | 1 | 2 | | 8 | 6 | 9 | 2 |
| 9 | 7 | 2 | 6 | | 9 | 8 | 7 | 5 |

256

| 8 | 1 |  | 2 | 7 | 1 |  | 2 | 6 |
|---|---|---|---|---|---|---|---|---|
| 6 | 2 | 4 | 7 | 8 | 3 | 9 | 5 | 1 |
|  | 3 | 7 | 8 | 9 |  | 7 | 3 |  |
|  |  |  |  |  |  |  | 1 | 3 |
|  | 6 | 9 | 7 | 1 |  | 5 | 4 | 9 |
| 6 | 4 | 5 | 8 | 3 | 2 | 1 |  |  |
| 2 | 1 |  | 9 | 2 | 1 |  | 5 | 1 |
|  |  | 7 | 5 | 4 | 3 | 6 | 9 | 8 |
| 3 | 4 | 6 |  | 6 | 7 | 9 | 8 |  |
| 7 | 8 |  |  |  |  |  |  |  |
|  | 9 | 8 |  | 9 | 4 | 8 | 7 |  |
| 3 | 7 | 5 | 4 | 8 | 1 | 6 | 9 | 2 |
| 2 | 6 |  | 1 | 6 | 2 |  | 3 | 1 |

257

| 1 | 3 |  | 7 | 8 |  | 9 | 8 | 6 |
|---|---|---|---|---|---|---|---|---|
| 3 | 6 | 1 | 2 | 4 |  | 7 | 9 | 2 |
| 8 | 9 | 5 |  | 3 | 1 | 5 |  |  |
|  | 8 | 7 | 9 |  | 6 | 8 | 5 | 9 |
| 2 | 5 | 3 | 1 | 4 |  | 6 | 4 | 8 |
| 3 | 7 | 4 |  | 9 | 1 |  | 1 | 2 |
|  |  | 2 | 6 | 8 | 3 | 9 |  |  |
| 5 | 9 |  | 4 | 7 |  | 4 | 8 | 9 |
| 2 | 6 | 4 |  | 6 | 1 | 2 | 3 | 7 |
| 1 | 5 | 2 | 4 |  | 9 | 3 | 7 |  |
|  |  | 7 | 9 | 5 |  | 1 | 5 | 2 |
| 2 | 4 | 1 |  | 4 | 5 | 7 | 9 | 8 |
| 9 | 8 | 3 |  | 2 | 1 |  | 6 | 1 |

258

|  | 9 | 3 |  |  |  | 1 | 9 |  |
|---|---|---|---|---|---|---|---|---|
| 5 | 6 | 2 | 7 |  | 1 | 2 | 4 | 3 |
| 9 | 7 | 6 | 8 |  | 6 | 5 | 8 | 9 |
|  |  | 1 | 4 | 5 | 2 | 3 |  |  |
| 7 | 5 |  | 9 | 2 | 3 |  | 5 | 3 |
| 4 | 2 | 1 | 6 |  | 5 | 9 | 8 | 7 |
| 8 | 3 | 2 |  |  |  | 8 | 7 | 2 |
| 9 | 7 | 6 | 5 |  | 4 | 6 | 3 | 1 |
| 5 | 1 |  | 8 | 1 | 7 |  | 9 | 4 |
|  |  | 2 | 6 | 4 | 3 | 1 |  |  |
| 8 | 9 | 6 | 7 |  | 8 | 9 | 6 | 3 |
| 6 | 8 | 3 | 9 |  | 9 | 2 | 3 | 1 |
|  | 2 | 1 |  |  |  | 8 | 1 |  |

259

| 9 | 3 | 1 |  |  |  | 3 | 9 | 8 |
|---|---|---|---|---|---|---|---|---|
| 6 | 9 | 4 | 8 |  | 7 | 2 | 8 | 1 |
|  |  | 2 | 3 | 4 | 6 | 1 |  |  |
| 3 | 8 |  | 4 | 2 | 8 |  | 5 | 3 |
| 1 | 4 | 3 | 6 |  | 9 | 3 | 8 | 6 |
| 4 | 7 | 8 | 9 | 6 |  | 1 | 6 |  |
| 2 | 6 |  | 7 | 2 | 6 |  | 9 | 7 |
|  | 1 | 5 |  | 1 | 4 | 3 | 2 | 5 |
| 1 | 5 | 9 | 2 |  | 7 | 9 | 4 | 8 |
| 2 | 9 |  | 4 | 6 | 8 |  | 3 | 9 |
|  |  | 8 | 5 | 7 | 9 | 4 |  |  |
| 2 | 3 | 7 | 1 |  | 5 | 1 | 2 | 3 |
| 1 | 2 | 9 |  |  |  | 6 | 8 | 9 |

260

| 1 | 6 |  | 1 | 2 | 3 |  | 1 | 9 |
|---|---|---|---|---|---|---|---|---|
| 7 | 1 | 2 | 6 | 9 | 8 | 4 | 5 | 3 |
|  |  | 3 | 9 |  | 9 | 7 |  |  |
|  | 9 | 6 |  |  |  | 3 | 9 |  |
| 3 | 2 | 1 | 4 |  | 4 | 2 | 6 | 1 |
| 9 | 4 |  | 6 | 4 | 2 | 1 | 8 | 3 |
|  |  | 5 | 9 | 7 | 6 | 8 |  |  |
| 5 | 3 | 4 | 7 | 2 | 1 |  | 8 | 5 |
| 9 | 7 | 6 | 8 |  | 3 | 5 | 2 | 1 |
|  | 1 | 2 |  |  |  | 8 | 9 |  |
|  |  | 1 | 8 |  | 5 | 9 |  |  |
| 8 | 5 | 3 | 9 | 2 | 4 | 6 | 7 | 1 |
| 3 | 2 |  | 5 | 1 | 2 |  | 3 | 4 |

261

| 3 | 8 | 9 |  | 1 | 8 |  | 9 | 8 |
|---|---|---|---|---|---|---|---|---|
| 1 | 7 | 3 | 5 | 4 | 6 | 9 | 8 | 2 |
|  |  | 1 | 4 | 2 |  | 2 | 7 | 1 |
| 2 | 1 |  | 9 | 6 | 7 | 8 |  |  |
| 6 | 5 | 9 | 7 | 3 | 8 |  | 2 | 9 |
|  |  | 7 | 8 |  | 9 | 8 | 3 | 7 |
| 6 | 9 | 8 |  |  |  | 9 | 1 | 5 |
| 2 | 1 | 4 | 3 |  | 1 | 7 |  |  |
| 1 | 3 |  | 2 | 6 | 3 | 5 | 1 | 4 |
|  |  | 3 | 1 | 5 | 2 |  | 6 | 9 |
| 1 | 5 | 2 |  | 9 | 5 | 8 |  |  |
| 3 | 8 | 9 | 2 | 7 | 4 | 6 | 1 | 5 |
| 7 | 9 |  | 5 | 8 |  | 9 | 4 | 7 |

262

# SOLUTIONS

| 1 | 4 | 2 | 5 |   | 9 | 7 | 3 | 8 |
|---|---|---|---|---|---|---|---|---|
| 3 | 7 | 9 | 8 | 4 | 6 | 1 | 2 | 5 |
| 8 | 9 |   | 7 | 1 | 2 |   | 1 | 6 |
|   |   | 8 | 9 | 7 |   |   |   |   |
| 9 | 4 | 1 |   | 2 | 1 |   | 6 | 9 |
| 7 | 3 |   | 6 | 3 | 9 | 5 | 7 | 8 |
|   | 6 | 9 | 8 |   | 2 | 1 | 5 |   |
| 6 | 2 | 5 | 9 | 7 | 8 |   | 8 | 1 |
| 5 | 1 |   | 5 | 9 |   | 4 | 9 | 8 |
|   |   |   |   | 8 | 2 | 1 |   |   |
| 9 | 6 |   | 2 | 4 | 1 |   | 1 | 3 |
| 5 | 2 | 4 | 1 | 6 | 3 | 8 | 9 | 7 |
| 8 | 7 | 9 | 6 |   | 5 | 6 | 8 | 9 |

263

| 4 | 8 |   | 3 | 1 | 2 |   | 9 | 4 |
|---|---|---|---|---|---|---|---|---|
| 1 | 4 | 2 | 6 | 8 | 5 | 9 | 7 | 3 |
|   |   | 5 | 9 |   | 1 | 2 |   |   |
|   | 2 | 1 | 7 | 4 | 3 | 5 | 9 |   |
| 4 | 5 |   | 8 | 9 | 6 |   | 7 | 3 |
| 2 | 1 | 4 |   |   |   | 8 | 2 | 1 |
|   | 8 | 9 |   |   |   | 9 | 6 |   |
| 2 | 4 | 7 |   |   |   | 7 | 1 | 2 |
| 1 | 3 |   | 6 | 7 | 9 |   | 5 | 6 |
|   | 6 | 3 | 2 | 5 | 7 | 1 | 4 |   |
|   |   | 8 | 3 |   | 8 | 6 |   |   |
| 1 | 8 | 9 | 4 | 3 | 6 | 2 | 5 | 7 |
| 7 | 9 |   | 1 | 2 | 4 |   | 2 | 8 |

264

| 9 | 1 |   | 4 | 9 |   | 1 | 3 | 2 |
|---|---|---|---|---|---|---|---|---|
| 6 | 2 | 5 | 3 | 1 |   | 8 | 9 | 7 |
| 8 | 9 | 7 | 5 |   |   |   | 5 | 1 |
|   |   | 9 | 1 | 3 |   | 1 | 6 |   |
| 4 | 5 |   | 6 | 8 | 9 | 4 | 7 | 3 |
| 1 | 3 | 4 | 2 |   | 6 | 3 | 2 | 1 |
|   | 1 | 7 |   |   |   | 2 | 1 |   |
| 4 | 7 | 8 | 9 |   | 7 | 6 | 8 | 9 |
| 1 | 2 | 6 | 4 | 7 | 3 |   | 4 | 3 |
|   | 6 | 9 |   | 9 | 5 | 1 |   |   |
| 8 | 9 |   |   |   | 9 | 2 | 3 | 1 |
| 2 | 8 | 9 |   | 9 | 8 | 4 | 7 | 5 |
| 1 | 4 | 5 |   | 2 | 6 |   | 8 | 2 |

265

| 1 | 8 |   | 9 | 3 |   | 8 | 7 | 9 |
|---|---|---|---|---|---|---|---|---|
| 4 | 9 |   | 7 | 1 | 2 | 3 | 4 | 6 |
|   | 6 | 1 |   | 2 | 9 |   | 2 | 8 |
| 1 | 4 | 2 |   |   | 3 | 2 | 1 | 5 |
| 5 | 7 | 4 | 9 | 3 | 1 | 6 | 8 |   |
|   |   | 3 | 7 | 2 |   |   | 5 | 2 |
| 9 | 4 |   | 5 | 1 | 2 |   | 3 | 1 |
| 5 | 1 |   |   | 6 | 8 | 9 |   |   |
|   | 7 | 9 | 2 | 5 | 1 | 4 | 3 | 6 |
| 9 | 8 | 7 | 5 |   |   | 7 | 6 | 9 |
| 8 | 3 |   | 1 | 4 |   | 6 | 2 |   |
| 7 | 6 | 8 | 4 | 9 | 3 |   | 4 | 8 |
| 6 | 2 | 1 |   | 2 | 1 |   | 1 | 9 |

266

|   | 6 | 7 | 5 |   | 3 | 1 | 6 |   |
|---|---|---|---|---|---|---|---|---|
| 7 | 3 | 9 | 2 |   | 9 | 6 | 8 | 5 |
| 9 | 5 |   | 8 | 9 |   |   | 9 | 3 |
| 6 | 2 | 3 | 1 | 4 |   |   | 7 | 1 |
|   | 1 | 5 |   |   | 1 | 3 | 4 | 2 |
| 1 | 7 | 6 |   | 6 | 9 | 8 |   |   |
| 3 | 4 | 8 | 6 | 2 | 7 | 9 | 5 | 1 |
|   |   | 7 | 3 | 1 |   | 4 | 1 | 2 |
| 7 | 5 | 9 | 8 |   |   | 6 | 4 |   |
| 8 | 1 |   |   | 8 | 9 | 7 | 6 | 5 |
| 9 | 3 |   |   | 1 | 4 |   | 3 | 2 |
| 6 | 2 | 1 | 4 |   | 3 | 6 | 2 | 1 |
|   | 4 | 7 | 9 |   | 7 | 9 | 8 |   |

267

| 3 | 1 | 2 |   |   |   | 1 | 2 | 4 |
|---|---|---|---|---|---|---|---|---|
| 9 | 6 | 8 | 7 |   | 8 | 3 | 1 | 2 |
| 7 | 2 | 5 | 1 |   | 9 | 4 |   |   |
| 8 | 3 | 6 |   |   |   | 5 | 9 |   |
|   | 4 | 9 | 6 |   | 5 | 7 | 8 | 9 |
|   |   | 7 | 9 | 6 | 3 | 2 | 4 | 8 |
| 2 | 1 |   | 8 | 2 | 4 |   | 2 | 7 |
| 9 | 3 | 4 | 7 | 1 | 2 | 5 |   |   |
| 3 | 2 | 1 | 4 |   | 1 | 2 | 8 |   |
|   | 6 | 9 |   |   |   | 8 | 9 | 6 |
|   |   | 3 | 1 |   | 3 | 1 | 5 | 2 |
| 8 | 9 | 7 | 4 |   | 9 | 6 | 7 | 4 |
| 1 | 7 | 2 |   |   |   | 3 | 6 | 1 |

268

269

270

271

272

273

274

# SOLUTIONS

275

| 2 | 1 | 8 |  |  |  | 8 | 4 | 1 |
|---|---|---|---|---|---|---|---|---|
| 6 | 3 | 9 | 8 | 2 | 1 | 7 | 5 | 4 |
| 9 | 4 |  | 9 | 8 | 5 |  | 9 | 7 |
|  | 2 | 1 | 3 |  | 2 | 9 | 7 |  |
| 1 | 5 | 9 |  |  |  | 5 | 3 | 6 |
| 6 | 7 | 8 | 9 |  | 4 | 3 | 1 | 2 |
|  |  | 6 | 8 |  | 8 | 1 |  |  |
| 1 | 4 | 2 | 6 |  | 9 | 8 | 7 | 2 |
| 5 | 7 | 4 |  |  |  | 7 | 5 | 1 |
|  | 9 | 7 | 8 |  | 5 | 6 | 3 |  |
| 1 | 3 |  | 4 | 3 | 1 |  | 9 | 2 |
| 4 | 8 | 5 | 7 | 2 | 9 | 3 | 6 | 1 |
| 2 | 6 | 1 |  |  |  | 9 | 8 | 7 |

276

277

278

279

| 1 | 3 |  | 5 | 2 |  | 4 | 3 | 1 |
|---|---|---|---|---|---|---|---|---|
| 2 | 4 |  | 7 | 3 | 1 | 9 | 6 | 2 |
| 7 | 9 | 8 |  | 1 | 5 |  | 9 | 8 |
|  | 7 | 9 | 8 | 4 |  | 1 | 4 |  |
| 8 | 2 | 7 | 9 |  | 6 | 2 | 8 | 9 |
| 9 | 1 | 5 | 6 | 8 | 7 |  | 7 | 3 |
|  |  | 6 | 4 | 2 | 3 | 1 |  |  |
| 8 | 7 |  | 7 | 9 | 8 | 4 | 6 | 1 |
| 3 | 2 | 1 | 5 |  | 9 | 5 | 8 | 7 |
|  | 5 | 9 |  | 4 | 5 | 2 | 1 |  |
| 1 | 4 |  | 9 | 7 |  | 3 | 4 | 2 |
| 4 | 3 | 5 | 1 | 2 | 6 |  | 7 | 4 |
| 2 | 1 | 3 |  | 1 | 3 |  | 9 | 7 |

280

281

282

| 5 | 9 |  | 9 | 8 | 6 |  | 2 | 1 |
|---|---|---|---|---|---|---|---|---|
| 1 | 4 |  | 4 | 2 | 1 |  | 9 | 6 |
| 4 | 5 | 9 | 6 | 1 | 3 | 7 | 8 | 2 |
|  |  | 1 | 8 |  | 2 | 9 |  |  |
| 1 | 9 | 5 |  |  |  | 8 | 1 | 3 |
| 6 | 7 | 8 | 9 |  | 4 | 1 | 3 | 2 |
|  |  | 2 | 8 |  | 8 | 4 |  |  |
| 2 | 1 | 3 | 7 |  | 9 | 6 | 3 | 8 |
| 9 | 5 | 6 |  |  |  | 3 | 1 | 2 |
|  |  | 7 | 1 |  | 7 | 2 |  |  |
| 8 | 1 | 4 | 3 | 7 | 9 | 5 | 2 | 6 |
| 9 | 4 |  | 5 | 9 | 8 |  | 8 | 9 |
| 4 | 2 |  | 2 | 1 | 5 |  | 1 | 2 |

283

284

285

| 7 | 8 | 6 | 9 |  | 8 | 5 | 9 |  |
|---|---|---|---|---|---|---|---|---|
| 2 | 3 | 1 | 4 |  | 1 | 2 | 3 |  |
| 5 | 9 | 2 | 7 | 3 | 4 | 1 | 8 | 6 |
| 1 | 2 |  | 6 | 9 | 5 |  | 7 | 1 |
|  |  | 7 | 8 |  | 9 | 2 |  |  |
| 8 | 2 | 9 |  | 2 | 3 | 1 | 6 | 5 |
| 3 | 1 |  | 4 | 5 | 2 |  | 8 | 1 |
| 5 | 4 | 9 | 7 | 8 |  | 8 | 9 | 4 |
|  |  | 5 | 1 |  | 6 | 9 |  |  |
| 4 | 1 |  | 2 | 9 | 7 |  | 9 | 4 |
| 9 | 3 | 2 | 5 | 7 | 8 | 4 | 6 | 1 |
|  | 2 | 1 | 3 |  | 5 | 1 | 3 | 2 |
|  | 7 | 9 | 8 |  | 9 | 7 | 8 | 5 |

286

# SOLUTIONS

| | | | | | | | | |
|---|---|---|---|---|---|---|---|---|
| 5 | 8 | 9 | | 5 | 8 | | 8 | 9 |
| 1 | 7 | 6 | 9 | 8 | 4 | | 6 | 8 |
| 2 | 9 | | 1 | 4 | | 1 | 2 | 4 |
| | 6 | 2 | | 7 | 8 | 5 | 9 | |
| 8 | 3 | 1 | 9 | 6 | 2 | 4 | 7 | 5 |
| 6 | 5 | | 8 | 9 | | 3 | 4 | 2 |
| | | 1 | 2 | | 5 | 2 | | |
| 6 | 4 | 3 | | 7 | 9 | | 2 | 7 |
| 7 | 2 | 4 | 9 | 6 | 3 | 8 | 1 | 5 |
| | 7 | 6 | 8 | 9 | | 2 | 4 | |
| 3 | 1 | 2 | | 1 | 3 | | 7 | 1 |
| 9 | 5 | | 4 | 8 | 6 | 7 | 9 | 3 |
| 8 | 3 | | 2 | 3 | | 9 | 8 | 6 |

287

| | | | | | | | | |
|---|---|---|---|---|---|---|---|---|
| 2 | 4 | | 8 | 1 | 7 | | 6 | 8 |
| 3 | 1 | | 1 | 2 | 4 | | 8 | 9 |
| 7 | 9 | 8 | | 3 | 6 | 8 | 9 | 7 |
| 1 | 2 | 9 | 3 | | 3 | 2 | 1 | 4 |
| | | 4 | 2 | 3 | 5 | 1 | | |
| 3 | 8 | 6 | | 8 | 9 | | 9 | 2 |
| 2 | 9 | 7 | 6 | 4 | 8 | 5 | 3 | 1 |
| 1 | 4 | | 2 | 1 | | 9 | 8 | 5 |
| | | 1 | 4 | 2 | 3 | 6 | | |
| 6 | 7 | 9 | 8 | | 7 | 8 | 5 | 9 |
| 2 | 1 | 3 | 5 | 6 | | 7 | 2 | 6 |
| 3 | 9 | | 7 | 9 | 1 | | 3 | 8 |
| 1 | 8 | | 9 | 8 | 7 | | 1 | 3 |

288

| | | | | | | | | |
|---|---|---|---|---|---|---|---|---|
| 5 | 8 | 9 | | 9 | 2 | | 8 | 9 |
| 2 | 1 | 4 | | 8 | 1 | 9 | 3 | 4 |
| 1 | 4 | | 9 | 7 | 4 | 8 | 5 | |
| | 3 | 2 | 1 | 5 | | 1 | 4 | 7 |
| 9 | 7 | 5 | 8 | 6 | 3 | | 2 | 6 |
| 6 | 2 | 1 | | 4 | 2 | 6 | 1 | 3 |
| | | 3 | 1 | | 1 | 8 | | |
| 9 | 8 | 4 | 7 | 6 | | 9 | 6 | 5 |
| 1 | 2 | | 2 | 3 | 7 | 5 | 4 | 1 |
| 3 | 6 | 8 | | 5 | 9 | 7 | 8 | |
| | 7 | 9 | 4 | 2 | 8 | | 3 | 9 |
| 2 | 5 | 6 | 3 | 1 | | 7 | 1 | 3 |
| 5 | 9 | | 8 | 4 | | 9 | 5 | 7 |

289

| | | | | | | | | |
|---|---|---|---|---|---|---|---|---|
| 9 | 7 | | 3 | 1 | 9 | | 4 | 2 |
| 3 | 1 | 7 | 4 | 5 | 6 | 2 | 9 | 8 |
| 4 | 2 | 5 | 1 | | | 1 | 7 | |
| | | 9 | 8 | | | 5 | 8 | 9 |
| | | 8 | 2 | 1 | 7 | 3 | 6 | 4 |
| 7 | 9 | 1 | | 2 | 8 | 4 | | |
| 2 | 6 | | 8 | 6 | 9 | | 8 | 3 |
| | | 8 | 9 | 3 | | 2 | 4 | 1 |
| 2 | 8 | 9 | 6 | 5 | 7 | 4 | | |
| 1 | 2 | 3 | | | 9 | 3 | | |
| | 7 | 6 | | | 8 | 6 | 9 | 7 |
| 4 | 9 | 7 | 3 | 5 | 6 | 1 | 8 | 2 |
| 1 | 6 | | 1 | 2 | 5 | | 4 | 1 |

290

| | | | | | | | | |
|---|---|---|---|---|---|---|---|---|
| 8 | 4 | | 1 | 9 | | 4 | 2 | 1 |
| 6 | 3 | 2 | 5 | 7 | 4 | 9 | 1 | 8 |
| 5 | 1 | 4 | | 6 | 2 | 1 | | |
| | | 5 | 9 | 8 | 3 | 6 | 1 | 7 |
| 8 | 7 | | 2 | 3 | 1 | | 3 | 9 |
| 2 | 1 | 6 | 3 | | 6 | 9 | 7 | |
| 5 | 3 | 8 | | | | 8 | 6 | 9 |
| | 5 | 7 | 6 | | 8 | 3 | 4 | 1 |
| 9 | 2 | | 8 | 9 | 7 | | 2 | 3 |
| 8 | 4 | 6 | 2 | 5 | 1 | 3 | | |
| | | 9 | 1 | 7 | | 6 | 1 | 2 |
| 1 | 4 | 7 | 3 | 8 | 6 | 9 | 2 | 5 |
| 7 | 9 | 8 | | 3 | 1 | | 5 | 9 |

291

| | | | | | | | | |
|---|---|---|---|---|---|---|---|---|
| 4 | 2 | 1 | | 2 | 7 | | 3 | 9 |
| 7 | 5 | 9 | 3 | 1 | 6 | 4 | 2 | 8 |
| 9 | 7 | | 9 | 8 | | 2 | 1 | 7 |
| 8 | 4 | 2 | | | 9 | 7 | 5 | |
| | 3 | 1 | | | 2 | 1 | | |
| 6 | 9 | | 1 | 3 | | 6 | 8 | |
| 1 | 6 | 7 | 5 | 8 | 2 | 3 | 4 | 9 |
| | 8 | 9 | | 9 | 6 | | 2 | 3 |
| | | 5 | 4 | | | 9 | 6 | |
| | 3 | 2 | 1 | | | 1 | 3 | 5 |
| 5 | 9 | 8 | | 9 | 7 | | 5 | 7 |
| 2 | 7 | 6 | 5 | 8 | 4 | 3 | 1 | 9 |
| 1 | 8 | | 2 | 6 | | 9 | 7 | 8 |

292

293

294

295

296

297

|   | 1 | 2 | 4 |   | 4 | 1 | 8 |   |
|---|---|---|---|---|---|---|---|---|
| 7 | 4 | 8 | 9 |   | 6 | 8 | 9 | 7 |
| 1 | 2 | 4 | 8 | 7 | 3 |   | 2 | 1 |
| 9 | 7 |   | 6 | 4 | 1 | 3 | 7 | 2 |
|   |   |   |   | 3 | 2 | 1 |   |   |
| 1 | 3 |   | 6 | 1 |   | 7 | 8 | 9 |
| 5 | 7 | 1 | 9 | 6 | 4 | 2 | 3 | 8 |
| 8 | 9 | 6 |   | 5 | 8 |   | 1 | 4 |
|   |   | 2 | 3 | 9 |   |   |   |   |
| 9 | 4 | 3 | 1 | 2 | 8 |   | 1 | 8 |
| 5 | 1 |   | 4 | 8 | 7 | 6 | 5 | 9 |
| 8 | 9 | 7 | 5 |   | 4 | 1 | 2 | 3 |
|   | 3 | 1 | 2 |   | 9 | 2 | 3 |   |

298

# SOLUTIONS

299

300

301

302

303

| | 8 | 7 | | | | 8 | 7 | |
|---|---|---|---|---|---|---|---|---|
| 9 | 7 | 2 | 8 | 4 | 1 | 5 | 6 | 3 |
| 1 | 4 | | 9 | 8 | 7 | | 5 | 1 |
| | 1 | 2 | 3 | | 2 | 1 | 8 | |
| 6 | 9 | 5 | | | | 6 | 9 | 7 |
| 1 | 2 | 3 | 5 | | 6 | 2 | 3 | 1 |
| | | 1 | 7 | | 8 | 3 | | |
| 7 | 1 | 4 | 9 | | 9 | 8 | 7 | 2 |
| 9 | 7 | 6 | | | | 9 | 5 | 1 |
| | 3 | 8 | 1 | | 9 | 4 | 3 | |
| 9 | 8 | | 2 | 6 | 1 | | 1 | 8 |
| 5 | 4 | 1 | 6 | 9 | 8 | 7 | 2 | 3 |
| | 5 | 7 | | | | 6 | 4 | |

304

# SOLUTIONS

305

306

307

308

309

| 1 | 4 |  | 6 | 8 | 9 |  | 1 | 9 |
|---|---|---|---|---|---|---|---|---|
| 7 | 9 | 5 | 3 | 4 | 8 | 1 | 2 | 6 |
|  |  | 7 | 1 |  | 7 | 4 |  |  |
|  | 5 | 9 |  |  | 4 | 2 | 1 |  |
| 1 | 2 | 6 | 4 | 3 |  | 7 | 9 | 8 |
| 4 | 1 | 8 | 9 | 5 | 7 | 3 | 2 | 6 |
|  |  |  | 3 | 1 | 5 |  |  |  |
| 3 | 4 | 7 | 6 | 2 | 8 | 9 | 5 | 1 |
| 1 | 2 | 3 |  | 4 | 9 | 7 | 8 | 6 |
|  | 8 | 2 | 3 |  |  | 3 | 1 |  |
|  |  | 8 | 2 |  | 2 | 5 |  |  |
| 2 | 4 | 6 | 1 | 7 | 3 | 8 | 5 | 9 |
| 6 | 3 |  | 4 | 9 | 8 |  | 1 | 8 |

310

# SOLUTIONS

| 1 | 9 | 2 | 4 |  | 9 | 7 | 2 | 8 |
|---|---|---|---|---|---|---|---|---|
| 3 | 8 | 1 | 2 |  | 3 | 6 | 1 | 2 |
|  |  | 5 | 6 | 7 | 8 | 9 |  |  |
|  | 6 | 7 | 1 | 2 | 4 | 8 | 5 |  |
| 3 | 5 |  | 3 | 1 | 5 |  | 2 | 4 |
| 8 | 7 | 9 | 5 |  | 6 | 4 | 9 | 8 |
|  | 1 | 8 |  |  |  | 1 | 7 |  |
| 4 | 2 | 6 | 1 |  | 5 | 2 | 1 | 7 |
| 6 | 3 |  | 2 | 1 | 3 |  | 6 | 8 |
|  | 4 | 2 | 7 | 5 | 6 | 1 | 3 |  |
|  |  | 4 | 8 | 6 | 7 | 9 |  |  |
| 8 | 7 | 3 | 9 |  | 8 | 6 | 9 | 1 |
| 3 | 2 | 1 | 6 |  | 9 | 8 | 7 | 4 |

311

| 9 | 8 | 3 |  | 9 | 7 |  | 4 | 1 |
|---|---|---|---|---|---|---|---|---|
| 1 | 6 | 2 | 8 | 5 | 4 | 7 | 9 | 3 |
|  | 2 | 1 | 6 | 4 |  | 6 | 8 | 5 |
| 8 | 3 | 5 | 9 |  | 3 | 9 |  |  |
| 4 | 5 |  |  | 8 | 2 | 4 |  |  |
|  | 1 | 2 |  | 6 | 4 | 8 | 7 | 9 |
| 3 | 9 | 6 | 8 |  | 1 | 2 | 3 | 6 |
| 1 | 4 | 3 | 6 | 2 |  | 5 | 2 |  |
|  |  | 5 | 7 | 4 |  |  | 6 | 7 |
|  |  | 8 | 9 |  | 1 | 7 | 4 | 2 |
| 2 | 7 | 1 |  | 7 | 3 | 8 | 9 |  |
| 1 | 8 | 4 | 7 | 3 | 2 | 9 | 5 | 6 |
| 5 | 9 |  | 3 | 2 |  | 4 | 1 | 2 |

312

| 5 | 1 |  | 9 | 7 | 3 |  | 2 | 1 |
|---|---|---|---|---|---|---|---|---|
| 9 | 6 | 7 | 8 | 5 | 1 | 4 | 3 | 2 |
|  | 3 | 2 | 4 | 1 |  | 8 | 9 | 5 |
| 1 | 8 | 9 |  | 9 | 7 | 1 |  |  |
| 7 | 9 |  |  |  | 6 | 3 | 1 | 2 |
|  | 5 | 2 |  | 8 | 1 |  | 9 | 6 |
| 9 | 7 | 3 | 6 | 2 | 8 | 4 | 5 | 1 |
| 5 | 4 |  | 8 | 1 |  | 6 | 4 |  |
| 1 | 2 | 3 | 5 |  |  |  | 3 | 8 |
|  |  | 8 | 9 | 6 |  | 1 | 2 | 4 |
| 3 | 2 | 1 |  | 4 | 9 | 8 | 6 |  |
| 9 | 5 | 2 | 3 | 1 | 8 | 4 | 7 | 6 |
| 8 | 1 |  | 1 | 2 | 7 |  | 8 | 7 |

313

| 1 | 2 |  | 3 | 9 | 8 |  | 6 | 1 |
|---|---|---|---|---|---|---|---|---|
| 4 | 6 | 5 | 2 | 1 | 7 | 3 | 9 | 8 |
|  |  | 3 | 1 |  | 9 | 8 |  |  |
|  | 2 | 1 |  | 3 | 6 | 2 | 1 |  |
| 6 | 9 | 4 | 3 | 7 |  | 1 | 3 | 7 |
| 5 | 8 | 2 | 7 | 1 | 3 | 4 | 6 | 9 |
|  |  |  | 9 | 6 | 8 |  |  |  |
| 8 | 7 | 2 | 5 | 4 | 6 | 1 | 9 | 3 |
| 9 | 8 | 7 |  | 5 | 9 | 6 | 8 | 7 |
|  | 1 | 3 | 4 | 2 |  | 2 | 4 |  |
|  |  | 1 | 8 |  | 1 | 4 |  |  |
| 1 | 5 | 4 | 7 | 9 | 2 | 3 | 8 | 6 |
| 5 | 9 |  | 9 | 8 | 5 |  | 4 | 7 |

314

|  | 9 | 8 |  | 5 | 3 |  | 7 | 3 |
|---|---|---|---|---|---|---|---|---|
| 6 | 8 | 4 |  | 9 | 7 | 6 | 8 | 4 |
| 5 | 6 | 2 | 3 | 4 |  | 3 | 5 | 1 |
|  |  | 1 | 2 |  | 9 | 7 |  |  |
| 9 | 5 | 3 | 7 | 4 | 8 | 2 | 6 | 1 |
| 3 | 1 |  | 9 | 6 | 7 | 4 | 8 | 3 |
|  |  | 5 | 1 |  | 4 | 1 |  |  |
| 5 | 2 | 7 | 4 | 1 | 3 |  | 7 | 9 |
| 9 | 1 | 6 | 8 | 3 | 5 | 7 | 2 | 4 |
|  |  | 9 | 6 |  | 1 | 6 |  |  |
| 9 | 4 | 8 |  | 3 | 2 | 5 | 1 | 4 |
| 6 | 2 | 3 | 4 | 1 |  | 8 | 7 | 9 |
| 7 | 1 |  | 8 | 7 |  | 9 | 2 |  |

315

| 2 | 4 |  | 5 | 1 | 2 |  | 3 | 4 |
|---|---|---|---|---|---|---|---|---|
| 7 | 6 | 2 | 8 | 9 | 1 | 3 | 4 | 5 |
|  |  | 1 | 7 |  | 7 | 8 | 9 |  |
|  |  | 6 | 9 | 2 |  | 1 | 6 | 8 |
| 4 | 2 | 3 | 6 | 1 | 7 |  | 8 | 9 |
| 9 | 8 | 5 |  |  | 9 | 2 | 1 | 4 |
|  | 5 | 4 |  |  |  | 8 | 5 |  |
| 3 | 7 | 8 | 9 |  |  | 9 | 7 | 3 |
| 1 | 4 |  | 3 | 6 | 5 | 4 | 2 | 8 |
| 2 | 3 | 1 |  | 9 | 8 | 7 |  |  |
|  | 9 | 6 | 8 |  | 7 | 6 |  |  |
| 5 | 6 | 2 | 4 | 7 | 9 | 3 | 8 | 1 |
| 6 | 1 |  | 2 | 1 | 4 |  | 9 | 5 |

316

| | | | | | | | | |
|---|---|---|---|---|---|---|---|---|
| 1 | 2 | 6 | | 8 | 1 | | 6 | 1 |
| 6 | 3 | 9 | 1 | 7 | 5 | 2 | 8 | 4 |
| 8 | 6 | | 3 | 9 | | 4 | 9 | |
| 3 | 1 | 4 | 2 | 5 | | | 7 | 1 |
| | 8 | 1 | 6 | | 1 | 3 | 4 | 2 |
| 2 | 9 | 7 | | 4 | 2 | 1 | | |
| 1 | 4 | 6 | 2 | 7 | 3 | 8 | 5 | 9 |
| | | 8 | 5 | 9 | | 5 | 3 | 6 |
| 3 | 2 | 5 | 1 | | 7 | 2 | 1 | |
| 8 | 1 | | | 3 | 6 | 4 | 2 | 1 |
| | 7 | 9 | | 8 | 9 | | 4 | 3 |
| 9 | 5 | 3 | 7 | 1 | 8 | 4 | 6 | 2 |
| 1 | 3 | | 3 | 2 | | 9 | 8 | 7 |

317

| | | | | | | | | |
|---|---|---|---|---|---|---|---|---|
| 9 | 6 | 8 | | 3 | 1 | | 5 | 4 |
| 7 | 5 | 9 | | 7 | 6 | 5 | 8 | 9 |
| 4 | 1 | 5 | 2 | | 2 | 3 | 9 | |
| | | 7 | 8 | 1 | | 2 | 7 | 9 |
| 2 | 5 | | 9 | 4 | 7 | 1 | 2 | 3 |
| 6 | 2 | 3 | | 7 | 9 | | 6 | 8 |
| 3 | 1 | 9 | 5 | 6 | 8 | 2 | 4 | 7 |
| 7 | 8 | | 1 | 2 | | 1 | 3 | 6 |
| 4 | 6 | 7 | 9 | 8 | 3 | | 1 | 5 |
| 5 | 7 | 8 | | 9 | 1 | 3 | | |
| | 3 | 9 | 2 | | 9 | 4 | 7 | 8 |
| 3 | 4 | 6 | 1 | 2 | | 1 | 3 | 9 |
| 5 | 9 | | 4 | 9 | | 2 | 1 | 5 |

318

| | | | | | | | | |
|---|---|---|---|---|---|---|---|---|
| 1 | 6 | 7 | | 9 | 7 | | 8 | 2 |
| 2 | 9 | 8 | | 8 | 5 | 7 | 9 | 4 |
| 3 | 7 | 9 | 8 | | 2 | 4 | 6 | 1 |
| | 3 | 5 | 6 | 4 | 1 | 2 | | |
| 9 | 5 | | 9 | 7 | 3 | | 8 | 1 |
| 4 | 2 | 1 | 5 | 3 | | 8 | 9 | 3 |
| | 4 | 2 | 7 | 5 | 6 | 3 | 1 | |
| 9 | 8 | 5 | | 8 | 9 | 6 | 7 | 2 |
| 6 | 1 | | 2 | 6 | 8 | | 4 | 1 |
| | | 8 | 4 | 2 | 7 | 5 | 6 | |
| 8 | 7 | 9 | 6 | | 4 | 2 | 3 | 1 |
| 7 | 1 | 4 | 3 | 2 | | 3 | 5 | 7 |
| 9 | 2 | | 1 | 4 | | 1 | 2 | 4 |

319

| | | | | | | | | |
|---|---|---|---|---|---|---|---|---|
| 2 | 8 | | 3 | 2 | | 2 | 1 | |
| 6 | 4 | 9 | 1 | 3 | 7 | 8 | 5 | 2 |
| | 1 | 5 | | 6 | 8 | 9 | 7 | 5 |
| 3 | 5 | 8 | 9 | 4 | 6 | 7 | | |
| 6 | 2 | | 2 | 1 | 3 | | 3 | 2 |
| | 7 | 4 | | | 9 | 7 | 8 | 6 |
| 1 | 3 | 6 | | | | 4 | 2 | 1 |
| 5 | 9 | 8 | 7 | | | 9 | 4 | |
| 2 | 6 | | 9 | 7 | 8 | | 1 | 9 |
| | | 2 | 6 | 4 | 1 | 3 | 5 | 8 |
| 2 | 5 | 1 | 4 | 3 | | 7 | 9 | |
| 5 | 7 | 3 | 8 | 2 | 9 | 1 | 6 | 4 |
| | 9 | 5 | | 1 | 6 | | 7 | 5 |

320

| | | | | | | | | |
|---|---|---|---|---|---|---|---|---|
| 8 | 1 | | 2 | 1 | | 8 | 9 | |
| 6 | 4 | 2 | 7 | 3 | 5 | 1 | 8 | 9 |
| | 9 | 3 | 8 | | 1 | 2 | 7 | 3 |
| 8 | 7 | 5 | 9 | | 4 | 3 | | |
| 5 | 2 | 1 | | 9 | 7 | | 2 | 5 |
| 9 | 6 | | 7 | 1 | 6 | 4 | 9 | 8 |
| | 8 | 4 | 9 | | 3 | 2 | 4 | |
| 7 | 3 | 1 | 4 | 5 | 2 | | 8 | 9 |
| 8 | 5 | | 6 | 3 | | 9 | 3 | 6 |
| | | 2 | 3 | | 9 | 4 | 7 | 8 |
| 9 | 7 | 6 | 8 | | 4 | 2 | 1 | |
| 7 | 2 | 1 | 5 | 4 | 8 | 3 | 6 | 9 |
| | 8 | 3 | | 2 | 6 | | 5 | 6 |

321

| | | | | | | | | |
|---|---|---|---|---|---|---|---|---|
| 9 | 7 | 8 | | 8 | 2 | | 3 | 6 |
| 3 | 4 | 2 | 8 | 6 | 1 | 7 | 5 | 9 |
| | 2 | 1 | 4 | 5 | 3 | 9 | 8 | |
| 2 | 1 | | 9 | 7 | | | 1 | 7 |
| 1 | 3 | | | 9 | 8 | | 4 | 9 |
| | | 9 | 3 | 4 | 1 | 2 | 6 | 8 |
| 5 | 4 | 1 | 2 | | 3 | 1 | 2 | 4 |
| 7 | 5 | 3 | 1 | 9 | 2 | 4 | | |
| 8 | 6 | | 5 | 8 | | | 9 | 5 |
| 9 | 7 | | | 7 | 1 | | 8 | 1 |
| | 3 | 1 | 7 | 5 | 2 | 4 | 6 | |
| 1 | 8 | 3 | 9 | 6 | 5 | 2 | 7 | 4 |
| 6 | 9 | | 2 | 3 | | 1 | 4 | 2 |

322

# SOLUTIONS

323

324

325

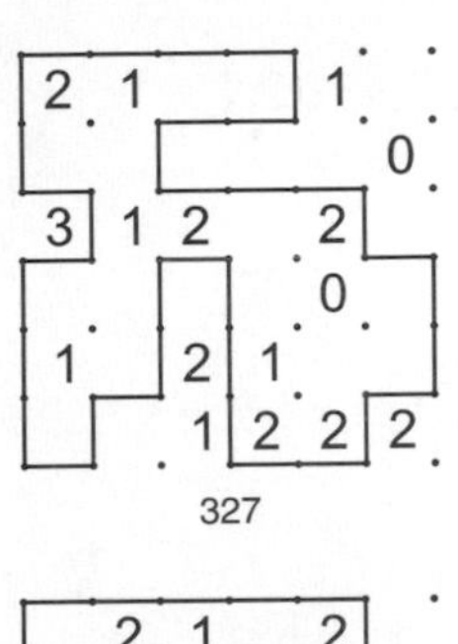

327

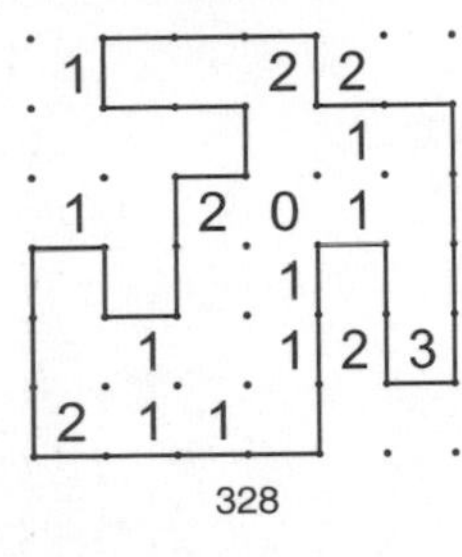

328

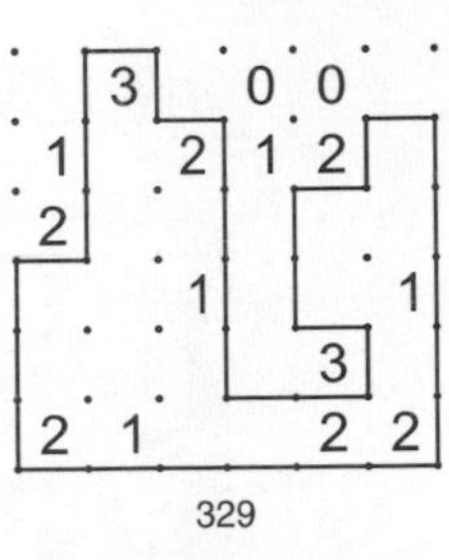

329

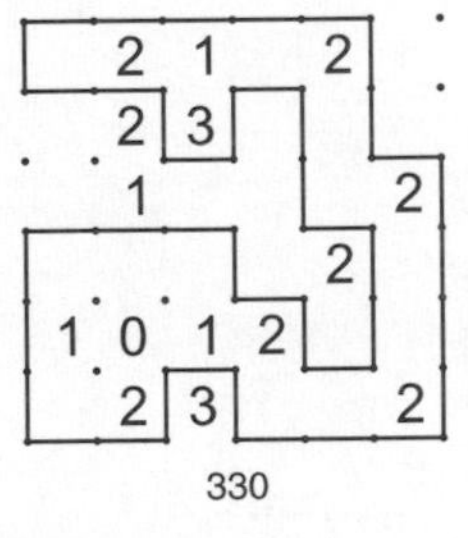

330

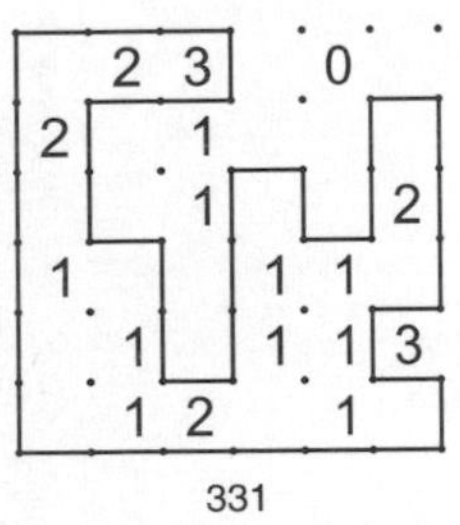

331

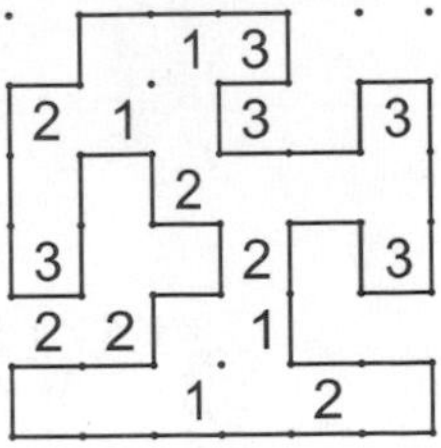

332

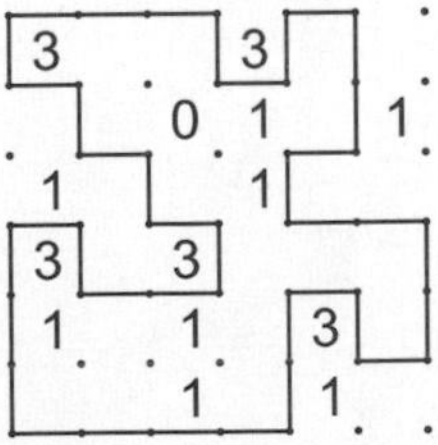

333

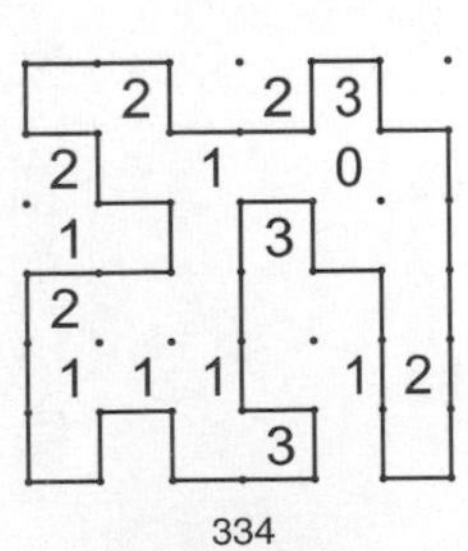

334

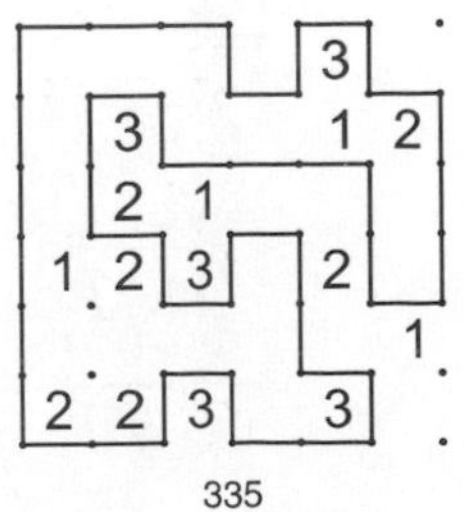

335

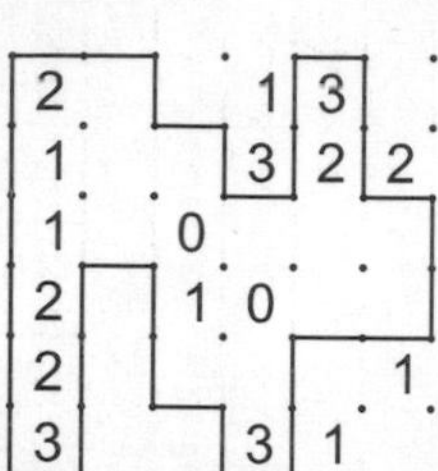

336

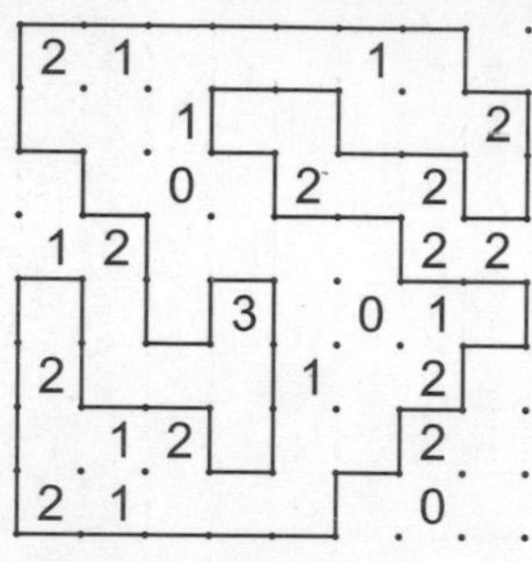

337

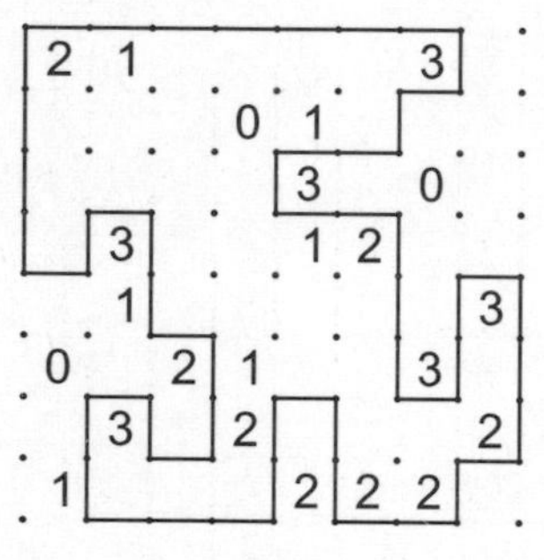

338

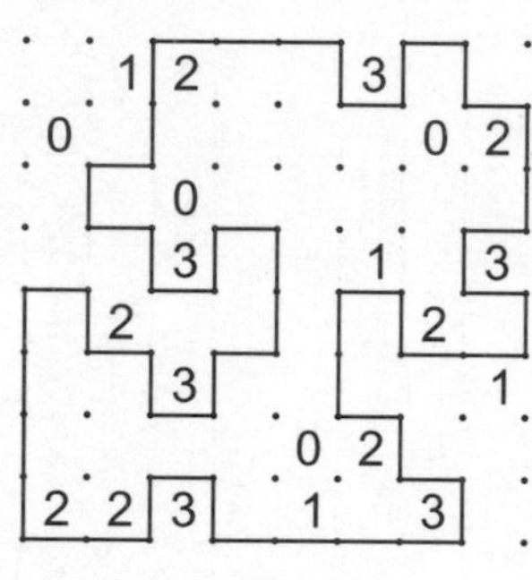

339

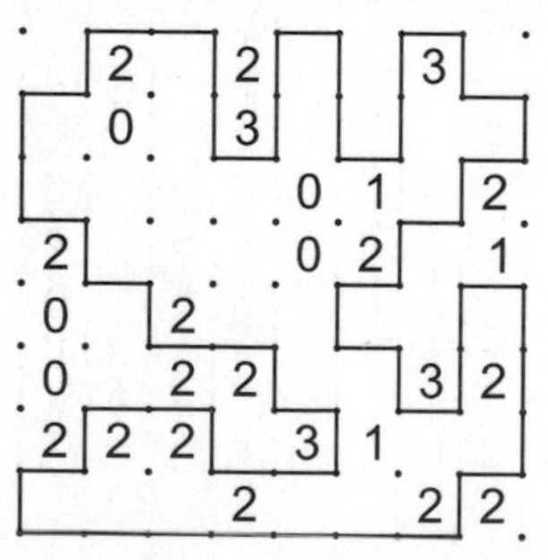

340

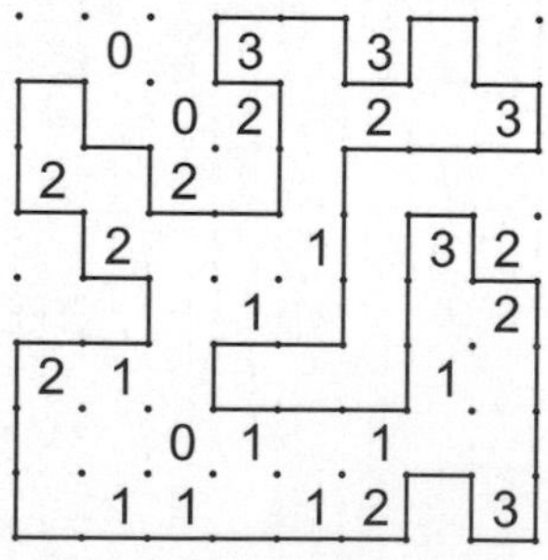

341

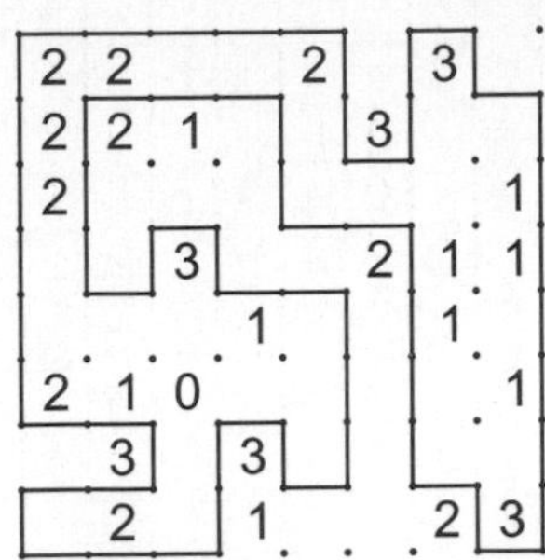


342

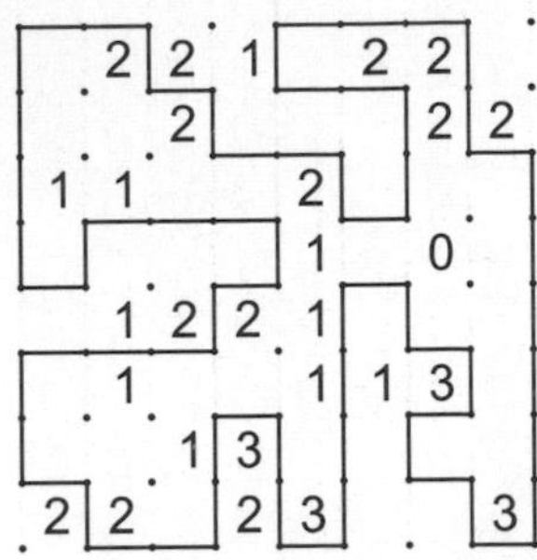


343

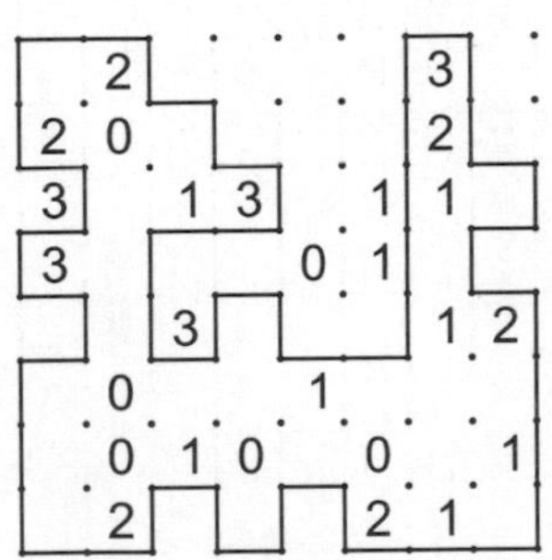


344

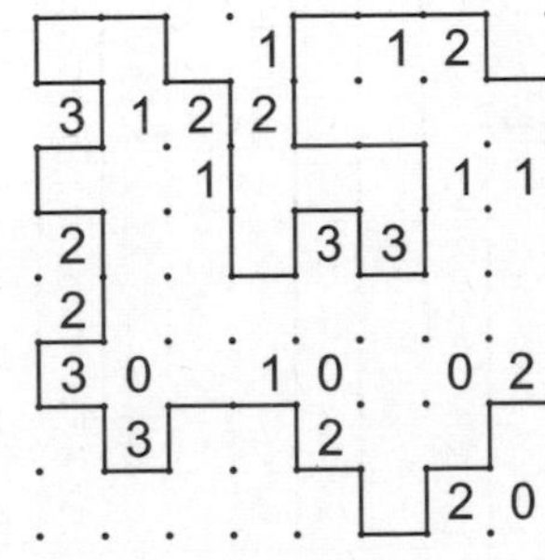


345

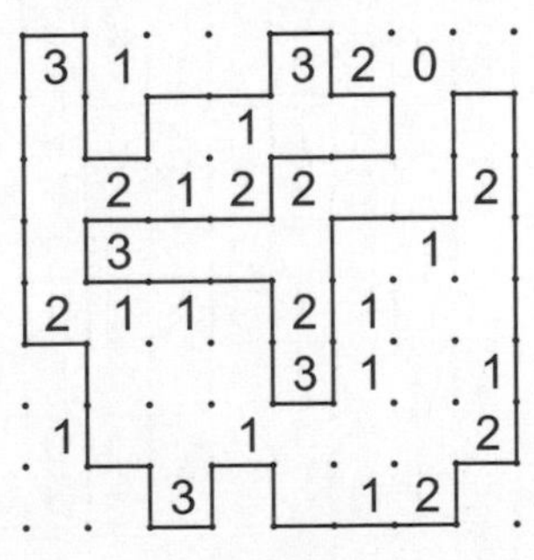


346

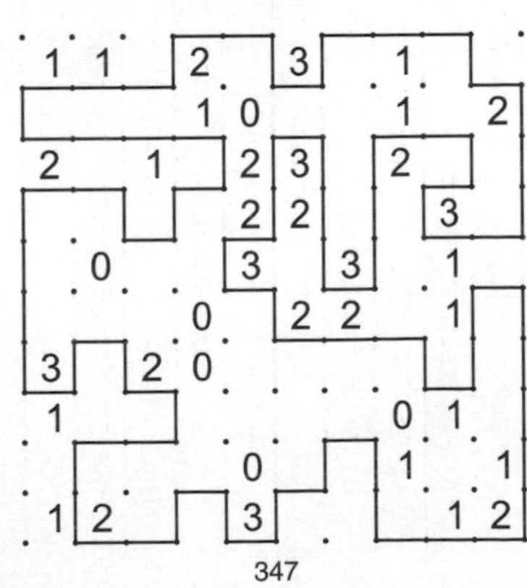


347

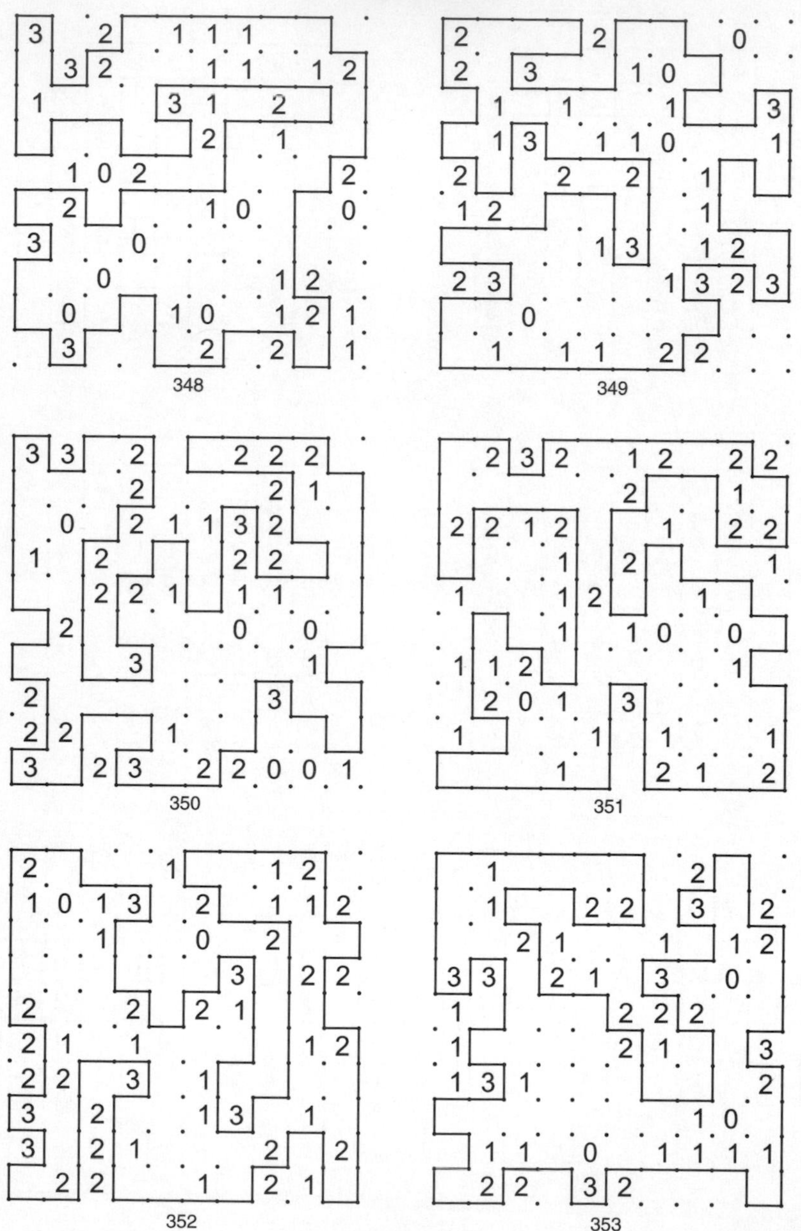
348
349
350
351
352
353

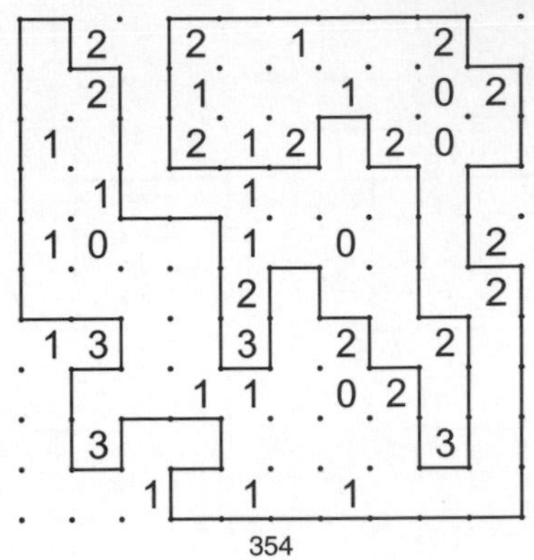

354

355

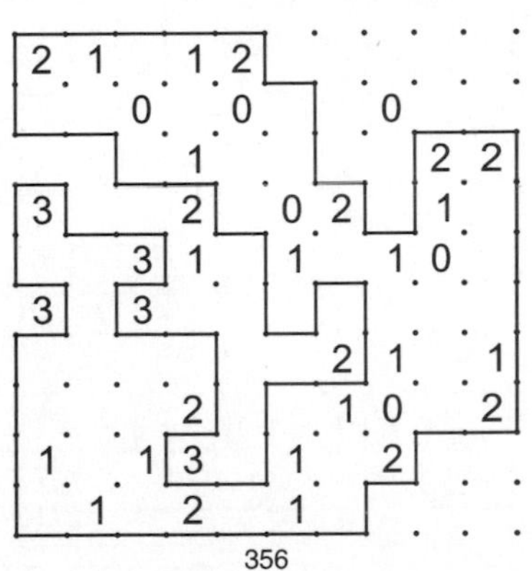

356

| | | | | | |
|---|---|---|---|---|---|
| | 3 | 1 | | | |
| | 2 | 4 | 3 | 1 | |
| 3 | 1 | 3 | 2 | 4 | |
| | 3 | 1 | 4 | 2 | 2 |
| | 4 | 2 | 1 | 3 | |
| | 1 | 3 | | 2 | |

359

| | | | | | |
|---|---|---|---|---|---|
| | 3 | 1 | | | |
| 2 | 1 | 4 | 3 | 2 | 3 |
| 2 | 3 | 2 | 4 | 1 | 2 |
| | 2 | 3 | 1 | 4 | |
| | 4 | 1 | 2 | 3 | |
| | | | 2 | 2 | |

360

| | | | | | |
|---|---|---|---|---|---|
| | 2 | | 3 | | |
| | 2 | 3 | 1 | 4 | |
| 2 | 1 | 4 | 3 | 2 | |
| 1 | 4 | 1 | 2 | 3 | |
| 2 | 3 | 2 | 4 | 1 | |
| | | 2 | | | |

361

| | | | | | |
|---|---|---|---|---|---|
| | | 3 | 3 | | |
| | 4 | 2 | 1 | 3 | |
| 3 | 1 | 3 | 2 | 4 | |
| 2 | 3 | 1 | 4 | 2 | 2 |
| | 2 | 4 | 3 | 1 | |

362

# SOLUTIONS

| | 3 | | 1 | | |
|---|---|---|---|---|---|
| 3 | 1 | 3 | 4 | 2 | |
| | 2 | 4 | 3 | 1 | |
| | 4 | 2 | 1 | 3 | 2 |
| 2 | 3 | 1 | 2 | 4 | |
| | | 3 | | | |

363

| | | | | | |
|---|---|---|---|---|---|
| 2 | 3 | 2 | 4 | 1 | 2 |
| | 1 | 4 | 3 | 2 | |
| | 2 | 3 | 1 | 4 | |
| 1 | 4 | 1 | 2 | 3 | |
| | | 3 | 3 | 2 | |

364

| | 3 | 1 | | | |
|---|---|---|---|---|---|
| | 2 | 4 | 3 | 1 | 3 |
| | 1 | 2 | 4 | 3 | |
| | 3 | 1 | 2 | 4 | 1 |
| | 4 | 3 | 1 | 2 | |
| | | 2 | 3 | | |

365

| | 2 | | 3 | | |
|---|---|---|---|---|---|
| | 3 | 1 | 2 | 4 | |
| | 2 | 4 | 1 | 3 | |
| 1 | 4 | 2 | 3 | 1 | 3 |
| 3 | 1 | 3 | 4 | 2 | |
| | | 2 | | | |

366

| | 1 | 2 | | | |
|---|---|---|---|---|---|
| | 4 | 2 | 1 | 3 | |
| | 3 | 1 | 4 | 2 | |
| | 2 | 4 | 3 | 1 | 3 |
| 3 | 1 | 3 | 2 | 4 | |
| | | 2 | 3 | | |

367

| | 3 | 3 | | | |
|---|---|---|---|---|---|
| | 1 | 2 | 3 | 4 | |
| | 2 | 3 | 4 | 1 | |
| | 4 | 1 | 2 | 3 | 2 |
| | 3 | 4 | 1 | 2 | |
| | | 1 | 3 | | |

368

| | 4 | | | | | |
|---|---|---|---|---|---|---|
| 4 | 1 | 2 | 3 | 5 | 4 | 2 |
| | 2 | 4 | 1 | 3 | 5 | 1 |
| 2 | 4 | 1 | 5 | 2 | 3 | 2 |
| 1 | 5 | 3 | 4 | 1 | 2 | 3 |
| | 3 | 5 | 2 | 4 | 1 | |
| | | | 3 | | 4 | |

369

| | 3 | 2 | | | | |
|---|---|---|---|---|---|---|
| | 3 | 4 | 5 | 2 | 1 | 3 |
| | 4 | 3 | 2 | 1 | 5 | 1 |
| 1 | 5 | 1 | 4 | 3 | 2 | 4 |
| 4 | 1 | 2 | 3 | 5 | 4 | |
| | 2 | 5 | 1 | 4 | 3 | |
| | | | 4 | | 3 | |

370

| | | 2 | | | | |
|---|---|---|---|---|---|---|
| | 4 | 3 | 5 | 2 | 1 | 3 |
| | 5 | 1 | 3 | 4 | 2 | 3 |
| 3 | 3 | 2 | 4 | 1 | 5 | 1 |
| 2 | 1 | 5 | 2 | 3 | 4 | |
| | 2 | 4 | 1 | 5 | 3 | |
| | 3 | | 4 | | 3 | |

371

| | | 3 | | | 4 | |
|---|---|---|---|---|---|---|
| | 4 | 2 | 3 | 5 | 1 | 2 |
| | 1 | 4 | 5 | 3 | 2 | |
| | 2 | 5 | 4 | 1 | 3 | 3 |
| 3 | 3 | 1 | 2 | 4 | 5 | |
| 1 | 5 | 3 | 1 | 2 | 4 | |
| | | | 4 | | | |

372

| | | 3 | | | 1 | |
|---|---|---|---|---|---|---|
| | 2 | 3 | 1 | 4 | 5 | |
| | 1 | 2 | 5 | 3 | 4 | |
| 1 | 5 | 4 | 2 | 1 | 3 | |
| | 4 | 5 | 3 | 2 | 1 | 4 |
| 3 | 3 | 1 | 4 | 5 | 2 | |
| | | | 2 | | 4 | |

373

| | 3 | 2 | | | 1 | |
|---|---|---|---|---|---|---|
| | 2 | 4 | 3 | 1 | 5 | |
| | 1 | 5 | 4 | 3 | 2 | 4 |
| 2 | 3 | 1 | 5 | 2 | 4 | |
| 1 | 5 | 3 | 2 | 4 | 1 | 3 |
| 2 | 4 | 2 | 1 | 5 | 3 | |
| | | | 3 | | 3 | |

374

| | 2 | 1 | | | 4 | |
|---|---|---|---|---|---|---|
| | 3 | 5 | 4 | 2 | 1 | 4 |
| | 1 | 4 | 5 | 3 | 2 | 3 |
| | 5 | 1 | 2 | 4 | 3 | 3 |
| 2 | 4 | 2 | 3 | 1 | 5 | 1 |
| 3 | 2 | 3 | 1 | 5 | 4 | |
| | | | 3 | | | |

375

| | | | | | 4 | |
|---|---|---|---|---|---|---|
| | 3 | 4 | 5 | 2 | 1 | 3 |
| | 5 | 1 | 4 | 3 | 2 | 4 |
| | 2 | 5 | 1 | 4 | 3 | 3 |
| 2 | 4 | 3 | 2 | 1 | 5 | 1 |
| 4 | 1 | 2 | 3 | 5 | 4 | |
| | | | 3 | | | |

376

| | | | | | 3 | |
|---|---|---|---|---|---|---|
| | 4 | 5 | 3 | 2 | 1 | 4 |
| | 1 | 3 | 2 | 5 | 4 | |
| 1 | 5 | 1 | 4 | 3 | 2 | 4 |
| 3 | 2 | 4 | 5 | 1 | 3 | 2 |
| 3 | 3 | 2 | 1 | 4 | 5 | |
| | | | 2 | | | |

377

| | 2 | | | | 4 | |
|---|---|---|---|---|---|---|
| | 1 | 4 | 5 | 3 | 2 | |
| | 5 | 2 | 4 | 1 | 3 | |
| 2 | 3 | 1 | 2 | 5 | 4 | |
| 2 | 4 | 5 | 3 | 2 | 1 | 4 |
| 4 | 2 | 3 | 1 | 4 | 5 | |
| | | | 4 | | | |

378

| | | | | 2 | | | |
|---|---|---|---|---|---|---|---|
| 3 | 3 | 2 | 1 | 5 | 6 | 4 | 2 |
| | 5 | 6 | 4 | 1 | 2 | 3 | |
| | 2 | 5 | 6 | 4 | 3 | 1 | 4 |
| | 6 | 4 | 5 | 3 | 1 | 2 | 4 |
| 3 | 1 | 3 | 2 | 6 | 4 | 5 | |
| 3 | 4 | 1 | 3 | 2 | 5 | 6 | |
| | 2 | 5 | | 2 | 2 | | |

379

| | | | | 2 | 2 | 2 | |
|---|---|---|---|---|---|---|---|
| | 6 | 3 | 4 | 5 | 1 | 2 | 3 |
| 4 | 3 | 4 | 5 | 2 | 6 | 1 | |
| 3 | 2 | 5 | 3 | 1 | 4 | 6 | 1 |
| 3 | 1 | 2 | 6 | 3 | 5 | 4 | 3 |
| 2 | 4 | 1 | 2 | 6 | 3 | 5 | |
| 2 | 5 | 6 | 1 | 4 | 2 | 3 | 3 |
| | 2 | 1 | 3 | | 4 | | |

380

| | | | | 4 | 2 | | |
|---|---|---|---|---|---|---|---|
| 3 | 1 | 4 | 6 | 2 | 5 | 3 | 3 |
| | 5 | 6 | 1 | 3 | 2 | 4 | 2 |
| 3 | 3 | 2 | 5 | 1 | 4 | 6 | |
| 3 | 4 | 3 | 2 | 5 | 6 | 1 | |
| 3 | 2 | 1 | 4 | 6 | 3 | 5 | |
| 1 | 6 | 5 | 3 | 4 | 1 | 2 | 4 |
| | 1 | 2 | 4 | | 3 | | |

381

| | | | | 2 | | | |
|---|---|---|---|---|---|---|---|
| 5 | 1 | 2 | 3 | 5 | 6 | 4 | |
| | 6 | 3 | 5 | 4 | 1 | 2 | 4 |
| 2 | 5 | 4 | 6 | 1 | 2 | 3 | 2 |
| 4 | 2 | 1 | 4 | 3 | 5 | 6 | |
| | 3 | 5 | 2 | 6 | 4 | 1 | |
| | 4 | 6 | 1 | 2 | 3 | 5 | 2 |
| | 3 | 1 | 4 | | 4 | | |

382

| | | | | 4 | 2 | 3 | |
|---|---|---|---|---|---|---|---|
| 2 | 5 | 6 | 3 | 2 | 4 | 1 | |
| | 6 | 4 | 5 | 3 | 1 | 2 | 4 |
| 5 | 1 | 2 | 4 | 5 | 3 | 6 | 1 |
| | 4 | 3 | 1 | 6 | 2 | 5 | |
| 3 | 3 | 5 | 2 | 1 | 6 | 4 | |
| 2 | 2 | 1 | 6 | 4 | 5 | 3 | 3 |
| | 4 | 3 | | | | | |

383

# SOLUTIONS

| | | | | | | | |
|---|---|---|---|---|---|---|---|
| | | | | 2 | 3 | 5 | |
| | 6 | 5 | 4 | 3 | 2 | 1 | |
| | 5 | 4 | 6 | 2 | 1 | 3 | 2 |
| | 1 | 2 | 5 | 6 | 3 | 4 | 2 |
| 3 | 4 | 1 | 3 | 5 | 6 | 2 | |
| 2 | 3 | 6 | 2 | 1 | 4 | 5 | |
| 5 | 2 | 3 | 1 | 4 | 5 | 6 | |
| | | 2 | 5 | | | | |

384

| | | | | | | | |
|---|---|---|---|---|---|---|---|
| | | | | 4 | 2 | 2 | |
| | 6 | 1 | 2 | 3 | 5 | 4 | |
| | 3 | 6 | 5 | 4 | 1 | 2 | 4 |
| 2 | 4 | 2 | 6 | 5 | 3 | 1 | 4 |
| | 2 | 5 | 3 | 1 | 4 | 6 | |
| 2 | 5 | 4 | 1 | 2 | 6 | 3 | |
| 4 | 1 | 3 | 4 | 6 | 2 | 5 | |
| | | 4 | 2 | | 2 | | |

385

| | | | | | | | |
|---|---|---|---|---|---|---|---|
| | | | | 3 | 2 | 2 | |
| | 4 | 6 | 1 | 2 | 3 | 5 | |
| | 6 | 5 | 3 | 4 | 2 | 1 | 5 |
| 4 | 2 | 3 | 5 | 1 | 6 | 4 | 2 |
| 3 | 3 | 1 | 4 | 6 | 5 | 2 | |
| 2 | 5 | 4 | 2 | 3 | 1 | 6 | |
| 3 | 1 | 2 | 6 | 5 | 4 | 3 | |
| | 3 | 4 | 1 | | 3 | | |

386

| | | | | | | | |
|---|---|---|---|---|---|---|---|
| | | | | 3 | 4 | 3 | |
| | 5 | 4 | 6 | 3 | 1 | 2 | |
| | 6 | 2 | 1 | 4 | 3 | 5 | 2 |
| 3 | 4 | 1 | 5 | 6 | 2 | 3 | 2 |
| | 3 | 5 | 2 | 1 | 4 | 6 | |
| 5 | 2 | 3 | 4 | 5 | 6 | 1 | |
| | 1 | 6 | 3 | 2 | 5 | 4 | |
| | 5 | 1 | 4 | | | | |

387

| | | | | | | | |
|---|---|---|---|---|---|---|---|
| | | | | 3 | 2 | 4 | |
| | 1 | 6 | 3 | 4 | 5 | 2 | |
| | 6 | 2 | 4 | 5 | 3 | 1 | 4 |
| 2 | 5 | 4 | 6 | 1 | 2 | 3 | 2 |
| 3 | 2 | 3 | 1 | 6 | 4 | 5 | |
| 3 | 3 | 1 | 5 | 2 | 6 | 4 | |
| 3 | 4 | 5 | 2 | 3 | 1 | 6 | |
| | 3 | 2 | 3 | | 2 | | |

388